DAS GROSSE DUMMY-BUCH

DAS GROSSE DUMMY-BUCH
DAS BESTE UND SCHLIMMSTE AUS 30 MAL MAGAZINMACHEN

Herausgegeben von Oliver Gehrs und Natascha Roshani

KEIN & ABER

INH
ALT

COV
ER

dummy 01
thema «nummer eins»
IST SEX DIE WICHTIGSTE SACHE DER WELT? DAN SAVAGE SAGT DIE GANZE WAHRHEIT
IST STEFAN AUST WIRKLICH DER GRÖSSTE? DER GANZE KOMPLEX
WIE SCHLECHT IST DIE ERSTE WELT? SVEN REGENER ÜBER DAS GANZE DILEMMA

Dummy 02
Verbrechen
Frédéric Beigbeder Fidel Castro Kai Diekmann Wyatt Earp Friedrich Karl Flick
Adolf Hitler Siri Hustvedt Charles Sobhraj Mike Tyson Donatella Versace

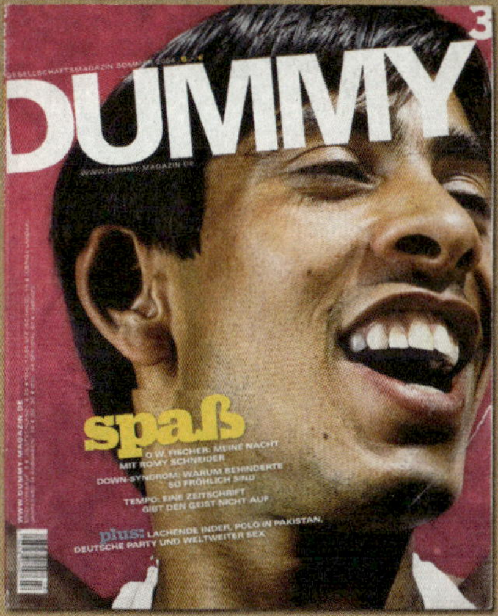
DUMMY 3
WWW.DUMMY-MAGAZIN.DE
spaß
TEMPO: EINE ZEITSCHRIFT GIBT DEN GEIST NICHT AUF
plus: LACHENDE INDER, POLO IN PAKISTAN, DEUTSCHE PARTY UND WELTWEITER SEX

ACHTUNG:
ES WIRD GLEICH
ANSTRENGEND
UND FRUSTRIEREND
UND LANGWEILIG
UND DEPRIMIEREND
UND GRAU
UND AUCH EIN
WENIG NERVIG.
WILLKOMMEN IN
DEUTSCHLAND.
DUMMY VIER
PS.: DAS WETTER
WIRD AUCH SCHEISSE.

DUMMY
glauben

DUMMY NR. 6
Gesellschaftsmagazin Frühjahr 2005
6 Euro (D)
SEX

DUMMY
GESELLSCHAFTSMAGAZIN
JUDEN

DUMMY KINDER

DUMMY
Fußball
SPIEL
ALLER
ZEITEN

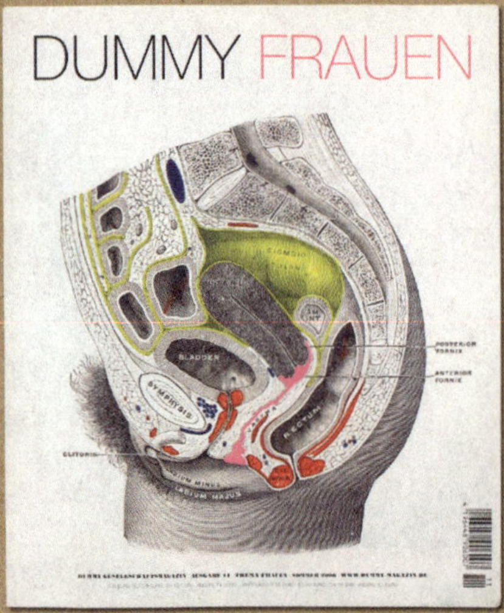
DUMMY FRAUEN

DUMMY OSTEN

DUMMY
Werben & Verkaufen

DUMMY
TEMPO

DUMMY
Türken

DUMMY
ich

DUMMY
LIEBE

DUMMY
Gesellschaftsmagazin
Tiere

Gesellschaftsmagazin
DUMMY
Ausgabe 19, Sommer 2008, Thema Schweiz, www.dummy-magazin.de
Schweizer können kein Deutsch. Sie sind langweilig und bieder. Sie verstecken das Geld von Diktatoren und im Fussball sind sie totale Nieten. Den Rest finden Sie im Heft.

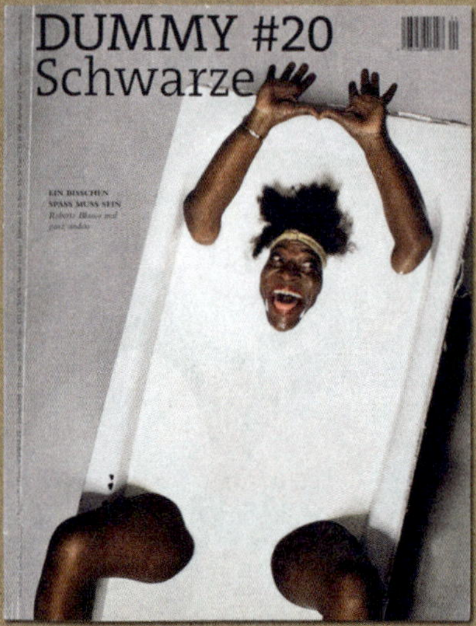
DUMMY #20
Schwarze
EIN BISSCHEN
SPASS MUSS SEIN

DUMMY
UNABHÄNGIGES GESELLSCHAFTSMAGAZIN
GLÜCK

DUMMY
Berlin

DUMMY
MÄNNER
23

UNABHÄNGIGES
GESELLSCHAFTSMAGAZIN
Nº 24
DUMMY
ATOM

DUMMY
mama
25
JUBILÄUMSAUSGABE

DUMMY
THEMA PROVINZ

UNABHÄNGIGES GESELLSCHAFTSMAGAZIN
DUMMY
POLIZEI

UNABHÄNGIGES GESELLSCHAFTSMAGAZIN
DUMMY
JUGEND
HARTZ 4

DUMMY
Letzte
WARNung!
Hinterlegen Sie
beimverkäufer 6 Euro!
in kleinen Münzen
und
nEhmen sie DAS Heft
mit nach HAuse
Kein PolIZEi!

DUMMY
No. 30
BEHINDERTE
Unabhängiges
Gesellschaftsmagazin

VOR WORT

von Oliver Gehrs

Dieses Buch dürfte es eigentlich gar nicht geben, weil es das DUMMY-Magazin auch nicht geben darf. Es entspricht nicht einem einzigen Kriterium, das Verlage heutzutage anlegen, wenn sie eine neue Zeitschrift entwickeln. Keine Befragung von Testlesern zur Namensgebung, zur Titelgestaltung, zu den Artikeln, keine Absprachen mit Anzeigenkunden zur Platzierung von Schleichwerbung der Werbung. Keine Zielgruppenanalyse, keine Millionenauflage, daher möglicherweise ungünstige Tausenderkontaktpreise. Alles in allem ein Desaster.

Aber DUMMY gibt es trotzdem. Weil wir uns dreist über die Mechanismen der Verlagsbranche hinweggesetzt haben, was auch fast neun Jahre nach dem ersten Heft außerordentlich Spaß macht. Die Werbekunden wollen keine politischen Artikel, keine Gewalt, keinen Sex im Umfeld ihrer Anzeigen? Dann erst recht. Behinderte auf dem Cover gehen nicht? Mal sehen. Über Juden kann man in Deutschland nicht schreiben? Und ob. Und wer kann denn mal der Familienministerin auf dem Cover eine Pimmelnase malen?

DUMMY heißt so, weil jedes Magazin von einer anderen Artdirektion gestaltet wird, also immer ein Prototyp ist. Damit man sich immer wieder neu die Frage stellt, wie denn ein modernes Gesellschaftsmagazin heute aussehen müsste. Damit man nicht immer denselben Kram macht, stehen bleibt. Ein Wahnsinn ist das, wenn man weiß, wie zart besaitet Grafiker sein können. Und eine Freude, weil erst die kreative Kollaboration zwischen Journalisten und Artdirektoren ein Magazin ermöglicht, das die unsinnige Einteilung der Leser in Zielgruppen nach Alter, Einkommen und Herkunft Lügen straft. Es gibt nur Bilder, die man gesehen haben muss, Geschichten, die erzählt gehören, und es gibt jede Menge Zumutungen. Das alles noch einmal für dieses Buch aufzubereiten, war eine helle Freude. Und man wird sich beim Sammeln und Aussuchen der besten Geschichten gewahr, dass die Diskussion darum, ob Zeitschriften angesichts des Internet- und Application-Hypes eine Zukunft haben, ziemlich hohl ist. Es kommt auf die Inhalte an, nicht auf die Distributionsform.

Vorbilder für DUMMY gibts auch. Sie befinden sich tief in den Archiven. Wo ja nicht nur das sagenumwobene *twen* liegt, sondern auch *Jasmin* – „die Zeitschrift für das Leben zu zweit“, die der Drehbuchautor und Regisseur Will Tremper Ende der Sechzigerjahre entwickelte. Als einer von mehreren leitenden Redakteuren, die sich für einige Hunderttausend Mark Jahresgehalt gern bis spät in die Nacht über Überschriften, Vorspänne und Fotounterzeilen beugten, und entsprechend gut gelaunt las sich das dann auch. Das Geld kann heute niemand mehr zahlen, aber wenn man sich diese Inbrunst beim Blattmachen zum Vorbild nimmt, wird man mit glücklichen Lesern belohnt. Und das ist ja auch sehr schön.

In der Redaktion

Mieser Sound
Dringen und Draußen

LIEB
LING

20

Aussagekräftiger Herr sucht Publikum

Ein Exhibitionist lässt für uns die Hosen runter

Ausgabe Nr. 4: „Deutschland“

26

Es geht sofort los!

Selten so gut gefeiert wie in der Behindertendisco in Güstrow

Ausgabe Nr. 30: „Behinderte“

34

Ein feiner Kerl

In Berlin gibt es 108.509 Hunde. Einer davon ist Peter

Ausgabe Nr. 18: „Tiere“

41

Warte nur

In der Schlange vor dem Berghain, dem besten Club der Welt

Ausgabe Nr. 22: „Berlin“

44

Zum Heulen

Fotos von Weinenden

Ausgabe Nr. 17: „Liebe“

WELCHE GESCHICHTEN MAN NICHT SO SCHNELL VERGISST

Ein Exhibitionist wird von einem Reporter und einer Fotografin in seinem Alltag begleitet. Das heißt: Er spaziert durchs Kaufhaus und sondiert die Lage, schaut also, welche Frau er beglücken könnte. Denn so sieht er es. Bevor er sich von den Reportern verabschiedet, onaniert er noch eine Runde – anschließend streckt er der Fotografin freudestrahlend die Hand entgegen, er ist nämlich ein äußerst höflicher Mann.

So eine Geschichte vergisst man nicht. Sie stammt von Ralf Grauel, der diesen Exhibitionisten für DUMMY mehrere Tage lang begleitet hat. Voller Emphase, ohne Ekel und Vorurteile. Grauel hat mitgefiebert, ohne sich gemein zu machen, er hat einen Mann, den andere für kriminell halten oder für ein (armes) Schwein, auch ein bisschen verstanden. Und so, wie er es dann aufgeschrieben hat, hat er die Welt von einem Stück Dumpfheit befreit, von einer einfachen Wahrheit. Den Leser macht das Ende der Geschichte selig, warum wird natürlich nicht verraten, denn die Reportage kann man noch lesen – hier und jetzt, nur ein paar Seiten weiter.

Es ist eine der Lieblingsgeschichten – eine von denen, weswegen man überhaupt so ein Heft wie das DUMMY-Magazin macht. Viele der Lieblingsgeschichten spielen an den Rändern der Gesellschaft – bei den vermeintlichen Narren und Außenseitern. Oder am Rande des großen Geschehens. Warum in das Berghain hineingehen? Diesen immer mal wieder als bester Club der Welt titulierten Feierpfuhl. Warum sich nicht lieber stundenlang in die Warteschlange davorstellen, um die wachsende Angst zu dokumentieren, die spanische Easyjet-Touristen beim Gedanken befällt, niemals am grimmigen Türsteher vorbeizugelangen. Was Marc Fischer, der keine Geschichten mehr schreiben wird, weil er sich im Frühling 2011 umbrachte, da mitgehört und geschrieben hat, taugte als Theaterstück.

Die Lieblinge in diesem Kapitel sind ganz einfache Geschichten – ohne große hyperventilierende Schlagzeilen. Es geht um einen von 108.509 Berliner Hunden, es geht um weinende Menschen, um Behinderte, die Spaß haben. Die Geschichten sind so, wie das Magazin sein soll: Unaufgeregt, ohne Gefühlsduselei, mit einem Herz für das Einfache und einem leisen Ton – der im Leser im besten Fall ein großes Echo auslöst.

GERECHTIGKEIT FÜR EXHIBTIONISTEN!

...FORDERT ALFRED ESSER. IM AUFTRAG VON DEUTSCHLANDS ERSTER "SELBSTHILFEGRUPPE FÜR ZEIGESÜCHTIG WIRBT ER FÜR MEHR TOLERANZ.

TEXT RALF GRAUEL FOTOS JULIA KNOP

ALFRED ESSER STEHT IM GEBÜSCH UND ZEIGT, WAS ER SO HAT, DAS HEIßT, ER ONANIERT. ZWEI METER VOR IHM HOCKT DIE FOTOGRAFIN UND FUMMELT AN DER KAMERA HERUM. ESSER IST RECHTSHÄNDER, SEIN ARM PUMPT HEKTISCH. ANDAUERND RUTSCHT DIE HOSE RUNTER, MIT DER LINKEN HAND HÄLT ER SIE FEST, DIE RECHTE REIBT. ER WOLLTE SICH NUR VON EINER FRAU FOTOGRAFIEREN LASSEN, WAR JA KLAR. JETZT WECHSELT SIE DEN FILM, GUCKT NICHT MAL HIN, UND ER WICHST EINFACH WEITER.

Aussagekräftiger Herr sucht Publikum
Ein Exhibitionist lässt für uns die Hosen runter

Text: Ralf Grauel

Alfred Esser steht im Gebüsch und zeigt, was er so hat, das heißt, er onaniert. Zwei Meter von ihm entfernt hockt die Fotografin und fummelt an der Kamera herum. Esser ist Rechtshänder, sein Arm pumpt hektisch. Ständig rutscht die Hose herunter, mit der linken Hand hält er sie fest, die rechte reibt. Er wollte sich nur von einer Frau fotografieren lassen. Jetzt wechselt sie den Film, guckt nicht mal hin und er wichst einfach weiter.

Ein Feldweg neben einer Autobahn mitten im Ruhrgebiet. Der Himmel ist blau, vom Feld her weht ein kalter Wind. Das Laub schimmelt, mittendrin steht Alfred Esser und ist ganz aufgekratzt. Er hat einiges zu bieten, das sieht man. Doch aus der Erektion wird trotzdem nichts.

„Lampenfieber", meint er später. Er habe es noch nie vor der Kamera gemacht oder vorher mit der betreffenden Frau geredet. Esser steht vor seinem Auto. Ich sage, „ich mach mal so" und winke ihm aus einem halben Meter zu. Esser versteht. Der Fotografin streckt er seine Hand entgegen, sagt, es hätte ihm sehr gut gefallen, schließlich zeige er sich nicht jeder x-Beliebigen. Sie errötet, schüttelt seine Hand. Esser geht zu seinem Auto, schmeißt den Rucksack in den Kofferraum, der Deckel hat eine Delle. Er streicht über das Blech und sagt: „Ich habe ja auch ein Macke, und dazu stehe ich." Dann steigt er ein und fährt los. Wir gucken, wo man sich die Hände waschen kann.

Alfred Esser ist 68 Jahre alt, der Name ist ein Pseudonym. Seit er ein kleiner Junge war, zeigt er es den Frauen ganz gerne, am liebsten aus einiger Entfernung, erigiert und am Schaft rasiert. Pervers, fanden die meisten. Normal, fand Esser. „Je schöner die Frau, je mehr Retter hat sie", sagt Esser.

Vierzehn Jahre war er, als er seine Leidenschaft entdeckte. Seine Mutter fand Sex und Körperkontakt abstoßend, Wärme gab es keine, dafür Schläge, wenn er mal wieder schmutzig nach Hause kam, und Abschrubben nach dem Bad, erzählt er beim Kaffee im Kaufhausrestaurant. Der Vater ist kaum zu Hause, „Sex", sagt Esser, „holte der sich wohl woanders." Vor dem Krieg war die Familie reich. Hatte Güter in Ostpreußen, nun führen nur Zucht, Disziplin und harte Arbeit aus der Schande der Enteignung. Frauen sind für den Jungen eine fremde Spezies, geheimnisvoll und wunderbar, sie leben auf einem anderen Planeten. Er kann sie aus der Ferne betrachten, aber sie ansprechen schaffte der schüchterne Junge nicht.

Irgendwann beobachtet er mal wieder zwei. Beim Raufen rutschen den Mädchen die Röcke hoch, und ein Gefühl schießt aus diesem fernen Universum in seinen Bauch. Es treibt den Schweiß aus allen Poren und eine gewaltige Erektion in seine Hose. „Wie Feuer hat das gebrannt", sagt Esser und guckt ein wenig hilflos. Mittendrin sein Glied. Pochend, steif und hochempfindlich. Wenn er es in die Hand nimmt, wird alles noch heißer. Die Verbote, seine Angst, die Scham, das verbrennt er gleich mit. Und dann fühlt er sich wie ein Mann, für einen kurzen Moment.

Mit fünfzehn onaniert Esser vor einem Fenster, wird dabei erwischt und kommt unter Jugendarrest. Nach der Entlassung, eine Woche saß er im Jugendknast, packt er seine Sachen und haut ab. Er zieht, wie so viele damals, in die weite Welt, immer in Richtung Arbeit. Er macht eine Lehre in der Gastronomie, lernt die Freiheit kennen, das Leben und langsam auch die Frauen. Er verliebt sich, heiratet, wird Vater zweier Kinder. Er treibt Sport, läuft, spielt Fußball, rudert oder schwimmt. Den echten Kick aber holt er sich bei seinen heimlichen Ausflügen. Im Kofferraum seines Autos liegt immer die Verkleidung bereit, ein Blouson und eine Trainingshose in einer Plastiktüte hinter dem Ersatzreifen. Im Sommer hält er seine Erektion in die warme Abendluft. Im Winter wärmt er seine Hände an kleinen Heizkissen. Das Ventil ist zur Sucht geworden. Manchmal, alle paar Jahre, bleibt eine stehen. Dann schaut sie ihm interessiert zu, sie nickt, ermutigt ihn, stöhnt sogar ein wenig mit und lobt ihn, wenn er kommt. Es ist das schönste Gefühl auf der ganzen Welt.

Wenn Alfred Esser über Frauen redet, spricht der Genießer. Sein Geruch ist eine Mischung aus altem Herrn und Thymian, „Bvlgari" verrät er. Die eng beieinander liegenden Augen sind wach, seine Hände groß, schöne, feste Finger, zarte Innenflächen. Mit diesen Händen reibt er sein Glied. Reibt es manchmal schnell und fest, drückt es zusammen, lässt wieder locker und wiegt es in der Hand, damit es groß und stark wird.

Aber so einfach ist das nicht. Die meisten Frauen sind nicht im Entferntesten daran interessiert, wildfremde Erektionen vorgeführt zu bekommen. Der Herr in den Dünen, der Onkel auf dem Spielplatz, der Mann im Zugabteil, der sich durch die Hosentasche einen runterholt: Bei all diesen Männern vermischen sich Feigheit, Stolz und Nervenkitzel zu einem verstörenden Pseudo-Sex, der irgendwo zwischen Onanie und Beischlaf steckengeblieben scheint. Doch ob die sexuelle Energie als bedrohlich, erregend oder einfach nur als lächerlich empfunden wird, entscheidet die Empfängerin.
Vor allem entscheidet darüber die Situation. Gliedvorzeigen dürfte den meisten Frauen als eine besonders unbeholfene Form männlicher Balz erscheinen. Nachts, im Park, im Parkhaus oder an der Bushaltestelle macht das nur Angst. Für Exhibitionisten aber liege der Kick im Zeigen, nicht in der Angst. „Es geht um Bewunderung, nicht um den Schock", erklärt Esser.
Zeigen, gesehen werden, fertig. Exhis folgen einem starren Ritual und die wichtigste Zutat ist Distanz. Die wird beharrlich eingehalten, schließlich kommt aus ihr die Lust.
„Der Vorstellung von der sexualkriminellen Karriere muss deutlich widersprochen werden", bezeugt eine Studie des Bundeskriminalamtes. In jüngster Zeit ist viel von Sexualverbrechern die Rede, die vorher als Exhibitionisten auffielen. Deren „Abweichung" hätte man aber viel besser an anderen Merkmalen ablesen können. Die Ursachen für Exhibitionismus bleiben „ein Rätsel", so Hans-Ludwig Kröber, prominenter Gutachter und Direktor des Instituts für Forensische Psychiatrie an der Berliner Charité. Kröber legte 2004 eine ausführliche Studie zum Thema vor. Sein Fazit: „Es gibt keinen klinischen Anhaltspunkt, dass

Exhibieren ein typisches ‚Einstiegsdelikt' in spätere sexuell motivierte Gewaltkriminalität wäre." Zeigen ist nicht die Einstiegsdroge zum Nehmen.
Dennoch gilt für „Exhis" und sexuelle Gewalttäter dasselbe Gesetz, Paragraf 183 StGB. De facto wandern Exhibitionisten heute zwar kaum noch in den Knast, eher gibt es Geldbußen, Bewährungsstrafen und Therapieversuche. Weil sie aber gegen das Strafgesetz verstoßen, sind sie vorbestraft und driften nach jeder Tat schnell wieder dorthin, wo sich ihre Scham bis zum nächsten Zeigeerguss aufstaut.

Als Esser zum zweiten Mal geschnappt wird, ist er 31 Jahre alt. Seine Frau ist entsetzt über das, was sie da geheiratet hat. Sie demütigt und erpresst ihn, es den Kindern zu verraten, langsam verwandelt sie sich in ein Abbild seiner Mutter. „Sie hat schreckliche Dinge zu mir gesagt", so Esser. Was genau, das will er nicht mehr widergeben und ein bisschen scheint er jetzt zu übertreiben. Aber für ihn ist das so. Seine Frau bohrt dort, wo er sich am meisten hasst. Und irgendwie auch liebt.
Ab 1971 ist Esser in der Kartei der Polizei erfasst, eine Vorladung zur Gegenüberstellung folgt der nächsten, mit dem Stress wächst der Drang, es wenigstens den anderen Frauen zu zeigen. Nach einer Weile besteht sein Leben nur noch aus Arbeit und öffentlichem Onanieren. Er fährt bis nach Köln oder Hannover, akribisch arbeitet er Routen aus, auf denen er seine Lust länger und gekonnter hinauszögert, manchmal stundenlang, bis er sich fast fünfzig Frauen zeigt in einer Nacht, die jedes Mal die letzte sein soll.

Das Gericht verordnet immer neue Therapien. Seine Frau lässt sich von ihm scheiden. Die Ärzte untersuchen seine Hirnströme, verschreiben Hormonblocker und raten ihm, die Straßenseite zu wechseln, wenn ihm eine Frau entgegenkommt. „Kein Exhibitionist sagt seinem Therapeuten die Wahrheit", erklärt Esser, „dafür schämt man sich viel zu sehr. Außerdem schreibt ja der Therapeut das gerichtliche Gutachten. Also lügen sie was zusammen. Dass sie aufhören wollen." Aber das Gegenteil sei richtig, sagt Esser: „Einmal Exhi, immer Exhi."
Die Statistik gibt ihm recht. Von allen Sexualdelikten hat Exhibitionismus die mit Abstand höchsten Rückfallquoten.
Irgendwann erzählt ihm ein psychiatrischer Gutachter von einer stationären Behandlung, einer Art Gruppentherapie, die in einem Essener Krankenhaus stattfindet. Auf der Arbeit simuliert Esser Schmerzen in der Brust, er weiht seinen Arzt ein und lässt sich überweisen. Die Gruppe ist bunt gemischt: Frauen mit Essstörungen, ein Transsexueller nach der ersten Operation, ein Polizist, der Angst hat, in der Uniform zu ersticken, jemand, der nur mit verheirateten Frauen schlafen kann, eine junge Frau, die Angst vor Menschenmengen hat. Neun Monate lang hört Alfred Esser aufmerksam den Problemen der anderen zu, gibt manchmal den einen oder anderen Tipp, über sich selbst redet er kein einziges Mal. Lieber organisiert er Fußballspiele und Tischtennisturniere, eine Station gegen die andere.

Bei einem Freigang onaniert er an einer S-Bahnstation und wird erwischt. Die Polizei bringt ihn zurück ins Krankenhaus, die Therapeutin stellt ihn zur Rede, vor der versammelten Gruppe. Plötzlich erfahren die anderen, dass er in Parks, auf Parkplätzen und in U-Bahnhöfen im Dunklen steht und wichst. Jetzt ist alles raus, das Spiel ist aus. Alfred ist ein Triebtäter. Die anderen Patienten freuen sich, endlich wissen sie, was mit ihm los ist. Alfred Esser aber hält sich selbst nicht aus.
Er rennt hinaus in den Park, setzt sich auf eine Bank und plant die nächsten Schritte. „Selbstmord. Alles abbrechen, wegziehen, in ein anderes Land. Was man eben so denkt", erzählt Esser. Er hätte schon noch ausgepackt. Er mochte die Leute ja. Jeden einzelnen mit seinen Macken. So sitzt er da, grübelt, und merkt irgendwann, da sitzt jemand neben ihm und will ihn trösten. Es die junge Frau aus der Gruppe, die mit der Platzangst.

Hier beginnt der schöne Teil der Geschichte, denn die Frau, die Angst vor vielen Menschen hat, und der Mann, der sich so gerne zeigt, verlieben sich. Fünfzehn Jahre jünger ist sie als er, weiß alles über ihn, und wenn Alfred Esser von seiner zweiten Frau erzählt, ist es, als stünde sie neben ihm und er habe seinen Einmeterachtzig-Männerarm um sie gelegt, schützend und stolz. „Unser Sexleben ist sehr erfüllt“, prahlt der Rentner. Sie verkleiden sich gegenseitig und manchmal, im Urlaub, baut er sie in seine kleinen Zeigeaktionen ein, ohne dass sie etwas davon mitbekommt.

Einmal, da waren sie in Skandinavien, haben sie ihn auf dem Campingplatz erwischt, die Polizei kam und sie wurden des Landes verwiesen. „Da hing der Haussegen schief“, sagt Esser und grinst. Sie mag es nicht, wenn er loszieht und auf Zeigetour geht. Aber soll sie sich deswegen von ihm trennen? Er ist ja nicht pervers.

Ein paar Jahre später, mehr als 20 Jahre ist das nun her, gibt Esser eine Annonce in mehreren Lokalzeitungen auf: „Exhibitionistenselbsthilfegruppe in Gründung. Zuschriften unter Chiffre …“ Es melden sich Männer aller Altersklassen und Schichten, auch ein Richter ist dabei, ein Computerfachmann aus dem Sauerland. Es meldet sich auch ein Mann, der von seinem Vater misshandelt wurde und nun merkt, dass er seinen eigenen Sohn begehrt. „Dem konnte ich nicht helfen“, sagt Esser. Erst seit 2007 gibt es die erste und bisher einzige Therapiegruppe für Päderasten, an der Berliner Charité. Alle anderen lädt Esser zu einem Treffen ein. „Stadt Dortmund, Gesundheitsamt, sozialpsychiatrischer Dienst, Außenstelle Nord“ steht auf dem Schild. Es ist Dienstagabend. An den vertäfelten Wänden des Gruppenraumes hängen Poster von Kätzchen, Hasen und dem Lebensraum des Fischotters. Vier Tische sind zu einem großen Quadrat zusammengeschoben, an jeder Ecke sitzt ein Mitglied, mit Esser also vier. Die Zahl der Mitglieder variiert zwischen vier und zwölf. Seit Jahren schicken die Gerichte der Umgebung verurteilte Exhibitionisten statt in den Knast in Essers Selbsthilfegruppe.

Vor dem Otterposter sitzt ein Mann Mitte fünfzig, roter Kopf, Brille, Beamtentyp. Ja, er sei verheiratet, antwortet er auf Nachfrage. Daneben sitzt Esser. Ihnen gegenüber ein schmales Männchen, älter, verlebter als Esser, zerdroschenes Thekengesicht, Goldkettchen am Hals, Rheinländer. An der vierten Ecke ein junger Mann, schätzungsweise Anfang zwanzig. Untersetzt, Glubschaugen, an den Augenrändern, Nasenlöchern und Nagelbetten seiner Finger schorfige Male von Schuppenflechte, kleine Hände mit langen, spitzen Fingernägeln. Er duckt sich wie ein Babydinosaurier aus einem Zeichentrickfilm und grinst – die ganze Zeit über.

Der Herr aus dem Rheinland wird lebendig. Er ist erst das zweite Mal in der Gruppe. Es fällt ihm offensichtlich schwer, zu reden. Er schlägt Haken, vermeidet jeden klaren Punkt, als käme er von dort nicht weiter. Esser schaut besorgt, der andere Herr runzelt die Stirn, der Junge grinst. Langsam entblättert er sich, macht deutlich, dass er sich in Bordellen zeigt und dort vor den Frauen onaniert, mit geschlossener Hose. „Das Leben ist ja wie im Puff“, sagt er, „man muss gut aussehen. Dann wissen die Frauen, also das Publikum, das schon zu schätzen.“

Da lehnt sich der Herr mit dem roten Kopf zurück, nachdrücklich sagt er, das könne er jetzt aber nicht nachvollziehen: „Wenn ich mit einer Frau zusammenkomme, muss die Chemie schon stimmen.“ Wie Esser ist auch er verheiratet. Seine Frau passt auf, dass er keinen Mist mehr baut. Wenn er spät abends noch vor die Tür geht, schaut sie nach, dass er seine Heizkissen nicht dabei hat und überprüft, ob sein Hosenstall geschlossen ist.

Der Junge mit den Dinohänden, noch immer grinsend, zieht einen Brief aus der Tasche, schiebt ihn über den Tisch und fragt nach Essers Anwalt. Er ist 34 Jahre alt, die anderen nennen ihn scherzhaft eine „doppelte Jungfrau“. Noch nie hat er mit einer Frau geschlafen. Sein erster Samenerguss in der Öffentlichkeit steht ebenfalls noch aus. Er wohnt bei seinen Eltern im Dachgeschoss und ist mehrfach vorbestraft.

Draußen kriegt er keine Erektion hin, also holt er sein Glied einfach raus und schlabbert damit herum. „Manchmal kichern die Mädchen nur. Oder sie sagen ‚schön für Dich‘. Aber schon das baut mich auf“, sagt der Junge, guckt und grinst. Esser liest den Brief laut vor, eine Vorladung. Neulich morgens hatte er sich an der Haltestelle gezeigt, wo er jeden Tag in seinen Bus zur Arbeit steigt. Gegenüber wohnt auch noch die Freundin seines Bruders. Als wollte er geschnappt werden. Weil er sich ein paar Schulmädchen zeigte,

hat er jetzt Paragraf 176 am Hals. Da geht es um Minderjährige. Kein Spaß. Als die Vorladung kam, habe seine Mutter zum ersten Mal kapiert, dass er nur Exhibitionist sei, erzählt der Junge. All die Jahre vorher dachte sie, er würde Frauen vergewaltigen.
„Das mit den Kindern musst du in Griff kriegen", ermahnt ihn der Herr mit dem roten Kopf. Der Junge nickt und grinst den Boden an.
Esser liest ein paar Briefe und Zeitungsartikel vor, dann wird es Zeit zu gehen. Der Rheinländer möchte wohl noch was los werden, setzt wieder zu einer unverständlichen Erklärung an. Ob er jetzt endlich die Hose runter lassen würde, fragt Esser, sonst könne man ja dann aufbrechen. Der rote Kopf schmunzelt, der Rheinländer versteht den Witz nicht, die Jungfrau grinst. Esser lacht und schließt die Tür ab.

„Ich will ja keinen Freischein", sagt Alfred Esser später draußen vor der Tür. Der Beamte und der Junge warten bei Essers Auto, das unter einer Laterne parkt. Er will die Männer gleich am Bahnhof absetzen. „Eine Ordnungswidrigkeit kann das Gliedvorzeigen ruhig sein, wie Falschparken, mit deutlich erhöhtem Bußgeld." So läuft das in Holland. Dort haben sie in Parks sogenannte Zeigeecken eingerichtet, aber davon hält er nichts: „Daraus werden nur Schwulentreffs."
„Und dass wir auf die Angst der Frau abfahren, ist auch Blödsinn", sagt Esser, „es geht um Lob und Anerkennung." Seine Innung müsse toleranter werden, sagt Esser, er bläue jedem Exhi den Verhaltenskodex ein: „Keine Parkhäuser, keine dunklen Ecken, keine einsamen Orte!" Besser sind belebte Gegenden, das verschärfe zwar die Gefahr für den Gliedvorzeiger, „sorgt aber langfristig für mehr Verständnis beim Publikum", sagt Esser. Er selber muss sich nicht mehr so oft zeigen. „Seitdem ich mir zugestehe, wie ich bin, hat der Drang nachgelassen."

Was genau passiert, wenn man so in den Büschen steht, verstehen nur Betroffene, darüber spreche man nur im engsten Kreise. Und das helfe. „Schauen Sie sich den Jungen an", sagt Esser und nickt zu seinem Auto rüber, wo die beiden Männer von einem Bein aufs andere treten. „Der ist seit zehn Jahren in psychiatrischer Behandlung. Den hätten Sie mal vor vier Jahren sehen sollen. Da hat der nur auf den Boden gestarrt", sagt Esser. „Nach Wochen redete er über seine Zeigesucht, zum ersten Mal in seinem Leben. Dann fing er an, die Leute anzugucken, mit denen er redet. Jetzt grinst er, na gut, aber im Vergleich zu früher ist der ja locker! Der hat getickt wie eine Bombe. Aber eigentlich ist er kein richtiger Exhi. Das mit dem Anfassen passt nicht ins Bild. Ein Glück, dass der noch in therapeutischer Behandlung ist."

Esser fordert Selbsthilfe oder Therapie statt Gefängnis. „Neulich haben sie einem Exhi aus Winsen an der Luhe im Knast den Hals durchgeschnitten," sagt er. Theoretisch drohe ja pro Frau, der man sich präsentiert, ein Jahr. „Zeigen Sie sich mal einem Damenkegelklub, der im Reisebus an Ihnen vorbeifährt. Da haben Sie sofort dreißig Jahre auf dem Buckel", sagt Esser, „kleiner Scherz am Rande." Jetzt muss er aber mal, die Kollegen warten, sagt Alfred Esser und streckt die Hand zum Abschied aus. Er geht zu seinem Auto mit der Macke, schließt die Tür auf, lässt die Kollegen einsteigen und fährt los. In die Nacht, zum Bahnhof. Seine Hände waren zart und warm, der Händedruck fest, verbindlich und herzlich.

KONTAKTADRESSE:
Kontakt- und Informations-Stelle
für Selbsthilfe (K.I.S.S)
z. H. Alfred Esser
Friedensplatz 8 (Am Rathaus)
44 135 Dortmund
Tel.: 0231 / 52 90 97
E-Mail: esseralfred@aol.com
www.zeigen-verboten.de

INFORMATION:
Alfred Esser: Zeigen Verboten, Exhibitionismus – ein verkanntes Problem. Hagen, 1996
Elz/Jehle/Kröber (Hrsg.): Exhibitionisten – Täter, Taten, Rückfall –, Kriminologie und Praxis (KUP), Schriftenreihe der Kriminologischen Zentralstelle e.V. (KrimZ), Band 43. Wiesbaden, 2004
www.krimz.de

Es geht sofort los!
Selten auf einer besseren Party gewesen. Selten so schön getanzt. Ein Ausflug in die Behindertendisco nach Güstrow

Text: Fabian Dietrich

Fotos: Tobias Kruse

Sie hängen es nicht an die große Glocke, und das ist wahrscheinlich auch gut so. Nur Eingeweihte wissen, wann es in Güstrow, Mecklenburg-Vorpommern, wieder so weit ist. Alles funktioniert über Mundpropaganda, klassischer Underground. Im offiziellen Programm steht die Party jedenfalls nicht. Das STUK liegt am Schwarzen Weg, ein unscheinbarer Flachbau hinter einem Backsteinmonstrum, das im Dunklen tatsächlich ein bisschen so aussieht wie das Berghain in Berlin. „Wenn wir die Party auf unserer Internetseite ankündigen, dann rennen die uns die Bude ein", sagt Thomas, einer der Leiter des ehemaligen Studentenclubs. Die Getränkepreise sind unschlagbar: 1,30 Euro für ein gezapftes Rostocker Pils, 1 Euro für ein großes Mineralwasser, 2 Euro für Cola mit Alkohol drin. Seit 1999 organisieren sie hier einmal im Monat die legendäre Behindertendisco, zu der manchmal sogar Busse aus Wittstock kommen (das ist 90 Kilometer entfernt). Thomas, der normalerweise Hardrock auflegt, hat sich wie immer die Kiste mit den „Bad-Taste-CDs" mitgebracht. „Es braucht schon 'n bisschen Bums", sagt er.

Wenn er das STUK um Punkt 19 Uhr aufschließt, warten an manchen Abenden bereits 50 Leute vor der Tür. Heute sind es nur sechs oder sieben. Aber dann strömen sie plötzlich herein: Kleine und Große, Alte und Junge, Dicke und Dünne, ein paar Rollstuhlfahrer, ein hagerer, blasser Mann mit hoher Stirn, der ohne erkennbaren Grund fragt: „Bist du böse auf mich?" Eine Kleiderordnung gibt es natürlich nicht. Alles ist erlaubt: Strickjacken, T-Shirts, Pullover, Forst- und Gartenarbeiteroutfits, Sonnenbrillen, Fußballtrikots, Harry-Potter-Capes. Die Behindertendisco ist keine Party, die sich langsam steigert und dann irgendwann im Morgengrauen gut wird. Die Behindertendisco dauert ja nur vier Stunden, also geht es schon mal los wie eine Explosion. Kein großes Rumgesitze, kein lahmes Rumgequatsche und vor allem: keine Schüchternheit. Es wirkt, als seien hier vom ersten Moment an alle auf einer Art natürlichem Ecstasy. „Das ist was zum Mitmachen!", ruft Thomas durch sein Mikrofon in die glücklichen Behindertengesichter rein. Wie er da so auf der DJ-Kanzel steht, mit seinen halblangen Haaren, so saucool und blass, erinnert er plötzlich ein bisschen an Tony Wilson, den Gründer des berühmten Clubs Hacienda aus Manchester (das ja auch mal Madchester genannt wurde, wegen der verrückten Partys, die es da so gab). Nach geschätzten elf Minuten erlebt das STUK dann seinen ersten Höhepunkt. Es läuft *Captain Jack*, und alle machen: „Hey-Yo, Captain-Jack / Bring-meback to the railroad-track." Psychos, Mongos, Spastis, Verwachsene und Normale verwandeln sich im Hit-Gewitter des DJ Thomas zu einem fröhlich zappelnden Menschenbrei. Es gibt Paartanz, Einzeltanz, Rollifahrertanz, Betreuertanz. Es wird gebaggert, geglotzt, gelacht. „Yippie-Yippie-Yeah, Yippie-Yeah / Krawall und Remmi-Demmi", singen sie. Toni, ein Spastiker, der zum ersten Mal im STUK ist, hampelt aus Freude so stark, dass Marcel, mit dem er gemeinsam auf die sonderpädagogische Schule „Anne Frank" geht, Angst hat, der Rollstuhl könne trotz Stützen umkippen. Das sei dem Toni neulich schon mal passiert, sagt er und hält ihn ein bisschen von hinten fest.

Ein friedfertiger Rocker erscheint in der Behindertendisco, seine Harley-Davidson-Lederjacke ist mit einem Böhse-Onkelz-Aufnäher verziert. Eine Bande dicker HipHop-Jungs läuft vorbei. Eine Hippie-Punkerin bewegt sich daneben verzückt. Sogar ein behinderter Hansa-Rostock-Hooligan hat hier seinen Spaß. Und diejenigen, die auf „Bratze", also Rave-Musik stehen, kommen sowieso mit allen und allem prima klar. Es läuft mittlerweile ein Lied, dessen Refrain lautet „Santa Maria! / Insel, die aus Träumen geboren / Ich hab meine Sinne verloren". Ein Mann in einem grauen Pullover ruft immer nur „Jaaa! Jaaa!" und winkt. Eine ältere Frau mit einem blonden Prinz-Eisenherz-Haarschnitt wippt an einem Tisch mit ihrem Oberkörper ihrer Hand entgegen, die sie beschwörend über ein leeres Bierglas hält. Minutenlang. Vielleicht sogar Stunden. Und auch das ist völlig okay.

Um kurz vor zehn erklimmt Dirki, ein kleiner, Brille tragender Mann mit Down-Syndrom, das DJ-Pult für seinen traditionellen Auftritt. Früher hat er sich als DJ Ötzi verkleidet, aber in letzter Zeit macht er einen auf Schlagersängerin Andrea Berg, obwohl er – das ist jetzt kein Widerspruch – wegen Fasching jetzt mal eine kleine Hexe sein will.
„Andrea Berg ist hier. Aber Andrea Berg hat heute keine Perücke an", verkündet Thomas und gibt dem kleinen Mann, der diesmal eine Hexe sein will, das Mikrofon. Man kann Dirki kaum verstehen. Lallend singt er über die von sanften Alleinunterhalterorgelmelodien untermalte Stimme von Frau Berg: „Du hast mich tausendmal belogen / du hast mich tausendmal verletzt / ich bin mit dir so hoch geflogen / doch der Himmel war besetzt."
Irgendwann gegen Ende hat man den Überblick komplett verloren. Alles verschwimmt. Es ist gar nicht mehr erkennbar, wer genau was hat, und wer noch mal nicht. Das süße kleine Mädchen mit den Augenringen – die etwa auch? Man will ja nicht so direkt fragen … es ist ja auch egal. Aber gerade die, die man für besonders behindert gehalten hat, ziehen nach längeren, extra behindertengerecht geführten Small-Talk-Konversationen am Rand der Tanzfläche (WIR KOMMEN AUS BERLIN. DAS IST WEIT WEG. MIT DEM AUTO SIND WIR DA. DER, DER IMMER DIE FOTOS MACHT. DER MIT DER KAMERA. DER HEISST TOBI. DER IST FOTOGRAF. UND ICH BIN FABIAN. WIR SIND VON EINER ZEITSCHRIFT. SO WAS WIE ZEITUNG. DUMMY MAGAZIN) plötzlich ein iPhone aus der Tasche und stellen sich als geistig völlig klare Betreuer oder Nachbarn heraus. Unfassbar peinlich ist das. Aber auch normal. Deswegen lohnt es sich ja so, in die Behindertendisco nach Güstrow zu fahren.

Es war eine Rückkehr für Fotograf Tobias Kruse, als er gemeinsam mit Autor Fabian Dietrich die Behindertendisco in Güstrow besuchte.
Vor vielen Jahren war er hier als Zivi tätig und in den vergangenen Jahren hat er in der Redaktion oft genug vom wilden Treiben in Güstrow geschwärmt.

Ein feiner Kerl
In Berlin leben 108.509 Hunde. Peter ist einer von ihnen

Text: Marcus Jauer
Foto: Armin Smailovic

Das ist Peter. Zumindest ist das der Name, mit dem er gerufen wird und auf den er hört, meistens wenigstens. Es ist der Name, den ihm die Frau gegeben hat, bei der er seit fast drei Jahren lebt. Sie hat auch einen Impfausweis für ihn anlegen lassen, da steht dieser Name ebenfalls drin und gleich dahinter steht ihrer: Peter Fink. Kein schlechter Name für einen Hund eigentlich.

Wenn man sieht, wie er die Straße entlang läuft, dann ist die Leichtigkeit seines Ganges das erste, was an ihm auffällt. Es sieht aus, als laufe er gar nicht auf der Straße, sondern in der Luft darüber. Er geht nicht, er tritt nur auf. Er bewegt sich wie einer, der den Boden unter seinen Füßen nicht besetzen will, sondern immer bereit ist, ihn preiszugeben. Für etwas, das ihn interessiert, genauso wie für etwas, das ihm Angst macht. Das sind die zwei Seiten seiner Leichtigkeit, sie ist stets für beides wach, für das Staunen und für den Schrecken.

Er hatte auf der Straße gesessen, als die Frau ihn fand, er war noch sehr jung damals, nicht viel größer als eine Katze. Er saß an einem Baum und machte irgendetwas, und als sie auf ihn zukam, da schaute er auf. Es ist im Grunde egal, was es für ein Blick war, ob er etwas sagen wollte damit, oder ob er überhaupt etwas sagen kann, die Frau las etwas darin. Sie las, sie solle ihn mitnehmen. Es war nur eine Vermutung, aber sie veränderte sein Leben. Kurz darauf bog ein Mann um die Ecke, den fragte sie, ob ihm der Hund gehöre. Er beantwortete es gleich mit einer Gegenfrage. Willst du ihn haben, fragte er. Er hielt den Hund in seiner Wohnung, die er mit Zeitungspapier ausgelegt hatte, weil er zu selten da war, um mit ihm Gassi zu gehen, und bald würde er noch viel seltener da sein, weil er ins Gefängnis musste für drei Monate, eine Unterhaltssache. Hundertfünfzig Euro, und er gehört dir, sagte er. Aber als die Frau noch am selben Tag kam mit dem Geld, da weinte er, der Mann, der ins Gefängnis musste.

Sie haben den Mann ein halbes Jahr später zufällig wieder getroffen, als sie noch einmal in der Gegend waren, die Frau und der Hund. Der Hund schien ihn zu erkennen, aber er hörte schon nicht mehr auf den Namen, den der Mann ihm gegeben hatte, Chicco, und als sie einige Zeit darauf wieder dort waren, erkannte er auch den Mann nicht mehr. Es war, als habe er keine Erinnerung behalten aus dieser Zeit, aber auch das ist natürlich eine Vermutung.

In der ersten Zeit war die Frau noch nicht sicher, ob sie den Hund behalten wollte. Sie hatte in ihrem Leben schon ein paar Hunde gekannt. Einer hatte immer an der Haltestelle gewartet, an der sie aus dem Schulbus ausstieg. Einer lebte in dem Büro, in dem sie eine Zeitlang arbeitete. Einer hatte in einem Pappkarton gelegen, in dem man ihn ausgesetzt hatte auf freiem Feld. Sie hatte sich um diese Hunde gekümmert, aber letztlich hatte sie keine Verantwortung für sie gehabt. Es waren Hunde, die jemand anderem gehörten. Nun hatte sie einen eigenen.

Sie nahm ihn in ihre Wohnung und stellte ihm einen Korb in die Küche, sie nahm ihn nicht mit in ihr Bett. Sie gab ihm Futter aus der Dose

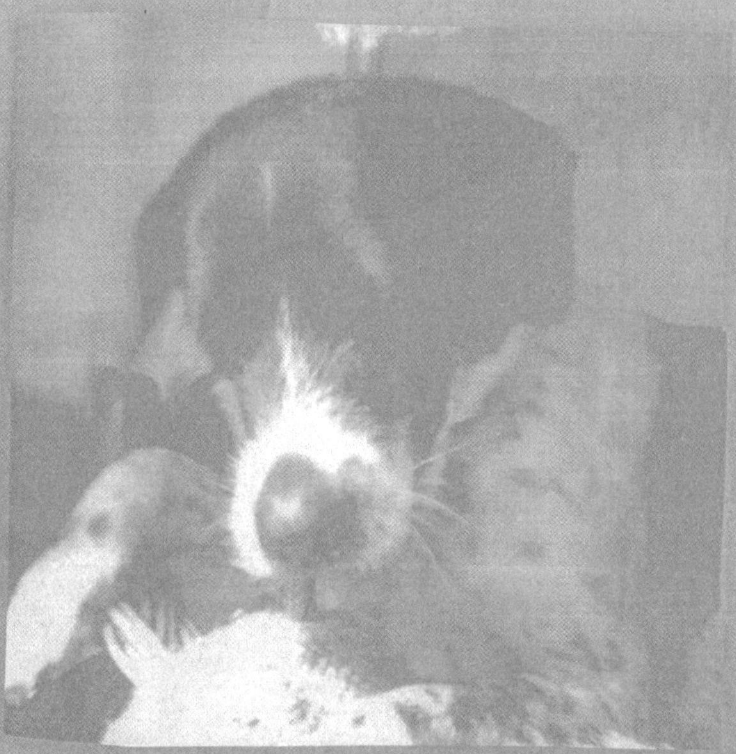

Peter ist übrigens der
Hund von Betty Fink,
der Geschäftsführerin
der Fotoagentur Ostkreuz

und sorgte für ihn, aber sie behandelte ihn wie jemanden, der nicht davon ausgehen konnte zu bleiben. Manchmal fragte sie Bekannte, ob sie einen Hund haben wollen, aber davon erzählte sie ihren Freunden nichts. Ihre Freunde mochten den Hund, er machte es ihnen leicht, ihn zu mögen. Er machte es allen leicht.
Nach ein paar Tagen ging sie mit ihm zum Tierarzt, wo er geimpft wurde und einen Ausweis bekam. Darauf klebt ein Passbild von ihm. Peter, Hund, Mischling, männlich, schwarz-weiß, keine Tätowierungen. Später ließ sie ihm noch einen Chip einsetzen, damit er gefunden wird, sollte er verlorengehen, wem auch immer verloren. Denn hätte sie damals jemand gefragt, ob sie diesen Hund wirklich behalten will, ernsthaft, sie hätte es nicht sagen können.
Einige Wochen darauf entdeckte die Frau einen Knoten unter seinem Fell. Er saß auf dem Rücken, nahe der Wirbelsäule und wurde langsam größer. Der Tierarzt sagte, dass es Krebs sein könne, er riet zur Operation. Sie brachte ihn in die Praxis, und der Arzt schnitt den Knoten heraus, um ihn zu untersuchen. Sie waren schon wieder zu Hause, als der Hund aus der Narkose erwachte. Er versuchte aufzustehen, aber er konnte sich nicht auf den Beinen halten. Er wusste nicht, was mit ihm geschah, das machte ihm Angst, und sie wusste, dass ihm noch viel mehr geschehen konnte, das machte ihr Angst. Sie legte sich neben ihn auf den Teppich im Wohnzimmer und wartete, dass die Angst verschwindet, ihre und seine. Danach konnte sie ihn nicht mehr weggeben.
Er ist inzwischen zu einem mittelgroßen Hund ausgewachsen. Er wiegt achtundzwanzig Kilo, frisst morgens und abends Futter, das frisch zubereitet wird und aus je einem Teil Gemüse, Getreide und Fleisch besteht, Wild oder Rind, niemals Schwein. Er hat eine Operation hinter sich, die eine Fehlstellung seiner Hüfte korrigierte, eine Toxoplasmose, die Hunde nur selten bekommen und eine Schilddrüsenüberfunktion, die medikamentös behandelt wurde. Er geht nicht über glänzende Böden, aber legt seinen Kopf gern in Regalen ab, als sei er ein Buch. Manchmal sieht er aus, als sei er verlegen. Aber ansonsten wirkt er vollkommen gesund.
Wenn man beobachtet, wie er durch den Tag läuft, dann ist das freundliche Wesen seines Charakters das nächste, was einem auffällt. Er ist nicht misstrauisch, er steuert auf alles zu, was ihn interessiert, aber er springt es nicht an. Er nähert sich den Dingen behutsam, und er scheint es zu schätzen, wenn sie dasselbe tun. Er läuft voraus, aber er schaut sich oft um. Er geht fast nie an der Leine und wirkt dennoch oft so, als halte ihn etwas zurück.
Jeden Morgen begleitet er die Frau, bei der er lebt, in das Büro, in dem sie arbeitet. Er hat sich dort anfangs sehr gelangweilt, weil sich niemand um ihn kümmern konnte. Keiner hatte Zeit, jeder hatte eine Aufgabe. Es ist ein Büro, in dem viele Sachen zu organisieren sind, Anrufe, Aufträge, Abrechnungen, und vieles davon muss die Frau erledigen, bei der er lebt. Das ist ihre Aufgabe, und sie schafft sie nur, wenn sie dabei nicht ständig unterbrochen wird.
Es ist nur eine Vermutung, aber irgendwann muss der Hund begriffen haben, dass auch er eine Aufgabe brauchte, wollte er sich nicht langweilen. Seitdem sitzt er unter dem Schreibtisch der Frau und achtet darauf, dass ihr niemand zu nahe kommt, wenn sie nicht gestört werden will. Versucht jemand sie anzusprechen, knurrt er ihn an, drängt sich mit seinem schlanken Körper zwischen sie und ihn oder beißt ihn sanft in die Schuhe. Er hat sein Leben lang mehr mit Menschen zu tun gehabt als mit Hunden, und er scheint sie genau studiert zu haben. Es ist, als habe er ein Gespür dafür entwickelt, wie sie Gruppen bilden, welche Hierarchien darin entstehen, und wie sich diese verändern. Es kann sein, dass er sich damit beschäftigt, weil es ihn interessiert. Es kann auch sein, dass es ihn beschäftigt, weil er sich als Teil ihrer Gruppe empfindet, er weiß nur nicht als welchen Teil.
Wenn Menschen, die eben noch mit ihm spielten, nun unter sich bleiben wollen, geht er sie einen nach dem anderen ab und legt ihnen seine Schnauze auf das Knie, oder er legt sich gleich quer über ihren Schoß. Wenn die Frau, bei der er lebt, mit jemandem in ihrem Schlafzimmer verschwindet, dann steht er vor der Tür und lauscht. Es ist, als fürchte er sich davor ausgeschlossen zu werden und als rühre diese Furcht an die Wurzel seiner Existenz. Er ist kein Mensch, er wird nie einer sein, er ist ein ganz normaler Hund.

Betrifft: Berlin Ausgabe

Will man wirklich noch mal Fotos von Punkern auf dem Alex sehen? Von Russen in Charlottenburg, Touristen in Friedrichshain? Will man nicht. Deswegen waren wir heilfroh, dass uns Edward B. Gordon davor bewahrte, eine Art *GEO-Spezial*-Berlin zu machen. Gordon malt jeden Tag ein Bild von Berlin, was also lag näher, ihn das komplette Heft mit Pinsel und Ölfarbe bestreiten zu lassen.

„The Red Dress"
21. Mai 2007

„Childhood Heroes"
22. Juni 2007

„John"
31. Juli 2007

„Yellow Post Van"
10. Oktober 2007

„A Dutchman in Berlin“
13. Oktober 2007

„After van Dyke 2“
03. November 2007

„Breakfast in the Rosenthaler“
06. Februar 2008

„Remember“
27. März 2008

„SMS for you“
03. April 2008

„Opening Night“
5. April 2008

„Turning into Steinstrasse“
12. Mai 2008

„Münzsalon“
29. Juni 2008

„Monday“
07. Juli 2008

„What's going on“
03. August 2008

„Philippe Lemoine“
27. Februar 2009

„Kitchen Door“
28. Februar 2009

Warte nur
In der Schlange vor dem Berghain, dem angesagtesten Club der Welt

Text: Marc Fischer

„The Bouncer"
18. November 2007

Eine Samstagnacht Ende Februar, Wriezener Bahnhof, 2:35 Uhr. Ricardo, Maria, José und Angelina, kleine, dunkelhaarige Spanier allesamt; Studenten der Literatur, Geschichte, Linguistik allesamt; in ihren Zwanzigern allesamt; stehen im hinteren Drittel einer sechzig Meter langen Menschenschlange vor einem ehemaligen Heizkraftwerk, das sich wie eine zerlumpte Burg vor ihnen erhebt.
„Mir ist kalt", sagt Angelina.
„Mir auch", sagt Maria. „Ich hätte doch die Snowboardjacke anziehen sollen."
„Auf keinen Fall", sagt Ricardo. „Dann hätten wir gar nicht erst zu kommen brauchen. Oder hast du vergessen, was Jaime passiert ist?"
„Jaime kam nicht rein?"
„Jaime kam nicht rein."
„Weil er eine Snowboardjacke anhatte?"
„Weil er aussah wie ein Vollidiot."

Seit Freitagmittag sind die vier in der Stadt, mit Easy Jet über Schönefeld, 34,99 Euro, Handgepäck only, no Drinks, no Food. Sie wohnen in einer Pension in Kreuzberg und haben sich ein paar Dinge angesehen in Berlin, Siegessäule, Brandenburger Tor, Galeries Lafayette, das Stelenfeld des Mahnmals für die Juden. Aber eigentlich gehts ihnen nur um dieses eine Gebäude am Wriezener Bahnhof: „El Berghain", wie sie sagen, „das Berghain".
Streng genommen könnte man es einen Klub nennen, also die Art Veranstaltung, bei der ein paar DJs ein paar Platten auflegen und ein paar Hundert Menschen glücklich machen. Doch wer die Feiern im Berghain so beschreibt, für den ist die Sixtinische Kapelle auch bloß irgendeine Kirche und die Freiheitsstatue nur eine Grünspan-Lady, die mit einer Fackel im Wasser rumsteht und auf einen Haufen Penner wartet. Richtiger wirds, wenn man es so sagt: Ägypten hat die Pyramiden, Rom hat den Vatikan, Granada hat die Alhambra, Berlin hat das Berghain. Der Ort ist zu einem Mythos geworden, man spricht von ihm wie von einem Hieronymus-Bosch-Bild: als Paradies des Exzesses, Fotografieren verboten. Jedes Wochenende fliegen Spanier, Franzosen, Italiener, Portugiesen, Holländer zu Tausenden ein und warten mit leuchtenden Augen auf Einlass, stundenlang. Sie erhoffen das Unfassbare hier, lebensverändernde Erfahrungen, die sie kulturell/spirituell/sexuell weiterbringen.
Falls sie reinkommen.

3:02 Uhr. Die Vier gewinnen ein paar Meter. Hinten wächst die Schlange bis zum Taxistand, sie wird immer bunter, überraschend viele tragen Rucksäcke und sehen aus wie Interrailer: Ja sind die denn irre? Mindestens die Hälfte von ihnen wird es nicht reinschaffen. Man wird sie auf die Straße zurückstoßen wie unerwünschte Fremde. Alle anderen werden es drinnen umso mehr genießen.
„Stimmt es, dass sie dort den letzten wahren Techno spielen?", fragt Maria und sieht hin zur Burg, über Hunderte von Köpfen hinweg, die vor ihr anstehen und plappern und zwitschern, leise auf Deutsch, laut auf Italienisch, Spanisch oder Holländisch. Weiß Wowereit, welche Bedeutung der Club für die Stadt hat? Hoffentlich nicht. Rotes und blaues Licht blitzt aus den Fenstern der weiter oben liegenden Panoramabar, ab und zu wummert es und bummert es.
„Ist es wahr, dass Berlin da drin noch das alte Berlin ist, das Rave-Berlin der zerfallenen Häuser, der Party-Revolution, des ewigen Tanzes?"
„So erzählt man sich's", sagt Ricardo, der es selber erzählt bekommen hat, von einem, der es von einem erzählt bekommen hat, der wirklich dagewesen sein soll und seitdem ein anderer geworden sei, besser, sagen alle. Den Rest hat Ricardo im Internet zusammengegoogelt.
„Stimmt es, dass die Leute auf den Toiletten Sex haben?", fragt Maria.
„Vor allem auf den Gängen habe ich gehört."
„Ist es wahr, dass es einen Bereich gibt, den man nur nackt und mit einer Baulampe auf dem Kopf betreten darf?"
„Der soll vor allem für die Schwulen sein und Lab. Oratory heißen oder so."
„Stimmt es, dass es drinnen überall Drogen gibt?"
„Wie sonst sollte man es aushalten?"
„Fast habe ich etwas Angst", sagt Maria und greift Angelinas Hand.

Angelina, die Kleinste der vier, lächelt unsicher, sie hat die ganze Zeit kaum etwas gesagt.

Sie ist hier, weil José herwollte, den sie liebt, und ob José sie gerade wirklich gern dabei hat, ist schwer zu sagen. Sie könnte sich später als hinderlich erweisen, falls sich in den Gängen oder Toiletten etwas ergibt. „Das mit der Angst ist doch gut“, sagt José. „Wo sonst auf der Welt gibt es das noch – einen Club, vor dem man Angst hat? Ein Club, bei dem es um etwas geht? Ein Club, der ein kleiner Test ist?“ In Spanien gehen sie den Jakobsweg, er führt ins Licht, hier gehen sie den Berghain-Weg, er führt ins Dunkle. Und über Sven Marquardt, den Türsteher. El Gorila, sagt Ricardo.

3:35 Uhr. Marquardt hat ein Gesichtstattoo und viele Ringe im Gesicht, auch in den Lippen, aber das ist nicht das Problem. Das Problem ist, dass es nicht ganz einfach ist herauszufinden, wer ihm gefällt und wer nicht. In anderen Clubs gibt es meist ein klar erkennbares System: Turnschuhe gehen oder Turnschuhe gehen nicht; Krawatte ist der Tod oder toll; nett abnicken läuft oder läuft nicht. Auch Marquardt hat ein System, aber mit ihm ist es ein bisschen wie mit dem Türhüter in Kafkas Geschichte „Vor dem Gesetz“: Irgendeinen Schlüssel gibt es, aber welchen und wer hat ihn gerade? Ist mein rasierter Schädel okay, oder hast du, Gott der Nacht, vielleicht gerade überhaupt keinen Bock darauf? Gucke ich zu betont lässig oder nicht lässig genug? Wie gucke ich überhaupt, und was hat das zu bedeuten, dass ich jetzt darüber nachdenke, wie ich gucke? Und was für ein Mensch bin ich eigentlich, ein sicherer, ein unsicherer, irgendwas dazwischen?
Ein Club ist wohl dann gut, wenn er es schafft, solche Fragen in den Schlange Stehenden hervorzurufen, existenzielle Fragen, Grundsätzliches. Marquardt kriegt es hin, dass man sich solche Fragen stellt. Und wie der Ruf des Berghain selbst ist auch der von Marquardt inzwischen zu mythischer Größe gewachsen. „Ein Freund von mir meinte neulich, er sei gar kein Mensch, sondern ein Reptil“, sagt Ricardo. „Eine Echse oder so was.“
„Wer meinte das – der Volltrottel Jaime, der noch kein einziges Mal drin war?“, fragt Maria. „Nein, Antonio sagte das“, sagt Ricardo, als Marquardt und seine zwei Vasallen, Typ SS-Kickboxer, gerade vier Italiener nach Hause schicken.
„Was war jetzt falsch an denen?“, fragt José. „Der eine hatte ziemlich schlimme Turnschuhe an, so Angeber-Dolce&Gabbanas in rotweiß-grün. Außerdem waren sie ziemlich laut“, sagt Ricardo. Er selber trägt Nikes, aber Ricardo beginnt langsam zu verstehen, dass so was hier gar nichts bedeutet. Dass solche Codes von vorgestern sind, die vielleicht in Barcelona, Mailand und New York noch gelten, aber nicht hier. Hier meinen sie's irgendwie ernster. Kein Ausgehen auf der Welt hat so etwas Sakrales wie das Berghainsche.
Die Geschichten, die man sich davon erzählt, handeln nicht von irgendwelchen Top-Models, die mal nicht reingekommen sind, oder von Fernsehstarlets, die mit Drogen auf der Toilette erwischt wurden. Sie handeln von Menschen, die sich oft tagelang in den Katakomben des Clubs herumgetrieben haben, in allen möglichen Aggregatzuständen. Sie handeln von Zombies, Wirren, Irren. Einige gingen heterosexuell rein und kamen schwul wieder heraus, bei anderen war es umgekehrt. Es sind Fegefeuergeschichten, die das Berghain erzählt. Und weil die Hitze des Fegefeuers so stark ist, kommen so viele Menschen von überall aus der Welt her – weil sie spüren, dass keine weltliche Institution aufpasst und man hier verloren gehen kann. Falsch: verloren gehen will. Darum machen sich die vielen kleinen Europäer und Europäerinnen auf den Berghain-Weg: um sich in Schwärze aufzulösen. Um zusammen mit anderen kleinen Seelen verschluckt zu werden im verrotteten Körper eines Wracks von Kraftwerk.

4:12 Uhr. Ricardo, Maria, José und Angelina, kleine, dunkelhaarige Spanier allesamt; junge Studenten des Lebens allesamt; unsicher allesamt; stehen vor einem kräftigen Echsenmann mit Tätowierung und Ringen im Gesicht.
Maria denkt: Zum Glück keine Snowboardjacke.
Ricardo denkt: Bitte, Echse, por favor.
José denkt: Ja, ich will.
Angelina denkt: Vater unser im Himmel.

Der Echsenmann schaut sie schweigend an. Dann nickt er, wie nur der Echsenmann es kann.

Zum Heulen

Das große Schluchzen im Fotostudio von Erik Weiss wurde erst möglich, als sich eine Schauspielschülerin in eine Art Trance begab und sich an den Tod ihrer Oma erinnerte. Die Wellen der Erschütterung steckten auch die anderen an, sodass die Tränen bald sturzbachhaft flossen. An manchen Kiosken lag das DUMMY-Liebe, das von einer weinenden Frau geziert wurde, gleich neben dem Heft *Elle Decoration*. Manche Kioskbesitzer können sich eben nicht vorstellen, dass Frauen auch aus anderen Gründen weinen, als dass ihnen die Tischdeko missraten ist.

Fotos: Erik Weiss

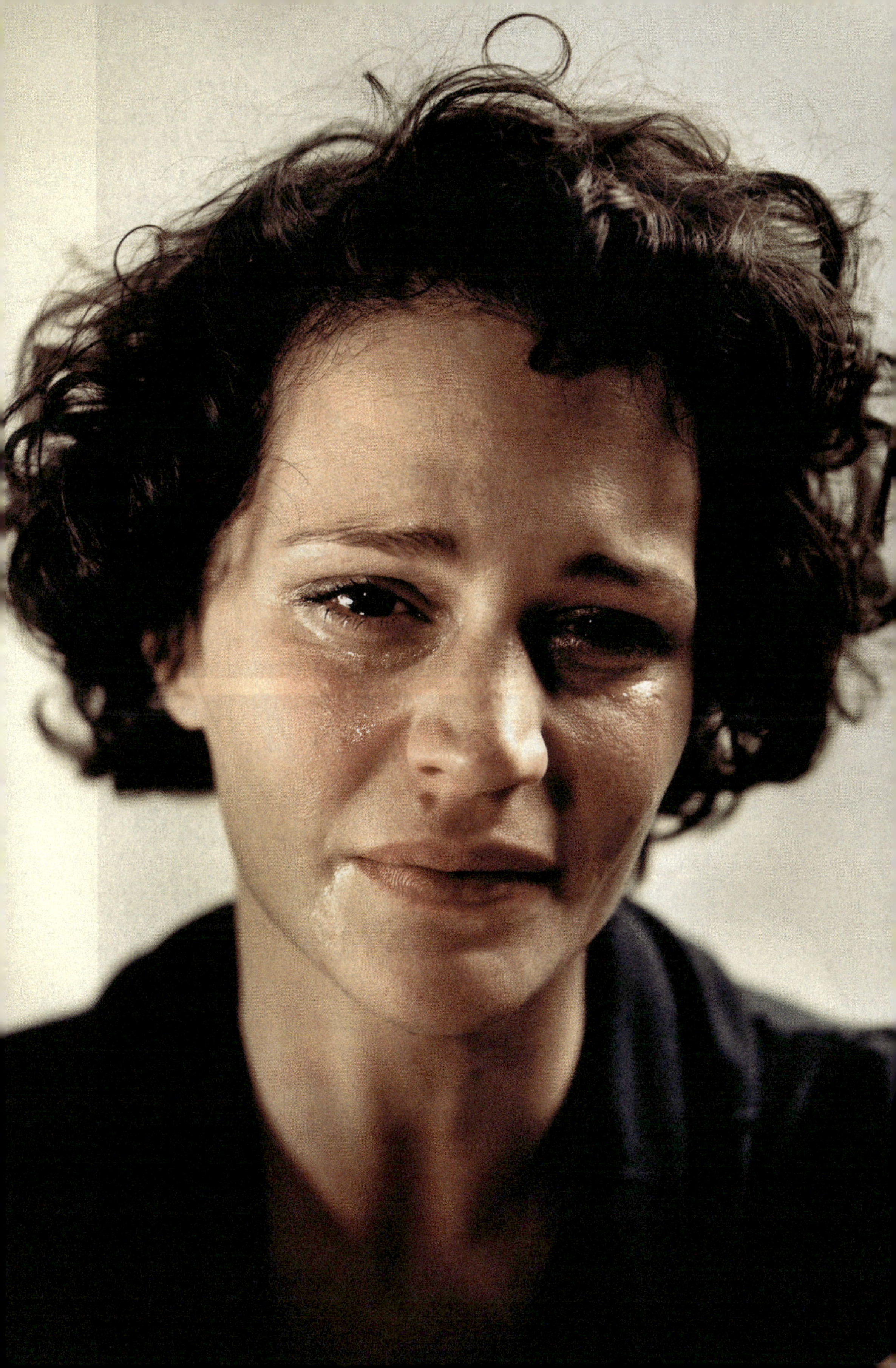

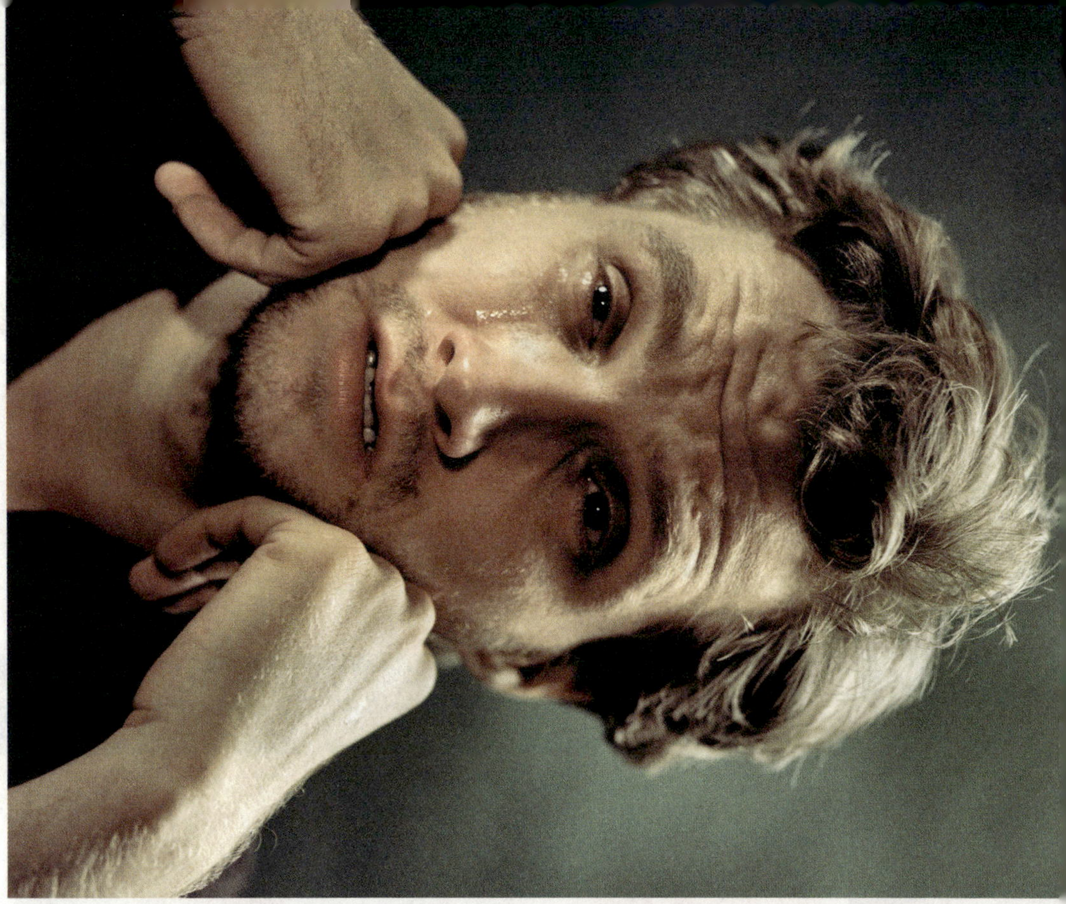

So schön ist die freie Liebe: Aufmacher
zu einem Artikel aus dem Revolutionsheft

SCHLI
MME
DINGE

SCHÖNE LEICHEN

Seine Tochter Mandy zu nennen oder seinen Sohn Mitchell, würden viele Menschen als Verbrechen bezeichnen. Genauso wie die Wumbo-Pizza von Pizza-Max, deren Rand prall mit Bockwurst gefüllt ist und die strafverschärfend auch in der Version Frutti di Mare erhältlich ist. Schlimm ist ja auch, wie die *BILD*-Zeitung jeden Tag Menschen traumatisiert, indem sie ihre Angehörigen tot oder verletzt zeigt, oder dass die Werbekunden auffallend zurückhaltend sind, wenn man ihnen andeutet, dass man für Schleichwerbung nicht zu haben ist und ein Heft plant, in dem durchaus ein paar Zumutungen vorgesehen sind.

Oft sind es ja gerade die Geschichten ohne *Happy End*, die journalistisch besonders reizvoll sind. Die, bei denen man als Leser denkt: schlimm,

schlimm. Was soll man zum Beispiel dazu sagen, wenn sich ein netter, aber trauriger Mann eine Kugel in den Kopf jagt und aus dem Koma als selbstzufriedener Kotzbrocken erwacht. Starker Tobak ist auch die Reportage über Pädophile, von denen einer ganz nüchtern schildert, was ihn am Sex mit Kindern so reizt und warum er nicht davon lassen möchte. Soll man sich diese Blicke in die Abgründe der Gesellschaft sparen, um die Leser zu schonen? Dann kann man es gleich ganz lassen.

Es darf ja auch mal angesichts schlimmer Dinge gelacht werden – etwa beim Anblick stoischer Finnen, deren Feierabendvergnügen zuweilen darin besteht, sich mal ordentlich die „Karte umzudekorieren", wie es der geschätzte David Foster Wallace genannt hat, wenn sich zwei die Fresse polieren. Und die Anwaltbriefe, mit denen die Aldi-Brüder einem unserer Fotografen Angst einflößen und zur Herausgabe seiner Bilder drängen wollten, sind so wunderbar entlarvend, dass sie fast eine eigene Geschichte hergeben. Kategorie Irrsinn & Hybris. Die Fotos aus der Amsterdamer Forensik wiederum wirken teilweise inszeniert wie Bühnenbilder. Ganz elegisch liegen die Leichen im Kornfeld, ganz künstlerisch die umgestürzten Möbel nach dem Todeskampf.

Es ist wohl schon so: Wenn einer das Wort schlimm in den Mund nimmt, sollte man unbedingt genau hinhören. Es wird meistens interessant.

Aus dem Kopf

Sibylle Dauger hatte ein lieben, unglücklichen Mann. Dann schoss er sich eine Kugel ins Hirn. Nun ist er nicht mehr so lieb, aber glücklich

Text: Susanne Frömel
Foto: Oliver Jung

Eigentlich hat Jürgen Dauger keine Probleme mehr. Aber jetzt steht er am Tisch vor einem fremden Mann und weiß nicht, was er machen soll. Wer ist dieser Mann, der sich einfach auf Daugers Platz gesetzt hat und seinen Braten verspeist? Der Mann am Tisch schaufelt das schöne Fleisch in sich hinein, als sei nichts, er wischt mit einem Knödelstück etwas Soße auf und blickt nicht einmal hoch. Und wo ist seine Frau? Dauger, 60 Jahre alt, steht da und guckt und denkt, dass ihn vielleicht jemand verschaukeln will, dass sich seine Frau einen üblen Scherz erlaubt hat, während er kurz weg war, die Hände waschen.
Zum Glück steht hinten im Restaurant, an einem anderen Tisch, jemand auf und winkt. Dauger erkennt seine Frau auf den zweiten Blick, auf dem rechten Auge ist er praktisch blind, und mit dem linken sieht er auch nicht besonders gut. Dann marschiert er los und lässt dabei die Schultern nach vorne fallen. Er wackelt mühsam an den Tischen vorbei, jeder Schritt ein Vorwurf. Seine Frau lächelt Dauger zu, aber sie sieht auch besorgt aus. Vielleicht, weil sie schon weiß, was jetzt kommt. Dauger wird sich an den Tisch stellen und sehr wütend werden. Er wird sagen: Warum setzt du dich einfach um, ohne mir Bescheid zu sagen? Findest du das etwa komisch? Dann werden sich die Leute nach ihnen umdrehen und sich wundern, weil überhaupt niemand den Platz gewechselt hat. Es ist peinlich.
Dauger steht da und schimpft, und seine Frau sagt: „Setz dich hin und iss, wir sind hier nicht allein." Dauger setzt sich hin und spießt die Gabel in seinen Braten. Er zeigt mit dem Messer auf seine Jacke, die über dem Stuhl hängt und sagt in beleidigtem Ton: „Du denkst wirklich an alles. Verarschst mich und hängst sogar meine Jacke an den richtigen Platz."
(Die Frau schämt sich. Sie hat immer Wert auf einen gepflegten Umgangston gelegt. Die Menschen drehen sich nach ihr um, Stühle rücken. Sie spürt, wie sich ihre Nackenhaare aufstellen. Das hier, denkt sie, ist also, wie es jetzt immer sein wird. Wie mit einem ungezogenen Kind. Sie knüllt die Serviette im Schoß. Das Essen schmeckt nicht mehr.)
Früher wäre das nicht passiert. Dauger wäre einfach zur Toilette gegangen und ganz normal zum Tisch zurückgekehrt. Er hätte sich bei seiner Frau entschuldigt für die Unannehmlichkeit, mittendrin aufgestanden zu sein. Er hätte ganz bestimmt nicht im Restaurant herumgebrüllt. Der alte Dauger war ein Mensch mit feinen Sitten. Leider ist der alte Dauger tot. Dafür ist der neue Dauger endlich zufrieden. „Seit dem Unfall", sagt er, „bin ich sehr glücklich." Er sagt Unfall, obwohl jeder weiß, dass es ein versuchter Selbstmord war. Bei einem Unfall schießt man nicht ein paar Mal zur Probe und sich erst dann in den Kopf. „Versuch ist eigentlich auch das falsche Wort", sagt seine Frau Sybille. „Er hat den Mann, den ich kannte, umgebracht."
(Was Sybille Dauer noch vom Leben wollte: Glück, Lachen, Sonnenschein, Liebe, das Gefühl, für immer zusammenzugehören.

Genau das sagen, was der andere denkt. Es war perfekt. Bis zu jenem Tag. Abends, wenn die Tränen auf das Kopfkissen tropfen, bis sich die Haare feucht über den Ohren kringeln, denkt sie: Was habe ich verbrochen, dass mir so etwas passieren muss? Was?)

Am 13.Oktober 1996 beschließt Dauger, sein Leben zu beenden. Die Pistole, mit der er sich durch das Kinn in den Schädel schießt, ist eine Smith & Wesson. Das Projektil, neun Millimeter, durchschlägt Zunge und Gaumen. Die Druckwelle zertrümmert den Oberkiefer, leiert die Muskeln und den Sehnerv des rechten Auges aus und zerstört große Teile des Frontallappens im Gehirn. Vorne an der Stirn tritt die Kugel wieder aus. Als er nach acht Wochen aus dem Koma erwacht, ist er ein anderer Mensch. Nicht übel, findet Dauger.

Dauger isst seinen Braten schweigend und schnell, er schiebt die Stücke wie Boote über den Teller, und wenn sie vollgesogen sind mit Soße, steckt er sie in den Mund, eins nach dem anderen, ohne zu schlucken. „Stopf nicht so", sagt seine Frau. Sie legt die Hand auf Daugers Arm, damit er die Gabel nicht mehr zum Mund führen kann und erst mal hinunterschluckt. „Ich frage mich", sagt sie dann, „ob er sich noch an sich erinnert. Meine Erinnerungen an ihn sind sehr dünn. Ich kannte ihn ja erst zweieinhalb Jahre." Heute sei er ein Zwitter, sagt sie, die eine Hälfte sehr gut, die andere böse und krank. Wenn die kranke Hälfte gewinnt, steigt Jürgen Dauger vor der Haustür aus dem Auto aus und sieht sich verwundert um, wie ein Filmstar auf einer Premiere, zu der niemand erschienen ist. Wo sind all die Leute, will er wissen und verzerrt das Gesicht beleidigt zur Grimasse. Wenn die gute Hälfte siegt, hat man das Gefühl, man würde dem alten Dauger gegenüber stehen. Einem gebildeten und höflichen Mann. „Darf ich Sie in unserer Wohnung begrüßen", sagt er. „Darf es etwas zu trinken sein? Ich nehme schon mal Ihren Mantel."

Es gibt eine neue Seite an Dauger, die wirklich komisch ist, sagt seine Frau. Wenn man ihm zehn Torten hinstellen würde und zehn Kübel Wein, er würde versuchen, alles hinunterzuschlingen. Er hat sich das Stoppschild im Kopf weggeschossen, den Punkt, der ihm sagt, es reicht. Das gilt auch für Sex. Einmal ist sie nachts aufgewacht, weil ihr Mann sich an ihr verging. Dauger hatte ihren Hintern unter der Decke hervorspitzen sehen und sich darauf gestürzt wie ein Tier. „Mir fehlt die Zärtlichkeit sehr", sagt sie. „Aber ich kann ihn nicht mal mehr umarmen, das löst bei ihm sofort das Falsche aus." Dauger hat nun ein eigenes Schlafzimmer. Der Arzt hat ihr Triebhemmer mitgegeben, die sie ihrem Mann gelegentlich ins Essen mischt. „Das ist für mich das Ende vom Traum. Ich habe immer daran geglaubt, dass er wieder ganz der Alte wird."

(Sex war doch schön gewesen mit Dauger. So ein zärtlicher Mann. Das findet man nicht oft. Und die Abende erst, an denen Gäste da waren. Kultivierte Gesprächsrunden, eine heitere Atmosphäre, guter Wein. Jetzt sagt sie oft: „Jürgen, rülps nicht, schluck erst runter, bevor du mehr nimmst, wisch die Hände nicht an der Tischdecke ab." Die Abende sind jetzt nett, erträglich. Nicht mehr wunderbar.)

Im Januar 1994 erhält Sybille Dauger, geborene Brückner, eine Einladung zu einem Essen. „Ich habe einen Sechser im Lotto für dich", wispert die Freundin ins Telefon, so dass Sybille, zwei Mal geschieden, den Eindruck gewinnt, das Essen sei lediglich ein höflicher Vorwand, und sie selbst in Wahrheit eine Kuh, die nur darauf vorbereitet werden soll, zur Leistungsschau geführt zu werden. Sie findet Jürgen Dauger nett und sehr gut aussehend, aber nicht weiter interessant. Ihm ergeht es anders. Er, ein erfolgreicher Chauffeur, steht bald mit Rosen, bald mit Schmuck vor ihrer Tür und versucht ihr eine Liebeserklärung abzuringen wie ein verknallter Teenager. Sie findet ihn herzig und anregend, ein intelligenter Mann mit einem Humor, über den sie lachen kann, sodass sie sich schließlich mit Dauger einlässt, den Schwur brechend, keine Beziehung mehr einzugehen, höchstens eine kleine Liebelei. Ihr letzter Mann ist ein Säufer und Schläger gewesen. Aber vielleicht, denkt sie, habe ich diesmal Glück. Erst viel später sagt ihr die Freundin: „Ich habe das Gefühl, mit dem stimmt was nicht."

Sie sei sehr glücklich gewesen, endlich einen Mann gefunden zu haben, der alles war und besaß, wovon sie immer geträumt hatte. Und was das Glück nicht von selbst bringt, erzwingt Dauger. Er mag es, wenn die Dinge ihre Ordnung haben, berechenbar sind. So ist es nur logisch, dass er Sybille bittet, seine

Frau zu werden, und dann, als sie Bedenken hat, gekränkt ist. „Schau, Bille, wenn wir nicht heiraten, brauchen wir auch die Wohnung nicht anzumieten. Und ich weiß doch, wie sehr sie dir gefällt.“ Sybille, Empfangsdame von Beruf, ist Schlechteres gewohnt. „Das war das einzige Mal, dass er mich erpresst hat“, sagt sie. „Er war nicht so. Für seine Frau und die Familie hätte er alles getan.“

Die Hochzeit wird am 16. August 1996 am Starnberger See gefeiert, ein großes Bankett mit achtzig Gästen. Ein Freund hat das Fest mit der Videokamera aufgenommen und zusammengeschnitten wie einen richtigen Spielfilm. Dauger, 1 Meter 92 groß, ist der Hauptdarsteller. Er lacht und grinst sich durch die Kulisse. Er sieht glücklich aus. Er schmunzelt über sich selbst. Vor Aufregung sind Daugers Finger heiß und geschwollen. Sein Ehering passt nicht, Sybille muss den Finger mit Spucke anfeuchten. Nach der Trauzeremonie ruft sie ihrer Schwester zu: „So viel Glück kann doch kein Mensch haben!“

Die Eckdaten in Daugers Leben sehen gut aus. Zufrieden ist er dennoch nicht. „Manchmal war er unglücklich, richtig depressiv“, sagt seine Frau. „Obwohl er ja gar keinen Grund dafür gehabt hat. Wir haben uns sehr geliebt.“ Dauger steigert sich in den Gedanken hinein, nicht glücklich genug zu sein. Wenn in der Firma etwas schiefgeht, beschimpft er seine Angestellten, sie würden ihm Steine in den Weg legen. Die anderen sind schuld, sagt er manchmal zu seiner Frau, die versuchen nur, mir das Geschäft zu verderben. Er fährt Prominente von München nach Monte Carlo, die Fahrten allein zurück sind eintönig und still. Am Steuer sitzend kann man sich eine Menge einbilden. Einmal, als die Firma kurzfristig in finanzielle Bedrängnis gerät, fährt er nach Bordeaux und klettert auf einen Kirchturm. Die Gendarmerie holt ihn wieder herunter. „Ich war häufig unglücklich. Ich weiß aber nicht mehr, warum“, sagt Dauger, trotzig. Es ist die beste Entschuldigung seines Lebens.

Das Sichtbarmachen des Zu-Tode-Leidens ist die Waffe des Selbstmörders. Während der Körper stirbt, bleibt die Anklage, bleiben die Fragen zurück. Woran leidet Dauger? Liebe, Geld, Familie, reicht das alles nicht? Er habe sich die Umstände immer so hingedreht, dass sie passen, sagt seine Frau. Das macht er immer noch so. Heute gelingt es ihm nur besser, weil seine Welt schöner ist. Kürzlich ist er vom Sofa aufgestanden, um das Fenster zu schließen. „Das Meer ist so laut“, hat er gesagt. „Aber Jürgen“, gab seine Frau zurück, „wir sind in München und was du hörst, ist der Lärm der Straße.“ – „Du willst mich wieder anlügen“, warf er ihr vor, „wir sind doch auf Sardinien.“ – „Woher kommen dann die Bäume vor dem Fenster?“, fragte seine Frau, die wusste, dass es rings um ihr Ferienhaus auf Sardinien keinen einzigen Baum gab. „Na, die sind halt über den Winter gewachsen.“

Vielleicht ist es für ihn ein Spiel, das er zu weit getrieben hat, glaubt sie. Dass der eine Moment, in dem er niemand anders für sein Unglücklichsein verantwortlich machen konnte, gereicht hat, sich selbst von der Festplatte zu löschen. Er hat nur nicht an das Gleichgewicht gedacht: Wenn einer gewinnt, muss ein anderer verlieren.

(Mein Leben ist nicht mehr, sagt Sybille Dauger. Ich lebe jetzt für ihn. Er ist mein Lebensinhalt geworden. Wenn ihm etwas passieren würde, ich wüsste gar nicht, wie es weitergehen sollte. Es liegt nicht in meiner Natur, aufzugeben. Das glaubt mir niemand, dass ich ihn aus Liebe pflege. Seine älteste Tochter versucht ständig, mich zu sabotieren Als er ihr von unseren Hochzeitsplänen erzählt hat, hat sie gesagt: „Spinnst du, noch einen Erben?“ Ich bin froh, dass er das nicht mehr mitbekommt.)

Die Hochzeitsreise sei sehr harmonisch gewesen, sagt Sybille Dauger. Ja, daran könne er sich auch erinnern, sagt Dauger, „denn Harmonie ist mir wichtig“. Sie fahren gemeinsam nach Sardinien, sausen mit Daugers Wagen die Berge hinauf und hinunter, immer schneller, bis sie sich fühlen wie in dem Augenblick, wenn das Flugzeug von der Piste abhebt. „Er liebte das Autofahren so“, sagt Sybille Dauger. „Aber das hat er sich selbst genommen.“ Sie senkt ihre Stimme, damit Dauger sich nicht aufregt. Er ist der Überzeugung, seine Frau habe ihm den Führerschein abgenommen, um selbst mit dem Auto herumfahren zu können. Ein absurder Gedanke, aber er zeigt, warum Dauger endlich glücklich ist. Er lebt in einer Welt, auf die die Wirklichkeit keinen Einfluss mehr hat.

Am Abend des 12. Oktober 1996 kehrt das Ehepaar nach München zurück. „Jetzt habe ich Lust auf ein richtig bayerisches Essen", sagt Dauger und dirigiert seine Frau in ein Restaurant mit blau-weiß karierten Vorhängen. Weil es keinen Schweinebraten mehr gibt, wird Dauger ausfällig und beschimpft den Kellner. „Da habe ich mich schon gewundert. Früher hätte er sich eher die Zunge abgebissen, als ein Schimpfwort in den Mund zu nehmen", sagt seine Frau. Zu Hause will Dauger das Urlaubsvideo ansehen, nun, da der Abend sowieso verdorben ist, wenigstens noch ein bisschen Urlaubsstimmung retten. Der Rekorder funktioniert nicht. „Verfluchte Scheißtechnik", schimpft Dauger. Die Frau giftet zurück: „Lass das, du kannst das nicht!" Ein bedeutungsloser Satz. Der sei vielleicht ein Fehler gewesen, sagt Sybille Dauger. Andererseits könne sie sich auch nicht die Schuld geben. „Wir waren beide genervt. Nach zweieinhalb Jahren denkt man doch, man könne einschätzen, wie empfindlich der andere ist."

Sybille Dauger legt sich verstimmt zum Schlafen auf das Sofa im Wohnzimmer, Dauger grummelt im Schlafzimmer vor sich hin. Er schwitzt im eigenen Saft. Es ist wie auf den langen Fahrten in seinem Auto: Dauger alleine mit sich, eine Strecke vor sich, die durch nicht viel reizvoll gemacht wird. Was er sich ausmalt, muss gewaltig sein. Noch am nächsten Mittag ist das Laken feucht, die Decke verdreht. „Was auch immer er all die Jahre mit sich herumgetragen hat, ich habe es nicht kommen sehen", sagt seine Frau. Dauger sagt: „Ich erinnere mich an meine Gefühlszustände. Da sind Gefühlsmaschinerien in Gang gekommen, auf die ich keinen Einfluss hatte. Ich hatte wohl das Bedürfnis, aus allem rauszukommen." Aus was rauskommen? „Ach, das weiß ich nicht mehr."

Gegen halb zwölf mittags am 13. Oktober erhebt sich Dauger von den feuchten Laken. Er kleidet sich an und verlässt die Wohnung. Es ist 12 Uhr 23. Er gehe ins Geschäft und würde bei der Gelegenheit den Müll mit herunternehmen, sagt er seiner Frau noch. Die findet, dass er irgendwie komisch aussieht. „Die Augen waren so leer und stumpf, ich dachte, der ist bestimmt krank." Sie wischt den Gedanken weg und lüftet die stickige Wohnung, hört eine CD mit italienischen Balladen und summt die Melodien leise mit.

(Die Frau: Ich habe gezwitschert vor Glück. So gut ging es mir mit meinem Mann. Wie ein Reh, das einem heranrasenden Auto nicht ausweicht – oh, was für ein schönes Licht!)

Dauger geht in die Parkgarage. Vielleicht hat er mit dem Autoschlüssel gespielt, wie er es immer gemacht hat, den ledernen Anhänger dabei über die Handfläche sausen lassen, ein Geräusch, das durch die Garage hallt. Gegen 12 Uhr 30 sitzt er am Steuer seines schwarzen Saab 9000 und öffnet das Handschuhfach. Darin liegt schon länger, in einer silberfarbenen Box, eine Pistole, die er im Nachlass seiner Tante gefunden hat. Sie erinnere sich, dass er einmal versucht habe, die Waffe loszuwerden, sagt Sybille Dauger. Aber die Polizisten gaben ihm nur eine Menge Formulare mit, und er hatte keine Lust auf den Papierkram gehabt. In der Pistole befinden sich sechs Patronen. Unklar ist, warum Dauger zwei davon in den Boden des Wagens schießt und eine durch das Dach. Die vierte Kugel trifft Dauger selbst. Er schießt mit der linken Hand, obwohl er Rechtshänder ist. „Ich bin sicher, dass er sich nicht umbringen wollte", sagt seine Frau, „er wollte wieder nur drohen. Er war doch ein intelligenter Mann, er wusste, wie man sich richtig erschießt."

Es ist ungefähr 12 Uhr 50. Dauger ist nicht tot. Er lebt so gut es geht, obwohl das Blut in Fontänen aus ihm herausschießt. Vermutlich um Hilfe zu holen, fährt er los, bis der Körper aufgibt. Dauger kracht in die Waschküche und schießt noch einmal, um auf sich aufmerksam zu machen. Oben in der Wohnung packt Sybille Dauger die Koffer aus.

Manchmal denkt sie, dass man Dauger vielleicht hätte retten können, wenn die Polizisten besser reagiert hätten. Wenn sie nicht vor lauter Angst drei Stunden vor der Garage gestanden hätten, weil sie dachten, in der Garage würde ein Amokläufer wüten. Dann wieder, dass ihr Mann sowieso verloren war, weil die Kugel den lieben, alten Dauger bereits mit sich gerissen hatte. Dem trauert sie nach, während ihr Mann den neuen Dauger willkommen hieß. Nach acht Wochen erwacht Dauger aus dem Koma. „Hallo, hallo, Jürgen, hörst du mich?", ruft seine Frau. „Ja, Schatz", sagt er. „Kein Anlass zur Freude", meint der Arzt. Depressionen dürfe er jetzt zwar keine

mehr haben. Aber ihr Mann werde ein Depp bleiben.
„Ich habe damals geantwortet: Mein Mann war nie ein Depp, und er wird auch nie einer sein."
Daran klammert sich Sybille Dauger. Sie verfolgt jeden seiner Fortschritte mit bangem Interesse. Je mehr Dauger zum Leben zurückkehrt, desto klarer wird ihr, dass ihr Mann verloren ist. Als Dauger wieder zu sprechen beginnt, erst stockend, dann immer flüssiger, als die Vokabeln sich wieder einfinden und das Wissen, glaubt sie, dass ihr Mann nicht für immer verschwunden ist, sondern nur eine kleine Auszeit genommen hat. Erst spät merkt sie, dass seine Stimme nicht mehr die alte ist, sondern ein giggelndes Tremolo besitzt und die frühere Klarheit einem schleppenden Nuscheln gewichen ist. Dauger ist nicht mehr intelligent, nur noch gebildet. Er liest täglich Zeitung und spielt Schach, aber er vergisst, auf die Toilette zu gehen, wenn niemand ihm sagt, wo die Toilette ist. Er ist ein großartiger Skatspieler und gleichzeitig orientierungslos wie ein kleines Kind. Einmal macht das Ehepaar einen Fahrradausflug. „Ich muss mal, bitte warte hier", sagt seine Frau und verschwindet im Gebüsch. Als sie wiederkommt, steht nur ihr Fahrrad noch da; Dauger ist einfach weitergeradelt. Sie fährt ihm hinterher, bis der Weg sich zweimal gabelt. Dann verliert sich Daugers Spur.
Drei Tage und zwei Nächte hat die Polizei damals nach ihm gesucht. Sie finden Dauger vor der Haustür eines verängstigten Mannes, bei dem Dauger Sturm geklingelt hatte, schmutzig und nach Urin stinkend, weil er vergessen hatte, wie man eine Toilette benutzt. Als ihm seine Frau am Abend mit der Pinzette die Steine aus den Fußsohlen pickte, war das Einzige, was er sagte: „Warum hast du mich so lange alleine gelassen?"
(Ich habe, sagt sie, das Fahrrad seitdem stehen lassen. Ich war traumatisiert. Und dann das Gefühl, als Beschützerin versagt zu haben. Nein, das brauche ich nicht noch mal. Dabei fehlt mir das Radfahren sehr. Aber die Angst, nein, das ist mir zu viel. Natürlich war ich bei einer Psychologin. Das hat mir geholfen, weil ich mich so richtig auskotzen durfte. Aber es ändert ja nichts. Mein Herz ist schwerer geworden seitdem. Früher habe ich ganze Säle unterhalten. Das ist nicht mehr.)
Die Narbe auf Daugers Stirn ist groß und verläuft sternförmig, die unter dem Kinn ist klein und rund wie ein Korken. Er ist fett geworden, weil er alles in sich hineinstopft. Er kann keinen Sport mehr machen, weil ihm dafür die Kraft fehlt. Früher spielte er Tennis und Squash. „Für den Hausgebrauch war ich richtig gut." Wenn man Dauger fragt, ob er sich durch den Schuss verändert habe, sagte er: „Wieso sollte ich mich verändert haben? Ich bin der geblieben, der ich war. Meine Frau, die hat sich verändert. Nimmt mir den Führerschein weg und die Arbeit und kommandiert mich herum, als wäre ich blöde."
Vielleicht, denkt Sybille Dauger, habe ich ihn nie gekannt – bin ich ungerecht, dass ich so undankbar bin? Dauger sagt: „Ich bin sehr zufrieden mit meinem Leben. Nur das Autofahren, das fehlt mir sehr. Vielleicht lässt mich meine Frau ja irgendwann wieder." Dann, zu seiner Frau gewandt: „Was guckst du so, erzähle ich was Falsches?"
(Habe ich seitdem etwas nur für mich getan? Ich glaube nicht. Ich bin mal ins Fitnessstudio gegangen, damit ich gesund bleibe. Aber da haben die Gedanken so viel Zeit zu kreisen. Alles, was ich tue, mache ich mit ihm. Wir gehen ins Theater, ins Kino, in Ausstellungen. Das genießt er sehr. Ich auch. Ich bin jetzt 65 Jahre alt, da kann man nicht einfach von vorne anfangen. Ich lebe für morgen. Es muss weiter gehen, immer weiter.)
Das Ehepaar lebt die Tage in einer vorsichtigen Inszenierung von zerbrechlicher Normalität. Morgens liegt seine Kleidung für den Tag auf dem Bett, als habe Dauger sie selbst hingelegt. die Frau knöpft Hemd und Hose so auf, dass er nur noch hineinschlüpfen muss, ohne um Hilfe zu bitten. Wenn sie ihm hilft, macht ihn das wütend, er beschimpft sie und ruft, er sei doch kein Kind, das man bemuttern müsse. Sie klammert sich an die Momente, in denen er seine alte Überlegenheit zeigen kann.
Im Fernsehen läuft eine Quizsendung, die sie so gern gucken. Welchen Beruf übte Johann Wolfgang Goethe aus? Es ist die 4.000 Euro-Frage. Dauger lehnt sich zurück und sagt: „Jetzt möchte ich mal sehen, ob du das weißt."
Es ist ein schöner Moment. Der alte Dauger ist kurz zurückgekehrt. Triumphierend ruft er: „Rechtsanwalt!" Ein kleines Glück.

WUNDEN GIBT ES IMMER WIEDER

Nicht nur in Finnland hauen sich Jungs gern auf's Maul – aber da besonders gern. Eine Fotostrecke

FOTO: HARRI PÄLVIRANTA

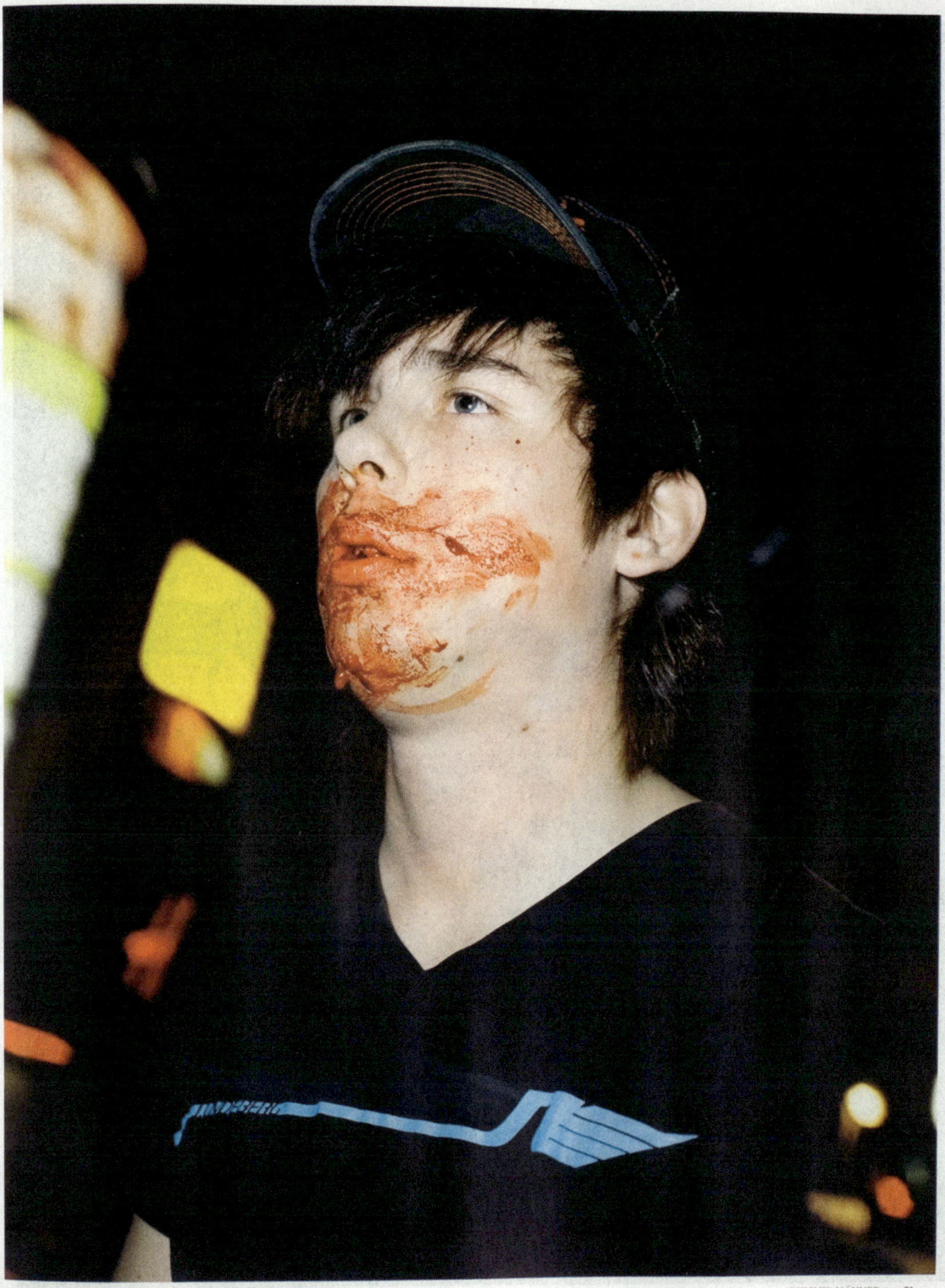

Ausgabe: Nr. 22 „Männer“

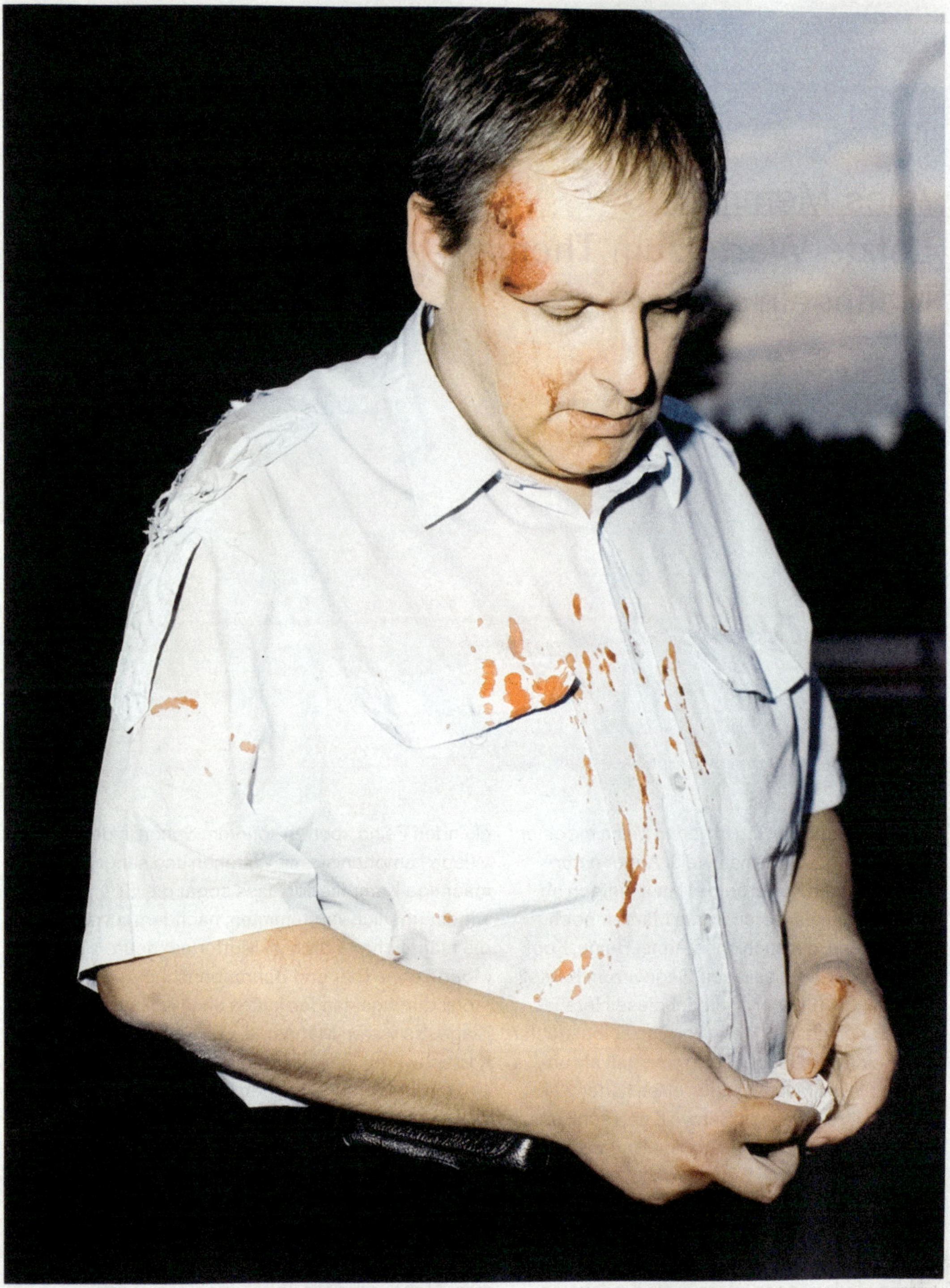

Alles Memmen
Letzte Worte zum Thema Mannsein

Text: Peter Köhler

Früher begann der Tag für jeden Mann mit einer Schusswunde, wie man weiß. Außer natürlich, wenn die Kugel an der Haut einfach abprallte! Damals waren echte Männer noch ganze Kerle, die auch ohne Arme, Beine, Kopf und Rumpf furchtlos jeden Gegner zum Kampf stellten. Ein Gegner aber, der diese Herausforderung annahm, wenn von ihm selbst noch der kleine linke Finger übrig war, galt als unfair und feige. Männer hatten einen harten Keks, tranken ihren eigenen Schweiß und schliefen lieber stehend in einem hohlen Baum statt in einem parfümierten Bett. Liegen war etwas für Weiber.

Es waren Männer, die schon in ihrer Jugend Backsteine aßen und mit ihren bloßen Knien Bären niederrangen. Bereits als Kind waren sie so groß und stark, dass sie mit einer Arschbacke einen Hohlweg vor dem anrückenden Feind sperren konnten. Schon in der Wiege kämpften sie mit Waranen und sangen mächtige Kampflieder, dass sogar die Gewitter ängstlich verstummten, nachdem zuvor die männlichen Föten im Mutterleib neun Monde ohne Bier und Schraubenschlüssel tapfer durchgestanden hatten ohne weibische Klage. Es waren Männer, die ein achtzehn Kilo schweres Geschlechtsteil besaßen und einen ins Meer rutschenden Kontinent mit nackten Händen aufhalten konnten. Ihr Zuhause war mit den Köpfen ihrer Feinde ausgelegt statt mit schwulen Teppichen.

So war es früher, als die Zeit noch richtig rum lief! Seit der Erfindung der Frauenbewegung aber sind die Männer ins Rutschen gekommen. Mehr und mehr Angehörige des zarten Geschlechts greifen mit starkem Finger zum Hammer, setzen ihre zwei Hinterbäckchen in den breiten Chefsessel und sagen dem kleinen Mann in sein dickes Ohr hinein, wos lang geht. Schon sieht der Mann eine schlimme Zukunft vor seiner Nase aufgehen, in der Frauen genau wie Männer sind, nur andersrum. Wann, diese Frage bohrt sich in den maskulinen Schädel, ist dann ein Mann noch ein Mann?

Fest steht: In manchen Kulturkreisen ist ein Mann kein Mann, wenn seine Schwester ihr Haar offen auf dem Kopf trägt oder mit einem Macker, der nicht von der Familie ist, ins Bett gerät. In anderen, vor allem unter jungen Männern verbreiteten Kreisen ist ein Mann bereits ein Mädchen, wenn sein Wortschatz größer ist als die Zahl seiner Nahkampfgriffe und er mehr Muskeln im Kopf als an den Armen hat. In wieder anderen, feineren Kulturen ist ein Mann sogar schon eine ausgewachsene Frau, wenn er Volleyball besser findet als Fußball oder einen weichen Tee lieber trinkt statt einen fetten Schnaps, der nach schwarzem Motoröl schmeckt und wie Schlamm die Kehle runterkriecht.

Das traditionelle Männerbild ist in unserer libertären Gesellschaft löchrig geworden wie eine ausgeleierte Zielscheibe, ein neues aber noch am Dampfen und Brodeln. Was ist erlaubt, was ist erst recht erlaubt? Wovon sollte man sein bestes Stück lassen? Gewiss darf ein moderner Mann seine Schwanzhaare rosa färben oder sein Rektum parfümieren. Der Staatsanwalt ruft deshalb nicht nach gesiebter Luft. Nachbarn und Arbeitskollegen aber werden sich vielleicht mit den Händen an den Kopf fassen und ins Leere greifen. Ist es ein Sinnbild echter Kameradschaft, wenn ein Fußballer seinem Mannschaftskameraden nach erfolgreichem Torschuss den Daumen in den After drückt, oder doch ein Zeichen? Ist ein Mann von heute schon schwul, wenn er in einem anderen Mann steckt, oder erst, wenn der andere in ihm steckt? Wie viel Sensibilität darf ein Mann aus sich herauslassen, ohne dass es riecht?
Um in unserer liberösen oder auch bloß liberilen Gesellschaft keinen Zweifel auf sein Haupt zu laden, hier eine kleine Liste: Ein Mann ist nach derzeitigem Forschungsstand kein Mann, wenn er

- im Sitzen pinkelt
- ein kleines Auto fährt
- Rohköstler ist
- keine Brusthaare hat – richtige Männer haben Brusthaare auch am Rücken
- Milch trinkt
- Schach spielt, statt ein Loch in die Wand zu bohren
- seine Hosen selber kauft
- ins Theater geht statt auf den Sportplatz
- Briefe schreibt
- sich wäscht
- gern mit Frauen zusammen ist
- eine Allergie hat – Männer von rechtem Schrot und Korn haben Knochenbrüche
- Pudding isst
- lächelt
- zum Arzt geht – ein wirklicher Mann sägt sich einfach ein Stück Holz für den abgefallenen Arm zurecht
- klassische Musik hört – harte Männer wollen Motoren heulen und Bohrmaschinen kreischen hören
- fragt
- jeden Morgen eine frische Unterhose anzieht
- etwas schön findet
- betet
- Bücher kauft – gestandene Mannsbilder kaufen einen Sack Zement, einen Motor zum Auseinanderschrauben, eine Kiste Munition
- sich überzeugen lässt – ganze Kerle weichen allein Bomben und Granaten, und sei es stückweise
- eine Wohnung hat – echte Männer wohnen auf Bäumen
- diesen Artikel liest
- nicht genug Selbstbewusstsein hat, um Gott für seinen kleinen Bruder zu halten

Einen Mann, der diese Ratschläge beherzigt, wird niemand mit spitzer Zunge einen Weichduscher, Milchbart oder Schluffi zu nennen wagen. Man kann nur einwenden, dass dieses Männerbild dem alten gleicht wie ein Sackei dem anderen. Und das ist doch herrlich, oder?

Was ist das für ein Theo?
Wie ich mal wegen DUMMY bei Aldi lebenslänglich (Hausverbot) bekam

Text: Frank Schinski

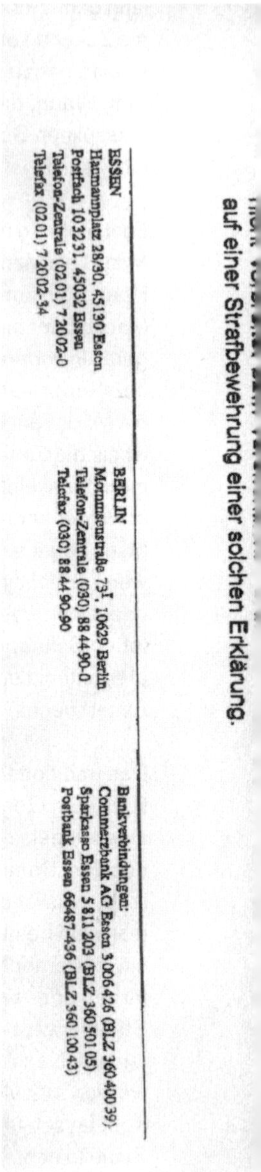
auf einer Strafbewehrung einer solchen Erklärung.

ESSEN
Hammerplatz 28/30, 45130 Essen
Postfach 10 32 31, 45032 Essen
Telefon-Zentrale (02 01) 7 20 02-0
Telefax (02 01) 7 20 02-34

BERLIN
Mommsenstraße 73, 10629 Berlin
Telefon-Zentrale (030) 88 44 90-0
Telefax (030) 88 44 90-90

Bankverbindungen:
Commerzbank AG Essen 3 006 426 (BLZ 360 400 39)
Sparkasse Essen 5 811 203 (BLZ 360 501 05)
Postbank Essen 66487-436 (BLZ 360 100 43)

Wer kennt schon Bredeney? Es ist der Essener Stadtteil, in dem Karl und Theo Albrecht leben – oder besser gesagt: sich verstecken. Ein Ort, dem man nicht zutrauen würde, dass hier zwei der absolut reichsten Menschen der Welt wohnen. Im Stadtteilzentrum findet man nicht mal ein Café. Die Bevölkerungsschicht zwischen 20 und 35 ist quasi nicht vorhanden. Alle abgehauen.

Im Sommer 2003 bekam ich von dem Magazin DUMMY – einem Berliner Zeitschriftenneuling – den Auftrag, Bredeney zu fotografieren. Aufgabe war es, die Anonymität und Verschlossenheit des Ortes zu zeigen und auf diese Art eine Geschichte über die beiden ALDI-Gründer zu bebildern, beziehungsweise eine Geschichte über den Mythos der Unsichtbarkeit der beiden. Die Tatsache, dass es seit 15 Jahren kein aktuelles Foto von ihnen gibt, ließ eh darauf schließen, dass es ein schwieriges Unterfangen wäre, einen Fototermin mit den Brüdern zu vereinbaren. Außerdem hätte ich den Auftrag, die Senioren „abzuschießen", wohl auch eher abgelehnt. Die Idee war vielmehr, den Ort zu fotografieren, ohne dabei die Hauptakteure der Geschichte zu zeigen.

Also fuhr ich los. Mein erster Tag in Essen-Bredeney war ein Sonntag. Die katholische Kirche des Ortes war auch Thema der Geschichte, also ging ich in die Kirche. Und nachdem ich mir einen ersten Eindruck verschafft hatte, direkt zum Pfarrer, um ihn um sein Einverständnis zu bitten, das Gotteshaus während, beziehungsweise nach der Messe fotografieren zu dürfen. Ich bekam sie und fotografierte. Insgesamt blieb ich zwei Tage, um den Charme Bredeneys mit meiner Kamera einzufangen.

Am dritten Tag früh um acht – ich war in der Nacht nach Hause gekommen und gerade aufgestanden – klingelte das Telefon. Am Apparat der Pfarrer. Er war ganz aufgebracht und warf mir mit sich überschlagender Stimme vor: Ich hätte auch vor der Kirche fotografiert. Er hätte mir das nicht erlaubt. Ich dürfe auf keinen Fall die Bilder veröffentlichen. Ansonsten hätte ich „mit ernsthaften Konsequenzen zu

SCHMIDT, VON DER OSTEN & HUBER

ESSEN
Dr. Gerhard Schmidt
Dr. Dinnies von der Osten (bis 1997)
Dr. Jochen Schmidt Notar
Dr. Emil Huber Notar
Dr. Bernd Klein LL.M. Notar [1]
Dr. Manfred Friedrich Notar
Dr. Franz-Josef Dahm Notar [2]
Dr. Carl Otto Stucke Notar
Dr. Christiane Wilkoning [2]
Dr. Till Wegmann [3]
Dr. Almut Gathmann M.A. Notarin [3]
Dr. Regine Cramer
Dr. Notker Lützenrath LL.M.
Dr. Rainer Burghardt Steuerberater
Dr. Ulf Rademacher
Dr. Stefan Bäune

BERLIN
Dr. Jürgen Habich Notar [1,3]
Dr. Birgit Heinzinger

Rechtsanwälte
1 Fachanwalt für Steuerrecht
2 Fachanwalt für Verwaltungsrecht
3 Fachanwalt für Arbeitsrecht

PER TELEFAX 030 / 885929-29
Rechtsanwälte
Hertin
Herrn Rechtsanwalt
Dr. Christian Schertz
Kurfürstendamm 54/55

10707 Berlin-Charlottenburg

WV: | zdA | an Mdt. | Vorlage mit Akte | EINGEGANGEN 23. Juli 2003 HERTIN Anwaltssozietät | an Mdt. Termin | BV | Mdt. Stellungn. | zahlen | Frist

Essen, 23.07.2003
Durchwahl: (0201) 720020 39
Telefax: (0201) 720020-47
Internet: www.soh.de
LH/SD 01775-03

Albrecht ./. Schinski

Sehr geehrter Herr Kollege Dr. Schertz,

ich nehme Bezug auf Ihr Schreiben vom gestrigen Tage sowie das vorab geführte Telefonat.

1. Ich nehme zur Kenntnis, dass Ihr Mandant keine Fotografien meiner Mandanten gefertigt haben will. Der Wahrheitsgehalt dieser Behauptung soll zunächst dahinstehen.

   Für meine Mandanten wesentlich ist, dass eine Veröffentlichung derartiger Fotografien unterbleibt. Die bloße Bekundung, es sei nicht beabsichtigt bzw. beabsichtigt gewesen, derartige Fotografien zu veröffentlichen, ist nicht zufriedenstellend, da Umstände und Vorgeschichte der Aufnahmen es als überwiegend wahrscheinlich erscheinen lassen, dass es Ihrem Mandanten gerade um die Ablichtung meiner Mandanten ging. Dies werde ich erforderlichenfalls glaubhaft machen können.

   Es bedarf aus meiner Sicht daher einer rechtsverbindlichen Erklärung Ihres

Rechtsanwalt

Kein Wunder, dass es der Fotograf Frank Schinski mit der Angst bekam.

←

notiert.

2. Darüber hinaus hat mich die Fa. ALDI GmbH & Co. KG Essen, Eckenbergstraße 14, 45307 Essen gebeten, Ihren Mandanten von Folgendem zu unterrichten:

Die Fa. ALDI GmbH & Co. KG verwahrt sich ausdrücklich gegen die Anfertigung von Fotografien in den Geschäftsräumen ihrer Filiale „Heinrich-Held-Straße" in 45133 Essen. Einer Verbreitung bzw. Veröffentlichung der dort am 14.07.2003 angefertigten Aufnahmen oder von eventuell in anderen Filialen angefertigten Aufnahmen widerspricht die Fa. ALDI GmbH & Co. KG Essen ausdrücklich und erteilt Ihrem Mandanten im Übrigen für sämtliche Ihrer Filialen ein

Haus- und Fotografierverbot.

3. Die erbetenen Vollmachten reiche ich gern nach. Eine Vollmacht der Fa. ALDI GmbH & Co. KG Essen ist bereits als Anlage beigefügt.

Mit freundlichem kollegialen Gruß

Dr. Lützenrath
Rechtsanwalt

NR.567 S.1

ESSEN
Dr. Gerhard Schmidt
Dr. Dinnies von der Osten (bis 1997)
Dr. Jochen Schmidt Notar
Dr. Emil Huber Notar
Dr. Bernd Klein LL.M. Notar [1]
Dr. Manfred Friedrich Notar
Dr. Franz-Josef Dahm Notar [2]
Dr. Carl Otto Stucke Notar
Dr. Christiane Wilkening [2]
Dr. Till Wegmann [3]
Dr. Almut Gathmann M.A. Notarin [3]
Dr. Regine Cramer
Dr. Notker Lützenrath LL.M.
Dr. Rainer Burghardt Steuerberater
Dr. Ulf Rademacher
Dr. Stefan Bäune

BERLIN
Dr. Jürgen Habich Notar [1,3]
Dr. Birgit Heinzinger

Rechtsanwälte
1 Fachanwalt für Steuerrecht
2 Fachanwalt für Verwaltungsrecht
3 Fachanwalt für Arbeitsrecht

068

BV / Vorlage mit Akte

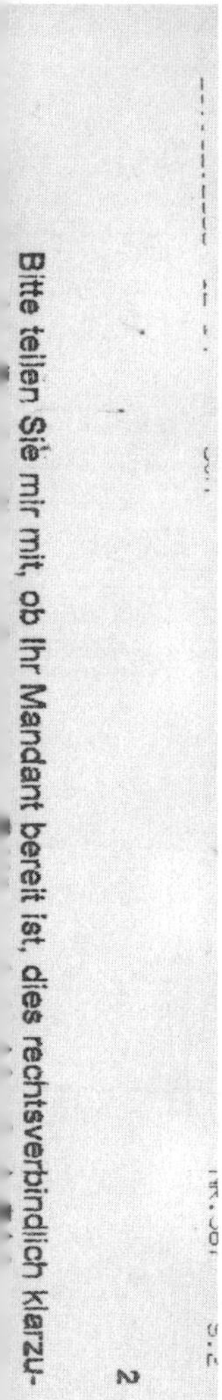
Bitte teilen Sie mir mit, ob Ihr Mandant bereit ist, dies rechtsverbindlich klarzu-
2

rechnen". Ich versuchte ihn zu beruhigen und sagte ihm, dass ich ihn erstens sehr wohl nach seinem Einverständnis gefragt – und es auch erhalten – hätte, und zweitens, dass ich eh keine einzelnen Personen erkennbar fotografiert hätte. Er ließ sich aber überhaupt nicht beruhigen, im Gegenteil: Er ließ mich dann auch noch wissen, dass ich ihm sowieso schon ganz obskur vorgekommen war und entzog mir im Nachhinein das Recht, die Bilder zu veröffentlichen. Damit war dann das Telefonat beendet und mein Glauben an katholische Pfarrer völlig demoliert.

Am vierten Tag bekam dann alles einen Sinn. Obwohl ich mir nicht ganz sicher bin, ob „Sinn" die richtige Wortwahl ist. Als ich nach Hause kam, fand ich im Briefkasten ein Schreiben der Rechtsanwälte von Theo und Cäcilie Albrecht. Im Briefkopf die Namen 18 verschiedener Anwälte und Notare. Betreff: „Verletzung des Rechtes am eigenen Bild". Ich möchte hier nicht verschweigen, dass mich dieses Schreiben ziemlich verunsicherte. Mein erster größerer Magazinjob – und dann gleich so ein Ding.

In dem Brief, der vermutlich auch gleich den Sachverhalt eines gerichtsverwertbaren Schriftsatzes erfüllte, wurde mir mitgeteilt, dass ich am Sonntag Theo Albrecht mit Frau und Freunden vor der Kirche fotografiert hätte. Zitat: „Art und Umfang der von Ihnen gefertigten Fotografien zeigen im Übrigen, dass es Ihnen vorrangig auf die Abbildung insbesondere unserer Mandanten ankam. Hierfür spricht auch, dass Sie am 14.7.2003 beobachtet wurden, als Sie in der Filiale ‚Heinrich-Held-Str.' der Fa. ALDI GmbH & Co. KG in 45133 Essen weitere Fotografien anfertigten."

Man verlangte von mir die sofortige Herausgabe und Vernichtung der Negative und eventuell angefertigter Dateien, weiterhin sollte ich eine beigefügte Unterlassungserklärung unterschreiben, mit der ich einwilligte, die Bilder nicht zu veröffentlichen – was einem Schuldbekenntnis gleichkäme. Wenn ich mich dem widersetze, würde mir eine Geldstrafe, eine Freiheitsstrafe von bis zu einem Jahr usw. drohen. Nun weiß ich nicht, was paranoider ist: die Tatsache, dass die Anwälte wussten, was auf meinen Bildern zu sehen ist, bevor ich selber Kontakte machen konnte und ahnte, was auf meinen Bildern ist. Oder dass mir Theo Albrecht die ganze Zeit vor der Linse herumlief und dachte, ich hätte ihn fotografiert, obwohl ich nicht einmal weiß, wie er genau aussieht.

An mir waren innerhalb von zehn Minuten an die 200 Rentner vorbeigelaufen. Und wie bereits gesagt: Das einzige Bild, das es von den Konzernsenioren gibt, ist 15 Jahre alt – und nicht besonders scharf. Mir wäre es recht schwer gefallen, selbst mit dem Foto in der Hand vor Ort herauszufinden, wer jetzt eigentlich Theo Albrecht ist. Zwei Briefwechsel mit dem DUMMY-Anwalt waren nötig, bis die Rechtsvertreter von Herrn Albrecht erkannt hatten, dass ihre Forderungen völlig überzogen, sachlich haltlos und fern jedes geltenden Rechts waren.

Aber irgendwie wollten sie mich doch noch kriegen. Und so flatterte mir ein letztes Schreiben ins Haus: Weil ich – wie beobachtet und berichtet wurde – ohne Genehmigung auch in der Aldi-Filiale fotografiert hätte, bekäme ich jetzt Hausverbot in allen Aldi-Märkten! Und das lebenslänglich.

Es geht nicht mehr weg

Wer Kinder wirklich liebt, missbraucht sie nicht. Sich an diese Regel zu halten, ist für Pädophile unendlich schwer. Manche schaffen es, andere nicht

Text: Jan Pfaff

Foto: Anne Schönharting / Ostkreuz

Schon das kann Ärger geben: Abbildung nackter Kinder

Marco hat lange gewartet. Gewartet, dass die Fantasien verschwinden. Gewartet, dass sein Atem nicht mehr schneller geht, wenn er auf der Straße in das Gesicht eines hübschen Jungen blickt. Als er 18 war, sagte ihm eine Therapeutin, die Fantasien würden sich schon noch verändern. Aber sie blieben all die Jahre gleich: immer wieder Jungs zwischen sieben und zwölf Jahren. Und die Vorstellung, ihnen Pullover und T-Shirt abzustreifen, die weiche Kinderhaut zu streicheln, die Hose aufzuknöpfen.

Marco ist 30, als er aufhört, sich etwas vorzumachen. Eine Beziehung hatte er noch nie, noch niemals Sex – immer nur seine Fantasien. In einem Buchladen stößt er beim Stöbern auf einen Aufsatz des Sexualwissenschaftlers Gunter Schmidt: „Über die Tragik pädophiler Männer". Er liest ein paar Sätze und erschrickt. Es ist eine genaue Beschreibung seines Lebens – und vor allem heißt es dort, sei eine Veränderung der sexuellen Orientierung nicht möglich. „Danach war mir klar, ich muss mich als pädophil bezeichnen", sagt Marco. Die nächsten Wochen steht er unter Schock. Verwirrung, Verzweifelung, Selbstmordgedanken.

Das Reden darüber fällt ihm immer noch nicht leicht, nur zögerlich verlassen die Worte seinen Mund. Marco ist jetzt 33. Er hatte Zeit, sich an die Fakten zu gewöhnen. Pädophilie gilt heute als eine Sexualform, die nicht frei wählbar ist, genauso wenig wie Hetero- oder Homosexualität. Nach Schätzungen leben zwischen 50.000 und 200.000 Pädophile in Deutschland. Es sind Studenten und Rentner, Einzelgänger und Familienväter, Arbeitslose und Universitätsprofessoren – ein Querschnitt der männlichen Bevölkerung.

Marco heißt eigentlich nicht Marco. Er nennt sich so nach einem kleinen Jungen, in den er einmal verliebt war. Marcos Gesicht wirkt selbst noch jungenhaft, glatte Haut, kaum Falten, kaum Kanten. Er trägt eine Brille mit ovalen Gläsern, das aschblonde Haar ist bereits dünn. Marco lebt in einer norddeutschen Kleinstadt, arbeitet bei einem mittelständischen Betrieb. Um seine Geschichte zu erzählen, hat er den Schutz der anonymen Großstadt gewählt. Ein bürgerliches Wohnviertel in Hamburg hat er als Treffpunkt vorgeschlagen.

Wir sitzen auf einer Bank, schräg gegenüber eine rote Backsteinkirche. Es ist kühl, ungemütlich. An der Ecke des Kirchplatzes gibt es ein altmodisches Café, darin ein paar Nachmittagsgäste. Besser nicht dorthin, sagt Marco, am Nachbartisch könnte einer mithören. Als Pädophiler entlarvt zu werden, bedeutet den sozialen Tod. Freunde und Bekannte wenden sich ab, voller Abscheu. Die Angst davor treibt die Betroffenen an den Rand der Paranoia. Und macht sie einsam. „Es gibt keine Freunde, mit denen man über seine Gefühle sprechen kann", sagt Marco. „Wie es in einem drinnen aussieht, versteht keiner." Er habe niemals geplant, seine Fantasien auszuleben, versichert er. Weil er Kinder wirklich liebe, wolle er sie schützen, nicht missbrauchen. Es klingt glaubhaft – aber kann man sicher sein? „Derzeit kann ich es ausschließen, dass ich Kinder anfasse", sagt Marco mit fester Stimme. Er achtet darauf, Abstand zu halten, Kindern körperlich nicht nahe zu kommen. Und dennoch: Er hat auch Liebeskummer, Sehnsucht nach Berührung, den Wunsch nach einer festen Beziehung. Mit einem Kind? Er sagt sich immer wieder, dass das unmöglich ist. Die Träume gibt es trotzdem.

Alltägliche Begegnungen bekommen so eine ungeheure Bedeutung. Da ist dieser blonde Junge, den er nicht vergessen kann. Knapp acht Jahre alt, mit Rucksack und ausgewaschener Jeans steht er an einer Bushaltestelle plötzlich vor ihm, fragt ihn nach der Uhrzeit. Und Marco, der Erwachsene, ist von der Frage des Kindes so überrascht, erfreut, irritiert, dass er zunächst keinen Ton herausbekommt. Eine Woche später, zur gleichen Zeit, steht Marco wieder an der Haltestelle, wartet auf den Jungen. Und tatsächlich kommt der Kleine, lächelt Marco kurz zu, steigt in den nächsten Bus. Zurück bleibt ein Mann Anfang 30, völlig verknallt in einen Grundschüler.

Seinen „Lieblingsjungen" wiederzusehen, darauf freut er sich die ganze nächste Woche. Aber der Kleine kommt nicht, auch in den folgenden Wochen taucht er nicht mehr an der Haltestelle auf, irgendwann gibt Marco das Warten auf. Was bleibt, ist das Lächeln des Jungen, dieses Lächeln, das ihm gegolten hat. Auch zwei Jahre später hat er es nicht vergessen.

Nachdem Marco sich eingestanden hat, pädophil zu sein, sucht er Hilfe. Die Psychologen in der Sexualmedizin der Hamburger Uniklinik geben ihm vier, fünf Termine, schicken ihn dann wieder fort. Zu wenige Therapieplätze, und die sind für Männer reserviert, die Kinder tatsächlich missbraucht haben. Fantasien allein sind nicht therapiewürdig.
Also geht Marco zurück zu einem Therapeuten, der ihn zuvor wegen Depressionen behandelte. Und er sucht nach einem Weg, mit den inneren Spannungen umzugehen. In der Freizeit sitzt er vor dem Computer, liest alles, was er über das Thema im Internet finden kann, verschlingt dazu die Bücher des Humanisten und Psychoanalytikers Erich Fromm. Wahre Liebe erkenne man an dem Verantwortungsgefühl für den geliebten Menschen, schreibt Fromm. Dieser Satz wird für Marco sehr wichtig.
Dann beginnt er, selbst zu schreiben. Lange Aufsätze, in denen er beweisen will: Erwachsene dürfen keinen Sex mit Kindern haben. Was für andere eine Selbstverständlichkeit ist, muss er sich immer wieder selbst versichern. Schritt für Schritt klärt Marco für sich, was erlaubt ist, was nicht: Kinderpornos sind tabu, Nacktfotos ebenfalls. Den Quelle-Katalog mit den kleinen Jungs in Unterwäsche zu nehmen, um zu onanieren – das ist okay, findet er. Die Texte sind mit Wiederholungen gespickt. Wie eine magische Formel wiederholt Marco immer wieder, dass Pädophile Kinder wirklich lieben und deshalb gerne auf das Ausleben ihrer Fantasien verzichten.

Lebenslange Abstinenz aus Verantwortungsbewusstsein. Die Ansprüche, die Marco an sich stellt, sind hoch. Höher als die moralischen Ansprüche vieler Menschen, die sich angeekelt abwenden würden, wüssten sie von seiner Pädophilie. Aber kann man völlig abstinent bleiben, in einer Welt, die außer dem Sex mit Kindern kaum noch Tabus kennt? Ist es möglich, auch jenseits von Klostermauern und ohne die Stütze eines religiösen Glaubens lebenslang auf Sexualität zu verzichten?
Die sexualmedizinische Ambulanz der Berliner Charité-Klinik, Wartebereich. Fünf Bürostühle, ein weißer Tisch, ein paar ausgelesene Magazine. An der Wand hängt ein Plakat. Darauf lächelt ein dunkelhaariger Mann in einer Straßenbahn zu einem kleinen blonden Jungen hinüber, dazu die Frage: „Lieben Sie Kinder mehr als Ihnen lieb ist?" Darunter eine Telefonnummer.
Ein halbes Jahr hat die Charité mit einer Medienkampagne nach Männern gesucht, die befürchten, wegen ihrer sexuellen Neigung für Kinder eine Gefahr zu sein. Die Resonanz war groß. Über 300 Männer aus Deutschland, Österreich und der Schweiz meldeten sich. Knapp 70 erklärten sich bereit, ein Jahr lang jeden Mittwoch zur Gruppentherapie ins sexualmedizinische Institut in Berlin-Mitte zu kommen.

An einer weißen Tür klebt ein Schild: „Bitte nicht stören". Ein großer Mann in leuchtend blauem Pullover öffnet, bittet in das Behandlungszimmer. Christoph Joseph Ahlers ist klinischer Psychologe. Er koordiniert das Therapieprojekt, in dem erstmals Standards für eine präventive Behandlung Pädophiler entwickelt werden sollen. Für viele beginnt die Therapie in der Charité allerdings mit einer herben Enttäuschung. „Pädophilie ist nicht heilbar", betont Ahlers. Die sexuelle Orientierung lasse sich nicht einfach umpolen, Heilung in diesem Sinne sei eine Illusion. „Die Männer müssen lernen, mit der Vorstellung lebenslanger Abstinenz zu leben", sagt Ahlers.
Wenn sie nicht geheilt werden können, was kann man den Betroffenen dann anbieten? Therapieziel ist es, ihnen die Verzweifelung zu nehmen und die Angst davor, einem Kind zu schaden. „Pädophile Männer sind nicht automatisch Kinderschänder", sagt Ahlers. Das sexuelle Verlangen und die Beziehungswünsche eines Pädophilen richten sich zwar ausschließlich auf Kinder. Das bedeutet aber nicht, dass er sie auch missbrauchen wird. Die Therapie soll den Patienten ein Bewusstsein dafür vermitteln, dass sie trotz ihrer Veranlagung eine Wahl haben, dass sie nicht zum Kinderschänder geboren sind. „Wir sagen: Du bist nicht schuld an deinen Gefühlen, du bist kein schlechter Mensch. Aber du bist verantwortlich für das, was du tust."

Ist Pädophilie denn Veranlagung oder Prägung? Sowohl als auch, sagt der Psychologe. Es sind die Gene, es sind die Kindheitserfahrungen, es ist der individuelle Charakter. Aber in welchem Verhältnis diese Faktoren die sexuelle Ausrichtung eines Menschen bestimmen, kann niemand genau sagen. Sicher scheint nur, dass Pädophilie bei Frauen nicht vorkommt. „Zwar gibt es auch Frauen, die Kinder missbrauchen, aber bisher wurde in keinem dieser Fälle eine pädophile Veranlagung diagnostiziert", sagt Ahlers. Der Missbrauch hatte immer andere Gründe.
Diese Unterscheidung interessiert jedoch nur die wenigsten. „Die Öffentlichkeit verlangt nach einem klaren Feindbild", erzählt Ahlers. „Sie will Menschen, an denen alles schlecht ist." Fernsehjournalisten haben ihm Mikrofone unter die Nase gehalten. Sie fragten, wie er überhaupt mit solchen Menschen arbeiten könne. Wie er ausschließe, dass nicht doch einer ein Kind missbrauche. „Das kann ich nicht ausschließen." Ahlers hebt die Stimme: „Dieses Risiko haben wir immer, bei jeder Behandlung. Aber wäre es wirklich besser, nichts zu tun?" In der Therapie sollen die Männer lernen, sich ohne schlechtes Gewissen in ihre Fantasien zurückzuziehen – ohne diese jemals auszuleben. Ein schmaler Grad. Es kann gelingen, meint der Psychologe, wenn die Männer eine hohe Eigenmotivation mitbringen. „Eine Gruppe von Betroffenen sehen wir hier nämlich gar nicht", sagt er. Jene, die nicht auf Sex mit Kindern verzichten wollen.

Ein Café in Berlin-Kreuzberg. Auf der Theke liegen Tageszeitungen und Tabakkrümel, Jazzmusik klingt leise aus Lautsprechern, kleine Metalltische stehen nah beieinander. Ein Mann mit dichtem weißen Haarschopf sitzt an einem Tisch an der Wand. Er ist dünn, seine Wangen sind eingefallen, die Wangenknochen treten scharf hervor. Der Mann nennt sich Kerus. Er ist 60. Vor 28 Jahren hat er entschieden, seine Pädophilie auszuleben.
Zwischen zehn und zwölf Jahren sind die Jungs alt, die er liebt. „Richtige Jungs" nennt er sie. „Als ich es einmal ausprobiert hatte, war klar, das ist es." Vorher habe er sich all die Jahre nur selbst verleugnet. „Ich befand mich damals in einer schweren Krise", erzählt Kerus. Aus einer schwarzen Metallschachtel fingert er eine Zigarette hervor, zündet sie an. „Ich musste mein Leben neu ordnen."
Sieben Jahre hatte er mit einer Frau zusamengelebt. Hatte versucht, seine Neigung zu kompensieren, indem er tagsüber mit Kindern als Erzieher arbeitete. Ohne sie anzufassen, sagt er. Es klappte nicht. Er begann zu trinken, immer mehr, immer härter. Schließlich landete er in einer Entziehungsklinik. In der Therapie dort gesteht er sich ein: „Es geht nicht weg, ich bin pädophil." Es gab dann zwei Möglichkeiten, sagt Kerus ganz ruhig. Er sei nicht religiös, sexuelle Abstinenz nichts für ihn. „Also habe ich mir einen Freund gesucht." Wie er ihn kennenlernte, wie er sich mit dem Jungen anfreundete, wie er den Zehnjährigen dazu brachte, sexuelle Handlungen zuzulassen, darüber will er nicht sprechen. „Das ist nicht viel anders als in erwachsenen Beziehungen auch."

Eine verzerrte Wahrnehmung ist bezeichnend für viele Pädophile. Sie projizieren ihre Wünsche auf die Kinder und unterstellen ihnen, dass sie den Sex genauso herbeisehnen wie der Erwachsene. So weit geht Kerus nicht: „Aber wenn es dem Jungen nicht gefallen hätte, wäre er nicht freiwillig immer wieder gekommen." Von emotionaler Abhängigkeit, die dem Kind eine freie Entscheidung unmöglich macht, will er nichts wissen. Pädophile wählen meist Kinder aus, die zu Hause vernachlässigt werden, in ihrer Familie keine Aufmerksamkeit und Liebe finden. Wenn diesen Kindern ein Erwachsener zuhört, wenn er sie ernst nimmt, bedeutet das für sie sehr viel. So viel, dass sie dafür Dinge hinnehmen, die kein Kind freiwillig tun würde.
„Ich habe nie etwas mit Gewalt gemacht", sagt Kerus. „In den ganzen Jahren habe ich vier feste Beziehungen gelebt." Wenn es zu dem Jungen eine emotionale Bindung gibt, sagt er, dann weicht er auch mal von seinem Lieblingsalter ab. Das laufe dann so weiter, bis der Junge 15, manchmal sogar 16 sei. „Aber es gibt eine natürliche Grenze – wenn der Junge ein Mann ist." Dann gehe es auseinander, wie bei erwachsenen Paaren nach einer Weile eben meist auch. Alles ganz normal, sagt Kerus. Manchmal bleibe sogar ein loser

Kontakt erhalten. „Dirkchen kommt morgen Abend zum Essen vorbei." Dirkchen, sein erster Junge, habe mittlerweile eine 13-jährige Tochter. Nein, geschadet habe es Dirkchen sicher nicht. Darüber mit einem Journalisten sprechen wolle Dirkchen aber bestimmt auch nicht, sagt Kerus. Wer rede schon gern über sein Sexleben vor der Pubertät.
Der weißhaarige Mann spricht über Libido und Objektwahl. Er hat früher viel Freud gelesen, hat nach einer Erklärung gesucht, warum er so ist, wie er ist. Mit der rechten Hand macht er eine wegwerfende Bewegung: „Es gibt keine Erklärung." Dennoch liest er weiterhin alles, was zum Thema Pädophilie erscheint. Über die Fachdebatte der Sexualwissenschaftler ist er bestens informiert. Er pickt sich aus den Aufsätzen Zitate heraus, die zu seiner Legitimation dienen könnten. Es ist, als suche er nach einem theoretischen Überbau für seine Lust. Wie Marco kennt auch Kerus den Aufsatz von Gunter Schmidt „Über die Tragik pädophiler Männer". Nur zieht er daraus andere Konsequenzen. Aus der Unveränderlichkeit einer pädophilen Veranlagung wird bei ihm eine Rechtfertigung für Sex mit Kindern: „Wenn Pädophilie eine eigene Sexualform ist, dann ist es nicht ein psychiatrisches Problem, sondern ein politisches", sagt Kerus. Vor 27 Jahren hat er die „AG Pädo" in Berlin mitgegründet. Die AG Pädo sei eine Selbsthilfegruppe, erzählt er, ähnlich wie die Anonymen Alkoholiker – nur müssten die Mitglieder nicht abstinent leben. Die Gruppe fordert stattdessen, Sex mit Kindern zu legalisieren. Natürlich nur, wenn alles einvernehmlich abläuft, wenn dem Kind kein Schaden entsteht.
Was versteht er unter einem Schaden? Kerus spricht laut, unwirsch. Das sei doch klar. Körperliche oder psychische Verletzungen natürlich, beides lasse sich eindeutig feststellen. Ein psychischer Schaden sei es, wenn der Arzt ein Trauma diagnostiziere. Und körperlich? „Wenn ich einen Jungen ficke, dann wird der kleine After ganz schön gedehnt."

Probleme mit der Justiz hatte Kerus in all den Jahren nur ein einziges Mal. Vor 18 Jahren verurteilte ein Gericht ihn wegen sexuellen Missbrauchs zu sieben Monaten auf Bewährung. „Wir sind zusammen in der Stadt rumgegeistert, sind im Zoo gewesen." Die Mutter fand es merkwürdig, dass ein fremder Mann ihren zehnjährigen Sohn in den Zoo einlud. Sie fragte das Kind aus. „Dann hat der Kleine ganz lieb, ganz tapfer alles bei der Polizei erzählt", sagt Kerus. Er war dem Jungen nicht böse, es war sein eigener Fehler. Er hätte sich der Mutter vorher vorstellen sollen, sagt er. „Sonst achte ich immer auf die Kooperation mit dem Elternhaus."
Bis auf den Sex, erzählt er, wüssten die Eltern der Jungs über alles Bescheid.

Selber schuld

Manchmal fällt es schwer, auf Gerechtigkeit zu warten. Dann schlägt die Stunde der Selbstjustiz

Zeichner: Ulli Lust, Oliver Grajewski, Kai Pfeiffer, Dirk Schwieger

erste hilfe
JUNI 2007
INDIEN, PUNE
CRASH
ACH CH CH
30 MINUTEN SPÄTER
www.ullilust.de
ullilust 2007

MANASSAS, VIRGINIA // USA, JUNI 1993
John Wayne Bobbitt
Lorena Bobbitt
Ich finde dich überall und ich werde dich weiter bumsen!

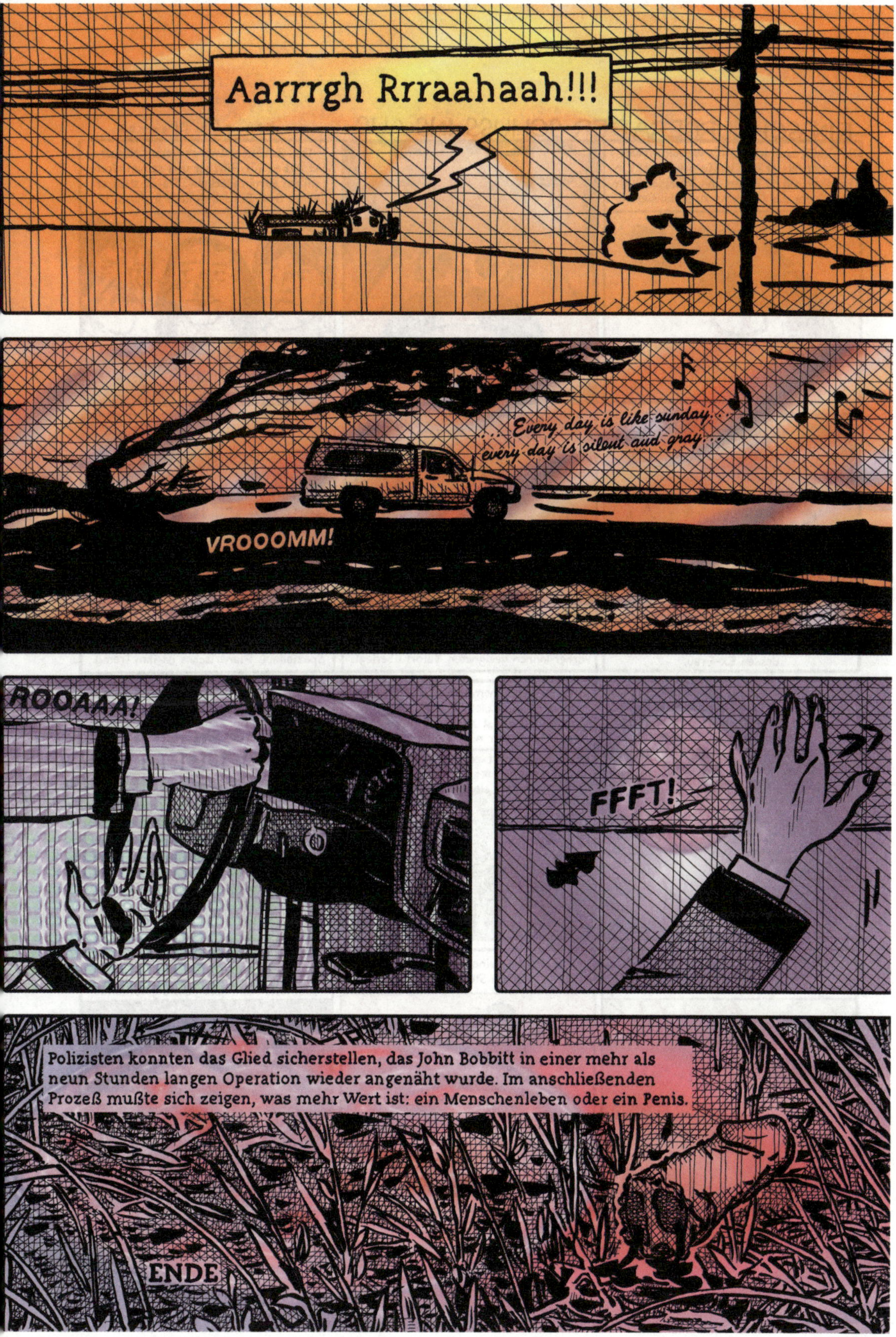
Aarrrgh Rrraahaah!!!
...Every day is like sunday...
every day is silent and gray...
VROOOMM!
ROOAAA!
FFFT!
Polizisten konnten das Glied sicherstellen, das John Bobbitt in einer mehr als neun Stunden langen Operation wieder angenäht wurde. Im anschließenden Prozeß mußte sich zeigen, was mehr Wert ist: ein Menschenleben oder ein Penis.
ENDE

EIN SCHNURGERADER SCHUSS INS AUS

kai pfeiffer 07

Bad Gandersheim 1998
Bad Gandersheim 1958

“D
HA
DE
GE

E STADT MICH IN N ARSCH FICKT!"

ER HAT EIN GOLDKETTCHEN, ZWEI EINSCHÜSSE IN DER WAND, ZUCKER, EINEN GROßEN, ABGEMELDETEN SCHLITTEN IN DER GARAGE UND EINE RIESENWUT AUF DIESES LAND, IN DEM SICH EHRLICHE ARBEIT NICHT MEHR LOHNT. PORTRÄT EINES ZUHÄLTERS.

TEXT - CHRISTIAN LITZ FOTOS - THEODOR BARTH

Der Zuhälter, in seinem Wohnzimmer sitzend, lässt viel Maggi in die Nudelsuppe tropfen, extrem viel, stellt die kleine Flasche auf den Tisch und zieht sich das leberwurstgraue Sweatshirt aus – er will es nicht bekleckern. Dann jammert er im weißen gerippten Unterhemd da weiter, wo er aufgehört hat, als eines seiner Mädchen die Suppe brachte. Was für ein Klagen, wieviel Tragik: Er ist mindestens 15 Jahre zu spät dran, keine Chance mehr, Großes zu erreichen, beispielsweise seinen Puff aufmachen. Sitzt in seinem Haus, einer netten Wohnstätte mit Grün davor im Neubaugebiet von Bad Rappenau, der Kurstadt, in Piefigkeit. Hier, in der geriatrischen Zone, lebt er mit Dani. Die und sein anderes Mädel schaffen im nahen Heilbronn an, einer etwas größeren Stadt mit Proll-Ästhetik. Am Telefon beeindruckte ich ihn, weil ich einiges weiß über die Gegend, ich war hier mal Lokalredakteur, kenne den Namen eines Staatsanwaltes, weiß, wo das Polizeipräsidium ist, ja, ich kenne sogar jemanden, der im gleichen Knast war wie er. Das gefällt ihm. Nun sitzen wir in seinem Eigenheim, gelblicher Rauputz, Baujahr frühe 70er, auf der Couch.

Nicht im Wohnzimmer, sondern in einem kleinen, vollgerammelten Zimmer. "Das ist mein Raum, wenn ich mal Ruhe brauche", sagt der Zuhälter. Mit Blick in den Garten, auf den grünen Rasen mit dem vielen Löwenzahn und dem hellblauen Pool. Sein Raum: ein Durchgangszimmer, etwa drei auf fünf Meter, mit dickem Teppich und kaum noch Platz. Zuvor aber das Wohnzimmer: Couchgarnitur, an den Wänden Ölbilder, Natur mit viel Tannen, gemalt vom Großvater, "einem berühmten Kunstmaler." Ein Blick in die Essecke, vier dicke Knarren an der Wand. "Alle legal", sagt er. Um zur Couch zu kommen: Der Dickpolstersessel, macht er klar, ist sein Platz – muss ich mich zwischen Tisch und Schrankwand durchzwängen. Der Couchbezug ist graubraun, Blumenmuster aufgestickt. Dazu ein riesiger Fernseher und ein großes Fernrohr auf einem Gestell. "Zum Sterne gucken", sagt er. In der Schrankwand nur Bücher über den Zweiten Weltkrieg und die SS, dazu Räuber Hotzenplotz, ein paar Karl-May-Bände und "Das große Schrauberbuch für Autofahrer". Darunter ein Zeitschriftenständer mit Herz für Tiere, einigen Playboys und Gala.

Er erzählt sein Leben, und plötzlich hat er Probleme beim Sprechen, er artikuliert undeutlich. Seine Hände zittern leicht, er macht lange Pausen beim Reden, wiederholt Sätze, und irgendwann mal sage ich: "Sie sind unterzuckert." Er schaut mich an, grunzt, steht auf, geht aus dem Raum. Ein paar Minuten später ist er wieder da und sagt: "Sie hatten Recht, woher wussten sie das?" Mir war aufgefallen, dass er Kaffee mit Süßstoff trank, und das wirkt nicht wirklich macho. Außerdem hatte ich zur Begrüßung eine Ananas mitgebracht, auf die er so reagierte: "Danke, aber die kann ich nicht essen." Nein, sagt er, nein, Diabetis behindere ihn nicht bei der Arbeit. Ich bin auch Diabetiker. Ah, sagt er und wir beginnen ein Fachgespräch. Das schafft Nähe, danach kann man tiefer gehen. Muss nicht, aber kann. Ich will nicht sagen, dass wir Freunde wurden, aber wir erreichten eine Vorstufe.

Der Zuhälter sieht gefährlich aus. Am Anfang – vor der Unterzuckerung – versuchte er zu reden wie ein Politiker, geübte Formulierungen, im Fernsehen Gehörtes, aufbereitet für den Eigengebrauch. Nach einiger Zeit aber Brüche, weil er Milieu-Slang reinmischt. Er weiß, das muss er bieten,

„Die Stadt hat mich in den Arsch gefickt!"
Er hat ein Goldkettchen, zwei Einschüsse in der Wand, einen großen, abgemeldeten Schlitten in der Garage und eine Riesenwut auf dieses Land, in dem sich ehrliche Arbeit nicht mehr lohnt. Porträt eines Zuhälters

Text: Christian Litz

Der Zuhälter, in seinem Wohnzimmer sitzend, lässt viel Maggi in die Nudelsuppe tropfen, extrem viel, stellt die kleine Flasche auf den Tisch und zieht das leberwurstgraue Sweatshirt aus – er will sich nicht bekleckern. Dann jammert er im weißen, gerippten Unterhemd da weiter, wo er aufgehört hat, als eines seiner Mädchen die Suppe brachte. Was für ein Klagen, wieviel Tragik: Er ist mindestens 15 Jahre zu spät dran, keine Chance mehr, Großes zu erreichen, beispielsweise seinen Puff aufzumachen. Sitzt in seinem Haus, einer netten Wohnstätte mit Grün davor im Neubaugebiet von Bad Rappenau, der Kurstadt in Piefigkeit. Hier, in der geriatrischen Zone, lebt er mit Danni. Die und sein anderes Mädel schaffen im nahen Heilbronn an, einer etwas größeren Stadt mit Proll-Ästhetik. Am Telefon beeindruckte ich ihn, weil ich einiges über die Gegend, ich war hier mal Lokalredakteur, kenne, den Namen eines Staatsanwaltes, weiß, wo das Polizeipräsidium ist, ja, ich kenne sogar jemanden, der im gleichen Knast war wie er. Das gefällt ihm. Nun sitzen wir in seinem Eigenheim, gelblicher Rauputz, Baujahr frühe 70er, auf der Couch.

Nicht im Wohnzimmer, sondern in einem kleinen, vollgerammelten Zimmer. „Das ist mein Raum, wenn ich mal Ruhe brauche", sagt der Zuhälter. Mit Blick in den Garten, auf den grünen Rasen, mit dem vielen Löwenzahn und dem hellblauen Pool. Sein Raum: ein Durchgangszimmer, etwa drei auf fünf Meter, mit dickem Teppich und kaum noch Platz. Zuvor aber das Wohnzimmer: Couchgarnitur, an den Wänden Ölbilder, Natur mit viel Tannen, gemalt vom Großvater, „einem berühmten Kunstmaler". Ein Blick in die Essecke, vier dicke Knarren an der Wand. „Alle legal", sagt er. Um zur Couch zu kommen: Der Dickpolstersessel, macht er klar, ist sein Platz – muss ich mich zwischen Tisch und Schrankwand durchzwängen. Der Couchbezug ist graubraun, Blumenmuster aufgestickt. Dazu ein riesiger Fernseher und ein großes Fernrohr auf einem Gestell. „Zum Sternegucken", sagt er. In der Schrankwand nur Bücher über den Zweiten Weltkrieg und die SS, dazu *Räuber Hotzenplotz*, ein paar Karl May-Bände und *Das große Schrauberbuch für Autofahrer*. Darunter ein Zeitschriftenständer mit *Herz für Tiere*, einigen *Playboy* und *Gala*.

Er erzählt sein Leben, und plötzlich hat er Probleme beim Sprechen, er artikuliert undeutlich. Seine Hände zittern leicht, er macht lange Pausen beim Reden, wiederholt Sätze, und irgendwann mal sage ich: „Sie sind unterzuckert." Er schaut mich an, grunzt, steht auf, geht aus dem Raum. Ein paar Minuten später ist er wieder da und sagt: „Sie hatten recht, woher wussten Sie das?" Mir war aufgefallen, dass er Kaffee mit Süßstoff trank, und das wirkt nicht wirklich macho. Außerdem hatte ich zur Begrüßung eine Ananas mitgebracht, auf die er so reagierte: „Danke, aber die kann ich nicht essen." Nein, sagt er, nein, Diabetes behindere ihn nicht bei der Arbeit. Ich bin auch Diabetiker. Ah, und wir beginnen ein Fachgespräch. Das schafft Nähe, danach kann man tiefer gehen. Muss nicht, aber kann. Ich will nicht sagen, dass wir Freunde wurden, aber wir erreichten eine Vorstufe.

Der Zuhälter sieht gefährlich aus. Am Anfang – vor der Unterzuckerung – versuchte er zu reden wie ein Politiker, geübte Formulierungen, im Fernsehen Gehörtes, aufbereitet für den Eigengebrauch. Nach einiger Zeit aber Brüche, weil er Milieu-Slang reinmischt, er weiß, dass muss er bieten, imagetechnisch. „Bin eingefahren, weil ich ein Mädchen auf den Strich geschickt hab, die war noch nicht volljährig." Oder: „War 19, als sie mich das erste Mal verknackt haben." Der wahre Grund, warum er reden will, ist die Idee mit dem Puff. Er hatte sich bei der Stadtverwaltung Heilbronn, der das Gebäude gehörte, um einen beworben: „Die wissen ja auch, dass jede Stadt ab einer gewissen Größe einen Puff braucht." Der Heilbronner Puff war sozusagen ausgeschrieben. Die haben dann einen von außerhalb rangelassen, ihm jedoch zuvor das Gefühl gegeben, er sei am Drücker. Nun steht er blöd da, auch in der Branche.

„Hab jahrelang den Wasserträger gemacht und jetzt, wo oben was frei wird, macht die Stadt so was. Fühle mich verarscht, im Prinzip hat die Stadt mich in den Arsch gefickt. Mich hat noch keiner ungestraft niedergemacht, die Stadt beeinflusst mein Leben massiv, ich entscheide normalerweise selbst." Ganz ruhig: „Das verstößt gegen die guten Sitten und den Anstand, was die Stadt da gemacht hat." Das ist seine Tragik, deshalb immer wieder dieser Kummer, dieses: Ich bin ein Opfer. Hat sich hochgedient, jahrelang. Das heißt Schlägereien, Geballer, blöde Weiber. Er hat für große Heilbronner Zuhälter in guten Zeiten den Butler gemacht. Mit viel Loyalität und niederen Arbeiten die Hierarchieleiter hoch, ganz langsam, wies sich gehört. Und jetzt, er ist oben angelangt, gelten plötzlich neue Regeln. Gerade, als er es geschafft hat, seine Konkurrenten sind tot oder in Spanien, gerade also ist er am Ziel, er wär jetzt dran. Schwupp!, gilt nicht mehr, was immer galt. Für ihn völlig überraschend. Ja, früher: „Da haben die Jungs einen Laden gekauft, eröffnet und gewartet, was passiert. Ich aber renn rum, sammle alle Genehmigungen, Behördengänge noch und nöcher und krieg einen in die Eier." Er will nicht blöd dastehen. Mit seinem riesigen Oberkörper. Ein Fitness-Studio-Typ, zu aufgepumpt, um gut auszusehen, aber auf jeden Fall furchteinflößend. Lange Arme, dicker Bizeps. Sonnenstudiobraun, Koteletten, Schnauzbart, schwarze Haare und der Beginn einer Glatze auf dem Kopf, eine große Nase, die schon mal gebrochen war. Die Haare sind gefärbt, so ein Schwarz gibt es selten. Seine Augen: beeindruckend, stechend, dunkel, wirken wie die eines geschminkten Heavy-Metal-Gitarristen. Sein Unterhemd: weiß, gerippt, freie Schultern. Am linken Oberarm tätowiert, „ne Knastsache". Soll ein Henker sein, erkennt man aber kaum. Am rechten Arm ein Goldkettchen, Kette am Hals. Er lässt extrem viel Maggi in die Suppe tropfen.

Der Zuhälter will die Tragik seines Lebens veröffentlicht haben. Die guten Zeiten der Prostitution seien vorbei, die Leute sollten das wissen. Würde er nie zugeben, aber verkürzt ausgedrückt: Ihm geht es um Mitleid für den armen Zuhälter und darum, der Stadtverwaltung Heilbronn eins reinzuwürgen. Er will, dass alle wissen: Schuld hat der Staat, „also habe ich keinen Respekt mehr vor dem Staat", Schuld hat das Internet, Schuld hat ... es folgt eine lange Liste. Schuld hat die Gesellschaft, ihre neue Moral, heute könne jeder fremdgehen, in jeder Disco seien Mädels, die Sex wollten, einfach so, ohne Geld. „Heute kannst du doch überall Weiber abschleppen, das war früher anders." Außerdem „haben die Leute heute weniger Geld übrig". Im Fernsehen nackte Frauen, Heftchen und Videos an jeder Ecke, „ja, wegen den Videorekordern gab es massive Einbrüche bei uns". Kassetten sind leicht zu besorgen, selbst für katholische Dorfpfarrer. „Dann die Scheiß-Swingerclubs und Singleclubs, und wie die Kacke noch so heißt, die haben uns den Rest gegeben." Außerdem Nutten ohne Zuhälter in Appartements. Nutten ohne Zuhälter, verdammt noch mal. Und Barbaren aus Jugoslawien, Albanien und Russland, die sind einfach eine Nummer härter als die deutschen Jungs, muss er zugeben. Ihm kann zwar keiner, aber: „Wir haben auch eine Krise, weil der Ostblock reindrängt." Außerdem Aids. Und die Amis sind weg. Früher war es eine US-Garnison in Heilbronn, die GIs waren *Business*. Statt Kaserne jetzt Gründerzentrum. Außerdem die Stöhn-Telefonnummern, die Geld einspielen. Nur seine Mädels nicht. Stehen auf dem Straßenstrich rum und gehen zu selten beruflich in den Wohnwagen. Da am Sportplatz, nahe dem Bau, in dem früher Telefunken war, sind nur seine zwei Mädels, sonst keine, „zwei, drei mehr wären schon gut für die Optik". Früher hatte er sechs Mädels laufen, „eine große Familie".

Zuhälter sein sei kein Zuckerschlecken, der solide Bürger habe das falsche Bild: „Bei dem Stress, den ich auf der Piste hab, da würden sich andere nach ner Weile die Kugel geben." Er weiß aber auch: „Wenn ein Zuhälter jammert, sagen alle: Geschieht dem Arschloch recht." Er wolle nicht jammern, nur: „Älter werden wir halt auch alle." Sitzt in diesem Sessel und jammert und jammert und jammert. „Ich bin jetzt 43 und hab mir schon vor Jahren überlegt, dass es so nicht weitergehen kann", deshalb die Idee mit dem Puff. „Wir haben Geld immer unter die Leute gebracht. Da sollte die Regierung mal dran denken, die USA zeigen doch, weniger Steuern, mehr Geld wird ausgegeben, bessere Geschäfte, mehr Steuern, die Wirtschaft floriert. Bei uns pennen die. Wenn ich 10.000 hab, verballere ich 8.000 davon. Aber ich hab nie übertrieben, deshalb bin ich einer der wenigen, die noch übrig sind." Er habe sein Leben lang in Sachwerte investiert, große Autos vor allem.

Ein paar Tage später: Mehr Gründe für den Untergang des Milieus, er wiederholt sich wortwörtlich, klingt aber inzwischen nicht mehr nach Politiker, sein schwäbischer Dialekt wird breiter. Dani trägt eine richtig große Brille, schrille *Seventies,* mit gelben Gläsern und ergänzt: „Das Freizeitangebot heutzutage ist auch größer und die Leute geben ihr Geld nur noch für Markenartikel aus." Ich: Früher war alles besser – sagen doch alle. Er: Schon, aber es stimmt, das Milieu war früher besser. „Milieu" sagt er oft, mit Stolz, trotz der Krise. Und „solide". Solide sind Frauen, die sich nicht prostituieren. Oder Menschen, die nichts mit dem Milieu zu tun haben. Das Wort „solide" fällt etwa 20 Mal. Er mag solide nicht, macht sich lächerlich darüber, bieder ist das für ihn. Gleichzeitig sehnt er sich danach, nach Eigenheim und Sozialversicherung. Sein Haus, die Beinahe-Villa, hat sein Vater aus Steuergründen 1989 gekauft und bereits abbezahlt. Es hat tatsächlich, wie er angekündigt hatte, zwei Einschusslöcher in der Wand, eins im Garagenbau, eins neben dem Wohnzimmerfenster.

Neben der Tür ist ein Schild, das vor dem Hund warnt, ein anderes, das vor der Pistole des Hausherrn warnt, dann noch ein kleines, auf dem steht sein Nachname und „Industrievertretung". Später erklärt er, er sei aus Sozialversicherungsgründen bei seinem Vater angestellt, das bedeute sichere Rente, Pflege, Krankenkasse.

Auf seiner Couch: Vorhänge vorm Fenster, hölzerne Schrankwand, Plüschcouch, Schmuckkissen, dicke Sessel, alles eng aneinander, kaum Platz, um sich zu bewegen. Er redet über Sozialversicherungen, Altersversorgung, den Staat, der nicht richtig funktioniere, ganz Stammtischbruder. Das Haus, die Einbauküche, die Eckbank, die Fliesen am Boden – Klischee und Wirklichkeit sind hier eins. Ein Privatsender dudelt im Hintergrund, der Zuhälter erzählt von den guten Zeiten. Von seiner Freundin und den, naja, Angestellten. Die Freundin schenkt Kaffee nach, sie holt, er zeigt die Fotoalben: Grillbilder, Urlaubsfotos, „Italien, das war schön, da hatten wir einen Bungalow gemietet". Mama, Papa, Weihnachten, Silvester, viele Fotos vom Autowaschen und vom Hund. Dann Videofilme. 18 Jahre alte Partyfilme. Ungesund überdimensionierte Männer in muskelbetonten Kleidungsstücken und mit langen Haaren sind furchtbar laut und essen von Papptellern. Musik von Deep Purple und Black Sabbath übertönt alles. Keine Frauen? Dani, die Freundin antwortet: „Frauen arbeiten, die kommen erst so gegen zwei oder drei dazu." Den beiden geht es jetzt gut: Das ist der Beppo, kannst du Dich an den noch erinnern? Der da sitzt seit neun Jahren im Knast. Der ist tot. Moment, der auch. Der ist ziemlich fertig, Drogen. Und der lebt in Spanien. Der da, am Tisch, war aus dem Knast ausgebrochen, kam zum Fest, sie haben ihn erst Monate später erwischt. Sie: Hat der sich nicht gestellt? Er: Nein, nein. Der Besuch in der guten Zeit dauert lange. Sie sind beide auf den Filmen, jünger, er noch mit langen Haaren. Sie sagt: „Da hast du aber noch jung ausgesehen." Er deutet auf den Schirm: „Der da war damals mein Butler."

Dani ist nett, sehr drall, mit Airbagbusen und freundlichem Gesicht, sie hat Jeans an, in die sie entweder eingenäht oder mit einem Schuhlöffel reingedrückt wurde. Redet offen, hat ab und zu auch witzige Kommentare, na ja witzig, so etwa: „Die Freier zahlen 30 Euro und denken heutzutage, dafür gibt es eine Hochzeitsnacht". Ja ja, auch sie: Früher war alles besser. „Mies gings uns nur, als das mit dem Aids aufkam. Da war Ebbe."

Sie muss in die Küche, heute Abend kommen seine Schwester und ihr Mann, zum Spargelessen, sie schält jetzt. Der Zuhälter schlabbert seine Nudelsuppe, dazu Autobiografisches: Er kommt von den Fildern, das heißt aus der ländlichen Umgebung von Stuttgart. „Bin stocksolide erzogen worden". Vater selbstständiger Kaufmann. Mutter Hausfrau. Mechaniker gelernt bei Daimler in Untertürkheim, danach Arbeit als Formbauer, schickte nebenbei eine Minderjährige auf den Strich. Knast. 13 von 24 Monaten abgesessen. „Kam auf Bewährung raus, und hab für ne Firma gearbeitet, aber mein Geld nicht gekriegt, lange Gelegenheitsarbeiten. Bei einem Abbruchunternehmer, der hat mich nicht versichert, obwohl er gesagt hat, er würde es machen. Der machte Bankrott, ich zum Arbeitsamt, bekam kein Arbeitslosengeld."

Also zum Sozialamt. „Hatte einen Pontiac" – Hatten Sie damals wieder Mädchen laufen? – „Ich hab ein unstetes Leben geführt, mal hier eine, mal da eine, die gaben mir ein paar Mark, so fing das an." Sozialamt. „Bin hin im Pontiac. Was sollte ich machen? War mein einziger Wagen damals. Die haben 263 Mark gezahlt. Ich frage: Kann ich morgen wiederkommen? Der Typ sagt: Das muss einen Monat reichen. Ich erkläre: Wenn ich tanke und essen gehe, ist das weg."

Wo geht man in so einer Lage hin? Zum Bewährungshelfer. „Dem hab ich gesagt: Soll ich einbrechen? Sagt der: Nee, das wär ein Verstoß gegen die Bewährungsauflagen." Er belegt eineinhalb Jahre auf Kosten des Arbeitsamtes Kurse zur Persönlichkeitsentfaltung, arbeitet schwarz. „Mit den Kursen war ich zehn Jahre zu früh, das wurde später Mode." Anfang 1981 ging er nach Heilbronn und arbeitete bei Hannes – den hatte er im Knast kennengelernt – im Hardrock-Café. „Davor hab ich in Kirchheim als Disco-Rausschmeißer gejobbt." Gibts das Hardrock noch? „Ist heute Döner." Er bekam noch ein Jahr Bewährung dazu. „Einfach so."

Er hätte über Hannes einen Job in Frankfurt bekommen können, Türsteher oder sowas. Der Bewährungshelfer sagte nein. „Meine Freundin ging fremd, da sagte ich mir, nie wieder ein solides Mädel, wenn die sowieso nicht treu ist, kann sie auch anschaffen und mir Geld verdienen." Es sah so aus, als könne er in Esslingen einen Laden wieder aufmachen. Der Typ, dem der gehörte, saß im Knast. „Seine Frau machte einen anderen Schuppen im Schwarzwald, ich sollte den in Esslingen machen." Ein Tag vor der Wiedereröffnung brannte er ab. „Weihnachten 83, da stand ich mit meinem Ford Granada. Wo sollte ich hin?, fragte ich einen Polizisten. Der sagt, nehmen Sie sich ein Zimmer im Hotel. Ich bin zu meiner Schwester." Versicherungsbetrug? „Möglich." Er zog zu Hannes nach Heilbronn. „Als ich bediente im Hardrock-Café, da war ich schon beeindruckt von den Typen, die da laut reinkamen, mit viel Geld in der Tasche, und das rausgehauen haben. Sind heute alle weg, in normalen Berufen, das war mir schnell klar, aus denen wird nichts im Milieu, zu blöd für."

Er dient sich hoch: „Hab für Hannes die täglichen Arbeiten gemacht, er hatte ja viel um die Ohren. Ein Zimmer in seiner Wohnung, hab das Frühstück gemacht, war sein Butler, kann man so sagen. Er hat mich immer als seinen Sekretär vorgestellt." Später erzählt er von großen Augenblicken. „Hannes sagte, ich fahr heut Abend in die Schweiz mit meiner Alten, geschäftlich, wasch das Auto, um drei oder vier war das Auto fertig, auf dem Hof waren noch andere am Waschen, tolle Atmosphäre, Musik durch das offene Fenster bei Hannes." Wo hat Hannes gewohnt? „Südstadt, bei Knorr, das war so das Zentrum. Dann kam der top-aufgestylt, Alte dabei und ein paar Tausender in der Tasche." Das Auto hat er heute, einen Excalibur, eine Replica auf Chevy-Basis, ein paar Hunderttausend wert. Werde es nachher zeigen. Kaufte es dem Hannes ab, als der am Boden war und Geld brauchte. „Mir ist es ja eher peinlich, wenn ich mein Auto nicht sehe, weil die Leute dicht davor stehen, aber der Hannes, der stand da drauf. Ich bin eher der dezente Typ." Und ein „Jesus-Autofreak. Ich brauch, wenn ich mein Auto richtig putze, zwei Tage für." Hannes war sein Lehrmeister. Nach ein paar Jahren zog er los, nach Mühlheim, einem kleinen Teilort des schon kleinen Ortes Sulz. „Der Schuppen hatte keine Lizenz, aber Tag und Nacht ist das Telefon gegangen, wir haben Werbung in der Zeitung gemacht. Topadresse mit Sauna und Bar, fünf, sechs Frauen haben gut verdient. Die Frauen haben Miete bezahlt, 100 Mark am Tag und bekamen die Hälfte von den Getränken. Jede kam auf 1.000 Mark am Tag. Wir haben Krimsekt für 350 verscheuert, für 20 eingekauft, die Mädels haben getrunken, was ging." Die Polizei machte Ärger, die Kundschaft musste ständig den Führerschein zeigen, Alk-Tests machen. Irgendwann waren fünf Saudis da, „echte Ölscheichs, waren bei Mauser in Oberndorf, Taxichauffeur brachte die für Prämie. Mittendrin, der Obersaudi lag auf der Frau, tritt das Einsatzkommando, 20 Mann, die Tür ein."

Bis dahin sei alles schön gewesen: Morgens den Hund ausführen, mittags Kuchen kaufen, immer alle zusammen. „Zwei Mädchen hatten Küchendienst, wie eine Familie, war eine schöne Zeit." Drei Monate lang. Damals hat er Dani kennengelernt. Sie ist gerade wieder da, schenkt Kaffee nach. Kommt aus der Gegend da unten. Als das Einsatzkommando Schluss machte, schickte er sie nach Heilbronn, zu Hannes, ins *Je t'aime*. Sie nickt, sagt: „Das war ein Abenteuer." Sie komme aus einem soliden Haushalt, das sei so was wie ein Ausbruch gewesen. Für ihn war es hart: „Plötzlich saß ich mit meinem Hund allein da, ein Doggenmischling aus dem Tübinger Tierheim, imposante Größe." Er fuhr ständig nach Heilbronn. Heimweh. Schließlich zog er um. „Oben drin im Hardrock-Café, da haben alle gewohnt, beim Hannes. Der hat auch die Rewell-Jacken von René Weller vertrieben." Nach einem Jahr weiter nach Untereisenheim: „Drei Jahre unter Bauern." Mit zwei Hunden, er hatte noch einen Rottweiler gekauft. Dani war dabei. „Damals habe ich ein Gespräch mit dem Papa gehabt. Wenn ich gemacht hätte, was er wollte, wäre ich schon lange arbeitslos." Vater weiß seitdem, was Sohn macht. „Klar, die Eltern haben die Dani kennengelernt und gesehen, das passt." Papa stellte Sohn pro forma an, kaufte das Haus. Es ging aufwärts: „Der Hannes hatte großes Vertrauen, der hat gemerkt, dass ich nicht blöd bin." Es war die Zeit, als die Hamburger Zuhälter versuchten, ganz Deutschland zu übernehmen. „Hat ja überall geklappt, nur nicht in Heilbronn." Da ist er stolz drauf, seine große Geschichte: Die Clique in Heilbronn, 20 Mann, „hatten Partys für ganz Deutschland".

Die Leute aus Hamburg kamen zu dritt, im 500er Coupe. Lalajojo heißt eigentlich anders, aber der Zuhälter sagt, wenn der richtige Name auftaucht, würde der „mich verfolgen bis in die Steinzeit. Lalajojo hatte einen Morgenstern. Heilbronn hatte eine Hierarchie: oben Hannes, Lalajojo und noch einer, darunter ich und noch wer. Auf jeden Fall, die Hamburger kamen, Lalajojo packte den Morgenstern in eine Plastiktüte. „Wir waren draußen mit einem Kofferraum voll Knarren, Lalajojo wollte sich verprügeln lassen, wär ne gute Presse gewesen, so war der drauf." Aber so lief es nicht. Plötzlich dreht Lalajojo durch, holt den Morgenstern aus der Tüte, wütet die drei Hamburger vor die Tür. Rennen zu ihrem Auto. „Vorbei an 20 Mann, alle Knarren in Händen, mitten auf der Neckarsulmer Straße." Was für eine Knarre hatten Sie? „Ne dicke zweiläufige Schrotflinte. Die sind auf vier platten Reifen auf die Straße. War ein großer Augenblick." Er schließt die Augen und genießt ihn. Kurz drauf haben sie den Club der Hamburger in Heilbronn gestürmt, das Corazon. Der Club sei zweimal abgebrannt. Und? „Ich gelte als Pyromane."

Sie gründen den Car Club Heilbronn, „weil wir alle Auto-Fans waren" und noch einen Kegelclub, „haben nie gekegelt". Warum dann Kegelclub? „In der Kasse war Geld, wenn mal einer aus dem Knast kam, gab es Unterstützung. Jeder zahlte 50 Mark im Monat." Er ist Kassenwart, „auf meinem Ordner stand geheim, als die Bullen mal ne Hausdurchsuchung machten, ließen sie den stehen, weil geheim draufstand, die dachten, das ist ein Witz, so entging denen, was sie suchten". Dani kommt wieder rein, mal schauen, ob alles in Ordnung ist. Ihr Zuhälter sagt zu ihr: „Hol mal die Jacke." Sie holt sie, hält sie hoch: schwarzes Leder, hinten drauf ist ein Indianer mit einer Hakennase und einer langen Feder. Drumherum steht: *One for all, all for one*. Er redet kurz über Zusammenhalt, Freundschaft. „Wir leben seit 16 Jahren zusammen, die Gabi ist seit sechs Jahren dabei, alle anderen wechseln." Dani geht mit der Jacke raus, ich frage: Eifersucht? Er zuckt die Schultern. Sie seien nicht die besten Freundinnen, aber sie kämen klar. Nein, ich meine Sie. „Ach was, ich weiß, meine Mädchen lieben nur mich. Für die ist es einfach so. Mit der einen leb ich zusammen, mit der anderen gehe ich joggen oder ins Training." Die andere komme nachher. Dann fahren sie los, im Mustang Cobra Jet, nicht im Excalibur. Holen die beiden Wohnwagen vom Rastplatz, fahren nach Heilbronn. Wie immer, außer zur Urlaubszeit, wenn Volksfest ist auf der Theresienwiese, nahe beim Strich. „Dann können wir nicht arbeiten, da gehen wir nach Italien." Freie Tage? Früher hätten sie ihr Geld freitags und samstags gemacht, heute vor allem montags. Arbeitszeiten? 7 bis 11 im Winter, 9 bis 12 oder 1 im Sommer. „Wenn ein Lauf ist, bleiben wir länger."

Weiter mit der Historie: Lalajojo und Hannes verloren an Reputation, denn es gingen Aussageprotokolle der Polizei rum, in der sie über die Hamburger plauderten. Da drängte der Ostblock schon rein. Und Aids war da. Hannes hatte inzwischen den alten Heilbronner Puff übernommen. Aber da war er schon auf dem Weg nach unten. „Er hatte keinen Führerschein mehr, seine Bauchspeicheldrüse war kaputt. Alkohol. Ich hab ihm das Auto abgekauft.“ Den Excalibur. „Er hatte Schulden bei mir und ich gab ihm noch Geld, 80.000 Mark so etwa. Ein halbes Jahr später ist er im Suff vom Dach gefallen.“ Hannes fiel auf den Hof, auf dem sein Butler früher das Auto wusch. Selbstmord? Der Zuhälter sagt nichts. Nach langer Pause: „Der Hannes, die Eltern hatten ne Gärtnerei, der hat so einen grünen Touch gehabt, hat sich jedes Problem von anderen reingedrückt, hat immer versucht, zu helfen.“

Lalajojo macht noch in Appartements, kommt einigermaßen rum damit. „Viele sind abgewandert, 89 ist der Volker erschossen worden, wurde im Baggersee gefunden, er hat immer zu viel angegeben. Der Peter ist ertrunken, keine Ahnung wie.“ In den noch nicht ganz so schlechten Jahren, in denen nach Hannes, war die Aufteilung einfach gewesen: Lalajojo die Wohnungen, Harald den Puff, er den Straßenstrich.

Dann starb der Puffbesitzer, der Schwiegersohn übernahm, Harald, der Pächter, wollte auch nicht mehr. Der Zuhälter hatte die Idee mit dem Puff. Ein Kumpel, der sonst in Sicherheitssystemen macht, „kein schlechter“, kauft das Gebäude: „Ich hätte von ihm gepachtet. Eine Millionen für den Kauf, zwei bis 300.000 Mark Miete im Monat, da wären 30, 40.000 übrig geblieben.“ Ich weise darauf hin, dass wir in der Euro-Zeit angekommen sind. „Ach, Scheiße.“ Wenn das mit dem Puff nur geklappt hätte, dann wäre er in der neuen Zeit angekommen. Also er mit dem potentiellen Käufer zur Stadt, wegen der Baugenehmigung. Sie bekamen ein Fax: Das könne was werden. Der Partner ging damit später zum Anwalt. Jedoch: Das Fax hat nur ein Beamter unterschrieben, zwei hätten es sein müssen, dann wäre damit vor Gericht was zu machen gewesen. So nicht. Zuvor hatte der Beamte gesagt, die Stadt will die Gegend entwickeln. Die Südstadt solle schön und pufffrei werden. In S3 und S7, so hieß der Puff in Heilbronn, sind jetzt Asylbewerber drin.

Der Beamte sagte, die Stadt brauche natürlich einen Puff, wenn sie ein gutes Objekt wüssten, wäre was machbar. Er stehe oben auf der Liste. „Klar, die Polizei hat mich empfohlen, die wollte keine schrägen Vögel von außen, die kennen mich.“ Moment. Aus der Tiefe der Schrankwand holt er ein paar Zeitungsartikel. Sogar die Lokalzeitung meldete, „der Organisator des Straßenstrichs, der zu den führenden Figuren des Unterländer Lustgewerbes und zur alten Garde der Zuhälter zählt, wird im Rathaus als zukünftiger Betreiber des neuen Bordells favorisiert“. Also fuhr er durch Heilbronn, ahnte eine Zukunft und besichtigte Gebäude. „Das dritte wars, ganz klar. Hab ich der Stadt gesagt.“ Da drin ist heute der Heilbronner Puff. Nur: Betreiber ist wer anders.

„Ich bin der Idiot, die lachen sich einen ab.“ Er beantragte einen zweiten in einem anderen Viertel. Wurde abgelehnt, wäre ja eine Konkurrenz für das städtische Bordell gewesen, sagt er. Es gab Hickhack, im Puff war Buttersäure, ihm konnte das nie angehängt werden. Auf sein Haus wurde zwei Mal geschossen, eines seiner Autos zersiebt. Der Puffboss, ein Heidelberger, der in ganz Süddeutschland rumhuren lässt, habe eine Rockergruppe angeheuert, als Geschäftsführer. Ab und zu geraten sie aneinander, kein Wunder: Puff und Straßenstrich in Heilbronn liegen nun nahe beieinander. „100 Meter neben meiner Existenz, die Polizei hat auch den Kopf geschüttelt.“

Gabi, die zweite Mitarbeiterin, ist jetzt da. Blond, mollig, im Jogging-Outfit. Sie grüßt, ich versuche eine kleine Konversation, während der Zuhälter aufs Klo geht, aber sie ist zu schüchtern. Er kommt zurück, zeigt wiedermal die Einschusslöcher neben der Haustür. Irgendwer wollte ihn da warnen. Lächerlich, sagt er, und dass er natürlich gleich die Polizei angerufen habe damals. Sie waren auf der anderen Seite, auf der Terrasse. Aber gehört hat er die Schüsse natürlich.

Wir gehen in die Garage, er öffnet das Tor. Da: der Excalibur, mächtig, ohne Nummernschild. Abgemeldet.

Schwanzmeisen von Klaus Theuerkauf
aus der Berliner Galerie Endart

AUS DEM APPARAT

Ein Blick in das Amsterdamer Polizeiarchiv

Politie Amsterdam Amstelland – edited by Myriam Missana

Als ich ein Schwein war

Von der fünften Klasse bis in die Oberstufe hat der Autor einen Mitschüler gehänselt. Er ist sogar auf ihm geritten. Jetzt ist Gelegenheit nachzudenken, was ihn selbst geritten hat. Bekenntnis eines Mobbers

Text: Gustav Falke

Es ist nicht etwa so, als hätte ich diesen Trieb – im Zweifel auch mal jemandem zu nahe zu treten, bevor ich eine Pointe sausen lasse – heute voll im Griff. Daran können sich Menschen mit einer Schwäche fürs Komische ein Leben lang abarbeiten. Kein Vergleich aber zu Schulzeiten. Was damals zum Teil als Gag durchging, ist mir auf eine Art peinlich, die sich wie die Summe aller Peinlichkeiten aus Jugendtagen anfühlt – was ja eine Hochzeit des Peinlichen ist. Einem Menschen ins Gesicht zu sagen, er sehe aus wie ein Schwein, das verbietet der Anstand und trifft ja genaugenommen auch bei niemandem außer echten Schweinen zu. Auch klammert man sich nicht gegen den Willen eines Mitmenschen auf dessen Rücken fest. Die Mitschüler haben dann immer die Sekunden gezählt, die man sich den vehementen Abschüttelbemühungen zum Trotz in dieser Huckepackposition halten konnte. Pig-Rodeo hieß diese Disziplin, an der sich ein Grüppchen von Klassenkollegen beteiligt hat. *Shame on us.* Nennen wir ihn mal Wolf-Dieter. Wolf-Dieter war der Dicke, der in jeder Jahrgangsstufe einer Schule dabei ist. Als ein auf jeden Lacher schielender Heranwachsender sitzt man leicht der optischen Täuschung auf, die Adipösen hätten einen zusätzlichen Puffer gegen emotionale Übergriffe. Soll jetzt keine Entschuldigung sein, soll nur der Erklärung dienen. Was man aber auch mal anmerken muss, ist: Einige Eltern haben scheinbar nichts anderes im Sinn, als ihre Kinder qua Namensgebung und Kleidung auf dem direkten Weg in die Hänsel-Hölle einfahren zu lassen. Wolf-Dieter mit seinem roten Lockenkopf trug als Achtklässler ein Brillengestell wie Helmut Kohl zum Amtsantritt und selbstgestrickte hellblaue Pullover mit einem kleinen Schleifchen auf der Brust, das an ein Kringelschwänzchen erinnerte. Gerne in Kombination mit braunen Cordhosen, versteht sich. Ich habe nie begriffen, warum die Dicken immer zusätzlich noch hässlich angezogen wurden, mit Mode und Accessoires, die negativen Assoziationen geradezu auf die Sprünge helfen. Mein Appell an alle Eltern ist nur: Lassen Sie das, das ist nicht gut.

Wolf-Dieters äußere Erscheinung hatte auf mich und eine Handvoll Klassenkameraden die Wirkung eines biologischen Schemas, das ein instinktives Mobbingprogramm auslöst. Da spulte sich etwas ab – es herrschte operativer Sturm bei kognitiver Windstille. Bei Wolf-Dieter stimmte einfach alles: Seine ganze Familie stand gut im Futter, der Vater hatte eine Vertretung für Metzgereibedarf und die Stoßdämpfer der Familienkutsche waren dementsprechend ausgeleiert. Für uns die wunderbarsten Witzvorlagen. Erst in der Stille nach dem Gag dämmerte mir von Zeit zu Zeit, dass ich wohl mal wieder sehr verletzend war. Es dämmerte mir, schon allein weil die Mehrheit der Mitschüler vorlebte, dass man so einen Wolf-Dieter auch einfach in Ruhe lassen konnte. Aber im nächsten Moment waren diese anderen für mich und meine Mitmobber schon wieder nichts als Langweiler. Graue Masse, Publikum. Für uns kam erst das Lachen, dann die Moral. Offenbar waren wir als Klassenclowns moralische Spätzünder, die das für Überlegenheit hielten. Andererseits war unser Alltag bunter und wir beherrschten stellenweise schon einen subversiven Humor, der mir auch aus heutiger Sicht noch ganz gut gefällt.

Was jedoch Wolf-Dieter betrifft, erscheint mir die Person, die ich damals war, in der Rückschau wie eine Figur, die manchmal noch kein eigenes Bewusstsein hat, sondern von einem unsichtbaren Bauchredner gesteuert wurde. Einem dieser Bauchredner, die auch bei Firmenjubiläen auftreten und in puncto Niveau noch eine Menge Luft nach oben haben.

Zwei Jahre vor dem Abi sah ich den Film *Flatliners*, in dem sich Kiefer Sutherland, Julia Roberts und Kevin Bacon als Medizinstudenten in einem Experiment für Minuten in den Zustand des klinischen Todes versetzen und gleich danach wieder reanimieren. Nach dieser Nahtoderfahrung plagen sie wüste Tagträume, in denen sie von den Opfern ihrer früheren Schulhofhänseleien und anderen Jugendsünden verfolgt werden. Nach diesem Film ist mein Bauchredner ruhiger geworden. Dann hat es noch einmal zwanzig Jahre gedauert, bis er sich ganz zurückgezogen hat. Das war kurz vor der Einschulung meines eigenen Kindes. „Ich sehe vielleicht aus wie ein Schwein, aber Ihr seid Schweine", hat Wolf-Dieter damals manchmal gekontert. So einen Satz würde ich meinem eigenen Sohn heute auch mit auf den Weg geben.

SELBST
VERS
UCHE

ME, MYSELF AND I

Was kann es für einen Journalisten Schöneres geben, als mittendrin zu sein; nicht nur Beobachter, sondern selbst Gegenstand der Berichterstattung. Andererseits birgt das Verlassen der kommoden Position des Dokumentaristen diverse Risiken: Man kann sich bis auf die Knochen blamieren, in Gefahr für Leib und Leben geraten oder bis in alle Zukunft als eitler, selbstgefälliger Sack gelten. Vielleicht gibt es die guten alten Undercover-Reportagen oder die Selbstversuche deshalb so selten. Schade, denn oft kommt man der Wahrheit eher auf die Spur, wenn man zur Tat schreitet.

So war es zum Beispiel bei der Droge Tilidin, die – schenkt man den alarmistischen Schlagzeilen Glauben – aus moslemischen Jugendlichen gefühlskalte Killer macht. In Wahrheit versank der Reporter nach der Einnahme in Lethargie und kotzte sich später noch die Seele aus dem Leib. Und wie soll man erfahren, was einem behinderten Menschen im Alltag so an Mitmenschlichkeit widerfährt oder eben nicht, wenn man sich nicht selbst mal in einen Rollstuhl setzt und damit durch die Stadt fährt. Um es vorwegzunehmen: Das Ergebnis dieser Tour ist sehr tröstlich. Und ist es nicht geradezu Pflicht, ein Speedmetalkonzert zu besuchen, wenn man ansatzweise erfahren will, was die Faszination an Schreien und Brüllen zu harten Gitarrenriffs ist?

Dass man sich als Herausgeber selbst in die Rolle eines Models begibt, hatte natürlich viel mit Eitelkeit zu tun und war daher für das DUMMY zum Thema „Ich“ genau der richtige Egotrip. Aber darüber hinaus kommt man nach einem zehnstündigen Shooting mit viel Demut und einem neuen Blick auf die Modebranche aus dem Fotostudio.

Manche Erfahrungen macht man, ohne dass man daran denkt, sie irgendwann mal zu einem Artikel zu verarbeiten. So erging es Wiglaf Droste, der ja eben nicht mehr schreiben wollte, als er zwischendurch in die Werbebranche desertierte, und ausgerechnet in einem Team landete, das Essiggurken betexten wollte. Die absolute Königsdisziplin unter den Selbstversuchen aber ist das Verfassen eines Porträts über sich selbst. Man muss Glück haben, in der selbstgefälligen Journalistenbranche jemanden zu finden, der genug Mumm hat, sich selbst hinterherzurecherchieren und dann wahrheitsgemäß aufzuschreiben, was er über sich erfahren hat. Auch die schlechten Dinge.

Na, du Flasche

Endlich einmal mutig sein: ein Selbstversuch mit Tilidin, der angeblichen Lieblingsdroge aller Amokläufer und Kleinganoven

Text: Fabian Dietrich
Illustration: André Gottschalk

Mein Tag ohne Angst begann mit leichtem Schwindel und Risotto am Küchentisch einer Freundin im vierten Stock eines Hinterhofs in Berlin. Die Stadt war in dieses knochenfarbene Licht getaucht, es regnete und war recht kalt. Es war ein Mittwochmittag, so um den Schulschluss rum. Ein ziemlich sinnloser Tag. Ich hielt den Zeitpunkt für ideal. Wann, wenn nicht jetzt, tanken gelangweilte Straßenkämpfer ein bisschen Mut? Vor mir stand ein braunes Fläschchen aus der Apotheke, zwanzig Milliliter, auf dem Etikett war der Umriss eines Gehirns zu sehen. Tilidin. Der Beipackzettel war natürlich ellenlang. Rezeptpflichtig. Nicht an Drogensüchtige abgeben. Auf keinen Fall in die Venen spritzen. Nebenwirkungen. Und so weiter und so fort.

Glaubt man dem, was so geschrieben wird, hat dieser Stoff das Potenzial, jeden in einen furchtlosen Psychopathen zu verwandeln. Der Amokläufer von Erfurt soll es im Blut gehabt haben. Ein Junge, der bei der Eröffnung des Berliner Hauptbahnhofs wahllos auf Menschen einstach, hatte es genommen. Eine

Tilidin AL comp.
N1 20 ml Lösung zum Einnehmen
Bei starken und sehr starken Schmerzen
Verschreibungspflichtig
Bitte Gebrauchsinformation beachten

Bande, die vor Kurzem ein Pokerturnier überfiel, putschte sich damit auf. Des Weiteren sind überliefert: Machetenangriffe auf Spielhöllen, Karambolagen, Prügeleien. Es wird berichtet, dass die Droge vor allem bei arabischen Jugendlichen äußerst beliebt sein soll. Tilidin ist ein synthetisches Opioid, das zur Behandlung von Krebspatienten verschrieben wird. Es betäubt, macht stark und angstfrei. So sagt man jedenfalls. Ich nahm erst mal 32 Tropfen aus dem Fläschchen, eine mittelhohe Dosis. Sie zerplatzten im Wasserglas, zerstäubten zu wächsernen Blumen und lösten sich auf.

Das Erste, was ich merkte, war eine nebulöse Leichtigkeit. Eine Art kribbliges Dröhnen hinter der Stirn. Mir fiel ein Auge zu, und dann das andere. Außerdem aß ich enorm heißes Risotto und verbrannte mir nicht den Mund. Ich verließ die Wohnung, ging raus auf die Straße und machte die Musik an. Ich hatte mir zur akustischen Untermalung dieses Tages ein paar Alben von Blokkmonsta auf Hirntot Records besorgt. Es war das Fieseste und Aggressivste, was sich auftreiben ließ, eine ziemlich düstere Sache. Im ersten Lied ging es darum, wie Blokkmonsta und sein Partner einen anderen Rapper foltern und ihm dann die Kehle durchschneiden. Im zweiten Lied wurde der Potsdamer Platz angezündet. Im dritten Lied entsorgten sie irgendwelche Leichen in einem Massengrab. Auch wenn sich kaum etwas reimte, fand ich die Musik – irgendwie war es ja schon bemerkenswert konsequenter Dilettanten-Brutaloquatsch – eigentlich gar nicht so übel, ich begann mit dem Kopf zu nicken, ich zog mir die Kapuze über, ich dachte mir: „Massaker!" und schlurfte freudig durch den Regen in Richtung Kottbusser Tor. In der Bank hob ich dann 200 Euro ab. Mir fiel auf: Die hatten zwei Überwachungskameras im Innenraum, links und rechts an den Säulen. Ich zählte die Menschen in der Schlange vor mir. Ich schätzte ihre Kampfkraft ein. Der Gedanke Geiseln zu nehmen. Na ja.

An der Ecke Skalitzer- und Adalbertstraße sah ich ein Mädchen vor einem Fotoautomaten stehen und sprach es nicht an. Vielleicht war sie hübsch. Vielleicht aber auch nicht. Ich konnte nicht sagen, wie ich sie fand. Sie war so dinglich irgendwie. Sie wirkte wie ein Bauzaun, eine Ampel, ein Laternenpfahl. Die Gedanken engten sich nun zunehmend ein. Soll heißen: Ich dachte phänomenalerweise an gar nichts mehr. Nicht an gestern und nicht an morgen. Nicht an den Text, den ich schreiben sollte, nicht an die Mutproben, die ich mir eigentlich in wochenlanger Beratung mit meinen Redaktionskollegen vorgenommen hatte, um meine toxisch gewonnene Angstfreiheit unter Beweis zu stellen: Dinge, vor denen ich so richtig Schiss habe – vor vielen Menschen Karaoke singen, mich unangekündigt in das Vereinsheim der Hells Angels schleichen, mich ganz weit über die Brüstung eines Turms lehnen und danach, nur um zu quatschen, von einem Bordell ins nächste ziehen. Vor allem: der ganze intime Kram. Irgendwem einmal die Wahrheit sagen. Sich offenbaren. Probleme lösen und so. Tut mir leid, aber das alles war mir auf einmal so was von egal. Ich versank in einem weichen Nebel, in dem es gar keine Gefühle mehr zu geben schien. Tilidin machte mich nicht zu Rambo oder Braveheart. Es machte mich zu Jack Nicholson in *Einer flog übers Kuckucksnest.* Man hatte mich lobotomiert. Ich dachte: Bordstein, Regen, Spielkasino, Fahrradladen, Haus. Ich dachte: Mann, Frau, Regen, Kind. Ich starrte minutenlang auf das Rinderhackfleisch im Schaufenster einer türkischen Metzgerei. Ich bemerkte, dass das Blut auf die Fliesen rann.

Irgendwann fand ich mich in der fürchterlichsten öffentlichen Toilette Kreuzbergs wieder (fürchterlich deswegen, weil hier immer sterbende Drogensüchtige liegen). Die Toilette hatte Lautsprecher, und es lief so etwas wie Kruder und Dorfmeister (was es nicht besser machte). Ein Schild sagte: 20 Minuten, dann geht die Türe wieder auf. Ich dachte: Okay, jetzt aber richtig, und legte noch mal nach. Dreizehn Mal tröpfelte ich aus der braunen Flasche in meine Quittenlimo rein, dann sah ich mich im Spiegel an: kreideblass, komische Falten und Sprünge im Gesicht, winzigste Pupillen – der unsympathische Statist aus dem Zombiefilm. Dass die Leute das nehmen, weil man es niemandem ansehen kann, stimmte also schon mal nicht.

Als ich die Toilette verließ, schlich sich ein letzter, einigermaßen klarer Gedanke in mein partiell gelähmtes Gehirn: Wie kann man ein Verbrechen in einem Zustand begehen, in dem ein so banaler Vorgang wie die Überquerung einer Seitenstraße nur mit absoluter Mühe gelingt? Wie kann man strategisch denken, wenn man überhaupt nicht mehr denken kann? Wie kann man sich bitteschön prügeln, wenn man sich immerzu in einer Art Zeitlupentempo bewegt? Auf der Suche nach anderen Streetfightern zog ich weiter in Richtung Süden, in die Tilidinhochburg Neukölln.

Dort wartete ich, im Regen, auf der Parkbank, auf einem Spielplatz in der Nähe der Rütli-Schule auf irgendwas. Allein. Gegenüber auf der Bank saß eine Frau und zupfte an ihrem Kind. Ich hörte noch immer Blokkmonsta von Hirntot Records. Der Hass in meinem Kopf/ verwandelt mich zur Bestie/Ich bin am Explodieren/Und greif mir die Schussweste. Ich fand die Platte mittlerweile so wie alles um mich rum. Gar nicht so schlecht, aber auch nicht wirklich gut, ziemlich zero insgesamt. Hatte ich noch Angst vor irgendwas? Ich wusste es nicht. Die Polizei behauptet ja, Menschen auf Tilidin seien so gefährlich, dass man ihnen bei der Festnahme die Arme brechen müsse. Sie spürten keine Schmerzen und ließen sich auf die wildesten Verfolgungsjagden ein. Mir kam es sehr absurd vor wegzulaufen. Ich saß auf dieser Parkbank in Neukölln und fühlte mich wie ein abkühlender Klumpen Brei.

Irgendwann löste ich mich dann doch und ging noch weiter in das finstere Viertel hinein, betrat eine arabische Teestube, freundete mich mit zwei Jugendlichen an und zog an einer Wasserpfeife mit Apfelgeschmack. Wenn ich das richtig verstand, hatten Ahmed und Khasib aus dem Libanon (die ja schließlich die Zielgruppe waren) noch nie von Tilidin gehört. Sowieso fanden sie Drogen offenbar doof und Schlägereien auch. Ihr Interesse galt spirituellen Angelegenheiten und Geld. Sie baten mich, ihnen den Urknall zu erklären. Ich rief in den Rauch der Wasserpfeife hinein, dass das Leben an sich vermutlich ein ganz, ganz seltsamer Zufall sei, der mit einer oder mehreren Explosionen vor unfassbar langer Zeit begonnen habe. Khasib erwiderte, dass das natürlich falsch, aber durchaus eine akzeptable Meinung sei. Dann fragte er mich, ob ich für ihn arbeiten wolle. Autos abholen, es sei äußerst lukrativ. Ich lehnte ab. Ob es mir irgendwie schlecht gehe, fragten Ahmed und Khasib. „Nein, Nein. Alles super", log ich, stand auf und taumelte hinaus in eine lilafarbene, fleckige Dunkelheit.

Dort ging ich eine Weile im Kreis und hielt vor einem Laden, auf dessen Tür stand: „Auch Waffenbesitzer haben Grundrechte." Ich sah ein Schwert mit dem Namen Excalibur, eine Armbrust im Landhausstil, ein Maschinengewehr aus der Zeit von Al Capone. Macheten hatten sie nicht, und mir war ziemlich schlecht. Ich kehrte um. Auf der Karl-Marx-Straße drehten sich die Leuchtreklamen schon, verschleierte Frauen errichteten Straßensperren aus Kinderwägen, mit Goldketten und Militärhaarschnitten dekorierte Streetfighter, mit denen ich mich nicht anlegen wollte, schossen aus der Schräge an mir vorbei. Ich bückte mich, ich stolperte. Dann kotzte ich dreimal und erinnerte mich wieder an meine Mission: das Experiment. Ich riss mich zusammen, suchte die nächste U-Bahn-Station und fuhr ein bisschen schwarz. Man muss wissen, dass Berliner Fahrkartenkontrolleure gewalttätige, unrasierte Flegeltypen von gebirgsmassivartigen Ausmaßen sind, die die Verkehrsbetriebe in Gefängnissen und Anstalten für Schwererziehbare rekrutieren. Ich fuhr also schwarz, grobes Ziel Karaoke-Bar. Die U-Bahn ruckelte, bremste, zischte, pfiff. Nach Norden und Süden, nach Osten und Westen, hin und zurück. Ich fuhr so was von schwarz. Und ich, der Mann mit der Intelligenz einer Coladose, war so superlocker dabei. Aber ich stieg nicht aus, weil ich irgendwie gelähmt war.

Dann wurde es Abend und man hatte mich immer noch nicht kontrolliert. Ich wankte nach Hause, brach auf dem Sofa zusammen und schlief – quasi im Fallen noch – in brezelförmiger Verkrümmung ein. Mich überkam ein unendlicher Friede, eine galaktische Erleichterung. Ich freute mich darauf, dass alles bald zu Ende war. Ich freute mich auf meine Probleme. Ich freute mich auf meine Angst. Ich träumte von einer Armee aus Kuscheltieren, deren Anführer eine Art grau-weißes, hermaphroditisches Meerschweinchen war.

STROM UND DRANG

Auch mal an härtere, schnellere Geschichten rangelassen werden, wollte der Autor. Kann er haben. Er musste für uns zum **Speed-Metal Konzert**

Text: **Oliver Geyer** Fotos: **Erik Weiss**

Strom und Drang

Auch mal an härtere, schnellere Geschichten rangelassen werden, wollte der Autor. Kann er haben. Er musste für uns zum Speed-Metal-Konzert

Text: Oliver Geyer
Fotos: Erik Weiss

Der Rosengarten im Hamburger Park „Planten und Bloomen" ist Kummer gewohnt, jedenfalls wenn etwas dran ist an dem Mythos, dass Pflanzen unter Heavy Metal-Beschallung leiden. Er befindet sich in Hörnähe des „Logo", wo seit 1974 die Metal-Bewegung gegen ein Tempolimit im harten Rock mobil macht. Heute Abend steht Thrash Metal aus Ungarn auf dem Programm, die Band Ektomorf. Wenn stimmt, was man über die so hört, dann wird auch das Grünstreifen-Gestrüpp die Zweige hängen lassen.

Noch tröpfelt dezenter Blues aus den für einen Club überdimensionalen Verstärkern. Es ist 19:30 Uhr, ich trete meinen Dienst der teilnehmenden Beobachtung im Metal-Milieu an. Warum kann es für manche Menschen nicht hart und schnell genug klingen? Was macht die schnellste und härteste Musik live gespielt mit einem ungeübten Ohr? Heavy Metal-ähnliche Sounds hat in meinem Jugendzimmer nur der verhaltensgestörte Wellensittich von sich gegeben, akustische Rebellion wäre bei den Laissez-Faire-Eltern ins Leere gelaufen und war unspannend. Ich bin also schlecht vorbereitet und dachte, das sei auch gut so für einen unverstellten Blick.

Jetzt blicke ich in eine Drohkulisse. Auf der Bühne stehen die E-Gitarren aufgereiht wie ein Raketenarsenal aus dem Kalten Krieg, die stärkste Lichtquelle in dem ganzen, schwarz gestrichenen Raum ist der Zigarettenautomat. Das Licht reicht gerade so, um die Beschriftungen auf den T-Shirts der ersten eintreffenden Schwermetaller zu lesen: „Your hate will make me stronger", „Terror", „Fucking Player", „Endstille". Bin ich der Typ, den die zum Kotzen finden? Ich nehme die Überschriften als Gebrauchsanweisung für den weiteren Verlauf des Abends. Daran und an einer Flasche Bier halte ich mich erst mal fest.

Hier am Tresen soll mich später der Manager von Ektomorf zum Kurzinterview mit dem Drummer abholen. Der anschwellende Besucherstrom erinnert an Schlachtvieh, das mit Vorfreude dem finalen Elektroschock entgegen läuft. Ein menschlicheres Antlitz kriegt die Szenerie, als sich der Mann mit dem „Fuck you all!"-T-Shirt zu mir gesellt. Felix, 20 Jahre alt, Zivi und angehender Altenpfleger. Er gehört zu jenem Typus Metaller, den man noch aus Schulzeiten kennt: Sie sehen für Sekunden böse aus, dann streichen sie ihre Mähne aus dem Gesicht, drehen sich eine, und es schlägt ins Gegenteil um. Das ist die Chance, um schnell ein paar Fragen loszuwerden, bevor hier keine Verständigung mehr möglich ist.

„Warum wir es hart, schnell und laut wollen?", fragt Felix zurück. „Muss ja gar nicht, es gibt auch geile langsamere Stücke. Hauptsache die Gitarren sind tief und mit Charakter. Da muss ich gar nicht abgehen (wirft seine Mähne vor und zurück), da kann ich mich auch vor die Bühne stellen und einfach nur genießen."

Moment mal, wenn es auf Tempo nicht ankommt, warum ist Heavy Metal dann so schnell? Er überlegt. „Das Leben ist auch schnell, vielleicht braucht man da Musik, die einen abholt, wo man steht." War das nicht eine Politiker-Phrase? Abgeholt werden ist ja gut, aber doch lieber dahin, wo es ein bisschen erholsamer ist. „Alter, es geht ums Abreagieren. Wenn es ruhig ist, denke ich nur daran, was mich gerade stresst." Abreagieren nach Plan? Muss das nicht wie beim Türenknallen über einen kommen, mehr so eruptiv? … Krääääächsz!!! Ein tonnenschwerer Gitarrencheck dröhnt aus den Boxen, dass sogar die Altmetaller zusammenzucken. Die Vorband Seismic Terror hat die Beantwortung der Frage übernommen.

„Zu welcher Metal-Richtung gehören die jetzt?", brülle ich meinem Zivi noch schnell ins Ohr und er brüllt die gleiche Frage seinem Kollegen ins Ohr. „Mein Kumpel sagt, das geht in Richtung Power Metal, ich sag mehr so Alternative Metal oder so was. Auf jeden Fall steh ich nicht so drauf!" Warum? „Da fehlt irgendwas, weiß ich auch nicht." Ich ahne, was fehlt. Der Frontman rackert sich ab für gute Stimmung: „Hallo Hamburg! Kommt nach vorne, wir beißen nicht. Sehr schön, sehr schön. Gehts euch gut?" Keine Antwort. Der nächste Song heißt Dark Desire und er klingt wie das Dielenboden-Abschleifen in der WG, als mein Mitbewohner mich anbrüllte, ob wir Pizza bestellen sollen. Erstes verhaltenes Anwippen der Vollbärte in den vorderen Reihen. Erstes Mitnicken auch bei mir. Der Rhythmus ist nicht schlecht. Ein weißhaariger Mann im blauen Sakko mit silbernen Knöpfen betritt den Raum. Vielleicht ein Internatsdirektor auf der Jagd nach geflohenen Schülern? Der Abend wirft mehr Fragen auf, als welche zu beantworten. Wenige Songs später legt Seismic Terror die Karten auf den Tisch, „wir sind am Ende unseres Repertoires". Publikum und Lautsprecher kriegen zur Erholung wieder etwas Blues.

Mein Zivi hat während des Gigs von Seismic Terror nachgedacht, er will mir was in die Feder diktieren: „Alter, das Zeug muss hart und schnell sein, weil es darum geht, Feuer mit Feuer zu bekämpfen, Gleiches mit Gleichem. Das Leben ist Trouble und darum macht Metal-Musik auch Trouble." Meine Antwort: „Das klingt nach Homöopathie, leuchtet aber ein." Fragende Gesichter. Ich verzichte auf die Gegenfrage, ob dann nicht auch homöopathische Dosen reichen. Das Privileg eines privaten Metal-Mentoren sollte man nicht aufs Spiel setzen. Es gibt noch mehr zu erfahren, etwa über die Geschichte des Heavy Metal. Die war immer auch eine Geschichte der Provokation durch Beschleunigung: 1969 bringt Black Sabbath das Brachialgenre zur Welt, noch mit langsam gespielten Riffs, kraftvollen Drums, wummerndem Bass und darüber weinerlichem Gesang. Die Band weiht die nach oben offene Härteskala der E-Gitarrenmusik ein, lange bevor irgendjemand von Heavy Metal spricht. Led Zeppelin und Deep Purple würzen die Ursuppe des Genres mit ihrer Experimentierfreude. In den 70ern rollt mit Alice Cooper, Kiss, AC/DC, Thin Lizzy und Motörhead eine Welle harter Musik an, die aber Ende der Dekade schon wieder verplätschert. Was 1976 noch wie eine fette druckvolle Gitarre klingt, geht schon vier Jahre später nicht mehr als solche durch. Neue Aufnahmetechnik und Punk verschieben die Wahrnehmung, die Gesellschaft hat sich an dieses Maß an Reizung und Provokation gewöhnt. Hard Rock muss zu anderen Mitteln greifen.

Die New Wave of British Heavy Metal (NWOBHM) nimmt Anfang der 80er mit Bands wie Iron Maiden, Saxon und Def Leppard die rohe Seite des Punk ins Metalgewerbe auf und gewinnt an Fahrt. Allerdings ohne den Fokus des Punk-Protests auf die Gesellschaft. Der Zorn der Metaller richtet sich stärker gegen falsche Musik als gegen die falsche soziale Realität. Die stilkonservative Szene schwärmt auch im Jahr 2007 noch von jenen Tagen, als Soundgerüste errichtet wurden, die das Heavy Metal bis heute tragen. Und die immer noch, das ist das Wichtigste, authentisch klingen. Ab Mitte der 70er geht alles ganz schnell und wird unübersichtlich: Heavy Metal explodiert in konkurrierende Subgenres, die bezüglich der Spielgeschwindigkeit vom olympischen Geist gepackt werden. Ein Wettrüsten der Tempi von Bands wie Metallica, Megadeth und Annihilator setzt ein und bringt die Abart Speed Metal hervor. Doch als die Bands in den 90ern ihr Tempo drosseln, spricht kaum noch jemand von Speed Metal. Das harte und schnelle Dreschen übernehmen Thrash Metal-Bands wie Ektomorf (to thrash= dreschen) oder High-Speed-verschärfte Varianten aus dem Grindcore-Bereich wie Napalm Death. Ihre Beats per Minute-Raten machen Techno DJs neidisch.

Ende der Stunde. Das Crash-Becken der Drums lässt es in den Ohren klingeln, Blinded Colony spielt zum Tanz auf. Der Internatsdirektor trinkt jetzt Bier und gibt sich auf mein Nachfragen hin als Vater des Frontmanns zu erkennen. Sein Sohn brüllt „This next song will be very angry, fast and loud", stranguliert sich mit dem Mikrokabel und messert auf der Gitarre los. Der Papa wippt mit und schreit mir ins Ohr „I also like good Heavy Metal". John Ritter hat in dem Film Skin Deep auf dieselbe Bemerkung geantwortet: „Das ist, als ob jemand sagt, ich mag eine gute Wurzelbehandlung". Ich halte lieber die Klappe, nicke, und lächle. Mit dem Protestgehalt von Heavy Metal kann es wirklich nicht weit her sein, wenn Bands schon in Elternbegleitung kommen.
József Skakács, der Drummer von Ektomorf erscheint zum Interviewtermin im Tourbus 20 Minuten vor dem Auftritt ohne Erziehungsberechtigten, nur mit Tourmanager. Bitte ganz schnell und nur zwei, drei Fragen, ordnet der an. Es bleibt keine Zeit für Diplomatie, ich muss den Clash wagen und diesem Urtier von Metaller gleich die Kernfrage stellen: „Warum muss Musik für euch so schnell und hart sein?" Der gelangweilte Gesichtsausdruck stellt klar, das wird jetzt das befürchtete Hardcore-Interview. Skakács: „Unsere Musik ist nicht schnell. Tempo ist mir nicht wichtig." „Legt ihr da Aggressionen rein? Man kann ja überall lesen, dass ihr es als Roma-Minderheit in Ungarn nicht leicht hattet." „Unsere Musik ist nicht aggressiv, die ist Energie geladen, mit guter Energie. Unser Publikum merkt das auch." Letzter Versuch mit dem Mut der Verzweiflung: „Der Zeitgeist sucht heute nach Entschleunigung und Ruhe, ist Heavy Metal da wieder eine gute Allzweckwaffe für Provokation?" Jetzt lacht er. „Weiß ich nicht, but it's fucking great man." József Skakács ist für schwere Beats zuständig, nicht für schwere Gedanken. Und jetzt muss er raus.
Die Bühne ist dunkel und in Nebel gehüllt, davor ein riesiger Haarschopf bestehend aus mehreren hundert Köpfen. Was in den letzten drei Stunden Publikum war, formiert sich zum *Moshpit.* Keine andere Kapelle verlangt dem so harte Headbanger-Arbeit ab wie die Thrash-Geschwister aus Ungarn, war auf einer Fanpage zu lesen, und keiner anderen Band erfüllt seine Fangemeinde diese hohen Ansprüchen so bereitwillig. So wie die Farkas-Brüder mit Gefolge das Betreten der Bühne inszenieren, wollen sie das dreistündige Vorspiel zum Schülerbandfestival degradieren. Das war nur Trommelwirbel für uns, wir zeigen, wie es richtig geht. Jetzt kommt das echte Gebolze, gleich werden die wahren Nackenbrecher serviert. Von Sänger Zoltán ist kein „Hallo Hamburg, wie gehts Euch?" zu erwarten. Der *Fronter* schreit sich direkt die Seele aus dem Leib: „I'm an Outcaaast!". Dann folgt eine High-Speed-Walze aus martialischen Riffs, wenig Akkorden, wutentbranntem Schreigesang und einer Portion ungarischer Folklore – alles auf einem ganz anderen Level des Krachs. Nicht nur Ektomorf zeigen, dass sie eigentlich lieber im Stadion spielen, auch die Lautsprecher.
Nächste Lektion für die Vorbands: Man kündigt Songs nicht mit The-Next-Song-Sätzen an. Man brüllt: „Jump to that fucking ceiling of that fucking place to that next fucking song! I dedicate it to my enemies and to your enemies. It's FUCK YOU..." – „...ALL!!!!" gröhlt das Publikum, die Fäuste als Hörnerzeichen in die Luft gestreckt. Dann durchbricht Ektomorf die Schallmauer: „There is the motherfucker look at him/ His name is boss he wanna fuck me up/ I have a message to them: FUCK YOU ALL. Fuck the society, fuck the system/ I destroy them all." Der *Moshpit* springt bis an die Decke, von der schwarze Farbe abblättert. Ich stehe hinten in der Leere und fühle mich jetzt auch wie ein Outcast. Das musikalische Empfinden geht in den Generalstreik, da will kein Fuß mehr wippen. Sich das hier mit ungeübten Ohren anzutun, ist wie Extrembergsteigen mit Espandrillos. Keine 30 Minuten später ist Schluss. Noch eine Zugabe, dann erklingt wieder, jetzt kaum noch hörbar, Blues. Wie nach Stechuhr rennen die meisten gleich zum Ausgang. Schnell spielen, damit es schneller vorbei ist? Wahrscheinlich müssen alle morgen wieder pünktlich im Büro sein. Felix, der am liebsten nur dasteht und den Riffs lauscht, ist völlig erschöpft vom *Moshen.* Draußen im Nieselregen sagt er nur noch: „Siehst du, die legen ihre persönliche Geschichte in die Musik, das ist Wahrheit." Ich pule die Ohropax raus, höre ihn aber trotzdem kaum lauter.
Für den Rest des Abends ist Endstille.

Gib Saures!
Wie ich mal für Essiggurken Werbung machte

Text: Wiglaf Droste

Illustration: Ana Lessing

Es war im Frühjahr 1987, als mein alter Bekannter Gerd Ruebenstrunck mich anrief und mir eine Arbeit als Werbetexter in einer Düsseldorfer Werbeagentur anbot. Ich war so *taz*-müde, dass ich sofort annahm. Gerd Ruebenstrunck war ein echter Typ, englisch geprägt und in zeitlos guter britischer Pop- und Schuhmode quasi ausgegart. Er vermochte das derbe Westfälische und das spleenige Britische komisch, einnehmend und überzeugend miteinander zu verbinden.

Gerd Ruebenstrunck machte sein Glück in der Werbung, verdiente viel Geld, verkaufte sich gut und wurde hochdotierter Textchef in der Düsseldorfer Agentur H,F&P Helmut Fleischer und Partner. Fleischer war ein ehemaliger Sparkassenfilialleiter aus dem Schwäbischen, trug Schnäuzer und Minipli-Matte und fuhr Cabrio. Sein Hauptmerksatz in der Agentur lautete: „Der Kunde ist scho wichtig, gä?"

Wir wollten wirklich elaborierte, intelligente Werbung machen, selbstironisch und unverschämt gut – Texte, die alle Zeitungsmurkser, die von Revolution redeten, um sie zu verhindern, sich garantiert nicht trauten. Die Bedenken und das Händeringen der Kunden und des Agenturchefs waren uns gleichgültig, wir hauten die Headlines raus wie die Wahnsinnigen. Der Kunde stellte Motoröl her? Kein Problem: „Wir schmieren nicht nur den Kanzler, sondern auch den Motor seines Wagens." Zack!, so wurde das rausgerotzt, aber der Punk verließ die innenarchitektonischen Grenzen der Agentur niemals.

Dann kam die Anfrage der Sauerkonservenfirma Frenzel. Die neue Produktion ihrer sauren Gurken sollte besser unter die Leute kommen. Keine schlechte Arbeit – endlich ein Produkt, dass ethisch in Ordnung und ästhetisch knuffig war. Gurken, westfälisch Guaken, sind klasse: eigenartig, krümmlich, auch phallisch, aber auf sehr eigenwillige Weise – die Idee, für Gurken den Werbeschurken zu machen, war ein Vergnügen.

Friedhelm, der Zeichner des Ladens, skribbelte auch gleich los. Ich dachte an einen Comic im „Mecki"-Stil: „Die Gurken und die Schurken" sollte er heißen. Die George-W.-Bush-Vokabel „Schurkenstaaten" gab es damals noch nicht, aber roman- und comictaugliche Schurken gibt es ja schon immer. Den Bösböcken stellten wir fröhliche, sich im gewürzten Essigbade mit der Bürste schrubbelnde, singende grüne Gurkenburschen entgegen. Es waren eher niedliche Blätter von kindlicher Komik, liebenswürdig und freundlich. Der Agenturchef zerriss unsere Idee in fünf Sekunden. Knallrot anschwellend vor Wut beschied er uns, nichts, aber auch gar nichts von Werbung zu verstehen. Er hatte vollkommen Recht.

Dann kam der Tag der Entscheidung. Die beiden wichtigsten Männer der Firma Frenzel Sauerkonserven rückten an. Es war ein warmer Maitag, und der Konferenzraum der Agentur war eine optisch beeindruckende Großmansarde unter dem Dach, mit Rheinblick, aber ohne jede Kühlung. Ich saß, zum Mitschreiben und Klappehalten verdonnert, quasi am Katzentisch dabei. Die Frenzel-Herren, gewaltige Kloben von minimal zweieinhalb Zentnern, rissen sich die Jackets von den Leibern und zeigten unter den Achseln medizinballgroße Schweißflecken auf ihren weißen Oberhemden vor. Allerlei wurde parliert, und dann hob einer der Frenzel-Männer die Hand und sprach Werbeklartext: „Die Frage ist doch: Wie ist die Gurke? Ist sie herb? Ist sie fein?"

„Wie ist die Gurke?" Ich brach zusammen und lachte mich kaputt. Niemand lachte mit. Alle starrten mich an, in den Augen kein Verstehen, nicht mal ein Zwinkern, nur indignierte Ablehnung. Ich riss mich, wie der Westfale sagt, am Pömpel – ich riss mich zusammen. Diszipliniert schweigend notierte ich alles mit, ganz ernst, als ob nicht unfreiwillige Komik versprüht worden wäre.

Als alles vorbei war, wurde ich zum Chef bestellt. „Herr Droste, was ist in Sie gefahren?", fragte mich Helmut Fleischer. „Warum waren Sie so albern?" – „Aber Herr Fleischer", setzte ich ihm auseinander. „Die Frage ‚Wie ist die Gurke?' ist doch unglaublich komisch!" Fleischer verzog keine Miene. „Ein Etat von zehn Millionen Mark ist nicht komisch", stellte er fest. Und hatte wiederum vollendet recht. Ich verließ die Agentur bald darauf, nur zehn Wochen war ich ein Werber gewesen. Die Radschlägerbrücke überquerte ich vor lauter Glück über die gelungene Flucht Rad schlagend. Und kehrte niemals in die Werbebranche zurück.

Darmstädter und absolut gewöhnlich. Ich werde sie in den nächs

Was glaubt der denn, wer er ist? Hält sich offenbar für was Beso
/erlaub, nicht ganz korrekt. Um genau zu sein, stand ich in mein
vir in der sechsten Klasse „Ben liebt Anna" spielten, ich aufgrund

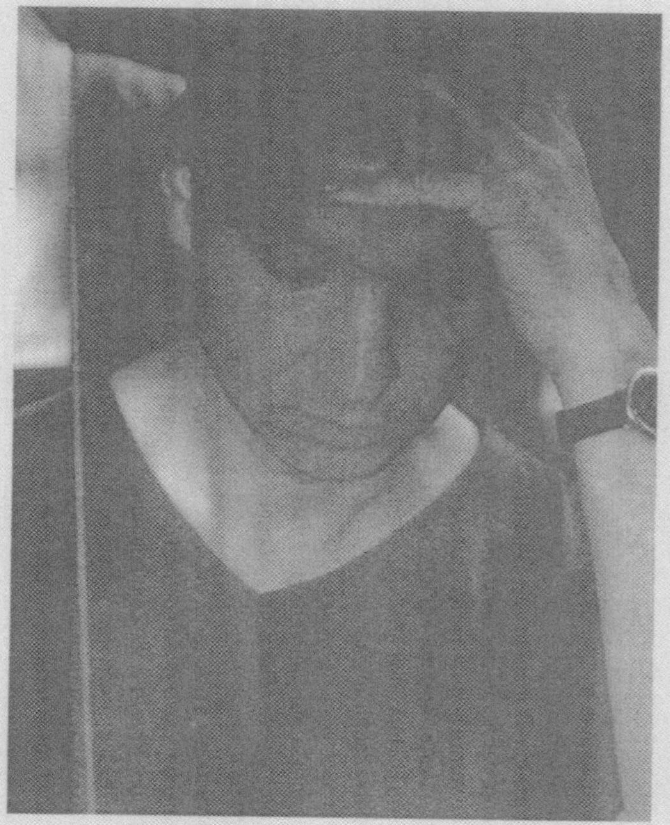

Freundin M. schwört noch heute, ich sei der einzige Mensch, den sie jemals Wände hat hoch laufen sehen. Von Spiderman vielleicht mal abgesehen. Nur dass der stets im Dienst des Edlen, Hilfreichen, Guten handelte. Ich eher im Auftrag meiner ungeheuren Wut. Sie müssen das, bitte-

Duell herausforderte).
erwähnen, dass alle ob
Vergnügen hatten, mit
nicht mit mir am Steue
sogar sagen: wahrschein

Gott, wie peinlich

Lesen Sie diese Geschichte bitte nicht. Sie handelt nur von mir und was andere über mich denken. Ich wollte diesen Text nicht schreiben, sondern habe mich breitschlagen lassen. Ich bin einfach zu gutmütig. Oder eben bescheuert. So geht es schon mal los. Dieses Selbstporträt

Text: Jörg Schindler
Foto: Kai Ziegner

Ich bin 39 Jahre alt, gebürtiger Darmstädter und absolut gewöhnlich. Ich werde Sie in den nächsten acht Minuten durch diesen Text begleiten. Ich weiß, was Sie denken. Was glaubt er denn, wer er ist? Hält sich offenbar für was Besonderes? Steht wohl gern im Rampenlicht? Das ist, mit Verlaub, nicht ganz korrekt. Um genau zu sein, stand ich in meinem Leben exakt einmal im Rampenlicht. Das war, als wir in der sechsten Klasse „Ben liebt Anna" spielten, ich aufgrund meines annähernd albanischen Aussehens den türkischen Vater von Anna gab, als es drauf ankam, aber nicht den Hauch einer Ahnung hatte, was ich sagen sollte, weshalb ich kurzerhand „Scheiße" murmelte und tief lila anlief. Im Grunde habe ich mich davon bis heute nicht erholt.

Wieso also das Ganze? Tja, wenn ich's wüsste. Wahrscheinlich, weil ich nicht Nein sagen kann. Wahrscheinlich, weil es irgendeiner ja tun muss. Wahrscheinlich, weil ich bescheuert bin. Aber jetzt greife ich vorweg.

Wie bin ich also? Und vor allem: was?

„Du", sagt die Bekannte H., „bist ein eher ruhiger Typ."

„Du", sagt der Bekannte T., „bist zurückhaltend."

„Er", sagt Hochzeitsgast P., „ist eher still."

„Sie", sagt Stammwirtin A., „sind ein schüchterner Typ."

„Sie", sagt meine Friseurin, „sind ein ruhiger Kunde."

Nanu – wie bin ich denn so geworden?

Man muss dazu wissen, dass ich in meiner Heimat im Südhessischen und dort vor allem in meinem früheren Tennisclub über Jahre hinweg, einen gewissen, nun ja, unschmeichelhaften Ruf hatte. Freundin M. schwört noch heute, ich sei der einzige Mensch, den sie jemals hat Wände hoch laufen sehen. Von Spiderman vielleicht mal abgesehen. Nur dass der stets im Dienst des Edlen, Hilfreichen und Guten handelte. Ich eher im Auftrag meiner ungeheuren Wut. Sie müssen das, bitte schön, verstehen: Stellen Sie sich vor, Sie zwirbeln einen 1-a-Aufschlag direkt ins Eck, huschen mit katzenhafter Eleganz vor ans Netz, sehen den Return kommen, genau, ganz genau dahin, wo Sie ihn haben wollen, Sie holen aus – und schaufeln den Flugball gefühlte sieben Meter ins Aus. Wie soll man sich denn sonst abreagieren? Hmm? Gut, ich hätte auch meine Schläger zertrümmern können, wie mein großes Vorbild John McEnroe. Aber was das schon wieder gekostet hätte.

Bitte, ich will mich hier nicht cholerischer machen, als ich bin („doch, das bist du", ruft meine Schwester, „schreib ruhig auf, dass du cholerisch bist." Andererseits ist meine Schwester so befangen, wie man nur sein kann, seit ich sie als Kind gelegentlich verprügelte und seit ich einst mit erhobenen Fäusten ihren bereits erwachsenen Freund zum Duell herausforderte). Aber man sollte vielleicht doch erwähnen, dass alle oben genannten Personen nie das Vergnügen hatten, mit mir Auto zu fahren. Zumindest nicht mit mir am Steuer. Wohlmöglich – nein, ich würde sogar sagen: wahrscheinlich würden sie mich anschließend nicht mehr als „ruhig" beschreiben. Zumindest nicht mehr uneingeschränkt.

Menschen, die mich etwas besser kennen, fällt folglich auch spontan anderes zu mir ein. Menschen zum Beispiel wie Kollege K., der mich für „schroff, aber irgendwie auch süß" hält. Menschen wie Exfreundin U., die mich einen „Heißsporn" nennt und schon vor Jahren, in trauter Sterndeuterrunde, darauf gewettet hätte, ich sei „Löwe, Aszendent Löwe". Tja nu, sagt dazu Freund K., dass ich „nicht gerade ein Phlegmatiker", sondern eher ein Hitzkopf sei, läge gewissermaßen auf der Hand. Andererseits, sagt K., und holt dann aus zu einem jener kleinen Stehgreifreferate, für die ich ihn seit jeher schätze, definiert im Vorrüberreden den feinen Unterschied zwischen Talent, Neigung und Disposition, fügt hier ein Quäntchen Tiefgründigkeit, dort eine Prise Kümmerdimension ein, und schlussfolgert letztendlich: „Du kommst zwohundertfuffzig Jahre zu spät – du wärst eine sehr gute Besetzung für Sturm und Drang gewesen." Schönen Dank.

Und was lernen wir daraus? Dass man selbst schuld ist, wenn man Menschen fragt, was sie von einem halten. Ich hätte es wissen können. Ich hab das nämlich schon mal getan. Ist ein Vierteljahrhundert her. Und unsagbar peinlich. Damals, wir Jungs waren ganz dicht dran am Stimmbruch und „Blues tanzen", der Höhepunkt pubertärer Erotik, habe ich mich das erste Mal ganz weit vorgebeugt auf brüchiges Eis. Wir waren in der Skifreizeit, Kleinwalsertal, Hirschegg, hatten den Schlafraum mit einem Universum-Kassettenrekorder und drei Taschenlampen zur schummrigen Tanzspelunke umfunktioniert, als ich nur noch auf den richtigen Song wartete, um das Mädchen meines Herzens aufzufordern. Bei *Bright Eyes* bekam ich weiche Knie, bei *Waiting for a girl like You* setzte der Herzschlag aus, bei *Maybe* – ich weiß bis heute nicht, wer das gesungen hat – kehrte ich alle kläglichen Restbestände meines kläglichen Mutes zusammen, forderte stammelnd die Brünette D. aus der Parallelklasse auf und fragte sie nach nicht mal eineinhalb Umdrehungen und vor lauter Aufregung so laut, dass es mehr oder weniger jeder Umstehende, bis auf den halb tauben U., hören konnte: „Wwiefinndstndumich?" Die Antwort hing danach noch etwa 23 Jahre, goldgerahmt, vor meinem geistigen Auge. Sie lautete: „Ganz nett." Damals schwor ich mir, mich am nächsten Tag aus dem Sessellift zu stürzen. Im Grunde nahm das nicht immer reibungslose Verhältnis zwischen den Frauen und mir in dieser entwürdigenden Winternacht seinen schaurigen Anfang. Seltsamerweise kann aber nur noch ich mich daran erinnern. „Ach wirklich", meinte D., als ich sie jüngst auf diesen entscheidenden Wendepunkt in meinem Leben ansprach, sie hatte keine Ahnung mehr: nicht von *Maybe*, nicht von unserem stelzigen Pas de Deux, nicht von meiner subtilen Anbaggerei. Offen gestanden, ich bin nicht mal sicher, ob sie genau wusste, wer sie da, fast auf den Tag genau, zwanzig Jahre nach dem Abi, behelligt.

Nie wieder habe ich seither Menschen vorsätzlich nach ihrer Meinung über mich gefragt. Bis zu dieser Geschichte, aus der Sie hoffentlich längst ausgestiegen sind. Ich würde es Ihnen nicht verdenken. In den letzten Wochen jedenfalls habe ich meinen Schweinehund notgedrungen Gassi geführt und mehr oder weniger jeden, der im Weg stand, um eine persönliche Auskunft gebeten. Und was soll ich sagen? Ich habe tatsächlich noch etwas über mich gelernt. Neulich zum Beispiel, im Zug nach Köln, saß mir drei Stunden lang eine blasse junge Frau mit Blümchenshirt und Brille gegenüber und blätterte in DIN-A3-Kopien von irgendwelchen altertümlichen Schriften. Vermutlich Buchhändlerin. Oder Archivarin. Ich hätte beim besten Willen nicht sagen können, ob sie mich überhaupt zur Kenntnis genommen hatte. Bekam sie mit, worüber ich mit meiner Freundin sprach? Sah sie, dass ich wie immer unrasiert war? Und dass unter den Härchen ein fieser Pickel heranwuchs, was alle zehn Jahre mal passiert und natürlich ausgerechnet jetzt, da wir zu einer Hochzeit fuhren, wieder passieren musste? Fand sie es seltsam, dass einer wie ich Harry Potter liest? (Ja, ich weiß, das ist entsetzlich uncool, aber bitte, ich musste über die ersten Teile schreiben, und jetzt wollte ich auch wissen, wie es ausgeht …) Dachte sie überhaupt irgendetwas über mich? Am Ende habe ich sie gefragt, und sie konnte detailliert antworten. Sie hielt mich für: „unaufdringlich", „verständnisvoll" und „sportlich" und schätzte mich auf „Ende 30" (was unverschämt ist, ich bin zwar Ende 30, möchte aber doch bitte schön auf Mitte 30 geschätzt werden – für irgendetwas muss es ja wohl gut sein, dass man zeitlebens keine Drogen genommen hat). Außerdem waren ihr meine „markanten Augenbrauen" aufgefallen (die in der Mitte zusammengewachsen sind). Sie vermutete, dass ich beruflich „irgendetwas mit Menschen" mache und das sogar – ha! – „in führender Funktion". Und außerdem hielt sie mich für „angenehm ruhig". Schon wieder. Ein Eindruck übrigens, der sich auch später auf der Hochzeit wiederholte (da war ich allerdings schlecht gelaunt).

Kurzum: Ich wirke offenbar viel in-mich-gekehrter, als ich gedacht hatte. Interessant für einen, der mal dachte, er sei so etwas wie ein Duracell-Kaninchen: fluffig, hektisch, nimmermüd. Man lernt nie aus.

Merken Sie etwas? Über Äußerlichkeiten habe ich bis hierhin noch gar nicht geschrieben. Ich würde es auch gerne dabei belassen, möchte aber doch wenigstens betonen, dass ich offenbar auch gar keine sooo große Nase habe, wie ich immer befürchtete. Den Rest können Sie dann ja selbst beurteilen, wenn wir uns mal kennenlernen. Bis dahin empfehle ich mich.

Ihr Jörg Schindler

PS: Meine Schwester sagt übrigens, ich sähe aus „wie eine Mischung aus Dieter Nuhr und Keanu Reeves". Und wenn Sie mich jetzt nicht mögen, dann weiß ich auch nicht.

Immer ich

Wie eitel ist das denn: der Chefredakteur als multiple Persönlichkeit

Fotos: Edith Held

67

Peinlich, aber auch floppy
Wie ich mal beim Stillen aus Versehen einen Orgasmus bekommen habe

Text: Jacinta Nandi

Eigentlich glaubt die britische Arbeiterklasse sowieso nicht ans Stillen. Um das Glamour-Model Katie Price zu zitieren: „It's a bit unnatural." Trotzdem habe ich nach der Geburt meines Sohnes dank der Nazihebamme zehn Monate lang gestillt ... und meine Titten sehen auch so aus. In der Sauna kommen manchmal andere Frauen zu mir und fragen mitleidig: Wann haben Sie abgestillt? Und einmal hat mich ein Junge bei einem *One-Night-Stand* gebeten, meinen BH wieder anzuziehen. Meine Brüste sehen einfach sehr hässlich aus. Und Hängetitten sind nicht mal die Hälfte des Problems. Die Haut in der Nähe der Brustwarze sieht aus, als ob ich dort Cellulitis habe, und die Brustwarze selbst, als ob sie ein toter Baum wäre, der vom Blitz getroffen wurde. Ich habe Titten wie Dresden nach dem Krieg: total zerstört. Wenn irgendwelche schwangeren Frauen unter den DUMMY-Lesern sind, dann habe ich nur zwei Wörter für euch als Ratschlag: Hipp-Milch. *Fuck the Still-Nazis. Choose freedom.*

Als ich meinen Exmann verlassen habe, zog ich ins Frauenhaus. Es war okay, es war nicht so schlecht. Eines Tages saß ich in der Küche, mein Sohn war ungefähr sechs Monate alt, und zwischen den Ostfrauen herrschte Krieg. Es war ziemlich schlimm. Ich kann mich nicht mehr erinnern, worum es ging, aber ich glaube, eine Ukrainerin hatte eine Polin wegen Kindesvernachlässigung verpetzt, woraufhin die polnischen Frauen entschieden, dass Russinnen und Ukrainerinnen Schlampen in der Küche seien. So was in der Art. Es war ein richtig hoffnungsloser Krieg, sogar Kofi Annan hätte der Mut gefehlt, diesen Konflikt zu lösen. Theoretisch gesehen konnte man immer noch in der Küche sitzen und essen, aber es war sehr schwierig, etwas runterzukriegen. „Hast du gesehen, ob Nataliya meinen Wasserkocher benutzt hat", fragte mich Lenka. „Ich weiß nicht", sagte ich höflich. Lenka warf Nataliyas Kochtöpfe auf den Boden, mein Baby fing an zu weinen, und ich nahm ihn mit nach oben. In unserem kleinen, gelb gestrichenen Zimmer fing ich an zu stillen.

Es war so leise im Vergleich zu unten, ich konnte mich richtig entspannen. Ich fühlte mich ganz entspannt. Das ist normal, dachte ich, das Stillen ist ziemlich, wie jede Still-Nazi-Hebamme dir tausend Mal sagen würde, ENTSPANNEND. Normal also. „Ich fühle mich so entspannt", sagte ich mir, „weil Stillen entspannend ist." Aber ... dann fühlte ich mich nicht nur entspannt, sondern sogar richtig glücklich. Es war, als würden Wellen von Glück über mir zusammenbrechen. Merkwürdig, weil ich im ersten Jahr nach Ricos Geburt so selten Glück gespürt hatte. „Warum bin ich überhaupt so glücklich?", fragte ich mich. Dann erinnerte ich mich: „Ach ja, ich bin so glücklich, weil ich mich für diese Wohnung in Friedrichshain beworben habe." Dann entspannte ich noch mal. Aber ich wurde noch glücklicher und glücklicher. „Du musst nicht sooo glücklich sein, wegen der Wohnung, Jacinta. Du hast sie noch nicht gekriegt."

Und dann plötzlich war ich floppy. Ich habe floppy im Wörterbuch nachgeschlagen, es soll schlapp heißen, aber ich meine nicht schlapp, ich meine floppy: uh-huh-hurgh-huhhuh, ein bisschen stoned ... „Ich bin so floppy", sagte ich mir, „und zwar weil ich ziemlich müde bin."

Aber dann auf einmal war ich sehr sehr sehr sehr sehr SEHR entspannt und sehr sehr sehr sehr SEHR SEHR SEHR glücklich und dann sehr sehr sehr sehr sehr sehr sehr sehr sehr FLOPPY, so floppywoppy-poppy-floppy-gloppy – und dann plötzlich bin ich gekommen.

„Jacinta Nandi", sagte ich mir, „du kriegst gerade einen Orgasmus!" Es war total peinlich. Ich wusste nicht, was ich tun sollte. Was soll man machen, wenn man gerade einen Orgasmus kriegt, während eine Brustwarze im Mund deines sechsmonatigen Säuglings steckt? Der Knigge hat dieses Etikettedilemma nie angesprochen. Ich habe nur gelacht.

Ich wollte nicht „o o o o o o o o o o o o o o o o h , a a a a a a a a a a a h h h h h h h h h h" machen, wäre ein bisschen pädophil, oder? Also habe ich nur gelacht. Das einzige Problem war, dass mein Sohn gedacht hat, dass es ein lustiger Witz war: Er hat getrunken, eine Pause gemacht, gelacht, und dann weitergetrunken. Es war so peinlich. Es kam mir so vor, als ob wir gerade Liebe machen würden.

„Ich glaube, du hast genug getrunken heute", sagte ich schließlich, habe meinen BH hochgezogen und bin nach unten gegangen, zu Lenka und Nataliya und ihrem Krieg. Nichts hilft besser gegen den Zickenkrieg im Frauenhaus als ein Orgasmus.

Zur Sonne, zur Freiheit

Irgendwie total daneben, irgendwie aber auch ganz okay: unsere Jugend im Urlaub. Protokoll einer Busreise nach Lloret de Mar

Text: Fabian Dietrich

Foto: Tobias Kruse

Saufen für lau: DUMMY-Redakteur Hunter S. Dietrich an der Costa Brava

Wären wir nicht hier, sondern schon da, würden sie jetzt wohl schlafen. Sie hätten vorher vielleicht noch eine Tür eingetreten oder jemandem die Fresse poliert, vielleicht auch am Strand geknutscht oder süßes Zeug aus einem Zahnputzbecher getrunken. Aber sie würden jetzt wenigstens schlafen.

Es ist sieben Uhr morgens, also praktisch noch Nacht. Der Himmel über dem Zentralen Omnibusbahnhof von Berlin, der eigentlich dezentraler Bahnhof heißen müsste, weil er am Stadtrand liegt und für fast alle schlecht zu erreichen ist, hat die Farbe eines schmutzigen Lappens, der Boden ist pfützig und kalt. Drei Jungen teilen sich in der Deckung eines Fahrkartenautomaten ein Dosenbier. Mehr passiert erst mal noch nicht.

Die anderen aus unserer Reisegruppe stehen betont unauffällig zwischen ihren Koffern, Decken und Kuscheltieren herum, ignorieren sich natürlich gegenseitig, stieren auf den roten Doppeldeckerbus von *Rainbow Tours*. Wir steigen in das obere Abteil, weil oben ja auch früher schon die interessanten Menschen und das interessantere Leben stattgefunden haben. Vor uns öffnet sich ein Panoptikum aus Zahnspangen, Gel-Haaren, Make-up und Bermudashorts. Schnell ist klar, dass wir vom Fahrer, „dem Roman", mal abgesehen, mit Abstand die Senioren an Bord sind – 29 und 31 Jahre alt. Zur Tarnung haben wir bunte Mützen eingepackt und uns extra noch einmal nassrasiert (was uns, wie wir schnell feststellen müssen, aber auch nicht jünger macht: die finden uns einfach nur seltsam, vielleicht sogar ein bisschen pädophil, wir fallen jedenfalls auf). Durch die getönten Scheiben sehen wir winkbereite Mamas und Papas, ihre Gesichter von Müdigkeit und Besorgnis zerknautscht. 25 Stunden Fahrt liegen vor uns. 25 Stunden zur Sonne, zur Freiheit, zum Strand. Wir tuckern durch Brandenburg, Sachsen, Thüringen und Hessen, sammeln überall in Deutschland kleine und kleinste Häufchen von Jugendlichen ein.

Um kurz nach zehn schiebt uns der Hintermann den ersten Alkopop zu. Es scheint professioneller Stoff zu sein. „Reiß mich auf", „Ready to drink", „16% Vol" steht darauf. Das Getränk heißt „Bum" und ist in eine Art blaue Senftüte verpackt, damit das auf Flaschen und Dosen geeichte Radar von Busfahrern, Lehrern und sonstigen Autoritäten es nicht identifizieren kann. Ein die Zunge betäubender Geschmack, irgendwo zwischen Fensterreiniger und Rübensirup, breitet sich im Mundraum aus. „Fressalien sind tabu und bitte keinen Alkohol konsumieren", ermahnt uns Jan, einer der beiden Reiseleiter, der im wirklichen Leben irgendwas studiert und aussieht wie ein Tocotronic-Bandmitglied. In der Mitte des Busses erzählt Paul, ein Berliner, der gerade seinen Zivildienst fertig gemacht hat, einen ziemlich lustigen Witz:

„Woran hält sich ein Belgier beim Sex fest?"

„Watt?"

„Na, woran hält sich'n Belgier beim Sex fest?"

„Wees ick nich."

„Am Schulranzen."

„Oh Mann."

<u>Keine Angst, der will doch nur fisten</u>

In Erfurt steigen fünf Jungs zu, deren Erkennungszeichen offenbar in die Ohrläppchen gesteckte Miniradkappen und Christiano-Ronaldo-Frisuren sind. Sie tragen Sonnenbrillen, haben alle Hosentaschen, Rucksäcke, Hände voller Bier. „Sss gehd'n? Fuck! Auf geht's! Yeeah!", ruft der, den sie Rico nennen und der offenbar der Anführer der Bande ist, von vorn. Zwei andere schließen eine kleine Box an, grotesk verzerrt, aber in Schallwaffenlautstärke knallt die Musik durch das Abteil: „Piep, Piep, kleiner Satellit". „Lulululu-Lummerland". „Wir wollen Schnaps, wir wollen Bier, auf Arbeitsplätze scheißen wir!" Die Erfurter trinken Met, Martini, Dosenbier und Cola-Goldkrone, ohne erkennbares System. Reiseleiter Jan macht von unten eine Durchsage: „Äh, ich bitte jetzt auch noch mal um Sensibilität bezüglich des Alkohols."

„Wir fahren eine Minude und ich bin scho' voll", lallt Marc, der vor uns sitzt. „Hey Mädels, der will euch nur fisten. Ich sags euch wie' s is", brüllt Rico neben ihm durch den Bus. „Ananas, Ananas, komm, wir machen die Anna nass", macht die Musik. Ein paar Mädchen mosern zaghaft („Gibts dich auch in leise?", „iih, du hast Käsefüße!"), die meisten erge-

ben sich ihrem Schicksal, sie versenken sich in eine Diddl-Maus-artige Trance.
Kurz vor Frankfurt, Zigarettenrauchen, Raststätte. Das heißeste Gesprächsthema: Fliegen die Erfurter raus? Paul sagt: „Ick hab ja nüscht gegen Stimmung, wirklich nich, aber das is dann doch 'n bisschen viel." Annika und Sophie aus dem Umland von Berlin, die sich jede eine Cinderella-Decke mitgebracht haben und sich später den Pocahontas-Soundtrack wünschen, werden sagen, sie könnten diese Typen umbringen, so einen schlechten, frauenfeindlichen Musikgeschmack hätten sie noch nicht erlebt. Der zweite Reiseleiter, Alex, der sehr muskulös ist und aus irgendwelchen Rainbow-Tours-internen Gründen schon zwei Nächte in Folge nicht geschlafen hat, nimmt die Erfurter beiseite und droht ihnen ein bisschen: „Also, Folgendes: jetzt steigen gleich noch 30 Leute ein, dann sind wir 77, es wird also eng. Der neue Busfahrer ist jetzt schon voll am Heulen. Der ist voll sauer und streng. Der wartet nur darauf, einen von euch rauszuschmeißen." „Können wir dem nicht einfach in die Fresse hauen?", fragt Rico den Reiseleiter.
Zurück im Abteil gibt er die Parole aus, dass der Busfahrer ja wohl der „übelste Hitler" sei. „Hey Leude, Hitler fährt den Bus!" So böllern und saufen wir weiter, Stunden und Tage lang. Hinter baden-württembergischen Rebstöcken versinkt die Sonne, in Frankreich ist es Nacht, in Katalonien wieder hell.

„Musse schreiben: Jugendlichen haben kein Gehirn"

Am nächsten Morgen halten wir auf dem letzten Rastplatz vor Lloret de Mar an der spanischen Costa Brava, wo Busse aus ganz Deutschland darauf warten, im Corso in die Stadt einzufahren. Flankiert von unterbezahlten Reiseleitern, die teilweise gerade mal drei bis fünf Jahre älter sind als sie, steht eine ganze Herde Jugendlicher auf dem staubigen Asphalt zwischen den Bussen, aufgekratzt, müde, verkatert, planlos. Manche tragen Strohhüte, manche haben Kissen in der Hand. Spanien! Tankstelle! Sie blinzeln in die Sonne, schauen sich skeptisch um. Ein gnomenhafter Mann nähert sich. Er sei der Fahrer eines anderen Busses, sagt er, und er habe bemerkt, dass wir Reporter seien. Der Mann erzählt irgendwas von *Sat.1* und *RTL*, die schon da waren, und dass er es scheiße findet, über 20 Stunden zu fahren und danach noch mal drei Stunden zu putzen. Er sagt: „Was ist los mit diese Leute? Musse schreibe: Jugendliche habe kein Gehirn."
Als wir schließlich auf der palmengesäumten Hauptstraße von Lloret ankommen, stürmt ein Mann, der sich in einen weißen Bademantel gehüllt und sich eine Plastikperlenkette um den Hals gelegt hat, in unseren Bus und macht eine Durchsage: „Pardy, Pardy, Pardy!" Die Stimme des Rainbow-Chefkoordinators klingt, als hätte er seit ungefähr 1997 nicht mehr geschlafen. „Die Frauen, die euch Nelken anstecken wollen, sind Taschendiebe. Haut die einfach um."
Wir werden ins Hotel gebracht. Das Casino Royal (*) ist ein Klotz aus gelblich-braunem Beton, Stammheim mit Schwimmbecken und Balkon. Durch das Innere fressen sich dunkle, stollenartige Spiegelgänge, obwohl die Decken beklemmend niedrig sind, haben die Spanier sie mit tropfsteinförmigen Plastikkronleuchtern behängt. Deutsche, französische und niederländische Jugendliche (die alles in allem übrigens absolut identisch aussehen) schlappen mit ihren Flip-Flops durch das Treppenhaus. Auf einer Pinnwand ist das Animationsprogramm für diese Woche angeschlagen: „Disco", „Luftgewehrschießen", „*Fiesta infantil*".
Nur langsam durchschauen wir das Prozedere im Casino Royal: Wer ein verwirrendes Autorisierungsverfahren (auf jeden Fall immer die blaue Karte vorzeigen) besteht, bekommt an den Hotelbars von 10 bis 24 Uhr Bier, *Sangría* und terpentinhaltige Alkopops für umsonst. In einer Art Besäufnishalle mit Internet und Gepäckablage treffen wir auch Ronny wieder, einen jungen Zeitsoldaten aus Sachsen, der im Bus im unteren Abteil saß. „Ich bin immer noch Hacke. Bei uns gings ab. Ich muss euch sagen, die Anna hat eine ganz schön feuchte Muschi gehabt."
Am Abend, nachdem wir unsere Zimmer bezogen und präventiv anverwüstet haben (Kekse zerbröselt, Schranktür entfernt), gehen wir mit den anderen auf die „Rainbow Willkommensparty" in die „Disko Revolution". Auf der Tribüne

des Raums, einer Art überdachter Gladiatorenarena, schenkt uns ein misslauniger Spanier rabattierten Alkohol aus. Autoscootergeräusche und Sirenen jaulen durch die Luft, Bass-Kaskaden peitschen hinterher, Zahnspangen glitzern im Scheinwerferlicht. Plötzlich ist es still. Nebel zischt in den Kessel, hunderte junger Fäuste werden in Richtung Decke gereckt. Eine Stimme verkündet feierlich: „I come from Miami, bitch!“ Als wäre das eine geheime Losung, irgendein Kommando, vielleicht der Schlüssel zu diesem ganzen Lloret de Mar, brüllen sie wie aus einer Kehle los, bis die Musik wieder einsetzt und sie zum Schweigen bringt.

Um Mitternacht verklumpt die Menge dann, die ersten Paare bilden sich. Manche Jungs tun besoffener als sie sind, hängen sich einfach wie nasse Säcke auf eine Frau. Andere verzweifeln an Mädchen, die partout ihren Mund beim Küssen nicht öffnen wollen, heben sie hoch, schieben sie ratlos die Wand hinauf. Ronny, der Fummler, nähert sich im ersten Stock von hinten einer Frau, die etwas von einem narkotisierten Walfisch hat. Mit beiden Händen fasst er ihr an die Hüfte, tastet sich mit mehreren Unterbrechungen zaghaft vor bis zu ihrem Schritt. Die, die kein Mädchen abbekommen haben, schunkeln pro forma noch ein bisschen zur Musik, krallen sich mit leeren Gesichtern an ihren Plastikbechern fest. Um ein Uhr hat auch der Letzte registriert, dass es an diesem Abend mehr Verlierer als Gewinner geben wird. Die mathematische Realität ist gnadenlos: Mindestens 70 Prozent Männer in Lloret de Mar – und fast alle wollen eine Frau.

Der Strand ist eine Piste mit katzenstreuartigen Steinen

Nachts im Hotel ist von Party nicht mehr viel zu spüren. Es herrscht eine Stimmung wie im Bürgerkrieg. Der Portier hat sich mit einem Baseballschläger bewaffnet. Die arabischen Sicherheitsleute leuchten die Fassade mit Suchscheinwerfern ab, um herauszufinden, wer mal wieder Kondome/Bierflaschen/Fernseher/Betten auf die Straße geschmissen hat. Türen bersten. Glas klirrt. Wir hören die Schreie prügelnder und geprügelter Franzosen, ein Mädchen auf dem Gang wimmert: „Miri! Lass mich rein, ich will weitersaufen.“ Auf der Straße skandieren die nach Hause Kommenden: „Germany! Wir waschen uns nie!“ Von draußen dringt zartes Stöhnen zu uns herein. Als ich nachschauen gehe, segeln vier Möwen krächzend über den Sportplatz und die Baustelle vor dem Balkon.

Nach dem Aufstehen gehen wir zum Strand, einer kilometerlangen Piste aus katzenstreuartigen Steinen, die mit einem dichten Teppich aus glänzenden Menschenkörpern bedeckt ist. Wir treffen die Erfurter an einer Cocktailbar mit Blick aufs Wasser. Marc erzählt, er habe im Hotel eine 18-jährige Engländerin kennengelernt, die mit ihrem Vater und ihrem kleinen Bruder in Lloret sei. „Wenn ich heud' keine neue find', werd' ich sie noch mal knaddern“, verkündet er. „Hola, wir wollen saufen. Long Island Ice Tea, groß!“, ruft Rico der Bedienung zu. Sie bringt uns fünf vasenartige Gefäße mit einem bittersüßen, braunen Zeug darin. Wir sind sofort besoffen und stolpern gemeinsam, die Trinkkelche wie Zepter schwingend, über den Strand. Rico brüllt das Meer an: „Spreiz deine Beine, zeig die Fotze, lass dich gehen!“ Wir fallen irgendwo auf den Boden und verbrüdern uns. Rico: „Ihr seid meine Leude, ehrlich. Wenn euch irgendwer blöd kommt, dann hau ich den um. Es sei denn, ihr seid schwul. Dann ist es jetzt vorbei.“

„Man sieht gleich, dass ihr hier nicht herpasst“, sagt der Mann, der bei unserer Ankunft in den Bus gestürmt kam, zu uns. Er nennt sich Don Francis, wir treffen ihn in seiner eigenen Bar, die „I love Don Francis“ heißt. Er ist 36 Jahre alt, zutätowiert und einer der wenigen Typen in der Stadt, der nicht wie ein kurzgeschorener/auftrainierter/gegelter Profifußballer aussieht. Seine langen, zum Pferdeschwanz gebundenen Haare fallen auf sein ärmelloses, weißes T-Shirt herab. Seit zehn Jahren lebt er jetzt in Lloret de Mar, davor Hamburg, St. Pauli. „Ich komm aus 'm Milieu, mehr sage ich nicht.“ Sein Markenzeichen sind der weiße Bademantel und die weiße Sonnenbrille, er ist nicht nur „Chefkoordinator von Rainbow-Tours“, sondern auch der selbsternannte „König von Lloret de Mar“. Die meisten Jugendlichen scheinen ihn tatsächlich gern zu haben, wahrscheinlich weil Don Francis das Gegenteil ihrer Eltern ist. Er

würde nie sagen: „Trink nicht so viel!" Er sagt: „Los, sauf das auf ex!"
Noch immer ist Don Francis ein bisschen angefressen, weil ihm Olli, ein Reiseleiter, in einem *Spiegel*-Artikel vom vergangenen Jahr das Wort „Eskalation" geklaut hat. Auf „Eskalation" hat Don Francis in Lloret de Mar nämlich ein Copyright, das ist seine ganz persönliche Erklärung dafür, warum dieses Küstenkaff jedes Jahr aufs Neue von zehntausenden Teenagern aus ganz Europa in Geiselhaft genommen wird. „Wir feiern hier nicht, wir eskalieren hier" – der Olli hat diesen eindeutig Don Francis zuzuschreibenden Satz dem Typen vom *Spiegel* in den Block diktiert. Im Winter, als die Urlauber weg waren, hat er zurückgeschlagen. Don Francis hat eine CD aufgenommen („Eskalation") und auch noch seine Autobiografie geschrieben („Ausnahmezustand"), die man im Internet schon anlesen kann: Da steht zum Beispiel, dass er ein Kind mit einer Hamburgerin hat, die in Lloret auf Abifahrt war, und dass das Kind mit zweitem Namen auch Francis heißt, und dass er, wenn er mal keine feste Freundin hat, gut hundert Mädels in einer Touristensaison durchnudeln kann. „Hier, riecht mal", sagt er und stellt uns eine Probepackung seines neuen Don-Francis-Parfüms auf den Tisch. Gemeinsam mit seinem Bodyguard steigt der König von Lloret dann auf einen Motorroller, um in eine der Diskotheken zu fahren, wo er den Jugendlichen ein bisschen was vorsingen wird. Zum Abschied ruft er uns etwas zu, das klingt wie: „Wir gehen noch mal eben einen Burger verhaften. Bis gleich."

Die Holländer pinkeln vom Balkon

Am nächsten Abend besuchen wir die Erfurter im Hotel Alexis (*). In der holzvertäfelten Lobby gibt es Bier für einen Euro fünfzig. Ein paar ältere Frauen sitzen verloren an Tischen herum, trinken süße Getränke mit Terpentin und schauen in Richtung einer Nische, wo eine Musikanlage aufgebaut ist und ein Schwarzer, der ein blau-gelb marmoriertes Hawaiihemd trägt, eine ballettartige Performance aufführt. Aus den Boxen tönt ein Lied: *When I get older, I will be stronger*. Marc sitzt draußen auf einem Plastikstuhl neben Becky aus Essex, seiner 18-jährigen englischen Urlaubsfreundin, in deren Mund eine feste Zahnspange zu sehen ist. Ihr Vater, der auch irgendwo steht und trinkt und sich darüber beschwert, dass man ihn in ein Hotel mit lauter besoffenen Teenagern gesperrt hat, weiß nicht, dass die beiden eine Affäre haben. Marcs Gesicht ist rot, seine Augen quellen hervor, seine Zunge verhakt sich ständig im Mund.
Becky lehnt sich zu ihm:
„Marc, why are you always drunk?"
„Noooo."
„First thing he does is start drinking in the morning."
„Where you buys jeeeanz ..."
Marc stützt sich auf ihrem Oberarm, kippt beim Versuch an ihrer Weste zu zupfen fast vom Stuhl. „Oh, just my boy!", sagt sie. Plötzlich schreien alle wild durcheinander. Der Portier kommt angerannt. Die Holländer pinkeln vom Balkon.

Etwa am dritten Tag befällt uns das Gefühl, bereits mehrere Wochen hier zu sein. Lloret de Mar ist in Wahrheit ein riesengroßes Hamsterrad. Die Jugendlichen sausen durch die Gassen und wir hetzen hinterher, vom Hotel zum Strand, vom Strand zum Hotel, vom Hotel in die Bar, von der Bar in die Disko und dann wieder nach Haus. Wir trinken, trinken, trinken, und können doch kein Teil des Ganzen sein. Dr. Döner alias Ali thront auf einem Barhocker und erklärt uns ein gastronomisches Konzept namens billiger Alkohol. Jemand gibt uns eine Einladung für eine Ü20-Party in die Hand. Der Bodyguard von Don Francis sagt, wir müssten unbedingt den Fickfelsen suchen gehen, aber als wir am Fickfelsen ankommen, ist es dunkel und nass und niemand ist da.
Im Speisesaal des Casino Royal, wo uns hasserfüllte Katalanen verwelkte Pommes, nach Staub schmeckenden Kaffee, nach Tod riechendes Fleisch und einen als Grapefruitsaft getarnten, rostfarbenen Zuckersirup auftischen, keimt auf einmal wieder Hoffnung unter den Jungs auf: Gerüchte über Gruppensex gehen um. Nichts scheint unmöglich. Einer sagt: Gestern Nacht auf der Party hätte es eine Frau mit acht Männern in zwei Schichten gemacht.

Estrella

G-star

Später gehe ich alleine runter an den Pool, wo ein paar dicke Engländer Wasserball spielen und der Putz abbröckelt. Die halbe Wienerwurst, die hier eben noch schwamm, ist vermutlich untergegangen oder von einem Kind gegessen worden. Ich habe statt Alkohol das neue (sehr schlechte) Buch von Bret Easton Ellis dabei, ich spüre, dass mich das irgendwie verdächtig macht. Neben mir knallen sich Paul, der bald eine Ausbildung zum Krankenpfleger machen wird, und Justus, der sich als Marineoffizier für 13 Jahre bei der Armee verpflichtet hat, einen Gin Tonic aus den Alles-inklusive-Plastikbechern rein. Sie diskutieren darüber, wann das Leben zu Ende ist.

„Ich will nicht älter werden."

„Nee, auf keinen Fall."

„20 ist gut."

„Mhm. Oder 22. Maximal 23. Dann kann die Zeit von mir aus stehen bleiben."

„Ey, bitte. Mehr geht nicht."

Im Zimmer neben uns läuft lauter Techno, es riecht nach Haarspray und Schnaps. Ein Rudel Kölner Mädchen macht sich fertig für den Abend. Auf ihre Nachtkästen haben sie gerahmte Knutsch- und Rumsitzfotos von ihren Freunden gestellt. „Ist halt voll die Freiheit hier. Keiner passt auf uns auf", sagt Michelle, die 16 Jahre alt ist. Wo sie hingehen wollen, wissen sie noch nicht. Auf die Schaumparty jedenfalls nicht, weil die Jungs sich im Schaum verstecken und sie heimlich am Po und den Brüsten begrapschen würden und sie doch jetzt alle vergeben sind.

Im Zimmer gegenüber sitzen Jonas, Leon und Norman und erzählen, wie einer von ihnen gestern Nacht von Holländern verprügelt wurde, weil er besoffen deren Getränke umgekippt hat. „Das ist eben nicht Deutschland", sagt Norman. „Ich glaube, ein Menschenleben ist hier viel weniger wert."

Mittlerweile haben sich die Erfurter vom Baden im Pool wuchernde Geschwüre an Armen und Ohren geholt. Die Ärztin habe gesagt, es komme von einem speziellen Bakterienstamm, der seit Langem in der Stadt zu Hause sei. Das Essen, der Alkohol, das schmutzige Wasser und die Klimaanlagen, die die Discos auf Gefrierschranktemperaturen abkühlen, fordern Tribut. In der Rainbow-Gruppe sind mittlerweile gut ein Drittel der Jugendlichen von der sogenannten Lloret-Krätze befallen: Halsschmerzen, Husten, Durchfall, Kopfweh, mysteriöse gelbe und rote Punkte auf Armen und Beinen. Das sei gar nichts, sagt ein Zwölftklässler aus Köln. „Als ich letztes Jahr hier war, haben zwei Typen in meinem Zimmer die Schweinegrippe gehabt."

Kurz nach vier am Morgen: Es geht nicht mehr. Ich gehe runter zur Rezeption, überall von der Schaumparty übrig gebliebener Schaum, Zombies in Flip-Flops torkeln durchs Bild. „Hola Señor, ich sterbe. Ich habe Husten und Schmerzen im Hals. Haben Sie etwas Medizin für mich?" Der Portier glotzt mich teilnahmslos, irgendwie fischig an. Dann lacht er einfach so los. „Nein, Amigo. Das Einzige, was ich für dich habe, ist Alkohol."

Am nächsten Abend treffen wir den Direktor des Hotels in seinem Büro, einem zellenartigen Schlauch ohne Fenster, in dem es ungefähr fünf Grad hat. Vor uns sitzt ein etwa vierzigjähriger katalanischer Nationalist mit blonden Bartstoppeln und krummem Rücken, der die diffuse Aura eines gebeutelten Mannes verströmt. Er zündet sich eine billige Zigarette der Marke Winston an. „Hier, die neuen Verbotsschilder. Keine Mikrofone, kein Geschrei, keine Gegenstände aus dem Fenster werfen. Ach, das hat doch sowieso keinen Zweck."

Von seinem Schreibtisch aus hat er ein Dutzend Monitore im Blick, auf denen man die Gäste in Schwarz-Weiß durch die Gänge ruckeln sieht. Er zeigt uns die letzten Auswertungen der Videoüberwachung: Zwei Engländer haben fälschlicherweise behauptet, ihnen seien iPhones und iPods gestohlen worden. Und da sei gestern auch dieses Fax aus Deutschland angekommen: Eine Mutter erlaubt ihrem 17-jährigen Sohn ausdrücklich Alkohol zu trinken. „Aber nee, ich bin doch nicht blöd. Wenn der Junge vom Balkon stürzt, kriegen sie mich dran." Das Telefon klingelt. „Hola, Gran Hotel Casino Royal. Ja. Holen Sie die Polizei. Anzeige. Alles klar." Der Direktor legt eine nachdenkliche, ja fast philosophische Miene auf. „Bueno, wahrscheinlich haben auch wir, das Hotel, Schuld an der Misere. Schauen Sie sich doch einfach um. Aber was ist mit diesen Jugendlichen los? Ich glaube, wir haben ein Erziehungsproblem. Nicht nur in Deutschland, nein auch in Spanien und ganz Europa. Sie kommen wegen dem Sex, sie kommen wegen dem Strand, sie kommen wegen den Partys und dem Alkohol. Sie kommen hierher, weil sie glauben, dass es keine Regeln gibt. In meiner Jugend war es ganz einfach. Wenn ich mich danebenbenommen habe, hat mir mein Vater eine gescheuert, und dann habe ich es kapiert."

Auf der Rückreise sind alle zahm, nur der Zeuge Jehovas faselt von der Hölle

In der letzten Nacht sehen wir viele aus unser Gruppe zur Abschiedsparty wieder. Die meisten von ihnen sind blass, manche scheinen zu humpeln. Die Älteren meckern über das Essen und das Hotel. Nur bei den Minderjährigen wirkt der Zauber von Lloret de Mar noch immer wie am ersten Tag. Sie zählen die Getränke auf, die sie getrunken und gelegentlich auch wieder ausgespien haben. Sie schwärmen von den Diskotheken, in die man sie reingelassen hat. Sie schwören, dass es hier auf jeden Fall super und total toll sei, und dass sie wiederkommen werden, aber hundertpro.
Don Francis hat sich im Erdgeschoss der Disco St. Trop das Mikrofon geschnappt und gibt zum ungefähr tausendsten Mal in dieser Woche eine seiner Sauftechno-Hymnen zum Besten: „Wir sind hier, machen Lärm und Dreck / Erst nach ner Woche sind wir wieder weg / Einmal in deinem Leben, da muss es passieren / In Lloret de Mar wirst du eskalieren." „Willst du auch ein Kind von Don Francis?", frage ich ein kreischendes, blondes Mädchen. „Ja", ruft sie. „Ich habe ein T-Shirt von ihm!" An der Bar treffen wir eine aufgewühlte Russin. Sie sagt, in Sibirien, wo sie lebe und für Gazprom arbeite, verstehe zwar keiner, worum es in dem Text gehe, aber sie sängen die Lieder von Don Francis Tag und Nacht.
In den Stunden vor der Abreise sind wir noch einmal am Meer. Wortfetzen wehen über den Strand. „Spaziergang." „Tierpark." Justus hat schon wieder einen Riesencocktail in der Hand. Steffi, die eine Ausbildung bei der Bahn macht, hat die Augen geschlossen und liegt mit dem Kopf in Pauls Schoß, der auch einen Riesencocktail neben sich stehen hat. Die beiden reden darüber, wie es in Berlin mit ihnen weitergeht. Die Erfurter haben sich T-Shirts gekauft, ein schlapper Puma liegt auf den Buchstaben „Coma". „Es spiegelt den Verlauf der Reise wider", sagt Marc. Im Bus zurück nach Hause sind sie alle ganz zahm. Der Einzige, der noch Krawall macht, ist ein 67-jähriger Zeuge Jehovas. Er sitzt unter uns und faselt von der Hölle und dem Untergang der Welt.

* Einige der Namen wurden von der Redaktion geändert

Andy Strauß
Tibusstraße 30a
48143 Münster

Betreff: Bewerbung als Kolumnist

Hallo ihr Opfer in der DUMMY-Redaktion,

hiermit bewerbe ich mich als euer neuer Kolumnist. Ich habe euer Magazin jetzt ein Mal gelesen und zwar die Herbstausgabe 2010 - gelesen ist eigentlich übertrieben, ich habe es überflogen und auf der Toilette häufiger mal zur Hand genommen, wo es seither auf der Fensterbank liegt, welche von der Toilette zu erreichen ist.

Gerade eben -heute ist Sonntag - schon wieder. Naja, da kam mir halt die Idee, dass ich eine Kolumne bei euch veröffentlichen sollte. Titel: "Künstlers Chancen auf dem Arbeitsmarkt". Wie das im Endeffekt aussehen soll? Ganz einfach. Ich bewerbe mich ein mal im Quartal bei irgendwelchen Firmen - am besten passend zum Titel der jeweiligen Ausgaben und ihr bekommt eine Kopie der Bewerbung und der Zu- oder Absage. BAM-zwei Seiten gefüllt.

Was ich dafür will? 100 Moppen Cash pro Ausgabe. Mti Cash meine ich jetzt nich unbedingt, dass jemand mit das persönlich vorbei bring, eine Überweisung reich mir auch. Klar, 100 Euro ist voll wenig und ihr denkt jetzt: "WOW! Saugeil, wir bekommen Andy Strauß für einen Hungerlohn!", aber das ist okay. Ich habe sowieso irgendwie Bock darauf, Kolumne zu schreiben. Bzw. eben dieses Bewerbungsding durchzuziehen.

Begleitend dazu biete ich noch folgendes an: und zwar, dass ich meine Bewerbungsschreiben auch vorlese und auf meinem youtube-channel hochlade. Die Antworten der Unternehmen allerdings nicht . Dann sind die Leude angeteasert und rennen vielleicht zum Bahnhof, um dort das Magazin zu kaufen. Prinzipiell finde ich es ja schlecht, so ein Marketing zu machen, aber Dummy ist ja ganz lesenswert, besser als dieser pseudokritische NEON-Rotz zum Beispiel. Wir schaffen damit quasi eine WIN-WIN-WIN-Situation: Ich bekomme 100 Moppen, ihr bekommt mehr Aufmerksamkeit und die Leute, die das Magazin dann kaufen, bekommen endlich mal ein ordentliches Magazin.

Ja. So hab ich mir das gedacht. Jetzt liegt der Ball in eurem Garten.

Grüße,

Andy Strauß

Komtakt: 0179/5402472
zensur007@hotmail.com
www.establishmensch.de

Eine tolle Erfahrung

Wer nicht behindert ist, kann auch Rollstuhl fahren: mit brennenden Bizepsen und fliegendem Atem quer durch das westfälische Münster

Text: Andy Strauß

Ich wache auf, kurzes Frühstück, dann reinige ich die Sitzfläche des vom Altersheim gegenüber geliehenen Rollstuhls mit Badreiniger. Kurz trocken gerieben, dann Platz genommen. Ab jetzt bin ich Rollstuhlfahrer. Noch eine warme Decke über die Beine gelegt, und es kann losgehen. Da heute Wochenmarkt ist, plane ich dort auf einen Backfisch vorbeizufahren und danach in der Drogerie ein neues Deo zu kaufen – so als Einstieg.

Glücklicherweise liegt meine Wohnung im Erdgeschoss. Doch als ich meine Wohnungstür öffne, versperrt mir ein im Treppenhaus geparkter Kinderwagen den Weg. Immer auf die Gefahr hin, die rechts gelegene Kellertreppe hinunterzustürzen, geht es für den Kinderwagen ein Stück zurück und für mich ein Stück voran. Nach guten zwei Minuten ist das Hindernis passiert, und ich stehe an der frischen westfälischen Luft. Die Konzentration der Sonnenstrahlen lässt auf einen schönen Frühlingstag hoffen.

Mein erstes Ziel, der Wochenmarkt auf dem Münsteraner Domplatz, ist zu Fuß gerade mal vierhundert Meter, also knappe fünf Minuten von meiner Wohnung entfernt. Ich bin optimistisch. Nach nicht einmal 20 Metern allerdings wird mir der Wahnsinn meines Unterfangens zum ersten Mal bewusst: Erstens ist der Durchschnittsbürgersteig nicht für die Fahrt mit einem Rollstuhl geeignet. Zweitens scheint der Rollstuhl, den ich ergattern konnte, vornehmlich dazu bestimmt, von einer zweiten Person geschoben zu werden. Drittens, und das finde ich besonders demoralisierend: Ich befinde mich ständig auf Augenhöhe mit den Mülltonnendeckeln am Straßenrand. Zudem gerate ich ständig auf die schiefe Bahn – denn obwohl ich denke, meine Kraft immer gleichmäßig auf beide Reifen zu verteilen, schlenkere ich ständig nach rechts oder links. Wenn ich ein Polizist wäre, würde ich schon jetzt meine Fahrtüchtigkeit überprüfen. Zudem macht sich ein leichtes Brennen in meinen Armen bemerkbar, was ich zu ignorieren versuche. Als das grüne Licht an der Ampel den Weg frei gibt, nehme ich entschlossen Fahrt auf – doch ich schaffe es nicht den Bordstein hinunter. Da die Grünphase schon wieder vorbei ist, bleibt nicht viel Zeit zum Nachdenken. Ich fahre also ein paar Zentimeter zurück und versuche es mit Anlauf erneut, wieder ohne Erfolg. Schnell lasse ich meinen Blick den Boden entlangschweifen und entdecke eine noch flachere Stelle, die ich dann tatsächlich bewältigen kann. Die Autofahrer nehmen mein umständliches Rangieren geduldig und ohne Hupen hin, und ich werfe dem Wagen an der Spitze eine entschuldigende Geste zu, bevor ich in die Fußgängerzone einfahre. Hier bin ich zum ersten Mal wirklich unter Menschen.

Das Pflaster der Straße hier ist noch schwerer zu bewältigen als der vorherige Bürgersteig, aber ich beiße mich tapfer bis zum Spiekerhof durch, Münsters sogenannte gute Stube. Dort angekommen, bin ich bereits ziemlich außer Atem und meine Stirn ist schweißnass. Mein direkter Weg wäre nun über das Kopfsteinpflaster auf die andere Straßenseite und dann eine schmale Gasse hinan. Das Problem: Dort befindet sich eine Treppe, die ich definitiv nicht bewältigen kann. Da ich noch nicht bereit bin, um Hilfe zu bitten, nehme ich einen Umweg von 300 Metern in Kauf. Die vier Höhenmeter, die ich sonst in einem Rutsch an der Treppe überwunden hätte, sind jetzt auf dieser Strecke verteilt. Was sich nach einer Kleinigkeit anhört, ist in Wirklichkeit eine Herausforderung ersten Grades für meinen Bizeps. Nur wer einmal versucht hat, einen Lkw zu ziehen, weiß, was ich in diesem Moment empfinde.

Gerade als ich unter höchster Anstrengung zwei Meter geschafft habe, höre ich schnelle Schritte auf mich zueilen. Ein junges Pärchen Anfang zwanzig tritt an mich heran und fragt, ob es mir helfen könne. „Voll gerne", sage ich und habe diese Formulierung selten so ernst gemeint. Ohne großes Geplänkel werde ich jetzt vom Mann geschoben und von seiner wunderschönen Begleitung beiläufig gefragt, wo ich denn hinmüsse. Ich behaupte, dass ich lediglich zum 80 Meter entfernten Eiscafé Firenze wolle. Dort wird mir von den beiden noch die Tür aufgehalten, woraufhin wir uns freundlich voneinander verabschieden. Da ich nun im Eiscafé bin und das Wetter mitspielt, entscheide ich mich für ein, zwei Kugeln Zitrone. Der Italiener hinter der Theke schaut mich kurz zweifelnd an, als ich auf die Frage, ob ich die Kugeln im Becher oder in der Waffel will, mit Waffel antworte. Zunächst weiß ich den Blick nicht zu deuten, aber anscheinend hat der Mann schon mehr Erfahrungen mit Rollstuhlfahrern, denn als er um die Theke herumläuft und mir die Waffel in die Hand drückt, merke ich: mit einer Hand ist es unmöglich, sich fortzubewegen. Einen Becher hätte ich mir auf den Schoss stellen können, aber ein Eis in einer Waffel legt man nicht einfach mal kurz weg. Der freundliche Italiener fragt mich, wo ich sitzen möchte, und ich lasse mich von ihm auf die Terrasse des Eiscafés schieben. Während ich am Eis lecke, überlege ich, ob mir der junge Mann von vorhin geholfen hat, weil er mir helfen wollte oder um bei dem Mädchen zu landen.

Durch die Einkaufsmeile fährt es sich ganz gut, es bleibt zwar anstrengend, aber es gibt keine besonderen Hindernisse, und negative Kommentare, weil ich im Rollstuhl sitze, höre ich auch keinen einzigen. Während ich kurz pausiere, läuft plötzlich eine ältere Frau mit einem Pudel an mir vorbei, schaut mich mitleidig an und wirft mir fünfzig Cent auf meine Decke. Ungefähr in der Mitte des Platzes sehe ich einen alten Bekannten, der für gewöhnlich die Eigenschaft hat, andere Bekannte aus der dichtesten Menschenmenge heraus zu erspähen und sie unaufgefordert über die neusten Szene-News zu unterrichten. Es ist tatsächlich das erste Mal, dass er mich nicht erkennt, wahrscheinlich unterrolle ich das Spionagefeld seines Hipster-Radars, wofür ich ehrlich gesagt ziemlich dankbar bin.

Ich fahre zum Bahnhof, freue mich über den Behinderteneingang, den mir ein sympathischer Bahnangestellter öffnet, dann bin ich mit meiner Kraft ziemlich am Ende und sehne mich nach meinem Bett. In meinen Bus Richtung Wohnung werde ich von zwei Heranwachsenden getragen, die optisch in eine Talkshow zum Thema „Ballonseide und Baggy-Hosen" gepasst hätten, auch sie haben mich gefragt, ob sie mir helfen könnten. Nach viereinhalb Stunden höre ich im Bus endlich die erste Beleidigung: „Du Spasti!" Fast bin ich erleichtert. Doch dann merke ich, dass die Beschimpfung gar nicht mir galt.

Andy Strauß' Bizeps hat sich
trotz der Schinderei im
Rollstuhl nicht weiterentwickelt

POLİ
TİK

DIE SCHÖNSTE KANZLERIN VON ALLEN

Als der *Stern*-Kolumnist Hans-Ulrich Jörges Bundeskanzlerin Angela Merkel im Bundestag hinterhersprintete, um ihr das Cover des DUMMY-Werben & Verkaufen zu zeigen, da reagierte Merkel recht einsilbig: Das bin ich nicht, soll sie laut Jörges gesagt haben.

Schade eigentlich, dass sie sich nicht wiedererkannt hat, denn so schön wie auf dem Titelbild sah sie nie wieder aus. Mehrere Tage am Stück hat der Gestalter am Computer gesessen, um aus Merkel ein Topmodel zu machen. Das Titelbild passte ganz gut in die Landschaft, als Spiegelbild einer indifferenten Wählerschaft, die am Tag der Wahl statt nach Inhalten danach geht, welcher Kanzlerkandidat weniger langweilig aussieht.

So ein Inhalt wäre ja mal das Thema Atomkraft gewesen, das uns ein ganzes Heft wert war. Hochwertig gestaltet brachte es die FDP-Wähler unter den Lesern ins Grübeln, ob ihre Haltung nicht doch die unmodernere ist. Das Schönste an der Produktion war das Modeshooting in Gorleben, wo die alten Kämpfer mit Markenklamotten ausgestattet wurden, während die Polizisten fassungslos danebenstanden. Da geriet manch ein Weltbild ins Wanken.

Und wir wollen mal nicht so tun, als hätten wir es nicht kommen sehen. Als hätten wir nicht gewusst, dass es bald im Posteingang rappelt. Dass uns in aufgeregten E-Mails Rassismus, Irrsinn, politischer Amoklauf und sonst was vorgeworfen wird. Warum? Weil wir ein Heft zum Thema „Neger" machen wollten, um gleich mal mit der Diskussion um inkriminierte Bezeichnungen loszulegen. Um Lust zu machen auf eine anregende Debatte fern einer beschränkten politischen Korrektheit. Wir recherchierten also, wie das denn jetzt genau ist: Ob man denn überhaupt „Neger" sagen darf? Wir sprachen mit weißen und schwarzen Menschen und kamen zu dem Ergebnis: Man kann. Und mit einiger Hybris dachten wir sogar: Wenn, dann wir. Für rechts hat uns schließlich noch niemand gehalten.

Man kann aber doch nicht. Das Heft hieß dann schließlich „Schwarze" und das Erschreckendste daran war eigentlich die Reaktion der Werbekunden, die schon im Vorfeld abwinkten. Über den Kontrollwahn und die Borniertheit der Mediaagenturen, die die Werbebudgets großer Markenartikler auf die Medien verteilen, könnte man ein ganzes Heft machen.

Die Waffen der Frauen

FOTOS: ASHKAN SAHIHI.

Ausgabe Nr. 8: „Juden“
Soldatinnen der israelischen Armee

Das verratene Kind
Über den Ost-Spion Günter Guillaume stürzte nicht nur Willy Brandt. Ein anderes Opfer war sein eigener Sohn

Text: Marcus Jauer
Fotos: privat, Ute Mahler/Ostkreuz

Wenn alles anders gekommen wäre, hätte Pierre Boom in Bad Godesberg Abitur gemacht, wäre wie seine Eltern in die SPD eingetreten, und manchmal hätte er sie in dem südfranzösischen Sommerhaus besucht, in das sie sich nach der Pensionierung zurückziehen wollten. Wenn alles anders gekommen wäre, dann hätte er die Wahrheit über sie nie erfahren, und er würde heute auch nicht Pierre Boom heißen, sondern immer noch Pierre Guillaume.
Aber es kam ja nicht anders. Es kam so.
Am 27. April 1974, einem Mittwoch, wird er kurz nach halb sieben von Lärm geweckt. Am Abend hatte er mit Freunden gefeiert, seit einigen Tagen ist er siebzehn, es war spät geworden, aber noch sind Ferien. Er dachte, er kann ausschlafen. Nun hört er fremde Stimmen aus der Wohnung, und im Fenster spiegelt sich das Blinken eines Blaulichts.
Die Guillaumes wohnen in einem Mehrfamilienhaus, Bad Godesberg, Ubierstraße 107. Vor vier Jahren sind sie aus Frankfurt am Main hierhergezogen. Günter Guillaume hat sich ins Bundeskanzleramt hochgearbeitet, er ist Referent von Willy Brandt. Seine Frau Christel bewirbt sich gerade um eine Stelle im Verteidigungsministerium. Beide sind sie unauffällige Leute, Staatsdiener eben. Pierre ist ihr einziges Kind.
Er steht auf, geht zum Fenster, auf der Straße stehen Polizeiwagen und Männer mit Maschi-

Dieses Foto von Pierre Boom entstand kurz bevor seine Eltern aufflogen. Damals war er 16.

nenpistolen. Er geht zur Tür, öffnet sie und sieht seinen Vater im Flur an der Tür zum Schlafzimmer, er trägt seinen gestreiften Bademantel und unterhält sich mit Männern in dunklen Anzügen. Mehr sieht er nicht. Dann drängt ihn einer der Männer zurück. „Bitte bleiben Sie in Ihrem Zimmer!" Also schließt er die Tür, setzt sich auf das Bett und wartet.
Kurz darauf werden die Eltern hereingebracht. Sein Vater nimmt ihn wortlos in den Arm, seine Mutter sagt, er solle sich keine Sorgen machen. Dann führt man sie ab, und ein Mann, der einen Dienstausweis des Bundeskriminalamtes in der Hand hält, sagt zu ihm: „Wie Sie unschwer feststellen konnten, hat hier eben die Festnahme Ihrer Eltern stattgefunden."
Es ist der Moment, in dem das Leben, wie Pierre Guillaume es kannte, zu Ende ging.
Wenn man ihn heute fragt, wie er seine Eltern bis dahin sah, und ob das irgendwie passt zu dem, was er danach über sie erfuhr, muss er lange überlegen. Im Grunde bringt er es noch immer nicht richtig zusammen. „Ein letzter Rest bleibt", sagt er.
Er sitzt in einem Büro in Berlin, Schöneberg, Hinterhaus. Er hat eine PR-Agentur, es läuft gut, er macht Broschüren für Ministerien und das Europaparlament, sie füllen die Regale und seinen Schreibtisch. Er ist ein großer, schlanker Mann, Ende vierzig, mit dunklen Augen und einem Blick, der seltsam nach innen fällt. Er ähnelt seinem Vater gar nicht.
Es gibt diese Fotos von Günter Guillaume, wie er auf einer Konferenz ist, einem Parteitag, einer Reise, vorn Willy Brandt, der Bundeskanzler, dahinter er, ein kleiner Mann mit Brille. Er flüstert ihm etwas ins Ohr, er legt ihm eine Mappe hin, er läuft hinter ihm her. Lange, nachdem sie aufgenommen wurden, werden diese Fotos um die Welt gehen.
1956 kommen Günter und Christel Guillaume in die Bundesrepublik. Der Legende nach sind sie aus der DDR geflohen, ihrem Auftrag nach sind sie Kundschafter. Das Ministerium für Staatssicherheit hat sie geschickt, beide sollen sich um die SPD kümmern. Doch während sie bald als Sekretärin im Vorzimmer der hessischen Staatskanzlei sitzt, hängt er noch in irgendeinem Unterbezirk fest. 1970 schafft er es ins Kanzleramt, Verkehrsminister Leber empfiehlt ihn, Guillaume hatte ihm den Wahlkampf organisiert, nun organisiert er Brandt die Reisen. Das Bundeskriminalamt wird lange nicht auf die Guillaumes aufmerksam. Erst ein Treffen mit einer Agentin, die überwacht wird, verrät sie.
Als man Günter Guillaume in der Wohnung festnimmt, enttarnt er sich selbst. „Ich bin Bürger der DDR und ihr Offizier", sagt er. „Da sind Sie auf einen Scherz meines Vater reingefallen", sagt Pierre Guillaume, als er den Satz einige Stunden später von einem Bundeskriminalbeamten hört.
„Er hat sich schon so bezeichnet, bevor man ihm überhaupt erklärt hat, was man ihm vorwirft", antwortet ihm der Mann.
Das Bundeskriminalamt durchsucht die Wohnung, nimmt sogar Pierres Musikkassetten mit, holt seinen Deutschaufsatz aus der Schule. Am nächsten Tag stehen Reporter vor der Tür. Ständig klingelt das Telefon. Alle haben nur Fragen, aber Fragen hat er selbst. Er ist ein Siebzehnjähriger, dessen Eltern als Spione verhaftet wurden.
Erst später hat er erfahren, dass Ruth Brandt versucht hat, ihm zu helfen, aber offenbar durfte sie es nicht. Sie war die Frau des Bundeskanzlers, des zurückgetretenen Bundeskanzlers, um genau zu sein.
Vielleicht wäre alles anders gekommen, wenn sich damals jemand aus dem Westen um ihn gekümmert hätte, aber aus dem Westen kümmert sich niemand um ihn.
Als Pierre Guillaume die Eltern zum ersten Mal im Gefängnis besucht, darf er nicht fragen, ob sie wirklich Spione waren. Der Bundeskriminalbeamte, der dabei sitzt, verbietet es ihm. Er erfährt bei diesem Besuch nichts von dem, was er wissen will, und so wird es bleiben, jahrelang.
Der Anwalt, der seine Eltern betreut, ist der Einzige, der sie allein sprechen kann, darum vertraut er ihm. Eines Tages erzählt ihm der Anwalt, es sei der ausdrückliche Wunsch seines Vaters, dass sein Sohn die DDR besuche, das Land, aus dem die Guillaumes stammen. Allerdings, sagt er, dürfe er mit niemandem darüber reden.
In den folgenden Monaten besucht Pierre Guillaume mehrmals die DDR. Die Verwandten bemühen sich um ihn, zeigen ihm Ostberlin und Rostock, zelten an der Ostsee. Sie scheinen stolz auf seine Eltern zu sein. Zum ersten Mal hört er etwas von „unserer Sache". Sie ist

etwas, für das sich alle hier begeistern und das offenbar auch seine Eltern überzeugt hat. Natürlich sieht er, dass das Land grau ist, dass in den Kaufhäusern „Jugendmode" verkauft wird, die er nie anziehen würde, und auf dem Zeltplatz wundert ihn, dass plötzlich alle losrennen, wenn es heißt, es gebe frische Wassermelonen. Aber gut, er will ja nicht hier leben.
„Warum eigentlich nicht?", fragt ihn der Anwalt, als er wieder zurück ist.
Seine Eltern würden bald ausgetauscht, dann könne er im Osten wieder mit ihnen zusammen sein. Sie würden es nicht verstehen, wenn er im Westen bliebe. Außerdem gingen hier langsam die Ersparnisse zur Neige. Zuerst fragt der Anwalt nur, dann stellt er ein Ultimatum. Pierre Guillaume weiß nicht, was er tun soll. Seine Eltern kann er nicht fragen. Immer steht entweder ein Bundeskriminalbeamter zwischen ihnen oder der Anwalt, und seine Schulfreunde können ihm nicht helfen, sie sind ja auch erst siebzehn.
Wenn man ihn heute fragt, ob er freiwillig in die DDR gegangen ist, kann er das schwer sagen. Er wusste zwar, dass er seine Eltern, solange sie im Westen im Gefängnis saßen, weiter besuchen kann, aber er wollte ihnen in den Osten vorausgehen. Bisher hatte er es nicht so gesehen, dass die ganze Welt in Ost und West geteilt war und jeder sich entscheiden muss, aber vielleicht war das wirklich so, dann musste er das auch.
„Dieses Entweder-oder", sagt er heute, „das ist DDR."
Beim nächsten Besuch in Ostberlin bleibt er bei den Verwandten dort. Es ist alles vorbereitet. Er geht auf die Erweiterte Oberschule, ein Aufnahmeantrag für die FDJ liegt auf dem Tisch, er tritt zum Fahnenappell an. Er merkt, dass das Wort „Diskussion" hier bedeutet, dass jeder die Meinung des Lehrers wiedergibt, aber nicht die eigene, so wie am Gymnasium in Bad Godesberg. Er findet keine Freunde, weil jeder ihn schon beurteilt, sobald er seinen Namen nennt, Guillaume. Er fängt an, die Schule zu schwänzen, fährt S-Bahn, stundenlang.
Die Stasi besorgt ihm eine Wohnung in einem Plattenbauhochhaus. Regelmäßig schauen Betreuer vorbei und fragen, wie es läuft. Als er die Schule abbricht, bringen sie ihn in einer Druckerei unter. Als er dort keine Lehre machen will, verschaffen sie ihm einen Platz an einer Fachhochschule für Gestaltung. Als er merkt, dass ihm Talent zum Zeichnen fehlt und er sich wochenlang in der Wohnung einschließt, schicken sie ihn zur Psychotherapie.
Die Sitzungen finden in der Klinik des Ministeriums statt. Er sitzt in einer Gruppe mit Männern, die Probleme mit ihrer Arbeit bei der Stasi haben. Einige fürchten, sie nicht gut genug zu machen, andere halten es nicht aus, sie ständig vor ihren Familien verschweigen zu müssen. Er geht ein Mal hin, dann nicht mehr.
„Du hast keine Probleme mit unserem Land", sagen seine Betreuer. „Du hast Probleme mit dir selbst."
Wenn er in den Westen fährt, um die Eltern im Gefängnis zu besuchen, erzählt er ihnen davon nichts. Er fragt sie nicht nach ihrer Wahrheit, sie hören nicht seine. So werden sie einander fremd.
In dieser Zeit hat er eine Freundin, sie ist siebzehn Jahre älter und die Halbschwester von Markus Wolf, dem Chef der Auslandsspionage. Er hat sie in der Zeitschrift kennengelernt, wo er ein Praktikum als Fotograf machte. Sie versteht ihn, sie ist in Kuba aufgewachsen und mochte die Sonne dort, die DDR macht sie traurig. Sie trinkt zu viel und nur Monate, bevor die Mauer fällt, wird sie von einem Hochhaus springen.
„Lass diese Reisen sein", sagt sie, „das tut dir nicht gut."
Das ist der Moment, in dem Pierre Guillaume entscheidet, ein eigenes Leben zu führen. Er sagt seinem Betreuer, dass er von der nächsten Reise in den Westen nicht zurückkehren will. Er weiß, dass er ihn dann nicht wieder fahren lässt. So ist es auch. Ab jetzt gilt die Mauer auch für ihn. Es soll die letzte Entscheidung sein, die die Stasi für ihn trifft.
„Im Grunde war ich fertig mit der DDR", sagt er, „aber für meine Eltern bin ich geblieben."
Er fängt als Hilfsarbeiter in einer Druckerei an, drei Schichten. Er will nicht mehr der Sohn der Kundschafter sein, er will sein wie alle anderen. Er nimmt kein Geld von der Stasi mehr an, keine Geschenke, keine Betreuung. Es ist 1980, er ist jetzt 23 Jahre alt.
Im Jahr darauf kommen seine Eltern frei. Sie werden ausgetauscht gegen acht Agenten und dreitausend DDR-Bürger, die in den

Westen ausreisen dürfen. Markus Wolf empfängt Günter und Christel Guillaume in seinem Gästehaus, Kameras halten die Szenen fest, sie sind alle gestellt, das Ministerium dreht einen Propagandafilm. *Auftrag erfüllt* wird er heißen.
„Willkommen daheim", sagt Markus Wolf. Pierre Guillaume sieht, wie sein Vater es genießt, im Mittelpunkt zu stehen, seine Mutter wirkt versteinert. Sieben Jahre hatten die beiden getrennt im Gefängnis gesessen. Jetzt finden sie nicht wieder zusammen. Am Tag seiner Rückkehr hat sich Günter Guillaume in die Krankenschwester verliebt, die ihn für die Stasi untersuchte. Die Guillaumes werden sich scheiden lassen. Die Familie, für die ihr Sohn in den Osten gegangen war, gibt es nicht mehr.
Ein paar Tage später fährt Pierre Guillaume mit seinem Vater durch Ostberlin. Sie sitzen in seinem neuen Trabant. Sie sind allein, sie können reden. Jahre zuvor hätte Pierre Guillaume vor allem wissen wollen, was seine Eltern getan haben, das hatte er sie im Gefängnis nie fragen können. Jetzt will er vor allem sagen, dass sie es für den falschen Staat getan haben. Er fährt durch Straßen mit verfallenen Häusern, fährt zur Mauer, zum Ministerium, diesem riesigen Komplex. Er hofft, dass seinem Vater die Augen aufgehen und dann das Herz.
„Ich habe erst später begriffen, dass er genau davor Angst hatte", sagt Pierre Boom heute. Vielleicht wäre einiges anders gekommen, hätte Günter Guillaume damals an seinen Sohn geglaubt und nicht an den Staat, aber das konnte er nicht. Er hatte sich für den Staat einsperren lassen, jetzt wollte er die Anerkennung dafür.
Günter Guillaume wird befördert, bekommt den Karl-Marx-Orden und tritt vor Stasioffizieren auf. Seine Frau, die nach der Scheidung ihren Mädchennamen Boom angenommen hat, tut es ihm gleich. Es ist so eine Art Tournee, und die Betreuer hätten es gern gesehen, wenn auch der Sohn dabei wäre, darum zeigen sie ihm den Propagandafilm, der eigentlich geheim ist.
Es gibt in dem Film eine Stelle, in der erzählt Christel Boom, dass sie sich damals „im Operationsgebiet" sofort einen Beruf suchen sollte. „Die Realisierung dieses Planes", sagt sie, „wurde jedoch dadurch verzögert, dass ich feststellen musste, dass ich ein Kind erwartete."
Der Satz trifft Pierre Guillaume, aber er wirft ihn nicht um. Er hat inzwischen sein eigenes Leben. Er ist Fotograf, hat eine Frau, sie bekommen zwei Söhne und wollen nicht, dass sie in der DDR aufwachsen. Es gibt nichts, was sie hier hält. 1988 stellen sie den Ausreiseantrag.
Als seine Mutter davon hört, versucht sie zu helfen und spricht beim neuen Chef der Auslandsspionage vor. Als sein Vater davon hört, sagt er, er sehe seinen Sohn lieber im Gefängnis als im Westen. Es kommt zu einem letzten Gespräch, aber sie schweigen einander nur an, irgendwann beginnt sein Vater leise zu summen. Es ist sinnlos.
Innerhalb von Wochen stimmt die Stasi der Ausreise zu, aber nur unter einer Bedingung: Der Name Guillaume bleibt da. Man will kein Aufsehen. Erst als die Familie umbenannt ist, darf sie gehen, und so kehrt Pierre Guillaume als Pierre Boom in die Bundesrepublik zurück. Siebzehn Monate später fällt die Mauer. Pierre Boom hat seinen Vater danach noch einige Male gesehen, oft war es Zufall, sie haben nie richtig miteinander geredet. Von der Beerdigung erfuhr er durch einen Journalisten. Er ist nicht eingeladen. Als er später zum Grab geht, liest er darauf den Familiennamen der Krankenschwester, die sein Vater geheiratet hatte. Auch er hieß am Ende nicht mehr Guillaume.
„Irgendwie ein passender Abschluss", sagt Pierre Boom.
Er hat einige Zeit nach der Wende angefangen, ein Buch zu schreiben. Er hat Akten gelesen, Stasileute befragt, Freunde, seine Mutter. Sie war so offen zu ihm, wie jemand sein kann, der das Verstecken gelernt hat. Sie hat viel erzählt, das er nicht wusste, alles wird er nie erfahren. Vor zwei Jahren ist sie gestorben, aber sie hat noch erlebt, wie das Buch herauskam. Es heißt: *Der fremde Vater.*
Wenn er sich etwas wünschen könnte, sagt Pierre Boom, dann dass ihm dieser Vater nicht so fremd geblieben wäre. Aber er hat sich das Bedauern darüber abgewöhnt. Er fragt sich nicht mehr, wie es hätte sein können, wenn alles anders gekommen wäre. Es war schwer genug herauszufinden, wie es alles war.

Auswahl & Übersetzung: **Jochen Förster** Portraits: **Nir Rackotch**

DAS WAR'S SOWEIT

Nachdem ein Todeskandidat zwei Stunden lang um Gnade gebettelt hatte, wurde im US-Bundesstaat Texas d **Drei-Minuten-Regel** eingeführt. Mehr Zeit bleibt den Verurteilten nicht, um vor der **Hinrichtung** die Tat abz streiten, die Todesstrafe zu verfluchen, Gott zu loben oder der Familie Trost zu spenden. Eine Auswahl letzter Wo

WILLIE MARCEL SHANNON

Geburtstag: 12. Juni 1973. Tag des Verbrechens: 19. Juli 1992. Tag der Hinrichtung: 8. November 2006

Gerichtsurteil: Shannon drang in das Auto des dreifachen Familienvaters Benjamin Garza ein, während dieser vor einem Kaufhaus in Houston auf seine Familie wartete. Als Garza sich Shannons Aufforderung widersetzte, den Wagen zu verlassen, kam es zum Handgemenge, in dessen Folge Shannon Garza durch einen Kopfschuss tötete, ihn aus dem Auto stieß, davon fuhr und noch zwei weitere Male aus dem Auto auf Garza schoss. Seine Frau und die drei Kinder fanden Garza sterbend auf dem Bürgersteig. Stunden später wurde Shannon verhaftet. Shannon beteuerte stets, der tödliche Schuss habe sich während des Handgemenges versehentlich gelöst.

„Der Familie Garza möchte ich sagen, seht mein Lächeln, es liegt kein Glück darin. Ich habe einen Vater getötet, es war nicht mein Fehler, es war ein Unfall, Gott kennt die Wahrheit. Wenn mein Tod Ihren Vater zurückbringen könnte, dann wäre ich bereit. Mein Lächeln ist nicht respektlos gemeint. Wenn ich Ihren Vater sehe, werde ich ihn um Verzeihung bitten. Ich habe dem Richter die Wahrheit gesagt, es war ein Unfall. Ich werde lächeln, und ich bin nicht traurig. Wenn mein Tod Sie glücklich machen kann, dann soll es so sein. Wenn ich Ihren Vater sehe, werde ich ihm sagen, es tut mir leid. Ich habe weder Angst noch Wut. Hab keine Angst, Mama. Wenn ich dort ankomme, werde ich zuhause sein."

HILTON LEWIS CRAWFORD

Geburtstag: 14. März 1939. Tag des Verbrechens: 12. September 1995. Tag der Hinrichtung: 2. Juli 2003

Gerichtsurteil: Crawford kidnappte den 12-jährigen McKay Everett, den Sohn seines Freundes Carl Everett und dessen Frau Paulette, um vo dem Freund 500.000 Dollar Lösegeld zu erpressen. Er schlug den Jungen mehrfach auf den Kopf und erschoss ihn. Crawford gestand später d Entführung und die Schläge, bestritt aber stets, die tödlichen Schüsse abgegeben zu haben.

„Zunächst möchte ich Schwester Teresa bitten, Connie eine gelbe Rose zu schicken. Ich möchte dem Herrn danken, Jesus Christus, für die Jahr die ich in der Todeszelle verbrachte. Sie waren ein Segen in meinem Leben. Ich hatte die Chance, Jesus Christus zu dienen, dafür bin ich dankba Ich möchte Pater Walsh danken, dass ich Franziskaner werden durfte. Und allen Leuten in der ganzen Welt, die meine Freunde wurden. Es war meinem Leben eine wunderbare Erfahrung. Ich möchte Kaplan Lopez danken, und meinen Zeugen für ihre Unterstützung und Liebe. Danke auch de englischen Nonnen für ihre Unterstützung. Ich möchte meinen Söhnen sagen, dass ich sie liebe. Ich habe sie immer geliebt – sie sind mein größte Geschenk von Gott. Tannie, Rebecca, Al, Leo, und Dr. Blackwell, ich liebe euch alle und ich danke euch für eure Unterstützung. Ich möchte Paulet von Herzen um Vergebung bitten. Ich hoffe, eines Tages wirst du das tun. Es ist eine Tragödie für deine Familie und für meine. Es tut mir leid. Me Engel, ich liebe dich. Und ich liebe dich, Connie. Möge Gott mich sanft und behutsam zum Ufer des Königreichs geleiten. Ich bin bereit."

VINCENT EDWARD COOKS

Geburtstag: 26. Juli 1964. Tag des Verbrechens: 26. Februar 1988. Tag der Hinrichtung: 12. Dezember 2001

Gerichtsurteil: Cooks lauerte einem Supermarktangestellten auf, als dieser in Begleitung eines Polizisten ein Bankgebäude verließ. Cooks entwendete circa 10.000 Dollar und erschoss den Polizisten, bevor er floh.

„Sagt meiner Familie, ich liebe euch alle. Kümmert euch um Mama. Ich will nicht viel sagen, sonst heule ich noch. Ich heule überall. Tut mir leid, Teach, dass ich kein besserer Sohn war und nichts besseres zu tun hatte. Es war nicht dein Fehler. Du hast mich so erzogen, wie es sich gehört, jetzt bin ich immerhin weg. Ich vermisse dich auch. Ich sehe dich dort, geht es dir gut? Ich habe dir einen Brief geschrieben. Neckbone, ich habe ein Kissen mit deinem Namen drauf. Schreib weiter, jetzt. Charles, halt dich aufrecht. Ihr Leute dort, ihr wisst, was diese Leute hier tun. Dadurch, dass sie mich töten, tun sie nichts Gutes. Ich bin nicht 1,70 Meter groß und 95 Kilo schwer, wie der Mörder. Lebt wohl, ich liebe euch alle. Ist Roger noch nicht da? Sagt Pat und den seinen, dass ich sie liebe. Ich gehe jetzt voraus und lasse sie tun, was ihr Job ist. Bis später Pat, hilf deiner Schwester. Becca, ich liebe dich. Und nun, Aufseher, mach deinen Job."

DUMMY
Werben & Verkaufen
DUMMY Gesellschaftsmagazin
Thema Werben & Verkaufen
Ausgabe 13 Winter 2006/2007
www.dummy-magazin.de
D 6 Euro EU 8,80 Euro
CH 12,50 SFR Andere 14 Euro
Jahresabo D 20 Euro EU 30 Euro
CH 44 SFR Andere 50 Euro

Die Realitätstheorie

Damals dachte man: Wenn die Politik nach Berlin kommt, wird sie mit der Wirklichkeit konfrontiert. Heute weiß man: Der Politik ist die Realität egal, und die Realität macht sich nichts aus der Politik. Bonn liegt jetzt zwischen Reichstag und der Friedrichstraße – und außer ein paar Bundespolitikern und Parlamentsjournalisten kümmert das niemanden. Eine Abbitte

Text: Hajo Schumacher

Das größte Privileg, das Journalisten genießen, ist die Lizenz zum folgenlosen Klugscheißen. Jeder Politikersatz wird auf ewig im Archiv gelagert, bei jeder unpassenden Gelegenheit hervorgezogen und als Beleg für widerspruchreiches Gerede präsentiert. Medienmenschen dagegen dürfen hemmungslos heute dies und morgen etwas völlig anderes erzählen. Kein Mensch guckt ins Archiv. Zum Glück.
Mancher Medienmensch, der einst dem Berlin-Fieber verfallen war, weiß dieses Privileg mit nachgelagerter Erinnerungslöschung zu schätzen. Ich bin so ein Mensch: Vor gut zehn Jahren tappte auch ich in die Hauptstadtfalle, mit einer Naivität von Juso-Format. Mit unbefangenem Optimismus im Herzen wies auch ich in einem ansonsten eher kritischen Montagsmagazin gleich mehrfach lückenlos nach, warum der Umzug nach Berlin die politische Kultur des Landes garantiert verändern werde – nachhaltig natürlich.

Die romantische Weltsicht damals, 1998: Alles werde besser in der neuen Hauptstadt, die Demokratie vor allem und mit ihr die Gesellschaft. Denn endlich ließen Regierung, Parlamentarier und weltfremde Ministerial-Olme die Puppenstube Bonn hinter sich, die ein Kleinbürger namens Kohl dort wie ein Schrebergartenwart verwaltet hatte. Schluss damit.
In Berlin dagegen, da wartete die Zukunft. Fortan würde das politische Establishment mit der gesellschaftlichen Wirklichkeit konfrontiert, mit Punks, mit Armen, Künstlern, Migrationshintergründlern, allerlei bunten Existenzen, die es in Bonn gar nicht gab. Kreuzberg und Wedding, kaum einen Hammelsprung vom Regierungsviertel entfernt, würden der herrschenden Klasse schon zeigen, was harte Lebenswirklichkeit ist: Rütli-Schule, Klein-Istanbul, Bushido – alles direkt am Zentrum der Macht.
Kein Politiker, nicht mal die CSU, könne sich fortan der sozialen Realität Deutschlands entziehen. Es werde viele Schmerzen geben, aber am Ende kämen sich das Volk und seine Vertreter näher. Richtiges Leben und ausgedachte Gesetze würden erst ab- und dann angeglichen. Mehr Echtheit, mehr Ehrlichkeit. Damals verhieß Berlin den Sieg des Guten. Schöne Zukunft. Neues Deutschland. Manche glaubten tatsächlich daran.
Dolle Geschichte damals, steile Thesen, flott geschrieben – nur leider kompletter Quatsch. Jeder Politiker wäre für so viel blühenden Unsinn gevierteilt worden. Berlin als Labor politischer Kultur, Schauplatz eines neuen Miteinanders? Eher kriegt das Land einen ausgeglichenen Haushalt hin als große Politik. Fakt ist: Berlin ist die Bundesregierung völlig wurscht. Denn: Was soll die Stadt mit Roland Pofalla? Sie hat doch Friedbert Pflüger.
Der Denkfehler damals war: Berlin warte andächtig auf international vorzeigbare Kräfte wie Schröder und Fischer, die 1998 dem ewigen Kanzler Kohl endlich die Macht entrissen hatten. Fischer setzte plötzlich polyglotte Gesichter auf, die er in Washington und Paris gesehen hatte. Schröder lümmelte sich damals weltmännisch in der weinroten Loge vom Borchardt, nuckelte an Zigarren, mäkelte an 300 Euro teuren Rotweinen herum und ließ das Brioni-Schild blitzen – so wie man sich im Reihenendhaus in Hannover halt metropolitanes Gebaren vorstellt. Inzwischen verzieht sich der Altkanzler in aller Stille ins Aigner gegenüber, wo man fürs Schnitzel genauso viel bezahlt. Aber der Vorwurf sozialer Ungerechtigkeit bleibt einem wenigstens erspart.
Alle Annäherungsversuche von Politik und Berlin sind seither gescheitert. Man lebt nebeneinander her, in perfekter Gleichgültigkeit. Das Raumschiff ist in Bonn gestartet und in Berlin gelandet. Es hätte auch nach Bielefeld fliegen können. Hauptsache, Flughafen und ICE-Halt sind in der Nähe. Wedding und Kreuzberg dagegen sind unerreichbar weit weg für die Politik. Sozialkontakte außerhalb des Raumschiffs? Keine Zeit, keine Lust, keine Notwendigkeit.
Der normale Abgeordnete kommt am Sonntagabend eingeflogen, bezieht sein schmuckloses Appartement, trifft die Liebschaft oder bereitet tatsächlich noch die Sitzungswoche vor. Der Parlamentarier haust gern in der Abgeordnetenschlange jenseits der Spree, in einer Gegend, die mit dem Regierungsviertel um den Titel des totesten Quartiers der Hauptstadt konkurriert. Wer hier am Freitagabend einen Herzinfarkt erleidet, wird garantiert nicht vor Montag gefunden. Von wem auch? Volksvertretern von außerhalb bieten sich

kaum Gelegenheiten zum Kontakt mit dem Berliner an sich, bestenfalls mit den Dienstleistern des Alltags. Von Montagfrüh an geht es im Halbstundentakt durch die Gremien. Abends zu den immer gleichen Ess- und Trink- und Tratsch-Runden mit den immer gleichen Gesichtern aus Administration, Lobbyzirkeln, Verbänden, Medien und Schnorrern, die sich ausnahmslos an Orten treffen, die alles sind, aber nicht Berlin.

Die Mutigeren wagen sich gelegentlich ins Café Einstein Unter den Linden, wo die Altstars Hof halten und sich von Kaffee-Touristen wortlos bestaunen lassen. Das wars. Denn Freitagmittag geht's schon wieder nach Hause in den Wahlkreis.

Berlin ist ein Illusionskiller, das hat schon Axel Schultes erfahren müssen. Der Architekt des Regierungsviertels hatte so wunderbare Pläne, wie man das neue Miteinander zwischen die wuchtigen Bauten zwingen könnte, die das Band des Bundes vom Kanzleramt zum Reichstag spannen. Auf den weiten Freiflächen sollten sich Bürger und Politiker näher kommen, schlendern, plaudern, zuhören, mitbestimmen, wie im alten Rom schon, wo die griechische Demokratie nachgespielt wurde. Schöne Idee, funktionierte aber leider auch nicht. Weder Bürger noch Politiker schlendern. Die einen fotografieren sich ausgiebig und müssen dann rasch wieder zum Bus. Und wenn tatsächlich mal ein Parlamentarier vorbeikommt, weil der Fahrdienst des Bundestags gerade ausgebucht ist, dann wird er vom Volk garantiert nicht erkannt.

Wie gleichgültig ihr Berufsstand den Berlinern ist, haben selbst Großmeister erfahren müssen. Ministerpräsidenten wie Roland Koch, Edmund Stoiber, Kurt Beck ziehen sich einen Tropenhelm auf, bevor sie das Flugzeug verlassen. Das vorherrschende Gefühl: Angst. Angst, nicht erkannt zu werden, Angst, nichts zu bedeuten, Angst vor dem Unbekannten. Daheim in ihren Landeshauptstädten sind ihnen Heere lobpreisender Schranzen gewiss. In der Hauptstadt haben sie Glück, wenn der Taxifahrer ihren Namen weiß. Kein Landesfürst außer dem ausdauernden Niedersachsen Christian Wulff hält sich auch nur eine Minute länger in Berlin auf als nötig.

Das Fremdeln mit dem Politischen ist wesentliches Merkmal der Berliner Republik. Alle sind auf Besuch, Minister und Volk gleichermaßen. Entweder kommt der Wähler mit dem ICE oder im Reisebus, den der Abgeordnete gechartert hat. Jeder Parlamentarier darf ja einen Schwung eigener Jubelkräfte in die Hauptstadt einladen, zur politischen Bildungsreise. Auf dem Programm: Andächtiges Besichtigen des geräuschlosen Betriebes.

Artig hören die Menschen ihrem Abgeordneten zu, vielleicht lässt sich noch ein Staatssekretär zu einer Eloge auf sich selbst herab. Dann reihen sich die Besucher in die Schlange vor der Reichstagskuppel ein, Raumschiff von oben gucken. Die Begegnung mit Volksvertretern außer dem eigenen, meist hinlänglich bekannten, entfällt, ebenso der konstruktive Dialog im vorpolitischen Raum. Stattdessen Dämmern auf der Besuchertribüne, wenn sich Parlamentarier am Rednerpult mühen.

Als Höhepunkt dann das gemeinsame Mittagessen, am besten in der „Ständigen Vertretung". Da fließt das Kölsch und notorische Bonn-Fans können ihrem Berlin-Hass freien Lauf lassen. In jeder anderen Stadt wäre das Reservat für rotnasige Rheinländer eine Attraktion; in der Hauptstadt ist die StäV nicht mehr als einer von unzähligen Treffpunkten bizarrer Figuren.

In einer Stadt, die Preußen, Nazis, die SED und Rolf Eden zu ertragen gelernt hat, fallen Politiker nun wirklich nicht auf.

DIE REVOLUTION IST KEINE ABENDGESELLSCHAFT, KEIN LITERARISCHES KUNSTWERK, KEIN GEMÄLDE UND KEINE STICKEREI. SIE IST EIN AKT DER GEWALT, DIE GEWALTTÄTIGE HANDLUNG EINER KLASSE, DIE DIE ANDERE STÜRZT. MAO TSETUNG

YOU TELL ME IT'S THE INSTITUTION | WELL YOU KNOW | YOU BETTER FREE YOUR MIND INSTEAD THE BEATLES, „REVOLUTION"

WAS IST DIE REVOLUTION, WENN NICHT EINE ANSAMMLUNG TOLLER SPRÜCHE? 21 UNVERGESSLICHE ZITATE FÜR DAS NEUE JAHRHUNDERT SAMML

KOPF AB AUS

WIR KÖNNEN EINE WELT GESTALTEN, WIE SIE DIE WELT NOCH NIE GESEHEN HAT, EINE WELT, DIE
LICHE MÖGLICHKEIT – UND DA AUSSTEIGEN? RUDI DUTSCHKE

WARUM VERGEUDEN MANCHE LEUTE IHRE ZEIT MIT TRAUR

DER GRUND DAFÜR, DASS DIE MACHT HERRSCHT, DASS MAN SIE AKZEPTIERT, LIEGT GANZ EINFACH DARIN, DASS SIE NICHT NUR
LUST VERURSACHT, WISSEN HERVORBRINGT, DISKURSE PRODUZIERT; MAN MUSS SIE ALS EIN PRODUKTIVES NETZ AUFFASSEN,
DRÜCKUNG BESTEHT. MICHAEL FOUCAULT

JA SAKRAMENT, DA MUSS DOCH

DAS GUTE | DIESER SATZ STEHT FES

BRÜDERLICHKEIT HERRSCHT | UNTER DEN WÖLFEN: | SIE GEHEN IN RUDELN. | GELOBT SEIN DIE RÄUBER: IHR, | EINLA
IHR | ÄNDERT DIE WELT NICHT. HANS MAGNUS ENZENSBERGER, „VERTEIDIGUNG DER WÖLFE GEGEN DIE LÄMMER"

REVOLUTION IST DIE ERFOLGREICHE ANSTRENGUNG, EINE SCHLECHTE REGIERUNG LOSZUWERDEN UND EINE SCHLECHTERE ZU ERRICHTEN. O

REVOLUTION: EINE MEINUNG, DIE AUF BAJONETTE TRIF

DEUTSCHE KUNST VIEL KRITTIKK. ERST MUSS SEIN KUNST, GEWISS, GEWISS, ABER GLEICH DA

JEDE REVOLUTION BEGINNT MIT EINEM AUFLAUF PFANNI-WERBUNG

I WOULD PREFER NOT TO

SO EIN HERRLICHER TAG, UND ICH SOLL GEHEN. ABER WAS LIEGT AN UNSEREM LEBEN, WENN WIR ES DAMIT SCHAFFEN, TAUSENDE VON MENS

IN 1000 JAHREN WERDEN SELBST MARX, ENGELS UND LENIN WAHRSCHEINLICH RECHT LÄCHERLICH WIRKEN. MAO TSETUNG

…ERE LESER

…RINZIPP!

…ZEICHNET, KEINEN KRIEG MEHR ZU KENNEN, KEINEN HUNGER MEHR ZU HABEN, UND ZWAR IN DER GANZEN WELT. DAS IST UNSERE GESCHICHT-

…EIN, WENN SIE DOCH FRÖHLICH SEIN KÖNNTEN? ANDY WARHOL

EMANCIPATE YOURSELF FROM MENTAL SLAVERY ǀ NONE BUT OURSELVES CAN FREE OUR MIND BOB MARLEY, „REDEMPTION SONG"

…SAGENDE GEWALT AUF UNS LASTET, SONDERN IN WIRKLICHKEIT DIE KÖRPER DURCHDRINGT, DINGE PRODUZIERT, …GANZEN SOZIALEN KÖRPER ÜBERZIEHT UND NICHT SO SEHR ALS NEGATIVE INSTANZ, DEREN FUNKTION IN DER UNTER-

„BIG BROTHER" IST EINE SEHR POLITISCHE SENDUNG, WEIL SIE DAZU DIENT ZU BERUHIGEN. SOLANGE DIE LEUTE SO WAS GUCKEN, KOMMT KEINER AUF REVOLUTIONÄRE IDEEN. HARALD SCHMIDT

DA SPRACH JESUS ZU SEINEN JÜNGERN: WAHRLICH, ICH SAGE EUCH, EIN REICHER HAT SCHWER IN DAS HIMMELREICH EINZUGEHEN! UND WIEDERUM SAGE ICH EUCH, EIN KAMEL KANN LEICHTER DURCH EIN NADELÖHR EINGEHEN, ALS EIN REICHER IN DAS REICH GOTTES! MATTHÄUS-EVANGELIUM, 19/23

…PASSIEREN?! DA GHÖRT DIREKT A REVOLUTION HER! UND DRUM WÄHL ICH AUCH DIESMAL CSU. GERHARD POLT

…IST STETS DAS BÖSE WAS MAN LÄSST. WILHELM BUSCH

…VERGEWALTIGUNG, ǀ WERFT EUCH AUFS FAULE BETT ǀ DES GEHORSAMS, WINSELND NOCH ǀ LÜGT IHR, ZERRISSEN ǀ WOLLT IHR WERDEN.

…E

WEGEN UNGÜNSTIGER WITTERUNG FAND DIE DEUTSCHE REVOLUTION IN DER MUSIK STATT KURT TUCHOLSKY

ICH ZIEHE REVOLUTION DEM KRIEG VOR, ZUMINDEST NEHMEN AN DER REVOLUTION NUR DIE TEIL, DIE WOLLEN. MARCEL PROUST

…APOLEON BONAPARTE

…S SEIN KRITTIKK. KRITTIKK IST WIE GROSSE REVOLUTION. KOPF AB AUS PRINZIPP. THEODOR FONTANE, „DER STECHLIN"

NUR DER TERROR GEGEN DAS VERBRECHEN VERSCHAFFT DER UNSCHULD SICHERHEIT. MAXIMILIEN ROBESPIERRE

…H. MELVILLE, BARTLEBY

…RÜTTELN UND WACHZURÜTTELN. SOPHIE SCHOLL, AM TAG IHRER HINRICHTUNG

Ausgabe Nr. 7: „Revolution"

Alle sollen abhauen

Jahrelang begleitete der Fotograf Julian Röder die Antiglobalisierungsbewegung rund um die Welt und erschuf einen Zyklus des Aufruhrs

Bild 1:
Proteste gegen G8-Gipfel in Genua, Italien, 2001

Bild 2:
Proteste gegen G8-Gipfel in Evian, Frankreich, 2003

Bild 3:
Weltsozialforum in Mumbai, Indien, 2004

Aufschrei auf dem DUMMY-Blog: Erst sollte die Schwarzen-Ausgabe DUMMY Neger heißen

Juli 30, 2008 um 4:57 pm / Rio sagt

Thomas, du hast recht, aber dich auch provozieren lassen. denn DUMMY ist diese aufregung und dieses engagement ja garnicht wert;-)

September 30, 2010 um 10:22 pm / xtraa sagt

Wenn ich jetzt kiloweise Bräunungspillen esse und mega unter die Sonnenbank gehe, komm ich dann auch in die Ausgabe?

Juli 14, 2008 um 2:05 pm / Jens sagt

In der SZ online durch diesen Streit überhaupt erst von Eurem Magazin erfahren. Hochinteressant! Ich würde mir allerdings nicht verbieten lassen, eine Ausgabe wieauchimmer zu nennen. Lasst Euch Eure geistige Unabhängigkeit und Eure Orginalität im Denken bloß nicht von irgendwelchen Spießern und pseudomoralischen Dummbeuteln kaputtmachen! Wie auch immer. Ich werde mit das Heft auf jeden Fall kaufen und freue mich auf dringend nötige freigeistige Debattenbeiträge!

Juli 14, 2008 um 3:06 pm / pantoffelpunk sagt

Mal ganz ab von moralischen oder gesellschaftspolitischen Bewertungen: Was bitte schön ist daran originell, ein Heft “Neger” zu nennen, Jens, alter Freigeist?

Oh, der Tabubruch, hör ich ihn rufen! Super. Welch Tabubruch es doch ist, in das Horn der nationalen Einfaltspinsel zu stoßen.

<u>Juli 14, 2008 um 6:11 pm / Icke sagt</u>

Ihr Feiglinge. Unterwerft euch der aggressiven Gutmenschinnen-Diktatur. Wo ist der Widerstand geblieben? Leute werden geächtet, ausgegrenzt, bedroht, nur weil sie etwas mit dem Mund aussprechen oder schreiben. Das ist totalitär. Und es ist unmenschlich, Dinge nicht so benennen zu dürfen, wie man sie nennen möchte. Wenn meine Freundin zu mir kommt, sagt sie "Ich will ficken" und nicht "Ich möchte kopulieren" oder (ganz kryptisch) "Wollen wir nicht GV haben?". Sie sagt es klar, eindeutig und direkt. So, wie sich "Menschen mutmaßlicher afrikanischer Abstammung mit überdurchschnittlicher Pigmentierung" untereinander auch "Nigger" nennen. Den Menschen Worte zu verbieten, heißt, auch ihr Denken bestimmen zu wollen …

<u>August 5, 2008 um 9:14 pm / Beudel sagt</u>

Hab die Diskussion bis zu einem bestimmten Punkt gelesen und mir vorgenommen zu loben und meine Freude auszudrücken. Dann begann jedoch der Disput zwischen Jens und Andreas. Ich suchte nach weiteren interessanten Perspektiven auf den DUMMY-Titel-Vorschlag, doch da waren nur Jens und Andreas.Schade, dass sie diese eigentlich sehr schöne Sammlung an Argumenten mit ihren persönlichen Eitelkeiten belasten.

4

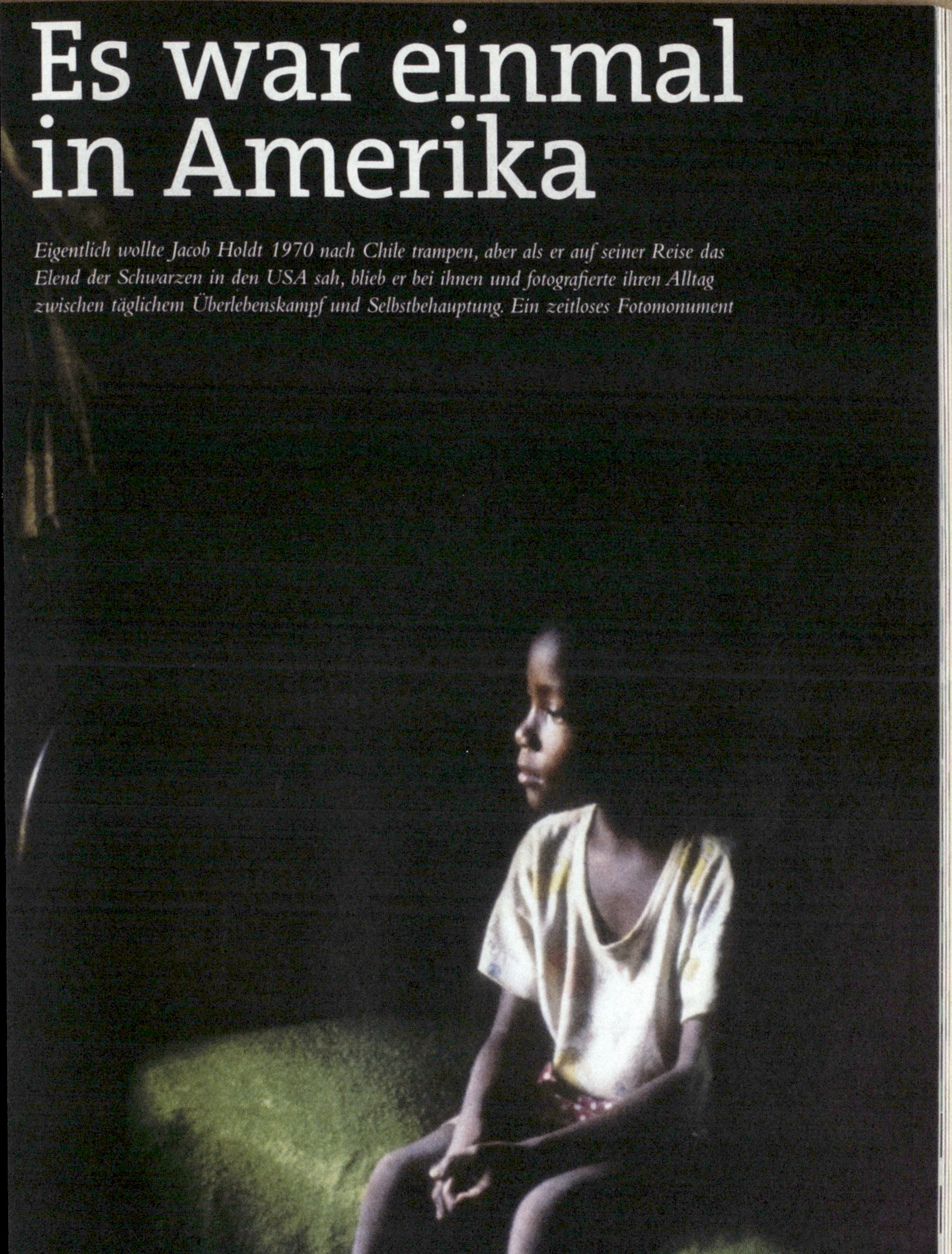

Es war einmal in Amerika

Eigentlich wollte Jacob Holdt 1970 nach Chile trampen, aber als er auf seiner Reise das Elend der Schwarzen in den USA sah, blieb er bei ihnen und fotografierte ihren Alltag zwischen täglichem Überlebenskampf und Selbstbehauptung. Ein zeitloses Fotomonument

Ausgabe Nr. 20: „Schwarze"

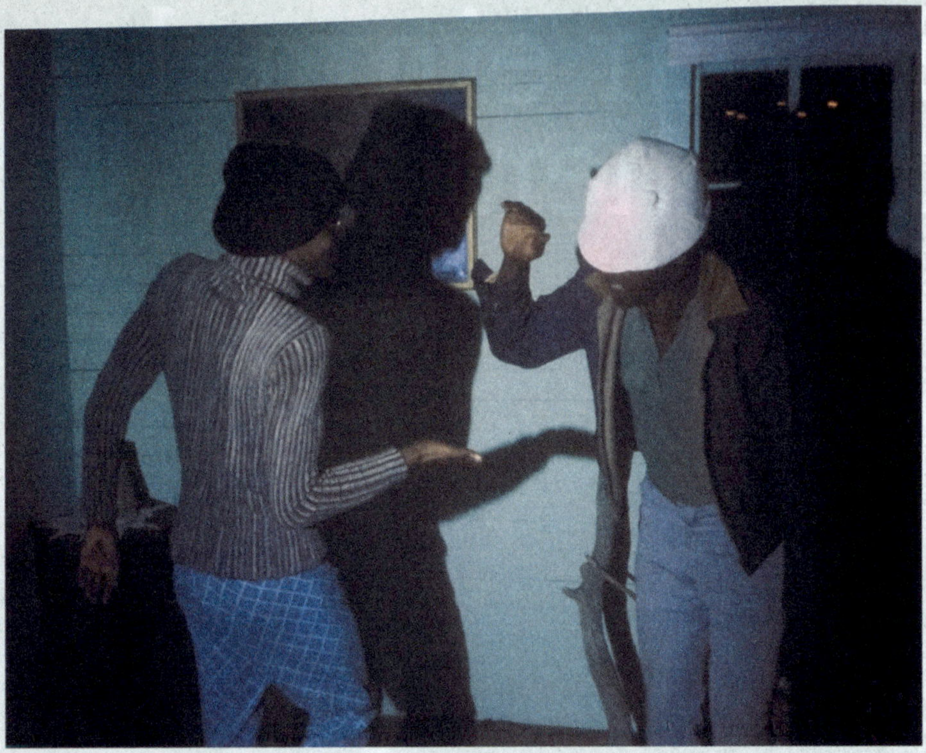

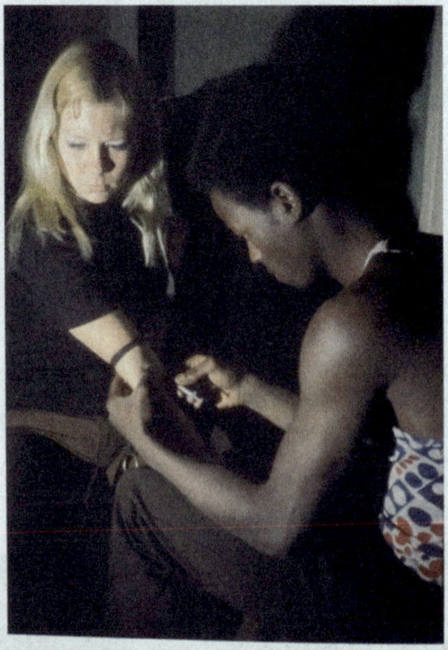

Allahs ist groß
Wer ihn im Islam reinsteckt, ist nicht schwul. Nur der andere

Text: Boris von Brauchitsch

„Furchterregender als die Al-Quaida“, so der Marine James Fletcher, seien sie gewesen, die islamischen Männer im Afghanistan-Krieg, die überall Händchen haltend herumtrippelten. Und Corporal Paul Richard kann nur zustimmen: „Es war die Hölle. In jedem Dorf, in das wir gingen, kam eine Gruppe von Männern auf uns zu, die Make-up trug, unsere Haare und Wangen streichelte und Kussgeräusche machte.“ – Aber bis Afghanistan braucht der westliche Besucher gar nicht zu reisen, das Bild, das sich ihm bietet, wenn er durch Kairo oder Marrakesch flaniert, kann schon irritierend genug auf ihn wirken. Da sitzen zwei Hand in Hand im Café oder schlendern Arm in Arm durch die Straßen. Und wo man sich in Chicago oder Berlin bestenfalls kumpelhaft auf die Schulter klopft, massiert man sich hier unter Freunden schon mal bei einer Tasse Tee zärtlich den Nacken oder die Brust. Darin homosexuelle Tendenzen auszumachen, wäre allerdings ein Trugschluss, wenn auch ein Trugschluss mit Tradition. Denn seit der Zeit der Kreuzzüge und bis weit ins 19. Jahrhundert gehörte es zur abendländischen Propaganda, die „Mohammedaner“ aufgrund ihres unverkrampften Umgangs und ihrer Lyrik, in der gleichgeschlechtliche Liebe zum zentralen Topos wurde, „widernatürlicher Unzucht“ zu bezichtigen. Die homophoben GIs sind da nur die neueste Spielart.

Natürlich gibt es in der arabischen Welt Sex zwischen Menschen des gleichen Geschlechts, aber dieser Sex wird landläufig nicht als Homosexualität empfunden, denn da ist nichts, was die Beteiligten verbindet, sondern eher etwas, das sie trennt. Den Akt, den die zwei vollziehen, unter einem Begriff zu vereinen, erschiene ihnen absurd, denn sie haben nichts gemeinsam. Jeder tut es – mithilfe des andern – für sich. Ordentlicher Sex beinhaltet Penetration, die für einen kurzen physischen Moment vereint und dann für immer separiert: Der, der *liwât* (anale Penetration) aktiv betreibt, ist dem Passiven stets überlegen. Und sollte es sich vor dem Sex um Gleichgestellte gehandelt haben, so macht spätestens der Moment der Penetration sie zu Ungleichen. Sex wird damit zum Gegenteil von Freundschaft. Diese besteht zwischen Gleichen und kann problemlos auch durch öffentlichen Austausch von Zärtlichkeiten zur Schau gestellt werden.

Wo im Westen (in nüchternem Zustand) peinlich vermieden wird, zu große Nähe zwischen Hetero-Männern aufkommen zu lassen, darf ein Araber durchaus einmal die Attraktivität eines Freundes preisen. Und wer stolz auf die Schönheit des eigenen Sohnes blickt, wird nichts als Wohlwollen ernten, während ein anständiger Vater mitteleuropäischer oder nordamerikanischer Prägung diese Schönheit besser gar nicht erst bemerken sollte.

Natürlich sind an dieser misslichen Lage des Westens die Schwulen schuld. Denn sie haben hier die offensive und öffentliche gleichgeschlechtliche Körperlichkeit als Teil ihrer Emanzipation für sich erobert, was dazu führt, dass echte Hetero-Kerle sich nicht mehr herzen dürfen, ohne gleich in den Ruch der Homosexualität zu kommen.

Das ist ein sehr modernes und zudem sehr westliches Phänomen, denn der Blick auf die Welt, wie sie bis vor dreihundert Jahren bestand – und mindestens in der arabischen Welt und Teilen Lateinamerikas in Hinsicht auf Sex zwischen Männern noch immer weitgehend besteht – offenbart vollkommen andere Umgangsformen.

Männer sind in dieser Welt Eroberer, sie sind aktiv und nehmen sich, worauf sie gerade Lust haben. Dies ist die Haltung der Mächtigen; je mehr man erobert, desto männlicher erscheint man. Knaben oder Effeminierte zu begehren, gehörte keineswegs nur in der Antike zum guten Ton, es war auch bis in die Zeit des Barock durchaus gesellschaftsfähig. Erst mit der Verbürgerlichung, die in England und Holland begann, und der allmählich einsetzenden Romantisierung von Frau und Familie, entstand eine neue Moral, der die aristokratische Selbstbedienungsmentalität verwerflich erschien. Wer sich jetzt zur sexuellen Befriedigung aktiv des eigenen Geschlechts bediente, galt nicht mehr als Supermann, sondern wurde zusehends mit dem passiven Gegenpart auf die gleiche, unmännliche Stufe gestellt. Fortan diente der Bordellbesuch, der im 17. Jahrhundert noch als skandalös galt, dem Beweis der eigenen Männlichkeit. Unmittelbare Folge: Prostitution und Geschlechtskrankheiten eskalierten. „Der Mann des 18. Jahrhunderts sorgte sich nicht mehr darüber, dass man ihn Hurenbock nannte, sondern dass man ihn verdächtigte, ein Sodomit – oder im Fall von Jugendlichen – ein Onanist zu sein", so der Sozialhistoriker Randolph Trumbach. Die unterstellte Annäherung der „Sodomiten" an das Feminine und die Etablierung eines „Dritten Geschlechts" wurde auch unter vielen Gegnern der heraufziehenden Homosexuellenverfolgung nicht in Zweifel gezogen. Der heute als Schwulenaktivist der ersten Stunde gefeierte Karl Heinrich Ullrichs (1825–1895) ging so weit, in Männern, die Knaben und Jünglinge begehrten, eine weibliche Seele zu vermuten und Magnus Hirschfeld entwickelte für sie die „Zwischenstufentheorie". Befreit von der Zweigeschlechtlichkeit der Hetero-Welt konnte sich eine eigene Kultur und zugleich ein selbst geschaffenes Getto entwickeln – je nach gesellschaftlicher Grundstimmung verhasst, totgeschwiegen oder toleriert – aus dem sich unter anderen auch eine Reihe von Literaten, wie Flaubert, Gide, Wilde, Forster, Genet oder Bowles gen Orient davonschlich.

In den alten hellenistischen Kulturen der arabischen Welt, der Türkei und Irans – zusammen etwa dem Reich Alexanders des Großen entsprechend – kommt die moderne Sicht nur langsam an. Dort steht nach wie vor dem (aktiven) Mann der (passive) Nicht-Mann gegenüber. Eine einfache Ungleichung. Als Nicht-Männer gelten dabei schlicht alle Wesen, die zur Penetration verfügbar sind. Und das waren traditionell

Allahs ist groß

Sex von Mann zu Mann in der arabischen Welt: Mit dem Einfluss des Westens hat sich die Diskriminierung von Homosexuellen verschärft

Text: Boris von Brauchitsch

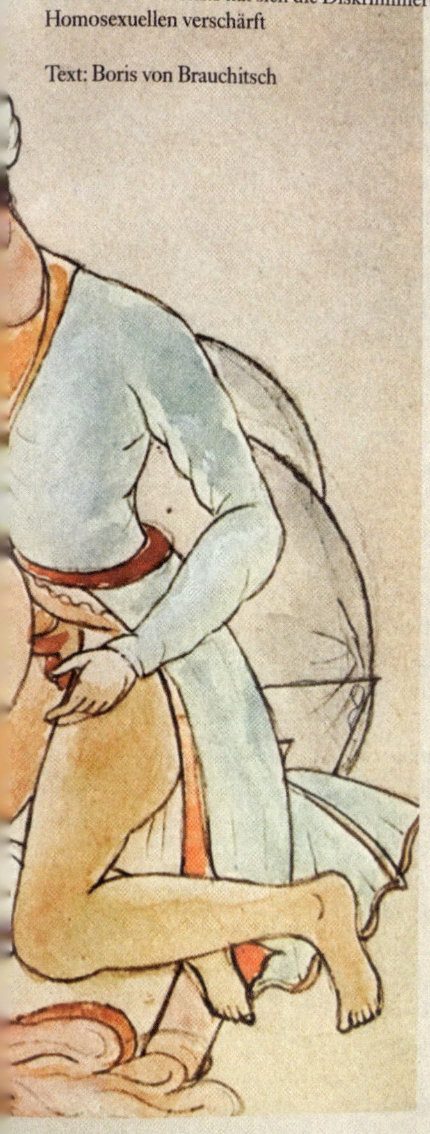

»Furchterregender als die Al-Quaida«, so der US-Marine James Fletcher, seien sie gewesen, die islamischen Männer im Afghanistan-Krieg, die überall Händchen haltend herumtrippelten. Und Corporal Paul Richard kann nur zustimmen: »Es war die Hölle. In jedem Dorf, in das wir gingen, kam eine Gruppe von Männern auf uns zu, die Make-up trug, unsere Haare und Wangen streichelte und Kussgeräusche machte.« Bis Afghanistan braucht der westliche Besucher gar nicht zu reisen. Das Bild, das sich ihm bietet, wenn er durch Kairo oder Marrakesch flaniert, kann schon irritierend genug auf ihn wirken. Da sitzen zwei Hand in Hand im Café oder schlendern Arm in Arm durch die Straßen. Und wo man sich in Chicago oder Berlin bestenfalls kumpelhaft auf die Schulter klopft, massiert man sich hier unter Freunden schon mal bei einer Tasse Tee zärtlich den Nacken oder die Brust. Darin homosexuelle Tendenzen auszumachen, wäre allerdings ein Trugschluss, wenn auch ein Trugschluss mit Tradition. Denn seit der Zeit der Kreuzzüge und bis weit ins 19. Jahrhundert gehörte es zur abendländischen Propaganda, die »Mohammedaner« aufgrund ihres unverkrampften Umgangs und ihrer Lyrik, in der gleichgeschlechtliche Liebe zum zentralen Topos wurde, »widernatürlicher Unzucht« zu bezichtigen. Die homophoben GIs sind da nur die neueste Spielart.

Natürlich gibt es in der arabischen Welt Sex zwischen Menschen des gleichen Geschlechts, aber dieser Sex wird landläufig nicht als Homosexualität empfunden, denn da ist nichts, was die Beteiligten verbindet, sondern eher etwas, das sie trennt. Den Akt, den die zwei vollziehen, unter einem Begriff zu vereinen, erschiene ihnen absurd, denn sie haben nichts gemeinsam. Jeder tut es – mit Hilfe des andern – für sich. Ordentlicher Sex beinhaltet Penetration, die für einen kurzen physischen Moment vereint und dann für immer separiert: Der, der liwât (anale Penetration) aktiv betreibt, ist dem Passiven stets überlegen. Und sollte es sich vor dem Sex um Gleichgestellte gehandelt haben, so macht spätestens der Moment der Penetration sie zu Ungleichen. Sex wird damit zum Gegenteil von Freundschaft. Diese besteht zwischen Gleichen und kann problemlos auch durch öffentlichen Austausch von Zärtlichkeiten zur Schau gestellt werden.

Wo im Westen (in nüchternem Zustand) peinlich vermieden wird, zu große Nähe zwischen Hetero-Männern aufkommen zu lassen, darf ein Araber durchaus einmal die Attraktivität eines Freundes preisen. Und wer stolz auf die Schönheit des eigenen Sohnes blickt, wird nichts als Wohlwollen ernten, während ein anständiger Vater westlicher Prägung diese Schönheit besser gar nicht erst bemerken sollte. Natürlich sind an dieser misslichen Lage des Westens die Schwulen Schuld. Denn sie haben hier die öffentliche gleichgeschlechtliche Körperlichkeit als Teil ihrer Emanzipation für sich erobert, was dazu führt, dass echte Hetero-Kerle sich nicht mehr herzen dürfen, ohne gleich in den Ruch der Homosexualität zu kommen.

Das ist ein sehr modernes und zudem sehr westliches Phänomen, denn der Blick auf die Welt, wie sie bis vor 300 Jahren bestand – und mindestens in der arabischen Welt und Teilen Lateinamerikas in Hinsicht auf Sex zwischen Männern noch immer weitgehend besteht – offenbart vollkommen andere Umgangsformen. Männer sind in dieser Welt Eroberer, sie sind aktiv und nehmen sich, worauf sie gerade Lust haben. Dies ist die Haltung der Mächtigen; je mehr man erobert, desto männlicher erscheint man. Knaben oder Effeminierte zu begehren, gehörte keineswegs nur in der Antike zum guten Ton, es war auch bis in die Zeit des Barock durchaus gesellschaftsfähig. Und selbst in westlichen Ländern lässt sich dieses Alphamännchen-Verhalten in bestimmten, besonders chauvinistischen Sozioto-

Frauen, Kinder, Jugendliche, Nichtmoslems, Sklaven und notfalls Tiere. Sich als bisexuell zu verstehen, nur weil die Objekte der Penetration beiden Geschlechtern angehören, muss dem echten arabischen Mann abstrus vorkommen, denn ähnlich der europäischen mittelalterlichen Tradition kommt man gar nicht auf die Idee, in zwei (gleichwertigen) Geschlechtern zu denken: Frauen und Kinder sind schlicht unvollkommene Männer. Eher schon würde der Araber den Begriff „bisexuell" auf die heutzutage im Westen verbreitete Praxis anwenden, „flexibel" im Sinne von aktiv und passiv zu sein. Wen wundert es da noch, dass im Arabischen, Persischen und Türkischen – mal abgesehen von einigen Lehnbegriffen – für Homosexualität kein Wort existiert.

Umso größer ist die Rolle, die der Ehrenkodex auch beim Sex spielt. So war für den irakischen Mörder Rudolph Moshammers die zentrale Aussage seines Geständnisses die Feststellung, dass er nicht homosexuell sei. Selbstverständlich habe er eine Freundin, und zum Sex mit einem anderen Menschen männlichen Geschlechts sei er nur gegen sehr viel Geld bereit. Eine ehrenrettende, in seinen Augen gar entlastende Botschaft an die Welt, an seine Freunde und seine Familie. Denn spricht es sich herum, dass ein erwachsener Mann besonderen Spaß an gleichgeschlechtlichem Sex hat, womöglich noch passiv ist, so gilt seine Würde und das Ansehen seiner Familie als massiv befleckt. Der aktive Allesficker ist dagegen im Grunde nur zu tadeln, wenn er einen Glaubensbruder zum Nicht-Mann degradiert. Denn: „Abnorm ist die Person, die zwar einen Schwanz hat, ihn aber nicht zu gebrauchen weiß", bringt es der Orientalist Arno Schmitt auf den Punkt und verweist ferner darauf, dass Transvestitismus dessen ungeachtet eine uralte gesellschaftliche Einrichtung ist: „Wer den Privilegien der Mannrolle entsagt, sich nicht wie ein Mann kleidet, gewinnt dadurch Zugang zum weiblich-häuslichen Bereich, dem *haram*. Sänger etwa können so ihren Wirkungsbereich vergrößern." Sich freiwillig unter die Frauen zu begeben, wird akzeptiert und auch mit einer Behandlung quittiert, wie sie den Frauen gebührt.

Erzeugt allein die Vorstellung von Analverkehr bei Anwälten der christlichen Sache offiziell Ekel- und Abwehrgefühle, so erscheint der Wunsch nach analer Penetration in der arabischen Welt als weit weniger abwegig. Die Angst besteht eher davor, von *ubna*, d. h. einem starken Lustempfinden, abhängig zu werden – etwa wie man von Alkohol abhängig wird –, infolge dessen als impotent zu gelten und so den Schatz seiner Männlichkeit einzubüßen. Auch hier gilt das Wort des Propheten: „Wer von Leidenschaft ergriffen wird und widersteht, ist ein Glaubenszeuge." Und damit ist der Weg ins Paradies geebnet. Bei der überwältigenden Fülle irdischer Freuden darf man zwei Dinge nicht außer Acht lassen: Zum einen die Allmacht Gottes, zum andern die Scharia, das islamische Recht. Tatsächlich könnte man den Koran (Sure 4:15-16) so auslegen, dass auf gleichgeschlechtlichen Sex eine Bestrafung aller Beteiligten steht, falls sie nicht ihr Tun bereuen und sich bessern. Wer allerdings die Strafe vollzieht, darüber herrscht keine Einigkeit. Für Traditionalisten, die sich zusätzlich zur Scharia auf spätere Auslegungen berufen, ist die Strafe hier auf Erden zu vollziehen, für Fundamentalisten, denen jene Auslegungen als marginales Menschenwerk erscheinen, könnte auch Gott die Bestrafung vorbehalten

sein. Diejenigen, die es mit dem eigenen Geschlecht treiben, erwartet zwar zweifellos die Hölle, auf Erden kann man sie aber in Gottes Namen gewähren lassen, solange sie im Verborgenen sündigen, denn ein Skandal mag mehr Schaden anrichten und Unbeteiligte ins Unglück stürzen als alle Heimlichkeiten. Und im Privatleben der andern zu schnüffeln, ist nicht umsonst strengstens untersagt. Sollte sich dennoch jemand entschließen, einen Mitbürger der Homosexualität zu bezichtigen, müsste er, käme die Scharia zur Anwendung, drei weitere glaubhafte, erwachsene, männliche Zeugen beibringen. Andernfalls drohten ihm als Strafe für Verleumdung Peitschenhiebe. Da drückt man doch lieber bei intimen Verstößen des Nachbarn gegen islamisches Gesetz mal ein Auge zu. Zumal traditionell selbst konservative Rechtsgelehrte wie Ibn al-Gauzi († 1200) für die Leidenschaft, die entbrennen kann, wenn einem ein schöner Knabe begegnet, großes Verständnis aufbrachten: „Derjenige, der behauptet, dass er keine Begierde empfindet, ist ein Lügner, und wenn wir ihm glauben könnten, wäre er ein Tier, nicht ein menschliches Wesen." Wer allerdings das Verbot der mann-männlichen Sexualität öffentlich bestreitet, der hat im Sinne der Scharia sein Leben verwirkt.
In manchen Staaten wie Iran oder Saudi-Arabien werden die strengen Regeln der Scharia heute verwässert, willkürlich und zum Nachteil „Homosexueller" ausgelegt. Souveräner Gleichmut und Gelassenheit, die die Kultur der Region über Jahrhunderte auszeichneten, weichen einer Panik, die ganz neue Reaktionen zeitigt. Interessanterweise parallel zum wachsenden westlichen Einfluss sehen sich Homosexuelle in den letzten Jahrzehnten zunehmend verfolgt und mit dem Tod bedroht. Denn plötzlich wird Sex zwischen Männern ganz in christlich-westlicher Tradition als Dekadenzerscheinung stigmatisiert und öffentlich verhandelt. So auch in Ägypten, wo unter anderem ein Anti-Prostitutionsparagraf bemüht wurde, als man 52 Gästen eines Disco-Schiffs den Prozess machte. Die begleitende Hetzkampagne der Presse stilisierte sie zu Teufelsanbetern und Perversen, die, vermutlich als Teil einer von den Zeugen Jehovas und europäischen Menschenrechtsverbänden geförderten jüdischen Verschwörung im Auftrag US-amerikanischer Geheimdienste, mit aller Macht an der Zerstörung des islamischen Wertesystems arbeiteten.
Homosexualität als Geheimwaffe des Westens gegen den Islam? Eine für uns amüsante, aber von ägyptischer Seite todernst gemeinte Vorstellung.
Schwule Aktivisten, die nach westlichem Vorbild öffentliche Akzeptanz und Selbstbewusstsein fordern und des Versteckspiels überdrüssig sind, habens in der arabischen Welt wirklich schwer, denn sie handeln nicht nur im Sinne der Scharia gotteslästerlich, sondern nähren auch noch den Verfolgungswahn der „richtigen Männer", die sich durch die unkalkulierbare Triebhaftigkeit der Frauen und anderer Nicht-Männer im eigenen Kulturkreis ebenso bedroht sehen, wie durch Militär und Wirtschaft des äußeren Feindes. Mit ihrem Bekenntnisdrang stoßen die Homo-Aktivisten folglich auch bei den meisten arabischen „Schwulen" auf Ängste und Unverständnis. Die vögeln lieber schuldbewusst und unauffällig, denn dann hat man sogar den Herrn auf seiner Seite – wie spricht doch der Prophet: „Was Gott verbirgt, das soll der Mensch nicht aufdecken."

AUSWEITUNG DER OSTZONE

Für Henki, Fränkie, Zobel, Benke und den Rest der Gang

Ausweitung der Kampfzone

Kleingeister, dämliche Vopos und Konsum-Fressen – die Jugend hat in der DDR am meisten leiden müssen. Blick zurück im Zorn

Text: Alexander Kühne

„Nimm die Finger aus meinem Auge" – so lautet die Anfangszeile eines Textes, der dem Genesis-Album *The Lamb Lies Down On Broadway* beigelegt war. Dieser Text ist die surrealistische Geschichte eines jungen Puertoricaners in New York, der als Fremder in einer feindlichen Welt umherirrt und sich in einem Kokon eingesponnen fühlt. Als ich die Platte 1978 in die Hand bekam, war ich 14 und wohnte in Lugau, Kreis Finsterwalde, DDR. Damals ahnte ich noch nicht, dass es bald erstaunliche Parallelen zu meinem Leben geben sollte.

Gerade erst war ich „FD-Jodler" geworden und hatte bis dahin bei DEFA-Filmen wie *Ich war Neunzehn* von Konrad Wolf feuchte Augen bekommen oder träumte bei Veronika Fischers Ballade *Rauchiger Sommer* am Baggersee von der ersten großen Liebe. Meine Mutter war Schuldirektorin und mein Vater leitete einen Kleinbetrieb. Ich war im Sinne des Sozialismus erzogen worden und beherrscht von einer spätkindlichen Zufriedenheit. Das perfekte Umfeld, um später die Offizierslaufbahn einzuschlagen oder irgendwo als FDJ-Funktionär einzuschlafen. Doch durch die Genesis-Platte angefixt geriet ich immer mehr in Versuchung, auf meinem Radio statt *Stimme der DDR* den *RIAS* und den *SFB* einzustellen – „Feindsender", die ich in meinem Zimmer etwa 100 km entfernt von Westberlin störungsfrei empfangen konnte. Das „Gift" wirkte schnell. Der *Treffpunkt* oder *Rockmusik mit Überlängen* wurden zu meinen Lieblingssendungen. Ich schnitt die Songs mit und nervte meine Mitschüler mit den Anmoderationen, die ich auswendig gelernt hatte.

Ich wohnte hinter der LPG und ahnte auf einmal, da draußen jenseits von „Honecker-Land" gibt es eine wahnsinnig spannende und aufregende Welt, die ich durch die Ätherwellen in mein Zimmer holen konnte. Die zunehmende Gängelei meiner Lehrer, die alltägliche Kleingeistigkeit, die grauen Konsum-Fressen und die dämlichen Vopos taten ihr Übriges.

Ich rutschte in der Schule immer weiter ab und zettelte bei einem besonders verhassten Brachialpädagogen einen Klassenstreik an. „Das schlechteste Lehrerkind aller Zeiten", bekam meine Mutter zu hören und bewahrte mich vor einem Schulverweis. Zu Hause wurden die Konflikte schärfer. „Nehmt die Finger aus meinem Auge", brüllte ich eines Tages meine Eltern an. „Der muss nach Lübben", konstatierte mein Vater und meinte damit eine damals berüchtigte Psychiatrie. Er ahnte wohl schon, dass die Chancen schlecht standen, aus mir noch mal eine sozialistische Persönlichkeit zu machen.

Mit 15 war ich reif für den „Kohlenpott" in Doberlug-Kirchhain, das Kulturhaus der Bergarbeiter. Das war damals die größte Disco weit und breit. Hier tobte am Wochenende der Blues. Die Bands, die dort spielten, hießen Freygang und Monokel. In ihren Songs sangen sie von der Ödnis und dem Kampf, ein junger Mensch in diesem Land zu sein. Dadurch zogen sie den „Aussatz" der Republik an. Penner, Hippies, „Blueskunden" und die ersten punkig anmutenden Gestalten tobten zu Hunderten, um bei Hektolitern saurem Rotwein die Langeweile zu vergessen. Ich war mittendrin, beendete die zehnte Klasse und lernte Automateneinrichter im VEB Draht- und Schraubenwerk – ein öliger Job für Leute, die die Schule gerade so geschafft hatten, und die Hölle für jemanden, der ein bisschen mehr vom Leben wollte.

Die Musik und exzessiver Alkoholkonsum bestimmten inzwischen mein Leben. Mein Bekanntenkreis wurde dominiert von katholisch erzogenen Handwerkersöhnen in Bayern-München-Trikots, Popper-Mädchen mit Ausreiseantrag und gelangweilten Oberschülern. Der Kreis Finsterwalde schien ein Dorado der Staatsverächter zu sein. Jeder, ob bei der Arbeit oder in der Disco, schimpfte auf den „Scheiß-Osten".

Das färbte natürlich ab. Es machte sich ein rebellisches Gefühl in mir breit, dass sich vielleicht in meiner Heimat, die ich ja liebte, irgendwas verändert. Zumal meine Mutter durch ständige Konflikte mit Schulräten und anderen „Radau-Kommunisten" (wie mein Vater die 100-Prozentigen nannte) immer mehr vom Glauben abfiel.

Dann kam meine Musterung für die NVA. Ich wurde als tauglich befunden für die Artillerie und merkte, das System hat nicht nur die Finger in meinem Auge, sondern auch in meinem Hintern.

Meine Lehre war mir inzwischen völlig egal. Genau wie die ganze DDR, die ich spätestens nach Feierabend verließ, um mit meinen Freunden auf Genesis-Wolken zu schweben, heimlich Bukowski zu lesen oder per Reichsbahn kreuz und quer durch das Land zu fahren, um Konzerte der teilweise verbotenen Bluesbands zu besuchen. Denn mit den offiziellen DDR-Combos wie Puhdys oder Karat wollte sowieso niemand was zu tun haben. Wir tauschten Platten und fuhren im Sommer nach Budapest, um Platten zu kaufen, denn die ungarische Hauptstadt war eine Art „London für Zonis". Hier gab es alles, was das Herz begehrte. Zum Glück versorgte mich Tante Emma aus Westberlin mit etwas D-Mark. Damit konnte man sich in Ungarn sogar eine halbwegs vernünftige Bleibe leisten.

In Budapest fiel mir in einem kleinen Plattenladen eine Scheibe von The Cure in die Hände. Eine Revolution in Herz und Ohren. Schluss mit Blues und Genesis. Die Achtziger begannen mit *Boys Don't Cry*. Ich entledigte mich meiner Hippiemähne, denn von den Blueskunden war nichts Neues mehr zu erwarten. Die schauten zurück auf die Siebziger, aber ich wollte neu sein. Im „Kohlenpott" fand ein letztes großes Konzert mit „Freygang" statt, zu dem mehr als Tausend Leute kamen. Dabei wurde das komplette Mobiliar zerstört. Die Bullen waren außer Rand und Band, und der Laden musste schließen.

Mit ein paar Freunden nutzte ich die Chance und wir veranstalteten in der Konsum-Kneipe Lugau die erste New Wave-Party. Der Gaststättenleiter brauchte Geld und ließ uns gewähren. Mangels Alternativen arbeitete ich nun auf einem Kohleplatz und fegte Waggons aus. „Nachräumer" nannte sich die Tätigkeit und der Braunkohlestaub legte sich wochentags wie ein Schleier auf mein Gemüt. Ich zählte die Stunden, bis es wieder Freitag war. Denn da gab es jetzt etwas, woran ich mich festhalten konnte. Wir organisierten erst mal munter drauflos und veranstalteten Mottopartys wie „Nobelfete" und „Make-up-Show". Hauptziel war es, das langweilige Modediktat von Jeansanzug und grünem Parka zu brechen, das der Blues hinterlassen hatte.

Und plötzlich kamen die Leute in alten „Stresemanns" oder Paillettenkleidern ihrer Großeltern. Manche Dorfpomeranze avancierte so zum Glamourgirl. Zur gleichen Zeit lief *Es war einmal in Amerika* mit Robert de Niro auch in den DDR-Kinos. Offiziell wollte man damit die Auswüchse des Kapitalismus anprangern, erreichte aber das Gegenteil. Der Film flashte mich derart, dass ich sämtliche Dachböden meiner Heimat umpflügte und fortan im *DrapeSuit* durch die Gegend lief. Beim VEB-Kohlehandel erklärte man mich für geistesgestört.

Die Resonanz auf unsere Partys wuchs und wir wurden übermütig. Bei einem sehr dekadenten Fest mit der illegalen Band Kotzübel und eingebautem Showprogramm, flankiert von überall explodierenden Rauchbomben, schlugen die Bullen zu. Doch angesichts der anwesenden Meute traute der Einsatzleiter sich nicht, den Saal zu räumen. Ich wurde in die Küche zitiert und bekam wegen meiner „frechen Art" eins auf die Nase. Was folgte, war eine Ordnungsstrafe von 1000 Ostmark wegen „Verstoß gegen die sozialistische Moral" und die „Verstellung von Fluchtwegen". Um das zu bezahlen, musste ich auch *The Lamb Lies Down On Broadway* verkaufen.

Nach zwei Monaten Zwangspause begaben wir uns wohl oder übel unter das Dach der FDJ. Der Jugendclub „Extrem" war geboren und wir wollten jetzt die Konsum-Kneipe Lugau zu einer Art „Star-Club" umbauen. Was wir nicht wussten, für jede Veranstaltung mussten wir vier Institutionen durchlaufen, um eine Genehmigung zu erhalten. Sprechzeiten waren immer Dienstag während der Arbeitszeit. Also ging dafür fast mein ganzer Jahresurlaub drauf. Aber ob ich mich nun im Fichtelgebirge auf einem Zeltplatz langweilte oder auf einer Polizeiwache wartete und mir die toten Fliegen in den vergilbten Gardinen betrachtete – wichtig war das Resultat. Die Bands, die jetzt spielten, hießen Hard-Pop, WK13 und der Expander des Fortschritts. Jetzt war cool rumstehen und Fresse ziehen angesagt. Berlin, Cottbus, Dresden, Leipzig. Die schrägsten Gestalten rückten nun über unsere Dorfstraße an. Gänseschwärme und fassungslose Anwohner nahmen Reißaus. Lugau in der Niederlausitz wurde zum In-Treff

Die DEFA entdeckt den Punk

Die Waltons rocken die Niederlausitz

URKUNDE

Dem

Jugendklub Lugau

wird in Anerkennung
seiner Leistungen
DER TITEL
„Hervorragender Klub"
im Leistungsvergleich
der Klubs und Kulturhäuser

1988

verliehen

Finsterwalde, den 26.04.1989

Traktoristen zu Dandys

des Untergrunds. Teilweise konnten wir wegen Überfüllung niemanden mehr reinlassen. Auch unsere Showprogramme wurden immer beliebter.
Die Euphorie war riesig und hielt noch bis lange nach den Konzerten an. Wir cruisten durch die Nacht und beendeten sie auf verlassenen Provinzbahnhöfen. Unter flackerndem Neonlicht fühlten wir uns großstädtisch und philosophierten uns eine „Partyrepublik" Lugau zurecht, die nichts mit der DDR-Realität zu tun hatte. Das war irgendwie erleichternd. Vor meinem geistigen Auge sah ich schon neben dem Kuhstall Hochhäuser und Spielcasinos entstehen.
Doch schon sonntags kam meist die böse Überraschung. Frühmorgens klingelte es und unser Hof stand voller erzürnter Lugauer, angeführt vom Bürgermeister. Ich wurde unter Beschimpfungen durch den Ort eskortiert, um mir die Spuren des Vandalismus der vergangenen Nacht präsentieren zu lassen – u. a. Glasscherben und bekotzte Gartenzwerge. Bürgerversammlungen wurden einberufen, um hinter unserem Rücken ein Verbot zu erreichen. Es hagelte weiter Ordnungsstrafverfahren. Auch die Presse wurde aufmerksam. „Schicken Sie Ihre Kinder auch nach Lugau, wo die Dekadenz wahre Orgien feiert?", schrieb die *Lausitzer Rundschau*. Und da half ausgerechnet die FDJ und verlieh uns den Titel „Hervorragendes Volkskunstkollektiv" – Paradoxum DDR. So ging es weiter und wir standen immer wieder zwischen Verbot und Anerkennung.
1987 kam sogar die DEFA und drehte bei einem Konzert der Band Sandow Szenen für ihre Dokumentation *Flüstern und Schreien*. Für ein Braunkohlenrandgebiet hatten wir viel erreicht – nur eines fehlte noch, eine Band aus dem Westen. Nicht einfach, denn die staatlichen Organe taumelten schon im Todeskampf und waren deshalb extrem gefährlich. Aber wir wollten es wagen. 1988 schwärmten alle von den Waltons aus Westberlin. Ihr partytauglicher „Cow-Punk" war ständig im Radio zu hören und mir gelang es, einen Kontakt herzustellen. Wir fingierten den Auftritt einer anderen, legalen Band, die schon oft bei uns gewesen waren. Die Waltons reisten als normale Touristen ein und wir holten sie von der Grenze mit ein paar Trabis ab. Durch Mundpropaganda hatte sich die Kunde wie ein Lauffeuer verbreitet. Schon nachmittags lungerten zig Leute vor dem Saal herum.
Wir hatten Angst. Ich glaub, die Waltons auch ein bisschen. Zumal ich noch DDR-Personalausweise meiner Kumpels an sie verteilte und ihnen ihre Westpässe wegnahm. Zur Tarnung versteht sich. Das Konzert war ein absoluter Hammer. Alle schienen zu wissen, wer da auf der Bühne stand. Doch ich konnte das Konzert nicht genießen, weil ich völlig unter Strom stand. Kreuzte die Stasi vielleicht doch noch auf? Aber es ging gut. Wir zahlten die Band in Bier und Korn aus. Deutsch-deutsche Verbrüderungsszene, und das alles ganz ohne Helmut Kohl. Kurz vor Ende ihrer Besuchszeit waren die Waltons wieder in Westberlin. Auch die Stasi hatte nichts gemerkt, vielleicht waren sie ja auch schon kräftig dabei, ihre Akten zu vernichten.
Bald danach kam die Wende und die Polizei mutierte plötzlich zu deinem Freund und Helfer. Wir veranstalteten noch zig Konzerte mit internationalen Künstlern. Doch die Anarchie war irgendwie weg, denn wir mussten auf einmal professionell sein. Unsere Zwangsgemeinschaft war aufgelöst. Viele gingen weg, andere gründeten Familien und bald war der Jugendclub „Extrem" Geschichte.
Als ich vor ein paar Wochen über einen Flohmarkt lief, entdeckte ich in einer Plattenkiste *The Lamb Lies Down On Broadway*. Das Cover war genauso ranzig wie das von damals. Für ein paar Euro nahm ich sie mit und hörte sie mir zu Hause an. Die ganzen Erinnerungen an meine frühe Jugend kamen wieder hoch und ich dachte mir: Mit der DDR ist es ein bisschen wie mit einem trockenen Trinker, der sich im Rückblick sagt, dass ihm der Alkohol auch schöne Tage beschert hat.

In leitender Position

Im Jahre 1969 war von Arbeitslosigkeit und Globalisierung und Treibhauseffekt selten die Rede, dafür viel von sozialer Wirklichkeit und politischem Fortschritt und sexueller Befreiung. Anders ist auch Istvan Schwendas und Thomas Leuchners Anleitung »Einmaleins für Zwei« nicht zu verstehen – eine wahre Perle der Aufklärung

34 Die Stützlage verschafft dem Mann maximale Bewegungsfreiheit und optimale Reizwirkung. Seinem dirigistischen Vermögen kommt die ganze Spielbreite der entspannt gelagerten Frau entgegen.

50 Bei der Beinschulterlage muß die Frau darauf achten, daß ihre Oberschenkel geschlossen bleiben. Das Glied kann tief eindringen und wird auch von Frauen mit geräumiger Konstitution gehalten.

118 Entgegen dem bisherigen Kopulationsschema (der Mann führt, die Frau folgt) übernimmt nun die Frau die Führungsrolle. Es versteht sich, daß der Aktivismus der Frau Lusterwartungen insofern differenziert, daß der »Übermann« erfahren muß, daß »es ihm geschieht«.

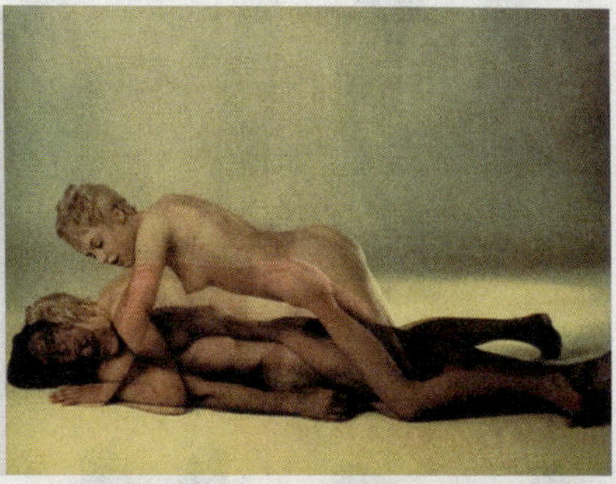

212 Diese Liebkosung muß nicht »gestellt« werden – sie wird spontan aus einer Umarmung entwickelt.

218 Bei dieser Position hängt der Erfolg vom Längenwuchs des Gliedes ab.

DUM

MY IN

SIDE

CRASHTEST STATT COPYTEST

Ganz zu Beginn lag auf dem Tisch ein Brief vom Verleger Hubert Burda – darunter eine Unterschrift, die doppelt so groß war wie die zehn Zeilen, mit denen Burda dem Blattmachernachwuchs in Berlin Mut machte. Wenn es einen „*need of communication*" gebe, so denglischte Burda, müsste auch „ein Erfolg am Markt" möglich sein.

So ging das also los – mit kryptischen Zeilen per Post aus Offenburg und weniger kryptischen von den Kollegen, die uns in ihren Rezensionen das Etikett „mutige Medienmacher in der Wirtschaftskrise" verliehen, auf dem wir jahrelang bequem reiten konnten. Für uns war das eher Ausdruck der allgemeinen Verzagtheit als der überbordenden Risikofreudigkeit unsererseits.

Denn was haben wir gemacht? Angeödet von Jobs bei großen Tageszeitungen oder dem öffentlich-rechtlichen Fernsehen, bei denen die Redakteure die Zeit bis zum Kantinenessen mit langen Redaktionskonferenzen überbrücken, gründeten wir ein Magazin, in dem es Geschichten und Bilder von Alten, Nackten und Behinderten gibt. Von Juden, Türken und Schwarzen, Perversen und furchtbar Normalen. Ist das schon mutig? Schlimm genug.

Zuallererst landeten wir im Bett des Fotografen Daniel Josefsohn, der für ein Interview ein Foto von der Gründungsmannschaft schießen sollte. Über seinem Lager hing das erste Cover. Es hagelte Lob, nur die *SZ* schrieb sauertöpfisch über ein Blatt ohne Mumm. Der Autor dieser Schmähung, Hajo Schumacher, musste zur Strafe später einen Artikel über das triste Parlamentsjournalistenleben zwischen Bundestag und dem Café Unter den Linden schreiben.

Über die Jahre gab es viele Preise, bei denen man sich manchmal fragte, ob DUMMY sie nicht deshalb erhielt, weil alles andere so schlecht ist. Wir beantworteten diese Frage stets mit nein.

Es gab eine Anzeige wegen „schweren Diebstahls" und „Entzug elektrischer Energie", weil wir die Kühlschränke voller Bier im Kanton DUMMY zur EM 2008 aus unerlaubten Steckdosen gespiesen haben sollen. Was es noch gab, war ein ständiges Wachstum der Leserzahl, wobei das Schönste ist, dass sich die Abonnenten nicht nach Alter oder sozialer Herkunft einteilen lassen. Es zeigt, was man sich eh schon dachte: Dass nämlich all das Gerede der Marktforscher, die am Reißbrett Nachrichtenmagazine nur für Frauen oder Zeitschriften für 30- bis 40-jährige Manager mit nur einem Hoden, aber Lust am Kochen entwickeln, Unsinn ist. Crashtest statt Copytest – darum geht es immer noch.

Unabhängiges Gesellschaftsmagazin

DUMMY Magazin
Thema Berlin
Frühjahr 2009
www.dummy-magazin.de
D 6,00 Euro, EU 8,80 Euro,
Ch 12,50 Schweizer Franken
Andere 15,00 Euro

DUMMY

Berlín

4 196448 906007 22

Ausgabe Zweiundzwanzig

Das Flugblatt meiner selbst
Eine Reise durch die Nacht – mit Edgar Herbst und den DUMMY-Heften, die er dabei hat

Text: Edgar Herbst

„ACHTUNG: ES WIRD GLEICH ANSTRENGEND ..." Der zunächst deprimierend anmutende Titel von „DUMMY Deutschland", von Paul Snowden mit kräftigen schwarzen Buchstaben auf weißem Grund gestaltet, ließ im Nachsatz „PS: DAS WETTER WIRD AUCH SCHEISSE" ahnen: Dieses Heft ist gemacht für grafische Feinschmecker sowie Leute mit genug Selbstironie, um in dieser DUMMY-Ausgabe u. a. eine Europakarte ohne das sich manchmal zu Größenwahn veranlagte Deutschland zu goutieren.
Das Heft war meine Feuertaufe als DUMMY-Straßenverkäufer. Ich bewohnte damals zwei Dachkammern in einem charmantem Reihenhaus in Dahlem. Die Afrikareisende Eva Gmelin hatte mich liebenswürdiger Weise aufgenommen, ohne anmietungnotwendige Sicherheiten zu verlangen, die ich auch nicht mehr hatte. Die eine Kammer war zum Schlafen, der andere, neun Quadratmeter große Raum war zum So-tun, als würde ich noch arbeiten. Stilistisch angelehnt an den *Lettre*-Mann, der seit Jahren seine schweren Buchstabenhefte durch die Stadt spazieren führt, gebe ich seither den Seiltänzer am seidenen Faden der nächtlich Entgleisten in der Stadt Berlin, tausche Worte, Blicke, Gefühle. Preise das Heft, biete an, es gegen Geld zu verschenken. Armadas von Gesichtern, mal im Hellen, mal im Dunklen, Szenen der Intimität, der privaten Sphäre begegnen mir auf dem öffentlichen Pfad. Die Fotografie meines früheren Lebens setze ich ohne Kamera fort, analog, schwarzweiß und auf meiner Kosmos-Speicherplatte unauslöschlich festgehalten. Früher waren es die Ballsäle der Republik, deren prominente Darsteller die kompromisslose Extase meiner selbst herausforderten und für die ich nun, nach gesundheitlicher und existenzieller Bruchlandung im Nichts gelandet, von den DUMMY-Herausgebern gekitzelt wurde, eben diesen scheinbar undefinierbaren Raum des Nichts neu zu gestalten, zu kreieren und zu schmücken.
Der goldgelbe Samtanzug von Vivienne Westwood stammte aus finanziell heiteren Tagen. Er trug Jahresringe in Form ausgelassener Spuren in seinem Stoff und sollte nun eine neue Bedeutung bekommen. Eine rotglänzende, seidene Designerschleife, einst in St. Moritz erstanden, die wunderbare und feine Stoffweste von Jean-Paul Gaultier, einige weiße Hemden standen mir noch zur Verfügung, dazu irgendeine auffallende Kopfbedeckung in Form eines Hutes, manchmal auch die Abfahrtsskirennkappe meiner Mutter aus den 50er Jahren. Das Outfit vervollkommnete sich mit vor 15 Jahren, zu Beginn meiner Gesellschaftsfotografenreise handgefertigten Lackschuhen in Größe 48, unter letztmaligem Einsatz meiner Tage später

für immer verschwindenden Kreditkarte, damals, am Flughafen Tegel. So war ich also gerüstet, geschützt und geschmückt. Es entwickelten sich Spaziergänge mit dem Flugblatt meiner selbst. Das Abtasten des neuen Bodens glich einem Selbstversuch, der Neuentdeckung des Vermutbaren. Schlichterdings ging es um die Mission, Aufmerksamkeit zu gewinnen, Interessenten oder Liebhaber des Genres „Leser" aufzuspüren, Vertrauen zu erlangen und unverbindliche Verbindlichkeit anzubahnen. Wie im Herbst 2005, als es für mich DUMMY-Juden auszurufen galt – ein besonders herausforderndes Vergnügen, als blond und blauäugiger Hüne durch die Gegend des früher dicht von Juden bewohnten Berliner Scheunenviertels zu ziehen und ein Magazin zum Thema zu präsentieren, das in enger Zusammenarbeit israelischer und deutscher Autoren entstanden war. Natürlich wurden die Wächter der Synagogen, die Tag und Nacht in der Oranienburger Straße und der Rykestraße einen an schlimme Zeiten mahnenden Dienst verrichten, mit einer Gratisausgabe bedacht.

Mit Rolls-Royce-ähnlichen Motorklängen schieße ich mit meinem roten Hausfrauenroller durch die Seitenstraßen nächtlichen Treibens. Die Reise, einst von Dahlem aus mit einer alten blauen Ente gestartet, findet durch mein neues Domizil – in der Winsstraße am Prenzlauer Berg – in dem neuen Gebrauchtfahrzeug ihre Fortsetzung. Stoßtrunkene Seufzer kündigen meiner Mitbewohnerin Katharina mein nächtliches Heimkommen an, während ich versuche, das Gefährt auf seinen Stellständer zu bocken. Es ist ein Graus und Vergnügen gleichermaßen, nach kurzer Zeit stand in jedem Laden, den ich besuchte, ein mehr oder weniger gefülltes Bierglas am Tresen für mich bereit, natürlich um die Stimme zu pflegen – aber nicht nur das, die Abende wurden zu Parties meiner selbst, einkehrend, kommunizierend, mittrinkend, mitfühlend, der Zustand meiner Berauschtheit ist zum Glück nie wirklich gemessen worden. Die Worte einer befreundeten russischen Künstlerin, wenn ich schon besoffen Motorroller führe, sollte ich zwischen die Gärten der Reihenhäuser zielen, ließen mich achtsam bleiben. Ansonsten spürte ich die beschützenden Engel vor, über mir am Berliner Nachthimmel kreisen und wachen.

Eines Abends im Ca'Nova am Wasserturm nimmt mich der Kellner beiseite und bittet um besonders sanften Umgang mit den Gästen – in einer Ecke speist Wolfgang Joops Designerteam. Woher soll der Kellner wissen, dass ich Wolfgang kenne. Höchstpersönlich hatte er mich einmal in der *Gala*-Redaktion angerufen und gebeten, doch bitte das Negativ eines soeben veröffentlichten Fotos zu verbrennen, er fühle sich nicht gut getroffen. Ein andermal nimmt mich der Kellner im „Pasternak" zart zur Seite und gibt mir zu verstehen, einige Herrschaften hätten sich beschwert, der Titel von DUMMY-Frauen sei nicht wirklich appetitanregend, dabei war es doch nur eine alte Zeichnung, die sich dem weiblichen Unterleib aufklärerisch widmet. Im „Gugelhof" schaut Umweltminister Sigmar Gabriel misstrauisch auf das Cover von DUMMY-Werben & Verkaufen, das unsere Bundeskanzlerin zeigt, als Super-Beauty fotografisch montiert. Er ist unentschlossen. Ich werfe ihm freundlich ein Heft zu und wünsche Spaß mit der außerparlamentarischen Lektüre.

Weitere regelmäßige Stationen: das „Gorki" im Weinbergsweg mit seinem Raucherraum, der an das Raucherabteil eines Regionalzugs aus den 70ern erinnert, bei voll aufgedrehter Heizung und geschlossener Schiebetür. Das „103", stets erleuchtet wie ein Flipperautomat. Der „Mädchenitaliener" mit beschlagener Scheibe, in dessen Hinterraum errötete Mädchen im Kreise ihrer Freundinnen Junggesellinnenabschied feiern. Das „Café Cinema" voller wandelnder Existentialisten, die mich sehr oft in schwierige Gespräche verwickeln wollen. Das „Pappa e Cicca", dessen große festliche Tafel Familenfeierlichkeiten beschwören lässt. Das „Visite ma tente", eine klassische Bar, in der die Individualität gepflegt wird. Die Pizzeria „Due forni", Zentrum der Mitte-Siedler, das ich am Endspielabend der Fußball-WM als wahres Tollhaus südländischer Körperextase erlebte, Tabledance ohne Oberteile inclusive.

Im „Good Morning Vietnam" tanke ich mich auf mit den lächelnden Gesichtszügen der Fernöstlichen. Im „Cantamaggio" erweist sich Tita von Hardenberg als treue Leserin, Blixa Bargeld fordert sein „DUMMY Werben & Verkaufen" auf sehr coole Art, den Artikel über seine Hornbach-Kampagne möchte er sich nicht entgehen lassen. Im „Monsieur Vuong" wechsle ich die Biermarke, werde mit einem „Tiger" von der wunderbar familiären Belegschaft empfangen, deren charismatisches Oberhaupt in früheren Tagen immer an seinen Tisch zum Mahl einlud, um, ob der Sprachbarrieren, wortlos lächelnd gemeinsam zu genießen und hernach zu rauchen. Chef und Chefin von „Fridas Schwester" begrüße ich durch die Küchenluke. Im „Pan Asia" dient der rotlederne Sitzbereich vorm Tresen als Privatlounge, Celia von Bismarck gibt sich hier der Nacht hin, Herbert Grönemeyer ist neugierig auf das angepriesene Lesewerk, und ich treffe Prinz Georg von Preußen wieder, den ich einst für den *Stern* porträtierte – die Geschichte war aber, zum Glück für sein und mein Ansehen, nie erschienen.

Mein roter Motorroller fährt schon fast unaufgefordert in die Auguststraße. Das „Al contadino" ist einer der privatesten Salons im öffentlichen Berliner Raum und nur durch eine Hintertür zu betreten, nach Einlass per Klingelknopf heißt mich der Chef per kräftigem Händedruck willkommen. Angelina Jolie und Brad Pitt sind da, sie wären sicher dem DUMMY-Kinder verfallen. Im „Café Europa" treffe ich den Dokumentarfilmer Klaus Stern, er hat meine berauschten Videosequenzen der Filmfestspiele Cannes 2000 in einen seiner Filme einfließen lassen. Im „Kuchi" sitzen die hell Erleuchteten, inmitten der sanften Sushi-Maschinerie. Das „Ballhaus Mitte" meide ich im Winter, es birgt die Gefahr, im extatischen Schmerzzustand der Freude zu versacken. Der Biergarten im Sommer allerdings lädt ein, auf dem Kiesbett eine Runde zu drehen und mit Wim Wenders die Brillen für einen Moment zu tauschen. Vorm „Kaizer Soze" sitzend winkt mich Max Raabe in vornehmem Ton zu sich. Ohne dass er etwas sagt, höre ich ihn in Gedanken trällern: „Gnädiger Herr was haben sie denn da im Angebot?" Die Begegnungen mit Nihat und seinen Schwestern im „Culinario" sind untermalt mit der liebevollen Fanfare einer Familiendynastie. Nihat träumt von einer Eisdiele mit Champagnerausschank, seine Frau Gülce schrieb das provokante Buch *Arab boy.*

Im Fuchsbau am Paul-Lincke-Ufer sind die für Leser ausgelegten DUMMYs nach fünf Minuten verschwunden. Die neu entwickelte Szene scheint manchmal den gepflegten Rausch, der mir selbst nicht fremd ist, falsch zu verstehen. Im eigentlich ganz charmanten Tranceambiente des „Silver futures" in der Weserstraße lässt mich die maskulin englisch wirkende Dame mit ärmellosem Grobrippunterhemd wissen, hier sei nicht die Klientel für solche Magazine. Zero Tolerance, stelle ich fest.

Im „Tartane", einer Exmetzgerei mit leidenschaftlicher Kochkultur, zeigt mir der Fotograf Daniel Josefsohn auf seinem kleinen Handcomputer eine bemerkenswerte Fotoarbeit über die israelische Armee, Martin Mlecko grübelt über neue Projekte und der junge wilde Gesellschaftsfotograf Karl Anton Koenigs verführt seine weiblichen Opfer zur Sinnlichkeit.

Das Entrée in den Jahrmarkt des Absurden, dem „Grill Royal", verdanke ich wohl Andrea, die ich aus „Cibo matto" und „Monsieur Vuong" als Grande Dame der Nacht lieben gelernt hatte. Am Tresen stimme ich mich auf die gesellschaftliche Großkampfbühne ein. Helmut Dietl, Joschka Fischer, Michalsky, Stuckrad-Barre, Kai Diekmann mit Katja Kessler. Breitschultrig und hochnäsig sitzt Exchefredakteur Joachim Bessing auf der weichen Couch neben dem Eingang, um von unten auf mich herabzusehen: „Du bist doch Fotograf, warum trägst du Zeitungen aus?" Er blieb bis heute der Erste und Einzige, der den Pfad meiner Herausforderung so quälerisch betrachtete.

Auf einem internationalem Symposium zum Thema Suchterkrankungen lauschte ich einmal den Aphorismen einer englischen Kinderärztin über das heutige Berlin, Worte, die bis heute im güldenen Rahmen in der Galerie meiner Wahrnehmungen ausgestellt sind. Der Berliner Boden, sagte sie, sei durch Umstürze, Revolten, Kriege, Teilungen und Gewalt so tiefgründig verschmerzt, dass heutige Generationen zuvorderst damit beschäftigt seien, diese Wunde zu sehen, zu pflegen und zu heilen. Solcherlei Boden der Erkenntnis lasse das heutige Berlin zu einem prachtvollen Blumengarten künstlerischer Gestaltung gedeihen. Nur der direkte Weg durch den Schmerz, ohne Umwege, ohne Verdrängung, könne den Humus für den Frieden bereiten. Wie wunderbar. Ich bin dabei.

Alte Mitte

…zin „Dummy“: Viel Herz, viel mehr nicht

…deen und wenig …r Neues macht, … Lars von Trier, …nruhigen mich. …nstream?“ Diese …schmack treibt …ummy um. Tun …llen und verrei- …Euro seit Freitag … 000 an einigen …erdings das Posi- …ppe ohne Geld …-Magazin, ohne … nach dem Ge- …er. Zielgruppe: …bt zwölf bezahl- …dentlichen Ver- …nhonorare – und …eren neuen Hefte … *Zoo*, *Monopol*, …die in den nächs- … herauskommen: …neit. …FC St. Pauli also: …ne reelle Chance, …ann, wenn zuwei- … das Unorthodoxe, …enau daran man- …scht zu selten, al-

Fußballer und Politik uncool findet? Nein. Strengt sich *Dummy* dann mal an, geht es leider auch meist knapp daneben. So wie die Geschichte über Essen-Bredeney, die buchsbäumige Heimat der Aldi-Brüder, die aber ganz ohne Aldi-Brüder auskommt, dafür aber den Taxi-Fahrer zitiert. Die heiße Story dagegen, das nämlich der Fotograf tagelang offenbar geheimdienstmäßig beschattet wurde und Aldi-Anwälte mit aller Macht an seine Filme wollten, die ersäuft im ironischen …

Frankfurter Allgemeine Zeitung

Crashtest

Neue Zeitschrift mit alten Tugenden: „dummy“

Oliver Gehrs weiß jetzt, wie man eine …eitschrift macht. Er weiß, wo man Schrif…en kauft. Er weiß, wie man Unternehmen …azu bringt, Anzeigen zu schalten, sogar in …er ersten Nummer, wenn es noch nichts …orzuzeigen gibt, geschweige denn Leser…ahlen. Er weiß, wie ungeheftete Druckfah…en aussehen, und hat sie von Hand ausein…ndergeschnitten, um sie vorab an Kollegen …u verschicken. Er hat Kioske, Kneipen, Ki…os abgeklappert und mit den Besitzern be…prochen, wie viele Exemplare sie auslegen …ollen und wo der Stapel am besten pla…ziert wird. Gestern ist er durch Berlin gefah-

CRASH TEST DUMMIES

Blattmacher Oliver Gehrs über schwerfällige Verlagshäuser, den Hauptstadt-… und die neue Unabhängigkeit Interview: Heiko Zwirner

Im Sommer 2002 verabschiedete sich die Berlin-Seite der „Süddeutschen Zeitung“. Der Journalist Oliver Gehrs hatte auf einmal keinen Job …

Sie selbst waren Leiter der Berlin-Seite der „Süddeutschen Zeitung“. Hat Ihnen der Job nicht gefallen?

Endlich … zu mach… ten

Kolumne… Blümne… Fichtl, J… Förster …

…y“. Ein mutiger Versuch, anders zu sein als die Branc…

Muss-Schreiber: Oliver Gehrs, 36, startete „Dummy“ (rechts).

TITEL

…Wirken von „Spie-…r Stefan Aust: …Fotos, die ihn mit …igen – das bekom-…los“, sagt Gehrs. …gst vor der Macht …efs. Gehrs brachte …Buch-Auftrag ein: …n einer Aust-Bio-…

…e sind auch nötig. …Monopol“ von fünf …en wird, deren Na-…von Heydebreck …muss „Dummy“ …auskommen. Des-…die Macher noch …en Förster und ich …, die an ‚Dummy‘

ter schrieben ohne Honorar für den Neuling. „So was kann man nur einmal machen“, weiß auch Gehrs. Bei der zweiten Ausgabe wurden die Schreiber an den Anzeigenerlösen beteiligt.

Großartige Werbung war auch nicht drin, die Verleger sprachen selbst mit Besitzern großer Zeitschriftenläden. Die fanden es sympathisch, dass mal nicht die üblichen Vertreter aufliefen – und positionierten „Dummy“ besonders auffä…

„Wie viel ich aber verkaufe, ist für mich zweitrangig“, sagt Gehrs. „Im Zweifelsfall sind mir die Anzeigen wichtig.“ Eines aber verbitten sich die Newcomer: Freundschaftliche Geschäfte nach dem Motto „Eine An-

werbsvorteil. Und deshalb kann man keine Schmusenummern mit Anzeigenkunden fahren.“

Mit solventen Unternehmen zu kuscheln – in diese Verlegenheit kam Andreas Bock nie. Bei T-Online und Quam lernte der Journalist, wie man Projekte anschiebt, und auch, wie man Pleite geht. „Voss“ heißt seine „Berliner Zeitschrift“, die sich anlehnt an die großen literarischen Magazine der 20er. Finanziert hat er s… …liehenem und einem Darlehen der Investitionsbank – das fünf Monate …

„Voss ist tot, es lebe Voss“

so … klin… auf… soll… viel… sch… den… er … leic… Ma… N… der… sch… Life… Ma… ries… run… hen… mai…

Kleine Presseschau: Zum Erscheinen gab es eine Watsch'n von der SZ, sonst nur Lob

ABONNEMENT

Bestandsliste der bisherigen Dummy Ausgaben

IHR ABONNENTEN DER WELT: SCHAUT AUF DIESE STADT!

Unter den neuen Abonnenten verlosen wir ein Original-Gemälde von Edward B. Gordon in der Größe von 15 mal 15 cm.

WELCHES DUMMY HÄTTEN SIE DENN GERN?
Das Gesellschaftsmagazin DUMMY ist jedes Mal ein komplett neues Heft. Designer, Reporter und Fotografen widmen sich vierteljährlich einem Thema und kreieren gemeinsam ein publizistisches Ereignis. Egal welches Thema – DUMMY ist jedes Mal neu und jedes mal anders. Abonnieren Sie DUMMY oder verschenken Sie ein DUMMY-Jahresabonnement für 24 Euro inkl. Porto und Versand* und gehen Sie sicher, dass Sie Ihr Heft vor dem Erscheinen am Kiosk im Briefkasten haben.

Nur als Abo-Prämie
Dummy-Liebe

DARF ES ETWAS MEHR SEIN?
Bei Bestellung eines Abonnements erhalten Sie eine der bisher erschienenen und noch verfügbaren DUMMY-Ausgaben Ihrer Wahl als Geschenk.** Sollten Sie die Nummer 17 zum Thema »Liebe« noch nicht kennen, fällt die Entscheidung nicht schwer. Dieses Heft ist nur noch als Aboprämie erhältlich – solange der Vorrat reicht.

ODER WENIGER?
Bestellen Sie DUMMY-Einzelausgaben zum Preis von jeweils 6,- Euro (zzgl. Porto)

ODER ANDERS?
Alle Bestellmöglichkeiten und weiteren Informationen auch im Internet unter www.dummy-magazin.de

Abo-Telefon: 030-260 09 672/ Abo-Fax: 030-260 09 793
Abo-Mail: order@dummy-magazin.de

* PREIS BEI VERSAND INNERHALB DER BUNDESREPUBLIK DEUTSCHLAND.
* AUSLANDSPREISE JAHRESABONNEMENT (VIER AUSGABEN): EU (AUSSER GROSSBRITANNIEN): 24,- EURO / GROSSBRITANNIEN 25,- BRITISCHE PFUND/ SCHWEIZ 44,- SCHWEIZER FRANKEN. AUSSERHALB DER EU: EURO 50,-. WEITERE AUSLANDSPREISE AUF ANFRAGE.

EINZELPREISE: D 6,- EURO / EU 8,80 EURO / CH 12,50 SCHWEIZER FRANKEN / ANDERE 14,- EURO

** GILT NICHT BEI BESTELLUNG EINES GESCHENKABONNEMENTS

Öfter mal was Neues

Ein Gespräch mit unserer Praktikantin Julia (25), die schon mal mit einem ins Bett geht

Interview: Oliver Gehrs

Wir reden über dich und die Männer.
Ja, klar.

Welche Art Männer sind in deinem Leben wichtig?
Laute Männer, selbstbewusste Männer, Musiker und Männer mit Bärten.

Was heißt laut?
Dass man aus sich herausgeht, neugierig ist und Dinge preisgibt. Sich nicht zurücknimmt.

Wann ging es bei dir los mit den Männern?
Ganz früh. Schon in der Grundschule haben wir Fangen mit Knutschen gespielt. Ich fand das immer interessant. Ich habe einen fünf Jahre älteren Bruder, mit dessen Freunden wollte ich immer abhängen, heimlich rauchen und Baumbuden bauen.

Jungs wollen doch mit neun gar nicht knutschen. Für die gibt es doch nichts Schlimmeres als Mädchen.

Bei denen in meiner Schule nicht. Ich war pummelig, aber beliebt. Weil ich eher der Jungstyp war.

Du meinst die Jungs wollten eigentlich mit einem anderen Jungen knutschen?
So ein bisschen. Das ist heute noch so.

Dass du gut mit Jungs klarkommst?
Genau. Die mögen, dass man auch mal einen mittrinkt und auf die Kacke haut. Sie vermissen das Männliche in Frauen oft bei ihren Freundinnen und suchen sich das dann woanders.

Sind Männer besser als Frauen?
Irgendwie schon. Sie sind unkomplizierter, ich will nicht sagen: anspruchsloser. Aber ein Mann gibt sich auch mit weniger zufrieden. Viele Frauen auf einem Haufen – das wird immer anstrengender, als wenn man mit Jungs um die Häuser zieht. Ist viel entspannter.

Kann man denn mit Männern befreundet sein, ohne dass Sex im Spiel ist?
Ja, schon. Aber beim Mann ist es immer ein Faktor.

Das heißt: Wenn du willst, will der Mann auf jeden Fall?
So ist es.

Sind Männer geiler als Frauen?
Ich glaube fast ja. Es hat ja einen Grund, warum vor allem Männer in die Videothek gehen und sich Pornos ausleihen. Der Mann ist triebiger.

Guckst du dir Pornos an?
Nee. Obwohl ich liberal bin, was Sex angeht. Ich finde es ja nicht mal ungeil und kann auch nicht sagen, dass es mich nicht anturnt. Aber es widert mich an, weil es dann alle nachmachen. Ich bin davon überzeugt, dass man es den Männern anmerkt, wenn sie viele Pornos schauen. Die ficken anders. Die sind dann gern der Hauptdarsteller in ihrem eigenen Porno und geben ordentlich Knallgas. In den Filmen spielt ja immer die Erniedrigung der Frau eine große Rolle – ins Gesicht spritzen und so. Jungs, die viel Kram angucken, die wollen das dann so. Die werden auch immer jünger. Ich hatte neulich einen 21-Jährigen, der weiß gar nicht mehr, wie normaler Sex funktioniert. Der kriegt nur noch einen hoch, wenn er die Frau in alle Löcher ficken kann. Das ist aber alles nur abgekupfert und nichts Eigenständiges, entwickelt aus Zweisamkeit.

Wie gings bei dir nach dem Knutschen mit neun weiter?
Mit 14 kam mein erster Zungenkuss. Der Junge war 17. Das war richtig gut.

Auch im Nachhinein betrachtet?
Ja, das war klasse. Das war so die Einleitung, so eine Hemmschwelle war überschritten. Den ersten Sex hat ich dann auf der Jugendfreizeit in Lido de Jesolo. Der Typ kam aus dem Bus der anderen Gruppe gestiegen und hatte einen Adidas-Zweiteiler an, blau mit weißen Streifen. Da wusste ich: Den will ich klarmachen, ich war so weit, dass ich das gern mal ausprobieren wollte.

Tats weh?
Das erste Mal war wider Erwarten und gegen alle Erzählungen sehr gut. Es war auch sein erstes Mal.

War er nicht ungeschickt und tumb?
Nein, er hat mich sogar zum Kommen gebracht. Bei den meisten Mädchen, die ich kenne, war es aber anders bei der Entjungferung, eher zack, zack und unbefriedigend.

Wie viele Männer hast du gehabt?
Gute Frage. An viele kann ich mich nicht mehr erinnern, also ob es da zu was gekommen ist. Ob man da geknattert hat.

Das weiß man doch.
Ich würde mal sagen, es waren so um die zehn. Das ist nicht die horrende Zahl. Das ist guter Durchschnitt.

Warst du mal mit mehr als einem Mann im Bett?
Nein.

Würdest du gerne mal?
Ja. Aber das ist nur möglich, wenn man nicht in einer festen Beziehung ist. Aber wenn so

zwei gut aussehende Männer kämen, würde ich nicht Nein sagen. Nur, wenn sie fremd wären – obwohl, wenn sie gut aussehen …

Müssen Männer stark sein?
Ich mag Männer, die sich in den Mittelpunkt stellen. Ich glaube, Frauen stehen auf Macker. Auch wenn Frauen das nicht so sagen, ist Imponiergehabe schon erwünscht.

Die gefährlichen, grimmigen Jungs haben es also tatsächlich leichter?
Vielleicht haben die es schwerer, die Frau zu halten, aber sie machen sie schneller klar. Die kleinen Schlauen mussten immer hinten anstehen.

Was ist beim Männerkörper wichtig?
Große Hände, um ordentlich zuzupacken. Die Muskeln müssen definiert sein, es darf nicht wabbeln, eine gewisse Festigkeit muss da sein. Ganz unsexy sind so speckige Weiberhüften, wenn man reinfasst und es ist weich. Das ist bei einer Frau o. k., aber beim Mann geht das gar nicht. Und es sollte schon eine gewisse Schwanzlänge da sein.

Also doch!
Ich würde gar nicht über Länge reden wollen, sondern lieber von Beschaffenheit. Gut ist: Zwei Hand breit übereinander und die Eichel oben drauf. Durchmesser: kleiner Finger bei der Frau.

Muss ein Mann im Bett Ausdauer haben?
Ausdauer ist nicht so wichtig. Ich finde es sogar nervig, wenn Männer so lange ficken wollen. Ich glaube, dass es reicht, schnell zum Höhepunkt zu kommen. Und wenn der Höhepunkt gut ist, reichen auch zehn Minuten oder eine Viertelstunde. Es kommt darauf an, den richtigen Punkt bei der Frau zu finden.

Wird der Sex besser, wenn man sich länger kennt?
Klar. Weil auch die Ängste, zu sagen, was man will, schwinden. Da kann man sagen: Steck mal hier rein oder da. Oder leck mal hier und da.

Ist Lecken wichtig?
Absolut.

Ist es ekelhaft, einen Schwanz in den Mund zu nehmen?
Ich finde, das macht total Spaß. Man darf sich gar nicht so darauf versteifen, dass es ein Schwanz ist, den man im Mund hat, sondern etwas, womit man dem andern Spaß bereitet. Man muss auch seine Eier und die eigenen Hände einsetzen. Die Eier werden oft vergessen.

Männer finden das großartig, oder?
Absolut. Und Männer stehen total auf Finger im Po. Selbst die homophoben.

Wie sieht es mit deinem Po aus?
Unberührt. Bis auf Finger. Ich sage auch: Bevor man mich in den Po fickt, möchte ich das bei ihm auch machen, mit einem Umschnalldildo, um auf Augenhöhe zu sein.

Hast du es schon mal jemandem angeboten?
Ja, aber er hat Nein gesagt.

Wäre eigentlich der Frauenversteher-Vibrator aus der DUMMY-Abowerbung was für dich?
Der ist mir fast zu niedlich. Da hätte ich schon lieber etwas, was nach Schwanz aussieht. Da hätte ich das Gefühl, ich stecke mir ein Spielzeug in die Muschi.

Reden Frauen über Sex?
Ja, oft. Hat er einen großen Schwanz oder klein? Wie hat er sich angestellt? Da redet man schon drüber. Ist ja auch bereichernd. Die Sache mit dem Finger im Po habe ich von einer Freundin. Das ist ja sehr bereichernd. Ich habe mir sagen lassen, dass es mit einer Perlenkette gut ist. Das ist was anderes, als alles aus dem Porno zu holen.

Wie schmeckt Sperma?
Kommt darauf an, was der Mann isst. Ananas ist gut, dann schmeckt es süßlich. Schlimm ist Spargel.

Kannst du auch abspritzen?
Habe ich noch nicht wirklich geschafft. Eine Freundin von mir hat es probiert und trainiert. Im ersten Moment hatte sie das Gefühl, als hätte sie sich eingenässt.

Was ist besser: ein vaginaler oder klitoraler Orgasmus?

Vaginal ist so ein inneres Pochen, der ist intensiver. Klitoral ist er einfacher zu bekommen.

Der beste Sex, den du je hattest?
Den habe ich gerade. Mit meinem Freund, den ich seit drei Jahren habe. Da kann man halt so richtig versaut sein, was man sich nicht bei Typen traut, die man gerade erst kennengelernt hat. Ich finde ja Rollenspiele ganz wichtig. Nicht unbedingt Krankenschwester und Onkel Doktor – aber die Kleinmädchennummer.

Blümchenkleid und Zöpfe, unten drunter nix?
Ja, Strumpfhosen, die man zerreißen kann. Kniestrümpfe.

Und der Mann im Lederdress, Vollmontur?
Nee. Cowboy. Halstuch. Knarre.

Dürfen sich Männer überall rasieren?
Schlimm. Absolut unmännlich. So wie die Frauen mit ihrer Kindermuschi. Es macht ja auch den Arsch breiter. Ich fühl mich total nackt untenrum, wenn ich total rasiert bin. Ich glaube, viele Männer rasieren sich, damit es länger wirkt. Gestutzt muss sein.

Brusthaare?
Gern. Nicht zu viel. Wenn sie wachsen, soll man sie wachsen lassen.

Rücken? Po?
Rückenhaare sind schlimm. Der Po ist o. k., der ist halt ein Arsch.

Hast du Erfahrungen mit Männern aus anderen Ländern?
Ich habe mal mit einem Schwarzen rumgeknutscht, da hat mich die Größe der Lippen schon abgeschreckt.

Der hässlichste Schwanz in deinem Leben?
Der hässlichste Schwanz, den ich je gesehen habe, der war ganz klein und dünn, und oben sah das aus, als säße da ein Golfball. Der hatte auch einen Knacks. Wegen dieses Schwanzes. Ich glaube auch, dass man von der Körperbeschaffenheit auf die Größe des Penisses schließen kann. Es hat viel mit den Gliedmaßen zu tun. Ädrige, starke Unterarme bedeuten meistens einen gut gebauten Penis. Venen, die man sieht, die findet man dann auch auf dem Schwanz.

Es gibt den Blut und den Fleischpenis.
Ja, in den einen kommt viel Blut, der andere ist schon recht groß, wird aber kaum größer. Der David von Michelangelo hat ja auch nicht so einen Großen, aber ich denke, der hatte mit Sicherheit eine gute Erektion.

Welcher Mann ist sexy?
Bruce Willis. Unterhemd im Sommer ist ganz wichtig, blutverschmiert, keine Explosion kann ihm was anhaben. Ich bin aber auch durch meinen Vater geprägt, der einen Schnäuzer hat und Fernfahrer ist.

Echt? Das passt ja gut. Wir haben ja einen Trucker in diesem Heft.
Ja, habe ich gesehen. Ich mag es nicht, wenn Männer zu glatt wirken, zu kontrolliert gut aussehen. Ich finde auch die Vorstellung, dass mein Freund länger vor dem Spiegel steht als ich, unsexy.

Dumm fickt gut?
Es ist auf jeden Fall schlecht, wenn man zu viel beim Sex nachdenkt. Ich würde schon sagen, dass einem eine gewisse Denkfaulheit zugutekommt. Das Handeln macht ja beim Sex mehr Spaß als das Denken.

Bist du eine Frau, die erobert oder erobert wird?
Ich bin noch nie erobert worden. Ich erobere. Als Frau kann man ja leichter fragen: Hast du Bock? Da sagt der Typ ja selten Nein. Wenn das der Typ macht, kriegt er schon mal eine geknallt.

Musstest du schon mal einen Mann trösten, der nicht gekommen ist?
Ja. Das ist ja fast schon ein Machtgefühl. Bei Männern steckt ja auch oft der Stress im Job dahinter. Der kriegt ja nicht keinen hoch, weil er einen unattraktiv findet. Ich finde es auch nicht schlimm, wenn Männer weinen, sogar eher männlich. Das sind ja starke Emotionen und die liebe ich. Ich finde es schon komisch, einen Typ zu haben, der nie weint.

Die schwarze Null muss stehen

Zur Fußball-EM 2008 in der Schweiz und in Österreich erschien ein Schweiz-Heft, das in Zürich produziert wurde. Gleichzeitig eröffnete der Kanton DUMMY, eine *public-viewing*-Arena direkt neben der Redaktion in Berlin-Mitte. Dafür wurde eine Brache komplett entrümpelt und mit viel Liebe zu einer temporären Alpen-Idylle umgemodelt – samt Holzhütte, Bergkäse und Rivella. Es waren schöne fußball- und arbeitsreiche Wochen, die uns aber leider eine Anzeige einbrachten, weil wir angeblich Strom in ungeheurem Ausmaße gestohlen hätten. Nach jahrelangen Ermittlungen wurde das Verfahren pünktlich zur WM 2010 eingestellt.

Berlin

-35-

Strafanzeige

1. Erfassungsgrund

Ereignis / Delikt	Entziehung elektrischer Energie		
Versuch	Nein	**Rechtsnorm**	§ 248c StGB

1.1. Tatzeit

Anfang	Dienstag 31.12.2002
Ende	Freitag 24.10.2008

1.2. Tatort

Straße	Max-Beer-Str. 35		
PLZ Ort / Ortsteil	10119 Berlin / Mitte		
Nation	Deutschland		
Verwaltungsbezirk	Mitte	**Polizeibereich**	3120

1.2.1. Ergänzungen zum Ort

Örtlichkeit	Grundstück

2. Geschädigte

2.1. Natürliche Person

rechtmäßige Personalie	[redacted]	
Geburtsname	[redacted]	
Geburtsdatum/ -ort	[redacted]	
Rufname	[redacted]	
Geschlecht	weiblich	
Altersgruppe	Erwachsener	
Staatsangehörigkeit	deutsch	**frühere Staatsangehör.**
Quelle der Personalie	Personalausweis	
Ergänzungen zur Quelle	[redacted]	

2.1.1. Wohnanschrift

Straße Hausnummer	[redacted]
PLZ Ort / Ortsteil	12207 BERLIN /

2.1.2. Erreichbarkeit

Telefon (Festnetz)	Privat	[redacted]

3. Anzeigende

3.1. Natürliche Person

rechtmäßige Personalie	[redacted]	
Geburtsname	[redacted]	
Geburtsdatum/ -ort	[redacted]	
Rufname	[redacted]	
Geschlecht	weiblich	
Altersgruppe	Erwachsener	
Staatsangehörigkeit	deutsch	**frühere Staatsangehör.**
Quelle der Personalie	Personalausweis	
Ergänzungen zur Quelle	[redacted]	

3.1.1. Wohnanschrift

Straße Hausnummer	[redacted]
PLZ Ort / Ortsteil	12207 BERLIN /

Gesch.: Siefert, Marie-Luise

WA

Delikte: §§ 243,248C,303

3012 PLs 14132/08

Dezernat: 127

RUHE
RECHTSANWÄLTE

1

JUSTIZBEHÖRDEN 13.11.08 10-12 1 BERLIN - MOABIT

§§ 243, 248 a, 303

PETER RUHE
Rechtsanwalt und Notar
KATHLEEN MEIER
Rechtsanwältin

Olivaer Platz 16
10707 Berlin
Tel. (030) 89 66 95- 0
Fax (030) 89 66 95-33
E-mail peter.ruhe@ra-ruhe.de

Olivaer Platz 16 · 10707 Berlin

...haft Berlin

StA - Berlin
AUSZEICHNUNG
Gst: 14. Nov. 2008 Ne
§§

12. November 2008
Direktruf: -11
Direktfax: -33
manja.köppe@ra-ruhe.de
Aktenzeichen: 17/02
kö D3/13389

...gegen Unbekannt wegen
...mdiebstahl, Sachbeschädigung und weiteren
...mmenden Straftaten

...amen und Herren,

... dass wir eine der „Noch“-Eigentümer des Grundstücks Max-Beer-Straße
...in, Frau Marie-Luise Siefert, Königsberger Straße 16 a, 12207 Berlin, ver-
...f uns lautende Vollmacht ist beigefügt.

...erer Mandantin stellen wir

Strafanzeige gegen Unbekannt.

...f folgenden Sachverhalt:

...ntin ist noch als Eigentümerin in Erbengemeinschaft des Grundstücks

Raum öffnet sich weit nach rechts

2 3 4 1 5

1

EINE FRAGE DER EHE

Meine Mutter hatte zwei Männer: meinen Vater und meinen Tennislehrer.
Wie die freie Liebe mal nach Bielefeld kam

TEXT: OLIVER GEYER, FOTOS: PRIVAT

Eine Frage der Ehe

Meine Mutter hatte zwei Männer: meinen Vater und meinen Tennislehrer. Wie die freie Liebe mal nach Bielefeld kam

Text: Oliver Geyer

Die Eröffnungsszene müsste man als *Splitscreen* zeigen, unter dem Titel: „Ein Nachmittag 1986". Linke Leinwandhälfte: Mein Vater, ganz Künstler und Grafikdesigner mit roter Werber-Hornbrille, Lederjacke und leicht wirrem Haar, sitzend im Konferenzraum eines Kölner Chemiekonzerns unterm Gummibaum, wo er der attraktiven Marketingleiterin der Abteilung Kosmetika eigentlich Packungsentwürfe für eine neue Sonnencreme vorstellen soll. Doch bevor sie zur Tagesordnung übergehen, gibt er ihr eine umfassende esoterisch-philosophische Lebensberatung. Sie hängt an seinen Lippen, ist hingerissen. Die Damen aus dieser Abteilung sollen sich manchmal regelrecht darum streiten, wer meinen Vater im Foyer abholen darf. Er beherrscht die Kunst des sinnstiftenden Plauderns, das ist neben seinen gesegneten Illustratorenhänden sein Alleinstellungsmerkmal – als Chef seiner Bielefelder Werbeagentur wie als Mann.
Rechte Leinwandhälfte: Meine Mutter schaut vom Rand des Tennisplatzes aus zu, wie Reinhard, ganz der braun gebrannte Tennislehrer im knallroten Trainingsanzug, mich, seinen Schüler, mit unzähligen gelben Bällen aus einem Einkaufswagen über einen sehr komplizierten Parcours aus rot-weißen Baustellenhütchen scheucht. „Reini" nennen ihn all seine Schützlinge, und bald nennt auch meine Mutter ihn so. Nach dem Training muss ich direkt unter die Dusche, damit ich mich nicht erkälte. Die beiden Erwachsenen dagegen besuchen schon mal die Sonnenterrasse. Auf dem Platz harte Saiten aufziehen, beim anschließenden Drink weiche, so fährt Reini das Spiel sicher nach Hause. Liebevoll arrangierte Mixtapes mit seltenen Beatles-Aufnahmen und anspruchsvollem Italo-Pop aus seiner gigantischen Plattensammlung wirken im Hintergrund immer mit.
Meine Eltern waren fortan auf eine gewisse Art geschiedene Leute, aber blieben doch auch zusammen. Bis heute sind sie mehr zusammen als viele andere Verheiratete nach 40 Jahren. Was passiert war: Die Ausläufer des Hippietums waren mit einiger Verzögerung im Bielefelder Wohlstandsspeckgürtel angekommen und drangen als Erstes in den Vorgarten meiner Eltern ein. Ausgerechnet unser Reihenhaus wurde zum Reagenzglas, in dem das herkömmliche Modell

der Kleinfamilie mit frischen Zutaten neu abgemischt wurde. Das hatte sich so ergeben.
Meine Eltern wollten ursprünglich eine ganz normale Familie gründen. Sie bekamen zwei Kinder, meine große Schwester und mich, kauften ein Reihenhaus, einen Dackel sowie einen Erst- und Zweitwagen. Aber dann erschien da die attraktive Kölner Marketingexpertin mit ihrer esoterischen Neigung, brachte die Glückshormone meines Vaters zum Kochen und aus einem Flirt über den Konferenztisch wurde Ernst. Meine Mutter zog nach, nahm selbst Tennisunterricht, angelte sich Reini, merkte, dass aus dem Abenteuer mehr wurde und baute die Affäre offen zur festen Beziehung aus. Auch sie blühte auf. Trotzdem leiteten meine Eltern weiterhin zusammen ihre Werbeagentur, und wir verblieben auch in der bisherigen Personenkonstellation unter einem Dach wohnen. Meine Eltern getrennt, aber doch vereint. Es wurde weiterhin Wert darauf gelegt, dass wir uns vollständig zum Mittagessen versammelten, und sonntags gab es Braten mit Salzkartoffeln und dunkler Soße. Gutbürgerlich. Doch sobald die Küche wieder blitzsauber aufgeräumt war, fuhr meine Mutter zwei, drei Mal die Woche zu ihrer neuen Liebe und kam erst am nächsten Morgen wieder. Und mein Vater empfing die Seinige auch mal bei uns zu Hause. Leicht war es vermutlich nicht, das so durchzuziehen, hier im Bielefelder Vorort, wo die Rasenkanten mit der Nagelschere begradigt werden und es um die Denkelastizität der Nachbarn entsprechend schlecht bestellt ist. Hinter den Jalousieschlitzen der Nachbarn dürften die Spekulationen über das Leben dieser anderen ins Kraut geschossen sein.
Auch als Kind hatte man es erst mal nicht leicht. Zur eigenen Verwirrung über das seltsame Verhalten der Eltern zur Paarungszeit kam die lästige Aufgabe, Freunden gegenüber die Normabweichung erklären oder verheimlichen zu müssen. Das zu entscheiden, blieb mir selbst überlassen. Es ist ja so: Wenn, dann will man als angehender Teenie von der Norm der Eltern abweichen, umgekehrt kann man es nicht gebrauchen. Man will ein schön stabiles Wertegerüst, das einem Geborgenheit gibt, und gegen das man dann in aller Gemütlichkeit aufbegehren kann. Wie die Katze am Kratzbaum.
Bei uns war es so, dass just in dem Moment, als ich damit loslegen wollte, meine Eltern den Job selbst erledigten. Herrchen und Frauchen bauten den Kratzbaum ab. Also konzentrierte ich mich auf mein Tennistraining.
Als sich die erste Aufregung gelegt hatte, spielte sich Routine ein und die Eltern machten die neue Sozialformation sukzessive für den Kollegen- und Freundeskreis transparent. Jeder stellte dem anderen den neuen Partner vor und die neuen Partner wurden auch miteinander bekannt gemacht, so wie andere Paare irgendwann mal notgedrungen ihre Eltern zusammenführen. Zur allgemeinen Erleichterung verstanden sich alle gut. So gut, dass die Freundin meines Vaters als Marketingexpertin in die Agentur einstieg, in der auch meine Mutter arbeitete. Und die Männer meiner Mutter begannen, gemeinsame Weihnachtsgeschenke für ihre Kundschaft zu basteln. Reini stellte unter *Charity*-Themen wie „Menschenrechte" oder „Umwelt" *Mixtapes* zusammen und mein Vater gestaltete dazu das Cover. Sie feierten sogar ihre Geburtstage zusammen, denn beide waren an einem

18. Mai zur Welt gekommen. An solchen Tagen prostete sich die gesamte soziale Versuchsaufstellung zu – auf das alternative Lebensmodell!

Man musste nicht an Horoskope und Astrologie glauben, damit einem die Wesensähnlichkeiten dieser zwei Männer aufgingen: Da gab es jeweils die äußere Charakterschicht der Erfolgstypen, den des angesehenen Designers und den des renommierten Trainers, doch von wenig tiefer schimmerte bei beiden eine Verletzlichkeit durch, deren Gründe in ihren Familiengeschichten zu suchen war. Es ging um Liebesentzug, Verluste und Gewalt. Beide redeten ziemlich offen darüber. Vielleicht lag in dieser Erfahrungsschnittmenge auch der Grund, warum sie an die klassische Kleinfamilie letztlich beide nicht mehr uneingeschränkt glaubten und bereit waren, sich auf Neues einzulassen. Das Erlebte hatte aus beiden in verschiedener Ausprägung den Typus des „zärtlichen Chaoten" geformt, von dem neuerdings in Erfolgskomödien wie Doris Dörries *Männer* ein liebevoll-ironisches Bild gezeichnet wurde, auch wenn sie fremdgingen und die Ehe ziemlich frei interpretierten. So konnte man auch mit meinem Vater und Reini über alles reden, sie strengten sich wirklich an, bereits die „neuen Männer" zu sein, die das Land nach allgemeinem Dafürhalten damals so dringend brauchte. Jedenfalls versuchten die beiden es miteinander statt gegeneinander.

Aus meiner Sicht waren natürlich die Unterschiede spannender, die die zwei zu bieten hatten. Mein Vater, der Maler, war von Natur aus komisch und immer ein bisschen verspult. Wenn er im Land unterwegs war, um neue Logos, Plakate, Broschüren oder Geschäftsberichte zu präsentieren, brachte er es mitunter auf den Slapstick-Faktor eines Leslie Nielsen aus *Die Nackte Kanone*. Die Logos, Plakate und Broschüren hatte er nicht selten auf dem Schreibtisch vergessen, was er aber erst auf dem Parkplatz des Kunden bemerkte. Auf den Fahrten dazwischen hörte er gerne gregorianische Choräle oder Meditationsmusik. Er legte sein Portemonnaie vor Abfahrt oft aufs Autodach statt ins Innere des Autos, er rannte gegen geschlossene Glastüren von Konferenzräumen, trug von herunterrasenden Parkhausschranken Platzwunden am Kopf davon, trat in die Hinterlassenschaften eines Hundes und verteilte diese gleichmäßig wieder auf den wertvollen Perserteppichen der Chefetage von Dr. Oetker Bielefeld, wo es normalerweise angenehm nach Vanillepudding roch. Auch ein Original der Marilyn von Andy Warhol hat er auf dem Gewissen, er schlitzte es versehentlich mit dem Objektiv seiner Kamera auf, als er das Bild für einen Ausstellungskatalog fotografieren musste. Zu Hause verarbeitete er das Erlebte zu Comicstrips und Limericks. Die Sympathie der männlichen Kunden gewann er mit seinen Illustrationen und Entwürfen zurück, die der Frauen war ihm auch so sicher. Die fühlten sich von ihm verstanden, was die eine oder andere um den Verstand brachte. Das Schimpfwort Frauenversteher war ja noch nicht im Umlauf.

Was wir zusammen unternahmen, waren nicht die typischen Vater-Sohn-Aktivitäten, wo der Papa den Filius aus eigenem Ehrgeiz zu Höchstleistungen antreibt. Gemeinsame Zeit mit ihm förderte eher die Anima-Seite der männlichen Persönlichkeit, den weiblichen und intuitiven Anteil, den Männer ja auch haben sollen. Er weihte mich in seine Gefühle ein, die für andere Frauen und die für meine

Mutter. Unsere Gedanken durften in freier Assoziation treiben. Wir fuhren im Auto irgendwo hin, mal zum Schwimmen, mal einfach so ziellos umher. Er kalauerte genauso gerne und viel daher wie ich, und wir benutzten Sprache mehr so zum Malen als zum Reden. Und obwohl er so gut malen konnte, war mein Vater genau das Gegenteil des Familienvorstehers, der auf Sonntagsspaziergängen mit dem Stock Natur-Lehrbilder in den Sand zeichnet und das Leben seiner Kinder in Unterrichtseinheiten verwandelt. Spazieren gingen wir auch, aber meistens am Abend unterm Sternenhimmel, zusammen mit seinem besten Freund, einem Lehrer für transzendentale Meditation. Die Blicke waren in den Himmel statt auf den Boden gerichtet. Und die Gespräche der beiden drehten sich um die ganz hohe Physik, die in keinem Lehrbuch steht und bei der es auf Details auch nicht so ankommt. Für die Schule war das weniger gut zu verwerten, aber man lernte, dass ein Denken außerhalb der Erdanziehungskraft eine ungemein befreiende Sache sein kann.

Reini konnte mit dem Griff seines Schlägers sehr genaue Zeichnungen in die rote Asche des Tennisplatzes ritzen, um seinem mäßig begabten Schüler endlich die Pronationsbewegung des Unterarms beim Aufschlag einzubläuen. Wahrscheinlich ist die deshalb nie in Fleisch und Blut übergegangen, weil man sich bei einem wie ihm lieber andere Bewegungsabläufe abguckte. Man lernte, wie man einen Tennisplatz so betritt, dass die Frauen auf der Clubterrasse auch wirklich zuschauen. Man lernte, wie man sich mit lockeren Bemerkungen die Bälle zuspielt und jeden Sonnenbrillentrend volley nimmt. Man lernte, ein *Sunnyboy* im besten Sinne zu sein, mit ungemein positiver Ausstrahlung. Dass da ein guter Schuss Testosteron mehr im Spiel war, alleine schon um den Matchball zu verwandeln, kam den Interessen eines 13-Jährigen nur entgegen. Reini weckte die Killer-Vorhand in einem und den dazugehörigen Instinkt. Er hatte auch nichts dagegen, wenn ich im gemeinsamen Barcelona-Urlaub noch die dritte und vierte Nacht mit meinem Kumpel durchfeierte und wir bei einsetzendem Vogelgezwitscher den Absacker jedes Mal in einer Art Stripteasebar nahmen. Er sah das vermutlich als wichtige Lektion, die ein Teenager besser früh als spät lernt. Außerdem hatten er und meine Mutter so mehr Zeit für sich allein. Abends auf der *Ramblas* erzählte er bei *Creme Catalan* und *Rioja* dann von seinem eigenen Sturm und Drang. Dass er die Beatles bewunderte, und später auch, um in die Clique zu kommen, Doors hörte. Aber dass er heimlich immer Peter Kraus und Freddie Quinn liebte. Während seiner Ausbildung zum Textilkaufmann hängte er *Stern*-Titelbilder von Baader und Meinhof in seinem Wohnheimzimmer auf und gab sich pseudointellektuell, wie er es selbst nannte. Jetzt gab er Bielefelder Industriellenkindern Tennisunterricht. Vor Brüchen und Widersprüchen im Lebenslauf nicht zurückzuschrecken, war seine Devise – die machen einen Mann nur interessanter, den offenen Umgang damit lebte er vor.

Dieselben Unterschiede werden auch für meine Mutter spannend gewesen sein. Angelacht hat sie sich die zwei aber vermutlich wegen ihrer Gemeinsamkeiten. Beide Männer unseres erweiterten Clans sprudelten vor Initiative, konnten sie aber nicht wirklich in geordnete Bahnen lenken. Sie erzeugten eine Menge aus sich selbst heraus, nur eben keine Ordnung und Stabilität. Meine Mutter war der sichere Felsen, an dem mein Vater schon länger die lebensweltliche Verankerung gefunden hatte, und da blieb er im Prinzip auch, als noch ein Mann dazu kam. Sie war die westfälische Macherfrau, die die Verwaltung der Werbeagentur schmiss, am Wochenende auf der „Alm", dem Bielefelder Fußballstadion, Arminia anfeuerte und für die meisten Probleme eine Lösung wusste, die einem sofort plausibel erschien. Wenn ER beim Kunden in schillernden Farben Versprechungen machte, rechnete SIE nach, ob dabei auch für die Agentur genug heraussprang. Als ER ein großes Weltranglisten-Tennisturnier auf westfälischem Boden initiierte, wusste SIE, was im Einzelnen zu tun war. Wenn die Dinge zu konkret wurden, kam bei den beiden Panik auf. Wie überhaupt alle Nase lang Panik aufkam. Sie sprach dann Sätze wie: „Wir können uns jetzt alle das Leben nehmen oder irgendwie weitermachen." Es wurde immer weitergemacht.

Damals ist meine heutige Überzeugung gereift, dass die meisten Beziehungen zwischen zwei Menschen in das archetypische Rollenmuster von Ernie und Bert aus der Sesamstraße fallen. Von zweien neigt einer immer etwas mehr zur Irrationalität (Ernie), was der andere, der Vernünftigere (Bert), auffängt und kanalisiert. Das gewinnt Eigendynamik, weil beide Seiten ihre Neigungen verstärken, in dem Wissen, dass der andere sie kompensieren wird. Meine Mutter, der Über-Bert, hatte dementsprechend alle Hände voll zu tun und sicher auch Einiges zu erleiden. Sie fing den einen Ernie auf, als der von seiner ersten Partnerin wegen eines ungarischen Yogalehrers wieder verlassen wurde. Und sie linderte ein ums andere Mal den Weltschmerz und die Launen ihres anderen Ernies. Männer dieses Typs lassen die Welt nicht nur an ihren positiven Gefühlen teilhaben, sondern auch an ihren negativen, bedrückenden. Das bekam natürlich auch ich zu spüren und hätte gut drauf verzichten können. Als Teenie arbeitet man sich ja schon genug daran ab, den eigenen Gefühlswirrwarr zu managen. Aber Frauen wie meine Mutter kriegen von dieser Art Mann auch viel Wertvolles zurück: die Unberechenbarkeit, die verhindert, dass ihre Stabilität zu Stillstand wird und die ihr Leben spannend hält. Meine Mutter bekam es doppelt zurück. Bei ihr war es vermutlich oft aufregender, als sich die Hausfrauen hinter den Jalousienschlitzen der Nachbarhäuser ausmalen konnten.

Es bleibt eine *Don't try this at home*-Geschichte, die von vielen Zufällen gelenkt wurde. Aus heutiger Sicht erscheint es auch unnötig anstrengend, in einem spießigen Umfeld die Synthese der Lebensmodelle zu versuchen. Da kann man auch gleich umziehen, irgendwohin, wo die Patchworkexistenz schon der Normalfall ist. Und sicher war es auch für die Partner der Eltern nicht leicht, symbolisch eben doch nur am Rand des fortbestehenden harten Kerns einer Familie zu stehen. Besonders hart war das alles für einen Hotelier im österreichischen Ötztal, wo alle zusammen Ende der 90er-Jahre noch einmal Skiurlaub gemacht haben. Mutter mit Tennislehrer, Vater mit neuer Freundin. Beim Check-in verlor der den Überblick: „Ihr beide seids doch dös Ehepaar Geyer, oder? Aber das Zimmer nehmts net zusammen, sondern ihr beiden?" Kopfschütteln. „Ach machts des doch wie ihr des wollt."

SEX

MIKADO MIT GEKOCHTEN MAKKARONI

Am 11. September 2001 flogen vier sexuell stark unausgelastete Terroristen mit zwei Phallussymbolen in das Phallussymbol des Turbokapitalismus schlechthin – in der Hoffnung, nach ihrem Märtyrertod im Paradies auf etliche nackte Jungfrauen zu treffen. Oder wie es der amerikanische Journalist Dan Savage bereits im Interview für das erste DUMMY-Heft auf den Punkt brachte: „Es ging um Pussys." Und hat es wirklich jemanden überrascht, dass spießige, deutsche Versicherungsvertreter im Billigland Ungarn eine Sexorgie feiern, nach der jeder Orgasmus sauber abgerechnet wird?

Laut einer Umfrage ist das, was die Menschen am glücklichsten macht, Sex. Am wenigstens mögen sie die morgendliche Fahrt zur Arbeit. Blöderweise hat man das eine ständig, das andere eher selten. Zumindest im eigenen Bett. Ansonsten ist Sex allgegenwärtig geworden – in Medien, in der Werbung, im Straßenbild. Es ist normal, dass das

Fernsehen Brustvergrößerungsoperationen zeigt, in Modemagazinen werden die Posen aus Pornomagazinen kopiert, in einer Berliner Galerie zeigt der Fotograf Jürgen Teller Bilder von seinem Arschloch. Durch all das hat der Sex an Zauber verloren. Er ist unsexy geworden.

Das hat er nicht verdient. Schließlich ist Sex nach wie vor wichtiger für unser Glück als ein neues Auto oder ein dickes Bankkonto. Sex kann dafür sorgen, dass Behinderte selbstbewusster durchs Leben gehen. Bei einem Workshop im Wendland, bei dem Prostituierte mit Marmorknochenmenschen oder Spastikern ins Bett gehen, konnten wir uns davon überzeugen. Genauso bewegend waren die Erzählungen vom mittlerweile leider verstorbenen Heinz van Nouhuys, dem ersten Chefredakteur des deutschen *Playboy*, der in DUMMY den Sex im Alter mit Mikado verglich, das man mit weichen Makkaroni spielt. Die Fotos von Roberto Rodriguez, die gut dazu passen, erschienen einige Ausgaben später und beweisen, dass diese Form des Mikado durchaus ein schöner Zeitvertreib sein kann.

Andreas Wenderoth wiederum schrieb über den Absamer, den potentesten Zuchtbullen von allen, und Ben Knight besuchte eine Party von sogenannten Zoophilen, auf denen sich die Gastgeberin redlich mühte, mit dem Schäferhund Billy warm zu werden.

Jetzt wollen die auch noch Sex haben

Unterwegs mit Behinderten auf der Suche nach dem einen

Text: Oliver Gehrs

Fotos: Frank Schinski

Wenn Peter Ski läuft, stehen die anderen oft fassungslos daneben und staunen, wie er die steilsten Abhänge in mörderischem Tempo hinabrast. Nicht schön, aber schnell. Manchmal stürzt er so heftig, dass es aussieht, als hätte er sich auf jeden Fall etwas gebrochen. Aber so schnell bricht sich Peter nichts, er ist gewissermaßen aus Stein.
Peter leidet an der Marmorknochenkrankheit, bei der die Knochen so stark werden, dass sie die umliegenden Nerven am Wachstum hindern oder einfach abquetschen. Deswegen hat er einen großen Schädel aus Beton, wie er sagt, und so gut wie keine Gesichtsmimik. Wenn Peter lacht, sieht man es nicht. Es hätte aber schlimmer kommen können, weil die Kieferknochen seine Nerven genau im richtigen Moment abgeklemmt haben. So lacht er eigentlich immer.
Jetzt steht der Marmormann in der Kälte vor der Tür und raucht erst mal eine. Das Mikrofon, mit dem er die Welt abhört und das mit einem Hörgerät verbunden ist, baumelt um seinen Hals. Wenn er Lust hat, wird er dieses Wochenende mit Lale* schlafen. Sie mag es gern ein bisschen härter.
Lale sitzt drinnen am Tisch und liest aus ihrem Buch. Geschichten über Frauen, die beim Gemüsehändler Gurken und Bananen kaufen, aber nicht zum essen. Über einen Vampir, der Tampons auslutscht und über einen Mann, der sich vor lauter Lust am Leben nackt in der Wüste wälzt. Die anderen sitzen um sie herum und schauen ein bisschen betreten. Bei manchen weiß man nicht, ob es die Spastik ist, die sie so aussehen lässt oder die Geschichte.
Lale ist eine Prostituierte, die mit Behinderten schläft, weil es ihr Spaß macht und weil sie dafür Geld bekommt. Mal steht das eine im Vordergrund, mal das andere. Bei Thomas, der ganz nah neben ihr sitzt, überwiegt der Spaß. Thomas ist Spastiker, er lacht viel – auch, weil er den längsten Penis von allen hat. Er weiß das, alle wissen das, und alle freuen sich mit ihm. Auch Lale freut sich. Sie liest eine Geschichte vor, und bei den Worten „harter prächtiger Schwanz" guckt sie Thomas an, der vor sich hingluckst. Die anderen schmunzeln. Nur Peter, der Marmormann, schlürft Eierlikör aus einem kleinen Becher und fragt sich, was er da trinkt. „Das Sperma vom Lothar ist es nicht", sagt er.

Drei Tage lang geht es für fünf behinderte Männer um Sex. Sogar beim Essen, das den Auftakt zum Erotikworkshop darstellt. Auf dem Tisch stehen Speisen, die die Teilnehmer noch ein bisschen schärfer machen sollen – zumindest, wenn man dran glaubt. Pikante China-Suppen, Spieße mit Erdbeeren, die vorher in Schokolade gewälzt wurden, ein Schinkenröllchen, in dem ein Fähnchen steckt: „Lothars Ferkeleien" steht darauf.
Lothar war 20, als er mit seinem Auto einen Unfall hatte. Seitdem ist er querschnittsgelähmt. Vor dem Unfall hatte er ein „penisorientiertes Sexualleben", wie er sagt, heute spürt er unterhalb des Bauchnabels so gut wie nichts mehr. Sein Penis hängt an ihm wie ein fremdes Organ. Die Spiegel in seinem Haus waren alle so angebracht, dass er seinen Unterkörper darin nicht sehen musste. Dann hat er sie mal anders gehängt, tiefer. Hat sich nackt in den Rollstuhl gesetzt, sich berührt. Er sagt, dass es manche Frauen schöner finden, mit einem Querschnittsgelähmten zu schlafen, weil der sie nicht nur penetrieren will, sondern auf andere Dinge kommt, mehr Fantasie hat.
Wenn Lothar heute einen Orgasmus haben will, lässt er sich streicheln und die Brustwarzen zwirbeln. Manchmal steigt er vorher in die Badewanne, in deren Wasser er Blütenblätter streut, auf dem Rand steht dann ein Glas Prosecco. Er schaut an seinem Körper runter und überlegt, was er damit machen kann. Wenn er mit seiner Frau schläft, durchströmen ihn die Glückshormone, es ist dann eine Art Orgasmus. „Nicht so ein Knaller wie früher," sagt Lothar, „aber doch sehr schön." Und wenn er will, kann er sogar Kinder zeugen. Lothar hat drei, sie alle wurden nach seinem Unfall geboren. Die Zeugung war eher unromantisch. Sie haben ihm ein kleines Massagegerät auf die Eichel gesetzt, das so lang vibrierte, bis er kam. Dann wurde der Samen in eine Spritze gefüllt und seiner Frau Ina injiziert. Insemination heißt das Verfahren, durch das Lothar Zwillinge bekam.
Lothar hat die Sexualberatung im Institut zur Selbst-Bestimmung Behinderter (ISSB) gegründet. Er veranstaltet in seinem Landhaus im wendländischen Trebel Erotikwochenenden, zu denen Behinderte kommen, um Sexualität

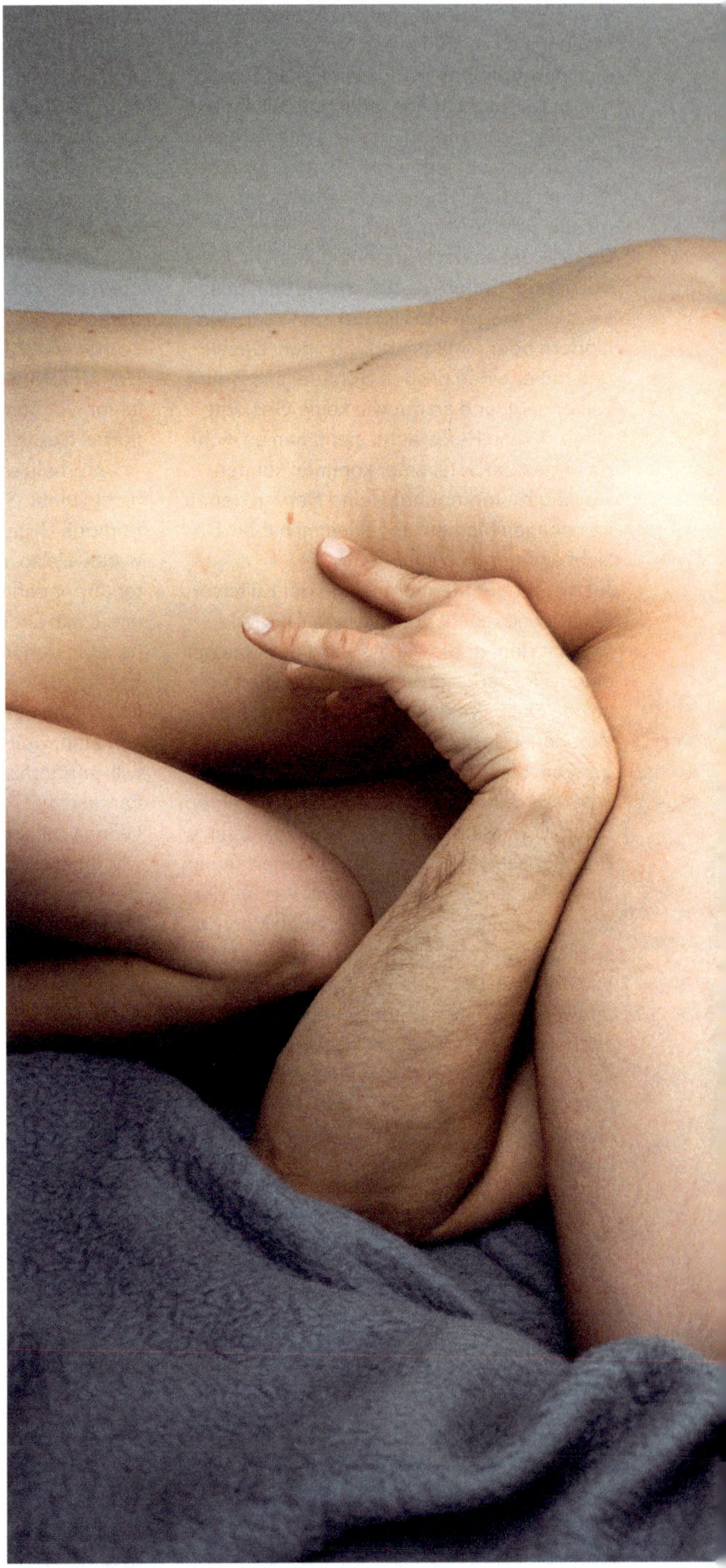

zu erleben. „Viele Behinderte werden von Sexualität ferngehalten, um ihnen zusätzliches Leiden an ihrem Körper zu ersparen", sagt Lothar. Er hat sich vorgenommen, das zu ändern. Möglichst vielen Behinderten zu zeigen, dass sie ein Recht auf Sex haben, sie aber nicht warten dürfen, bis es den Sex auf Krankenschein gibt wie in Holland oder Dänemark.

In Trebel können sich die Behinderten tantrisch massieren lassen und anschließend darüber sprechen, was sie gespürt haben, als sie massiert wurden. Sie können den anderen zeigen, welches Körperteil sie an sich mögen und welches eher nicht. Sie können auch mit den Frauen schlafen, die extra für sie nach Trebel kommen. 75 Euro kostet die Stunde bei einer Sexualbegleiterin, wie die Prostituierten in diesem Projekt heißen. An diesem Wochenende sind zwei dabei. Neben Lale noch Doris, die so reichlich Erfahrungen gesammelt hat, dass sie findet, es sei an der Zeit, sie zu teilen – mit denen, die es mit eigenen sexuellen Erfahrungen schwer haben. Sie ist sonst keine Prostituierte, nur hier.

Neben den reinen Männergruppen gibt es auch welche, an denen behinderte Frauen teilnehmen. Um die kümmert sich Odo, ein leicht behinderter Mann, der eigentlich als Goldschmied arbeitet, verheiratet ist und drei Kinder hat. Einmal war Maria* da, eine junge Frau, die seit einem Berufsunfall etwa ab dem unteren Rippenpaar sensorisch und motorisch gelähmt ist. Früher war sie begehrt und hat mit vielen Männern geschlafen, nach ihrem Unfall fühlte sie sich unattraktiv und asexuell. Es war ihr peinlich, dass sie beim Geschlechtsverkehr Urin verlor. Inzwischen hat sie ihr Bad so umgebaut, dass sie die Inkontinenz in das Liebesspiel einbaut.

Die Idee ist, dass Behinderte durch Sex lockerer und selbstbewusster werden. Merken, dass sie attraktiver sind, wenn sie sich nicht zu den lieben Krüppeln machen lassen, die viele in ihnen sehen wollen.

Grob gesagt, lautet das Mantra: Wer guten Sex hat, kommt einfach besser an. Und das trifft ja nicht nur auf Behinderte zu.

Aber Behinderte haben es schwerer, etwas an dem Missstand zu ändern. Wer will schon einen Krüppel lieben? Ist es nicht komisch, von verrenkten Gliedern berührt zu werden? Einen Mund zu küssen, der ständig offen steht? Zu merken, wie ein spastisches Zucken durch den anderen Körper geht? Oder ist das vielleicht gerade geil?

Genau das, sagt Lale. Als sie noch ausschließlich in einem tantrischen Massagesalon arbeitete, hat sie immer die genommen, die keiner massieren wollte. Die, vor denen sich ihre Kolleginnen geekelt haben. „Die fand ich interessant. Oft war es dann auch etwas Besonderes", sagt sie. Lale hat ein Faible für außergewöhnlichen Sex, das trifft sich gut. Als sie das erste Mal mit einem Behinderten geschlafen hat, ist der Mann dreimal hintereinander gekommen. Nach diesen drei Orgasmen lag er glücklich neben ihr im Bett – „wie im siebten Himmel". Lale war seine erste Frau.

Ein anderes Mal hat sie mit einem Mann geschlafen, der seine Arme und Beine nicht mehr bewegen konnte und eine Atemmaske trug. „Das war scharf", sagt sie.

Behinderte finden andere Formen von Sexualität, weil sie teilweise eingeschränkt sind. Sie entdecken erogene Zonen, die andere außer Acht lassen. Sie stärken die Sinne, die noch da sind, werden von Dingen erregt, auf die andere gar nicht kommen. Neulich hat sich einer gewünscht, dass ihn Lale anspuckt. Dass sie ihren Speichel auf ihn heruntertropfen lässt, ihn damit einreibt, ihn ableckt. Ein anderes Mal hat sie sich mit einem Sprachgestörten getroffen, der sie die ganze Zeit wüst beschimpft hat. Ein komischer Tick.

Was kein Behinderter will: Dass jemand aus Mitleid mit ihm schläft. Lale hat kein Mitleid. Sie arbeitet in einem SM-Studio, wo sie Männern die Hoden abbindet, ihnen aufblasbare Gummimasken überstülpt und sie mit einem Flaschenzug unter die Decke hängt. Manchmal ist sie auch die Sklavin. Sie testet gern Grenzen aus.

„Als ich das erste Mal nach Trebel kam, habe ich gemerkt, welche enorme Ausstrahlung die Menschen hier haben", sagt Lale. Zum siebten Mal ist sie hier und heute bekommt sie ein Zertifikat, das sie zur geprüften Sexualbegleiterin macht. Es ist nichts Offizielles, sondern etwas, das Lothar sich ausgedacht hat. Sie kann es sich in ihr Studio hängen wie ein

Bäcker seinen Meisterbrief. Es gibt der Sache etwas Weihevolles. Lale hat gelernt, welche Hilfsmittel Behinderte benutzen, und wie sich die Sexualität von Körper- und Geistigbehinderten unterscheidet. Sie weiß, dass Behinderte nichts so sehr hassen wie die Hilfe, die ihnen ständig angeboten wird. Und wie man dafür sorgt, dass jemand, der mit einem Kran ins Bett gehievt werden muss, noch Lust auf Liebe hat.

In Behinderteneinrichtungen wird Sex beiseitegeschoben. Es gibt ihn nicht, und wenn doch, dann wird er nicht so gern gesehen. Der Körper eines Behinderten ist eine Belastung, das Leid an ihm soll nicht noch vergrößert werden. Sex haben junge, gesunde Menschen, am besten sind sie auch noch hübsch. Sex haben nicht: die eigenen Eltern und Behinderte.

Als er doch mal Sex haben wollte, ist Heiner nach Hamburg auf die Reeperbahn gefahren. Dort nehmen die Huren Männer im Rollstuhl besonders gern. „Die denken, der ist harmlos", sagt Heiner – ein bisschen streicheln und küssen, dann wird man auf die Straße gerollt. Thomas wiederum sagt, er habe im Puff Liebe erwartet, dabei lieben sie doch dort nicht mal die Gesunden.

Es gibt in Trebel auch einen sogenannten *snoozle*-Raum, der die Sinne schärfen soll. Es gibt ein Bett und Sofas, gedämpftes Licht, erotische Kunst, gebatikte Tücher unter der Decke, in der Ecke plätschert ein Zimmerspringbrunnen. Neulich haben sie alle um das Bett herumgestanden, auf dem eine nackte Frau lag, die man überall berühren konnte. Manche haben minutenlang mit dem Rollstuhl herumrangiert, bis sie endlich an der Stelle waren, die sie interessierte. Anschließend hat Lale ihren Koffer geöffnet und ihr Spielzeug präsentiert: Fesseln, Peitschen, Dildos. Sie dürften jetzt damit spielen, hat sie gesagt, aber das war dann doch zu viel. Ob sich denn jemand stattdessen etwas wünsche, hat Lale gefragt, und dann ist eine Behinderte auf allen vieren in die Mitte gekrochen und hat sich von ihr fachmännisch auspeitschen lassen – als wäre sie ein ganz normaler Mensch.

Lothar bekommt viele Anfragen von Frauen, die Sexualbegleiterin werden wollen. Prostituierte sind dabei, die ihrem Job einen neuen Sinn geben wollen, aber auch gutmeinende Amateure, die den Blümchen-Sex mit einem Querschnittsgelähmten als Teil der Behindertenpflege sehen. Doch das lähmt noch mehr. Wer den Geschlechtsverkehr von vorneherein ausschließt und nur streicheln will, braucht sich gar nicht erst zu bewerben. Denn dadurch, sagt Lothar, werde aus dem Koitus wieder etwas ganz Besonderes, und man wolle ja gerade zeigen, dass es auch andere Spielarten gebe.

Trebel könnte für viele Menschen der Beginn eines neuen Lebens sein. Die Sexualbegleiterinnen eröffnen Studios in ganz Deutschland, in denen sie Behinderte verwöhnen. Der Sex stärkt deren Persönlichkeit, sie bewegen sich gut gefickt durchs Leben, strahlen Selbstsicherheit aus, lernen neue Lebenspartner kennen. Es ist eine Welle, die durch das Land schwappt. So sieht der Masterplan aus.

Die meisten hätten irgendwann so viel Selbstsicherheit, dass sie einen Lebenspartner fänden, sagt Lothar. „Frauen mögen krisengestärkte Persönlichkeiten, und wer könnte Krisen besser meistern als Behinderte."

Am Ende des Wochenendes bedanken sich alle bei Lale: Peter, der Mann mit der Marmorkrankheit sagt, sie habe ihn mit ihren Sado-Maso-Praktiken auf den Geschmack gebracht – „auf angenehme Weise". Heiner mag am liebsten ihren Bauchnabel, weil der so gut schmeckt. Thomas sagt, dass Lale ihn wachgeküsst hat. „Sie hat Dinge geweckt, die in mir verborgen lagen." Dann geht er mit ihr aufs Zimmer. Sie zieht ein durchsichtiges Etwas an, er holt seinen Teddy aus der Tasche und legt ihn aufs Bett.

Dabei wird heute gar nicht gekuschelt.

* Name geändert

„Ich würds verbieten“

Wieso haben Pornos so idiotische Titel? Weshalb will niemand mehr Silikonbusen sehen? Warum werden die Filme mit Sibel Kekilli immer noch verkauft? Manchmal muss man den Sexfilmproduzenten Klaus Goldberg fragen

Text: Juan Moreno und Oliver Gehrs

Klaus Goldberg würde sagen, dass Pornoproduzent sein kein einfacher Beruf ist. 600 Filme kommen in Deutschland pro Monat auf den Markt, da muss man sehen, wo man bleibt. Ständig müssen frische Darsteller her, neue Locations. Die wirtschaftliche Lage ist auch nicht mehr so toll. Die Rezession hat mit Verspätung auch den Pornomarkt erreicht. Viele Konsumenten schauen sich jetzt ihre Videokassetten einfach häufiger an, anstatt neue zu kaufen. Oder surfen im Internet auf der Suche nach Filmschnipseln, die man sich umsonst runterladen kann.
Der Osten hat das Geschäft zusätzlich versaut. Budapest und Prag stiegen nach der Wende zu Pornohochburgen auf, weil es dort ein ungeheures Potenzial an Darstellern gab. Aber Goldberg sagt, dass nichts langweiliger sei als ein ungarisches Mädchen vor der Kamera, weil man sofort merke, dass es nur um das schnelle Geld gehe. Und eine Handlung haben die Sachen aus dem Osten auch nicht, anders als bei Goldberg. Den Anspruch hat er. Sonst könnte er gleich Gonzo machen – das sind extrem billig produzierte Filme. Eben in die Ecke, Rock hoch, rein und wieder raus. Sexszene an Sexszene mit Wackelkamera ohne professionelle Beleuchtung. Gonzo ist so eine Art Dogma des Pornobetriebs und läuft ganz gut. Goldberg macht das nicht. Aber in Cannes oder auf Ibiza dreht er auch nicht mehr.
Die Handlung also: Neulich ging ihm ein Gedanke durch den Kopf. Ein paar nackte Mädchen rennen durch ein Maisfeld, gejagt von einer Horde Männer, die mit einem Jeep hinterherfahren und aus der aufmontierten Flak Feuerbälle abschießen. Dann werden die Mädchen gefangen und ordentlich rangenommen. Auch ein Maiskolben wandert in alle Löcher. So könnte es gehen, hat Goldberg gedacht und ein Drehbuch geschrieben.

Wie heißt Ihr letzter Film?
Wilde Jagd auf die Tattoo-Fotze.

„Wilde Jagd auf die Tattoo-Fotze" ist also ein Film mit Anspruch. Das heißt, es gibt ein bisschen Handlung, gut aussehende Jungs und Mädchen, ein ungewöhnliches Drumherum. Es gibt nicht: Darsteller, die sich ein Rheumamittel in den Schwanz spritzen, damit er schön steht. Oder welche, die Viagra nehmen. Klaus Goldberg hat keine Lust, dass jemand am Set einem Herzinfarkt erliegt.

Wie bekommt man eine Erektion?
Das ist eine Kopfsache und nur eine Kopfsache. Wir haben so acht bis zehn Männer, die immer können. Die nix anderes im Kopf haben. Conny Dachs ist so ein hoch anerkannter Darsteller. Wenn der Frauen sieht, spielt der verrückt. Was die Größe betrifft, ist das oft eine Frage der Kameraperspektive. Die haben alle keinen größeren als wir hier.

Was ist, wenn Conny Dachs nicht mehr kann?
Im Schnitt bewerben sich bei uns im halben Jahr 1.500 Männer. Davon fallen schon mal alle weg, die kein Foto mitsenden. Dann bleiben 1.000, die angeschrieben und zum Casting eingeladen werden. Am Ende erscheinen von denen ungefähr 100. Die Männer, die sich zu kommen trauen, müssen gleich auf die Besetzungscouch. Da warten schon ein paar Mädchen und gucken, ob es der Neue bringt, vor der Kamera mit Beleuchtung und Tonmann. Den meisten vergeht dann die Lust. Von 100 bringen es vielleicht zwei. Der Rest fährt nach Hause mit der Gewissheit, für die Pornografie nicht zu taugen.

Bei Frauen ist es anders. Mit denen redet Goldberg erst mal, schaut ob die Chemie stimmt. Dann dreht man eine kleine Szene und guckt, ob es das ist, was sie wollen. Und was Goldberg will.

Sind Frauen freizügiger geworden?
Absolut. Unglaublich, was die heute alles machen. Da werde sogar ich rot, wenn ich die Bewerbungen lese. Die neue Generation ist ja eher bisexuell veranlagt. Ich frage immer: Machst du Lesbo-Szenen? Und fast alle sagen Ja. Aber ich nehme nur Frauen, denen das Spaß macht. Aber das werden immer mehr.

Ist die Gesellschaft oversexed?
Total. Mir wäre es lieber, wenn Porno verboten würde, das würde den Reiz erhöhen. Heute sieht man doch überall Sex. Was ist denn heute eine nackte Frau? Da guckt doch

keiner mehr hin. Wir haben mal eine Szene am Freitagabend auf dem Kudamm gedreht. Meine Frau ist nackt über die Straße gegangen. Da haben sich ein paar umgedreht, und das wars. Vor zwanzig Jahren ist noch jeder rot geworden, wenn jemand ficken gesagt hat.

Klaus Goldbergs Frau heißt mit Künstlernamen Isabel Golden. Sie sei, sagt Goldberg, schon ein kleiner Star in der Szene gewesen.

Tatsächlich bildeten sich auf Pornomessen immer dichte Menschenknäuel, wenn sie auftrat und sich ein bisschen anspritzen ließ. Früher stand sie bei ihrem Mann vor der Kamera, heute arbeitet sie nur noch dahinter.

Wie ist das, wenn die eigene Frau mit anderen Männern schläft, und man schaut dabei zu?
Das eine ist Business, das andere ist privat. Sex ist Sex, das muss nichts mit Liebe zu tun haben. Lieben tun wir uns. Wir sind seit 16 Jahren verheiratet und gehen sehr tolerant miteinander um. Wir besuchen zum Beispiel regelmäßig Swingerclubs, nicht wegen Partnertausch, sondern um uns anzuregen. Es gibt aber in diesem Geschäft nur wenig Paare wie uns. Häufiger kommt es vor, dass Ehen und Beziehungen auseinanderbrechen, weil die Menschen das nicht trennen können.

Warum kriegen Frauen in Pornos so selten einen Orgasmus? Man sieht immer nur die Männer mit schmerzverzerrten Gesichtern kommen.
Eigentlich wird auf den Orgasmus der Frauen mehr Wert gelegt. Es gibt am Set selten Frauen, die nicht kommen. Man sieht es nur nicht so leicht. Frauen kriegen halt auf sehr unterschiedliche Art ihren Orgasmus – manche stöhnen laut, manche leise, manche kichern. Ich merke aber, wenn eine kurz davor ist und sag dem Kameramann, dass er draufhalten soll.

Goldberg hatte nicht nur seine Frau vor der Kamera, sondern auch Sibel Kekilli, die türkische Schauspielerin, die in dem Film *Gegen die Wand* mitgespielt hat und die wegen ihrer Vergangenheit als Pornodarstellerin wochenlang in der *Bild*-Zeitung stand. Goldberg hat gern mit Kekilli gearbeitet. Wenn man sich die Pornos mit ihr anschaut, kann man verstehen warum. Die DVDs mit den Kekilli-Filmen verkaufen sich immer noch gut. Es gibt keinen nachträglichen Persönlichkeitsschutz, dafür sind es zu viele. Goldberg hat mit Kekilli ein Agreement getroffen, er redet nicht über die Sache und kann Filme wie die „megageile Kükenfarm" und „süße Teenie-Träume" weiter verkaufen.

Warum haben die meisten Pornofilme so peinliche Namen? „Mösen-Massaker" oder „Lutsch mir die Eier – Teil 3" möchte man sich doch wirklich nicht in der Videothek ausleihen, vor allem nicht, wenn eine Frau hinter der Theke steht.
Wir haben mal einen Film gemacht, der „Die achte Sünde" hieß, der war toll. Aber reich werden Sie damit nicht. Man darf ja für Pornofilme nicht werben, also muss man sie über die Covergestaltung und den Titel möglichst plakativ verkaufen. Außerdem gibt es doch nur noch wenige, die sich schämen, einen Porno auszuleihen, weil er einen derben Titel hat. Wenn sie mal einen anspruchsvollen Film machen, dann ist das nur etwas fürs Image. Wenn ich mal schaue, was momentan in den Charts ganz oben rangiert, da wird mir schlecht. Beliebt sind zurzeit harte, schnelle Sachen. Ohne Handlung, Szene an Szene: Zwei Schwänze im Po, Gangbang, Throatning. Wichtig ist auch, dass alle rasiert sind. Die Bären sind los. Und Sperma! Am besten ohne Ende. Der typische Pornofilm geht so: Erst fummeln, dann blasen, dann ficken, erst vorne, dann anal. Und dann abspritzen ins Gesicht, Cumshot. Man wundert sich manchmal, wo so viel Sperma herkommt. Aber es gibt Tricks. Für die Kamera nicht sichtbar läuft ein transparenter Schlauch zur Hand. Hinter dem Darsteller steht ein Mann mit einer Spritze und pumpt ein milchiges Gemisch hindurch.

Was ist eine technisch anspruchsvolle Szene?
Das heißt, dass man versucht, dem Kameramann und dem Regisseur möglichst viele

Bilder anzubieten ohne Unterbrechungen. Da müssen sich die Darsteller gegenseitig bei Laune halten.

Gibt es Moden?
Was die Leute nicht mehr sehen wollen, sind Silikonbrüste. Große Busen ja, aber kein Silikon. Das war ein Trend aus Amerika, und alle fingen an, sich die Brüste aufpeppen zu lassen. Ich habe immer gesagt: Lasst es. Ich kann das verstehen, wenn eine Frau schon zwei Kinder hat und der Busen nicht mehr so toll ist, aber nicht bei einem jungen Mädchen.

Was glauben Ihre Eltern, was Sie machen?
Die wissen das. Das zu verbergen wäre unmöglich. Dann dürfte ich kein Interview geben. Mein Vater ist seit zwei Jahren tot, der hatte Probleme damit, aber irgendwann hat er gesagt: Wenn es dir Spaß macht, tu das. Es ist ja nichts Kriminelles.

Zumal Goldberg wohnt, wie Eltern sich das wünschen. Vor ein paar Jahren sind er und Isabel Golden nach Groß-Ziethen gezogen, einem Vorort im Süden Berlins, in dessen propere Reihenhaussiedlungen genervte Großstädter fliehen. Goldbergs Volvo-Kombi steht im Carport, auf der Gästetoilette steht ein Fläschchen Sakrotan, und auf der Kommode steht eine Schüssel mit Bonbons.
Im Wohnzimmer sitzt man auf einem großen apricotfarbenen Alcantara-Sofa. Die zwei Katzen sind Isabels Sache – genau wie die beiden Hasen im Käfig auf der Terrasse.
Man wird nicht reich als Pornoproduzent, aber man lebt ganz gut – wenn man rechnen kann. Ein 90-Minuten-Film kostet 30.000 Euro. Die Darsteller bekommen pro Szene zwischen 200 und 400 Euro, je nachdem ob sie Stars sind und was sie alles machen. Goldberg ist sich nicht sicher, ob der Bundeskanzler so viel verdient. Seine beste Idee war übrigens die Sache mit den Amateuren.

Mir fehlte in den Filmen die Erotik, die Realität, da wurde zu viel vorgeschwindelt. Ich habe dann angefangen, mit Anfängern zu arbeiten, mit denen sich die Zuschauer identifizieren können. Und dann kamen Tausende von Bewerbungen. Ich habe dann diese Sachsen-Pornos gemacht. Das war so ein Typ aus dem Big-Brother-Haus, der ist von Talkshow zu Talkshow getingelt und wollte unbedingt Pornostar werden. Das konnte er haben.

Wenn Sie ein 100-Millionen-Budget hätten: Würden Sie dann lieber 500 Pornofilme drehen oder einen einzigen Film?
Wenn die Möglichkeit bestünde, würde ich mir gern Schauspieler holen, die sagen: Wenn du meine Ansprüche an das Drehbuch und an eine schöne Location erfüllst, mache ich auch Sexszenen. Dann würde ich gern mal Hollywood machen.

Für Schauspieler ist die Pornobranche tabu?
Ja, nur umgekehrt geht das. Da gehen Pornodarstellerinnen zum Film. Gina Wild ist ein Beispiel oder auch Sibel Kekilli.

Mit welcher deutschen Schauspielerin würden Sie gern einen Porno drehen?
Zum Beispiel mit Veronica Ferres. Die würde ich gern einsetzen. Sie ist mir mal bei den Filmfestspielen entgegengekommen, die strahlt so viel aus. Für mich ist sie die Schauspielerin schlechthin.

Ansonsten schaut Goldberg gern Uma Thurman in *Kill Bill* oder *The last samurai*. Auch erotische Sachen wie *Neuneinhalb Wochen*. Aber nie Pornos. Das hat er ja den ganzen Tag, das braucht er in der Freizeit nicht. Er glaubt aber, dass die Darsteller nach dem Dreh noch Lust auf Sex haben, weil der Sex zu Hause ein anderer ist, nicht so hart, eher etwas, das mit Kuscheln und Liebe zu tun hat.

Zerstören Pornos die sexuelle Fantasie, weil viele versuchen, sie nachzuspielen?
Manche Kunden fragen mich, wie sie das auch hinbekommen: Dreimal abspritzen in 90 Minuten. Ich sag denen dann, dass wir für den Film drei Tage gebraucht haben, das beruhigt die wieder.

Selbst mal vor der Kamera gestanden?
Ich hätte das nicht geschafft, das ist mir zu viel vor der Kamera. Die ganzen Leute, Positionswechsel, womöglich ist man noch scharf auf ein Mädel, und dann heißt es plötzlich: CUT.

Das heimliche Virus

Häufiger als mit HIV infizieren sich Menschen mit Papillomaviren, kurz HPV. Jeder Siebte hat sie. Kaum einer weiß es. Und diesmal helfen Kondome kaum

Text: Viola Keeve

Winzig sind sie, nur unter Elektronen-Mikroskop zu erkennen. 55 Nanometer groß. Kugelförmig. Wesentlich kleiner als Bakterien. Sie nisten in der Schleimhaut, da, wo es warm und feucht ist. Sie sind ziemlich primitiv gebaut, aber hochintelligent, können rasend schnell die DNA der Zelle umprogrammieren, sich bei Angriffen sofort anpassen. Sie sind, weil sie keine Hülle haben, nicht zu fassen, wie etwa Bakterien durch Antibiotika. Sie bestehen nur aus ein paar Eiweißen und Genen, haben keinen eigenen Stoffwechsel. Den borgen sie sich vom Wirt, der Zelle, in die sie eindringen, um sich so millionenfach zu vermehren. Sie leben auf Pump. Befallene Zellen quellen glasig auf und gehen dann zugrunde.
Für Viren ist der Mensch ein Schlaraffenland. Als Wirt bietet er jede Menge Blut, Talg, Haare, warme Schleimhäute und meterlange Darmschlingen, weshalb der menschliche Körper vor Erregern nur so wimmelt. Viele sind harmlos, manche nützlich, aber nicht alle. Schon

gar nicht die Humanen Papillomaviren 16 und 18, kurz HPV. Sie sind, das wissen Tumorforscher inzwischen genau, der Hauptauslöser für Gebärmutterhalskrebs, den zweithäufigsten Krebstod bei Frauen weltweit. HPV ist heute in unseren Breiten die Geschlechtskrankheit mit den meisten Todesopfern. Und die unbekannteste noch dazu.
Zwar ist HPV weit weniger virulent als das HIV-Virus, dafür aber in seinem Übertragungs- und Krankheitsverlauf noch heimtückischer. Genauer gesagt: bis dato völlig unkalkulierbar. Manche Patienten stellen ein Brennen, Jucken, Bluten fest oder übel riechenden Ausfluss, meist jedoch verursachen die Viren keine Beschwerden. Einige Spuren hinterlassen sie dennoch: fleischfarbene Warzen oder warzenartige Tumore, Papillome – Zeichen, dass der Körper eine akute Virusinfektion abwehrt. Doch nur die harmloseren Virustypen 6, 11 und 42 erzeugen Wucherungen an Scheide, Schamlippen, Penis, Harnröhre, Analkanal, Enddarm – Feigwarzen oder Kondylome. Die meisten, besonders die gefährlichen, aber sind im ersten Stadium kaum zu erkennen. Papilloma gehören zu den latenten Viren. Oft schlummern sie so lange, bis das Immunsystem eine Schwäche zeigt. Ob und wie schnell sich der Virus ausbreitet, ist ganz unterschiedlich. Drei Wochen bis acht Monate beträgt die Inkubationszeit nach der Infizierung. Das Risiko zu erkranken, ist am größten bei Frauen, die rauchen, früh Geschlechtverkehr hatten, „sexuell aktiv" sind, wechselnde Partner oder mehrere Kinder haben. Nonnen und Enthaltsame infizierten sich praktisch nie, stellten Wissenschaftler fest.
Ein neues Laster-Virus also, Strafe für den allgemeinen Verfall der Sitten? Ungut klingt das, und falsch ist es auch. Virologen wissen: Drei von vier Frauen weltweit infizieren sich in ihrem Leben mit HPV, meist schon früh. Beim ersten Sex steckt sich jeder fünfte Teenager an. Doch nur zwei bis drei Prozent der infizierten Frauen entwickeln Gebärmutterhalskrebs. Wer wen angesteckt hat, lässt sich oft nicht sagen. Denn der Ausbruch kann dauern, manchmal zehn, manchmal sogar vierzig Jahre. Bleibt nur, scheint es, abwägen: Askese oder volles Risiko, denn anders als bei Aids existiert kein echter Schutz. Kondome helfen kaum. „Das Papillomavirus ist so winzig, dass es sich selbst durch die Poren des Gummis zwängen kann", sagt Krebsspezialist David Shier vom *Sunnybrook and Women's College Health Center* in Toronto. Forscher der Universität in Seattle stellten fest: Kondome verringern zwar die Menge der übertragenen Viren. Mehr aber auch nicht.
Wem ein Brief ins Haus flattert: „Wir müssen über ihren Befund sprechen", ist oft fassungslos wie Sina Wagner*, 28, Psychologiestudentin aus Düsseldorf. „Erst dachte ich, das hat mit meiner Blasenentzündung zu tun. Aber dann hieß es: Papillomaviren, nicht harmlose, sondern High-Risk", sagt sie. Die Gynäkologin untersuchte Sinas Gewebe dreimal, mit dem sogenannten Pap-Test, der Proben der Schleimhaut einstuft – von ungefährlich (I, II) bis krebsverdächtig (III a, b, c, d, IV, V). Ihr Ergebnis lautete dreimal: IIId. „Ich war völlig verstört, dachte nur, Horror, was ist denn das Schlimmes?" Von HPV hatte sie noch nie gehört. Sie hatte erst mal keinen Sex mehr.
Nur wenige, die von ihrem Befund wussten, konnten das verstehen. Es dem Partner zu erzählen, sei doch dämlich, fand eine Freundin. „Sie hatte ein ähnliches Ergebnis, aber es niemandem erzählt", sagt die 28-Jährige. „Wozu auch, meinte sie, 80 Prozent hätten das Virus

einmal im Leben. Ich solle mir keinen Kopf machen. Auch die Ärztin meinte, das sei nicht so ein Drama." Als Sina mehr über Risiken des Virus wissen wollte, riet die Ärztin: „Sehen Sie im Internet nach." Beruhigend war das nicht: Blaue, stachlig-kugelige Modelle des Virus bauten sich am Bildschirm auf und die schlimmsten Abbildungen: „So rosa, blumenkohlförmige Warzen am Penis. Ich war schockiert und auch verwirrt von den widersprüchlichen Aussagen." Wie sich das Virus verbreitet. Wie riskant es ist, mit der Diagnose mit jemandem ins Bett zu gehen. Kann ich je wieder unbelastet Sex haben? Will ich das? Und muss ich das dann sagen?

Mit ihrem Freund konnte Sina kaum reden. „Er fühlte sich sofort schuldig, war nur auf Verteidigungsposition. Erst mal hat er seine Exfreundinnen angerufen und erklärt, von ihm sei das Virus jedenfalls nicht. Das war schon ein Bruch in der Beziehung." Dann kam die Operation. Unter Narkose wurde ihr ein kegelförmiges Stück Gebärmutterhals entnommen. Ein kleines Stück, zum Glück, Kinder bekommen könne sie noch, es könne bei der Geburt nur schwieriger werden. Mit dem Gewebe sei auch der Virus weg, eine Beruhigung immerhin. „Aber ich gehe davon aus, dass ich mich jederzeit wieder anstecken kann."

Geschlechtskrankheiten sind weltweit wieder auf dem Vormarsch. Waren in den 90ern die Infektionsraten – aus Angst vor Aids – so niedrig wie nie zuvor, nimmt die Ansteckung mit HIV, aber auch mit Syphilis, Tripper (Gonorrhöe) und Humanen Papillomaviren (HPV) seit einigen Jahren wieder zu – durch Sorglosigkeit oder, im Fall HPV, schlichte Unkenntnis.

Jeder siebte Deutsche, schätzt die Deutsche Dermatologische Gesellschaft, trägt das HP-Virus heute in sich. Von den über hundert Arten verursachen nur wenige Krebs. Doch pro Jahr erkranken in Deutschland rund 7.000 Frauen an Gebärmutterhalskrebs. Ein Drittel stirbt. Und bislang gibt es keine wirksame Therapie.

Es ist vertrackt: Einerseits ist die Wissenschaft dem Ausbruch dieses Krebses am dichtesten auf der Spur, andererseits ist eine exakte Diagnose bislang schwierig: Das Virus vermag zu schlummern, bis ein Ausbruch günstig erscheint. Und eine Probe des Gewebes kann irreführend sein, weil der Virenspiegel schwanken kann und nur bestimmte Subtypen nachzuweisen sind. Zudem wird bei der normalen Vorsorge nicht nach dem Virus direkt gesucht, sondern nur nach veränderten Zellen. Die Treffsicherheit liegt bei 50 bis 80 Prozent. Mehr Aufschluss bringt ein HPV-Test. Fällt er positiv aus, heißt das aber auch nur, dass eine Infektion vorliegt, die in der Regel nach etwa 18 Monaten von selbst wieder abklingen kann, manchmal nicht.

Mit jedem neuen Partner, zeigt eine Langzeitstudie der *University of California*, erhöht sich das Risiko, an HPV zu erkranken, um zehn Prozent. Auch Hygiene spielt eine Rolle: Beschnittene Männer sind entschieden seltener Virenträger. Im Internet, zum Beispiel unter www.krebs-kompass.org, geben Betroffene anderen Tipps: bei Verdacht auf Feigwarzen sofort zum Arzt. Kein russisches Roulette. Kondom. Kein Oralverkehr. Und natürlich Immunsystem stärken. Im Grunde gibt es nur einen sicheren Weg: Impfung. Damit könnte man weltweit fast eine halbe Million Frauen vor Gebärmutterhalskrebs bewahren. „Krebs ist keine Infektionskrankheit", betont Virologie-Professor Harald zur Hausen. „Er kann aber als Folge bestimmter Infektionen auftreten.“ Seitdem er 1976 als Erster die These veröffentlichte, Warzenviren könnten eine Rolle bei der Entstehung von Gebärmutterhalskrebs spielen, fiebern Forscher und Pharmaindustrie nur einem Ziel entgegen: den mikroben Killer endlich ins Fadenkreuz zu nehmen. Es gilt, den Erreger auszutricksen.

Anfang der 90er gelang es den Experten um I. H. Frazer vom *Princess Alexandra Hospital* im australischen Brisbane, das Oberflächenprotein des Virus gentechnisch herzustellen und daraus virusartige Partikel zu gewinnen. Sie enthalten kein infektiöses Material, aber das Immunsystem reagiert auf sie wie auf echte Papillomaviren. Der britische Pharmariese Glaxo-Smithkline rechnet nun mit der Zulassung von „Cervarix“ für 2008. „Die Ergebnisse der ersten Studien waren sehr positiv. 100 Prozent der geimpften Frauen waren vor einer anhaltenden Infektion mit HPV 16 und 18 geschützt“, sagt Professor Torsten Strohmeyer, Leiter der Abteilung Forschung und Entwicklung.

Allerdings hilft die Impfung wohl nicht infizierten Frauen. Unklar ist auch, wie lange ihre Schutzwirkung anhält. Dachte man bisher, dass Papillomaviren nur Frauen gefährlich werden können, zeigt eine aktuelle britische Studie: Männer, die in ihrer Jugend oft ihre Partner gewechselt haben, haben ein größeres Risiko, an Prostatakrebs zu erkranken. In Großbritannien erkranken daran jährlich 27.000 Patienten neu, und 10.000 sterben daran – inzwischen ist Prostatakrebs für Männer fast ebenso tödlich wie Brustkrebs für Frauen.

Einige Studien legen sogar nahe, dass 40 Prozent der 40-jährigen Männer erste Anzeichen der Krankheit in sich tragen. „HP-Viren sind ganz offensichtlich der Motor, der Dinge ins Rollen bringt“, sagt Tim Olivier, Professor für Onkologie an der London School of Medicine and Dentistry. „Ein Impfstoff für beide Geschlechter wäre sinnvoll.“ Noch ist es dafür zu früh, obwohl letzte Tests auch in Deutschland, an Tumorzentren in Berlin, Köln und in Jena, bereits laufen.

Bis dahin bleibt Betroffenen nur die Hoffnung auf die hohe Heilungschance – fast hundert Prozent, wenn veränderte Schleimhaut früh erkannt wird. Wäre das Virus hochvirulent, läge die Krebsrate viel, viel höher.

Offenbar haben Menschen mit HPV schon lange Kontakt, weil sich ein – wenn auch labiles – Gleichgewicht zwischen Wirt und Virus eingespielt hat. Kurz: HPV ist alt. Viren, die ihre Opfer umbringen, wie das HIV oder Ebola, sind dagegen noch ziemlich neu. Sie müssen es erst lernen, ihre Opfer nur so zu schädigen, dass sie am Leben bleiben, da es biologisch wenig effektiv ist, sich jedes Mal einen neuen Wirt zu suchen. Es liegt nämlich keineswegs im Eigeninteresse der Viren, Menschen zu töten. Oder wie es der US-Genetiker Theodozius Dobzhansky einmal formulierte: „Nichts in der Biologie ergibt Sinn, außer im Lichte der Evolution.“

Der Absamer

Lancelots Libido geht auf keine Kuhhaut. Porträt des besten Zuchtbullen der Welt

Text: Andreas Wenderoth;
Fotos: Edgar Rodtmann

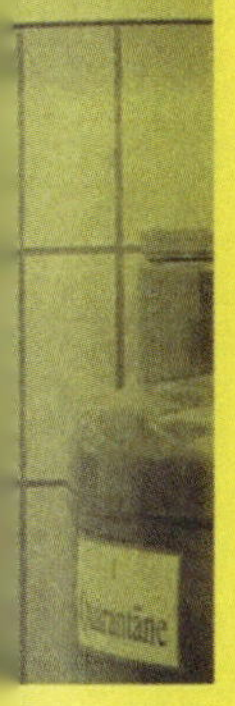

Am Waldrand bei Melle, Ochsenweg 40, steht ein Tier im Stall, das man nicht sehen darf. Nicht, dass es ängstlich wäre, wen hätte es zu fürchten, ist es doch schwerer, stärker, größer als die meisten, kneift nie, steht immer seinen Mann. Es ist die Angst seiner Besitzer, die den Kontakt zu Fremden untersagt. Könnten Krankheiten einschleppen oder nur Unruhe, stören, wo doch Sammlung wichtig ist. In jenen Phasen vor dem entscheidenden Auftritt. Drei Spieltage jede Woche, je zwei Vorführungen ohne Publikum – das Programm ist immer dasselbe.

Lancelot heißt der stille Star der Besamungsstation der Osnabrücker Herdbuch-Genossenschaft, die mit dem schmissigen Slogan »Sehr gutes Sperma zu günstigen Konditionen« wirbt. Nun darf man unter günstig nicht unbedingt billig verstehen, und im Falle Lancelots schon gar nicht, denn seitdem der Schwarzbunte im vergangenen Frühjahr bei der internationalen Zuchtwertschätzung gegen eine Konkurrenz von immerhin 80 000 Mitbewerbern zum besten Zuchtbullen der Welt gekürt wurde, kostet ein unverdünnter Milliliter Sperma des Niedersachsen stolze 6000 Euro – rund viermal soviel wie das vergleichbarer Bullen.

Durch das Fenster des »Scheidenvorbereitungsraumes« erkennt man von weitem das weiße Maul mit dem schwarzen Fleck, der Rest des Kopfes ist durch eine Wand mit cremefarbenen Kacheln verdeckt. Würde man den Gang mit dem hellblauem Podest entlanggehen dürfen, sähe man ihn dort in ganzer Größe, 1100 Kilo, in seinem mit Sägespänen bestreutem Stall, der durch das Entfernen der Zwischenwand mit 30 Quadratmetern nun doppelt so groß ist wie der seiner Stallnachbarn. Sähe auch die neun Infrarot- und drei UV-Strahler an der Decke, von denen man sich positive Effekte auf Lancelots Libido erhofft. Zwar hat er außer diesem Stall und der Rückseite einiger Standbullen nicht viel von der Welt gesehen, dennoch ist er in etwa 15 Ländern an der Zeugung neuer Kuhgenerationen beteiligt. »Wir können den Bedarf kaum decken«, sagt Manfred Düvel, Absamer seit einem Vierteljahrhundert.

Lancelot soll es gut haben bei ihnen. Das ist das Mindeste für ein Tier, das inzwischen mehr als die Hälfte der Firmeneinnahmen einspielt. Als ruhig und umgänglich, ja gutmütig beschreibt ihn Düvel, was wichtig ist bei einem Tier, das, würde es um seine Kraft wissen, sich von niemandem am Nasenring führen ließe. »Bullen sind schon gefährlich«, sagt Düvel, aber eben auch sehr personenbezogen. Und so leisten sie sich, sozusagen als vertrauensbildende Maßnahme, den Luxus, ihn an der Kette und nicht an der Nasenstange zu führen. Dafür ist stets Hanno, der Schäferhund, dabei, der eigens zur Disziplinierung von Zuchtbullen dressiert wurde und es schon ein paar Sekunden eher merkt, wenn ein Bulle etwas Böses im Schilde führt. Aber Lancelot ist ein Lieber.

Und weil das so ist, weil er ihre Arbeitsplätze sichert und die Einkommen von 1800 Genossenschaftsbauern, weil sie sich sofort nach seiner Auszeichnung als erstes neue Möbel und Gardinen geleistet haben, wird er täglich mit 30 Kilo Gras und Mais, fünf

Der Absamer
Lancelots Libido geht auf keine Kuhhaut. Portrait des besten Zuchtbullen der Welt

Text: Andreas Wenderoth

Am Waldrand bei Melle, Ochsenweg 40, steht ein Tier im Stall, das man nicht sehen darf. Nicht, dass es ängstlich wäre, wen hätte es zu fürchten, ist es doch schwerer, stärker, größer als die meisten, kneift nie, steht immer seinen Mann. Es ist die Angst seiner Besitzer, die Kontakt zu Fremden untersagt. Könnten Krankheiten einschleppen oder nur Unruhe, stören, wo doch Sammlung wichtig ist. In jenen Phasen vor dem entscheidenden Auftritt. Drei Spieltage jede Woche, je zwei Vorführungen ohne Publikum – das Programm ist immer dasselbe.

Lancelot heißt der stille Star der Besamungsstation der Osnabrücker Herdbuch-Genossenschaft, die mit dem schmissigen Slogan „Sehr gutes Sperma zu günstigen Konditionen" wirbt. Nun darf man unter günstig nicht unbedingt billig verstehen, und im Falle Lancelots schon gar nicht, denn seitdem der Schwarzbunte im vergangenen Frühjahr bei der internationalen Zuchtwertschätzung gegen eine Konkurrenz von immerhin 80.000 Mitbewerbern zum besten Zuchtbullen der Welt gekürt wurde, kostet ein unverdünnter Milliliter Sperma des Niedersachsen stolze 6.000 Euro – rund viermal soviel wie das vergleichbarer Bullen.

Durch das Fenster des „Scheidenvorbereitungsraumes" erkennt man von weitem das weiße Maul mit dem schwarzen Fleck, der Rest des Kopfes ist durch eine Wand mit cremefarbenen Kacheln verdeckt. Würde man den Gang mit dem hellblauen Podest entlanggehen dürfen, sähe man ihn dort in ganzer Größe, 1.100 Kilo, in seinem mit Sägespänen bestreuten Stall, der durch das Entfernen der Zwischenwand mit 30 Quadratmetern nun doppelt so groß ist wie der seiner Stallnachbarn. Sähe auch die neun Infrarot- und drei UV-Strahler an der Decke, von denen man sich positive Effekte auf Lancelots Libido erhofft. Zwar hat er außer diesem Stall und der Rückseite einiger Standbullen nicht viel von der Welt gesehen, dennoch ist er in etwa 15 Ländern an der Zeugung neuer Kuhgenerationen beteiligt. „Wir können den Bedarf kaum decken", sagt Manfred Düvel, Absamer seit einem Vierteljahrhundert.

Lancelot soll es gut haben bei ihnen. Das ist das Mindeste für ein Tier, das inzwischen mehr als die Hälfte der Firmeneinnahmen einspielt. Als ruhig und umgänglich, ja gutmütig beschreibt ihn Düvel, was wichtig ist bei einem Tier, das, würde es um seine Kraft wissen, sich von niemandem am Nasenring führen ließe. „Bullen sind schon gefährlich", sagt Düvel, aber eben auch sehr personenbezogen. Und so leisten sie sich, sozusagen als vertrauensbildende Maßnahme, den Luxus, ihn an der Kette und nicht an der Nasenstange zu führen. Dafür ist stets Hanno, der Schäferhund, dabei, der eigens zur Disziplinierung von Zuchtbullen dressiert wurde und es schon ein paar Sekunden eher merkt, wenn ein Bulle etwas Böses im Schilde führt. Aber Lancelot ist ein Lieber.

Und weil das so ist, weil er ihre Arbeitsplätze sichert und die Einkommen von 1.800 Genossenschaftsbauern, weil sie sich sofort nach seiner Auszeichnung als Erstes neue Möbel und Gardinen geleistet haben, wird er täglich mit 30 Kilo Gras und Mais, fünf Kilo Heu und zwei Kilo Kraftfutter bei Laune gehalten. „Wir versuchen, das Optimale aus ihm rauszuholen." Der Stall ist so gebaut, dass Zugluft ausgeschlossen ist. Die Temperatur darf nicht zu hoch sein („Wie bei uns, wenns zu warm im Schlafzimmer ist, kann man nicht gut schlafen"). Sie sind stolz auf ihn. „So einen Bullen", sagt Düvel, „hat man nur einmal im Leben." Was nicht verhindern wird, dass Lancelot bei sinkender Nachfrage und Potenz eines Tages dennoch auf der Schlachtbank enden wird.

Aber noch bringt der Fünfjährige mit dem Gesamtzuchtwert von sensationellen 143 Punkten alles mit, was man von einem Top-Vererber verlangt. Bringt im Schnitt etwa 500 Portionen am Tag und stammt aus einer Kuhfamilie, die seit Generationen durch Milchleistung und Langlebigkeit beeindruckt. Mutter Dina zählt immer noch zur Top Ten der jemals getesteten Osnabrücker Bullenmütter, und auch Vater Lukas war mal Nummer eins. Außerdem hatte er den züchterischen Vorteil, dass er früh verstarb. Dadurch ist wenig von seinem Blut in der Welt, und die Inzuchtgefahr ist verschwindend gering, was Milchbauern sehr schätzen. Lancelot hat überdurchschnittlich große Töchter mit konstant hoher Milchleistung, festen Eutern und guter Melkbarkeit. Und er war ein gutes Geschäft: Für 3.500 Euro haben sie ihn seinerzeit als Jungbullen gekauft. Vor einem Jahr wurde er auf drei Millionen Euro geschätzt.

Sprunghalle, sieben Uhr morgens. Montag, Mittwoch und Freitag wird abgesamt. Lancelot kann wie 98 Prozent der Bullen die Kunstscheide nicht von einer richtigen unterscheiden. Düvel betont, dass sie dem Tier hier aber nicht die sonst übliche Attrappe, ein mit Kuhfell bespanntes Metallgestell, bieten (die auch reicht, um den sogenannten „Torbogenreflex" auszulösen), sondern reale Tiere: „Bei uns springen sie auf andere auf." Das andere Tier ist in diesem Fall keine Kuh, sondern ein Standbulle mit geringem Zuchtwert („Das sind nicht unbedingt Homos, die haben nur nichts dagegen"), dessen Aufgabe ganz überwiegend darin besteht, das Gewicht Lancelots zu ertragen, der nur hinter ihm, quasi freihändig auf der Gummilochmatte (Düvel: „Wegen der Standsicherheit") balancierend, dem zielgerichteten Ende des Zusammentreffens entgegenschwebt.

Doch sobald die Erregung überhandnimmt, nähert sich der Samennehmer und bietet dem Bullen einen auf 40 Grad erwärmten Gummischlauch, ein kleiner branchenüblicher Trick, den Lancelot auch nach 62.000 Portionen noch nicht durchschaut hat. Zwei Sekunden später reicht Düvel das Auffangglas durchs Laborfenster. Drinnen begutachtet der Laborleiter unter Fotometer und Mikroskop Samendichte und Qualität der lancelotschen Tagesleistung. Der Inhalt wird verdünnt und angereichert in Paletten von 0,25 Kubikzentimetern in flüssigem Stickstoff bei minus 196 Grad gelagert – bevor er mit dem Paketdienst in alle Welt verschickt wird. Lancelot steht da schon wieder im Stall, Heu kauend, und ahnt nichts von all jenen Verwandten, die er nie sehen wird.

Nicht alles, was man nachts keuchen hört, ist die Bronchitis

„Mit 35 geht Profi-Fußball nicht mehr, mit 40 kannst du Formel 1 vergessen, mit 50 jede Art von Leistungssport. Und um die 70 rum wird jeder Wunsch nach Sex zur Quälerei" – Gedanken zur Lust im Alter

Text: Heinz van Nouhuys

Fotos: Roberto Rodriguez

„... und man sieht einen Augenblick die Stellung vor sich, in der Zeus zu Leda ging, aber man überschätzt sie nicht mehr so."

Gottfried Benn: Drei Alte Männer

Zur Einführung ins Thema ein gemeiner Spruch: Sex im Alter besteht aus dem Bemühen, mit gekochten Makkaronis Mikado zu spielen. Soweit es die rein technische Seite des Phänomens betrifft, ist diese ironische Aussage eine Binse und nicht zu widerlegen. Wer sexuelles Empfinden und Verhalten auf einen primitiven Rein-Raus-Mechanismus reduziert, dem kann geholfen werden. Eine umfangreiche pharmazeutische Viagra-Familie steht in jeder Apotheke abrufbereit, um erschlaffte Lustkolben zumindest auf einen Al-dente-Standard zu erhärten.

Erotischen Turnern beiderlei Geschlechts mag es zumindest zeitweise durch diese Leibesübungen gelingen, den erlittenen Frust sexueller Abstinenz vergessen zu machen. Dafür entsteht bei nur etwas sensibleren Naturen allerdings ein anderer Frust. Der Mann muss sich selbst nach drei erfolgreich absolvierten Nummern hintereinander eingestehen: ‚In Wirklichkeit bin ich impotent.' Und die Frau erkennt bitter: ‚Es bin ja gar nicht ich, die ihn reizt, es ist eine Pille.'

Es ist wie beim Regen: Man kann einen Schirm aufspannen oder sich unterstellen, um trocken zu bleiben – aber man stellt deswegen nicht den Regen ab. Um im Bild zu bleiben: Im Herbst des Lebens nehmen die Niederschläge zu. Bei manchen schon ab 56, bei anderen erst ab 65. Kommt auf die jeweilige Kondition an und wie man vorher gelebt hat. Jetzt kommt es darauf an: Wie geht man damit um, damit man nicht im Regen stehen bleibt?

Ein Patentrezept für alle gibt es nicht. Um über den Sex von Frauen im Alter zu reden, fehlt mir die Kompetenz. Dafür gibt es eine eindrucksvolle Untersuchung der Berliner Charité. Über den Umgang mit Sex bei Männern meines Alters weiß ich einiges – aber über jeden etwas anderes. Hier ein paar eindrucksvolle Beispiele:

Da gibts Olaf, 72, einen pensionierten ehemals hohen Bankangestellten. Als der so Mitte fünfzig wurde, im dritten Jahrzehnt immer noch glücklich verheiratet, wollte er seinen seit einiger Zeit latenten Wunsch nach etwas erotischer Abwechslung endlich mal in die Tat umsetzen. Die nachlassende häusliche Manneskraft, so sah er es, bedurfte einer aushäusigen Stimulanz.

Er sah sich im gleichaltrigen Kollegenkreis um, wollte wissen, wie die das so handhaben – doch was er dabei erfuhr, gefiel ihm nicht: Der eine vögelte regelmäßig einmal pro Woche, freitags nach Dienstschluss, seine Sekretärin auf dem Schreibtisch. Ein anderer ließ sich, ebenso regelmäßig, montags vor Dienstbeginn, unter seinem Schreibtisch von einer ungarischen Botin oral bedienen. Von zwei Graumelierten aus der Innenrevision wusste man, dass sie einmal im Monat gemeinsam mit Kollegen aus einer anderen Bank in eine stadtbekannte einschlägige „Sauna" gingen. Dort genossen sie vor allem, wie sie selbst schamlos angaben, „die prickelnden Schläge mit frischen grünen Zweigen auf den nackten Arsch".

Als es dann bald in der Bank zu einem Skandal kam, weil ein Anlageberater bei einem Hausbesuch seine Kundin begattete, während der Gatte die Wohnung betrat, erklärte der Chef seinen engsten Vertrauten, wo es langzugehen habe: „Meine Herren, wir sind alle keine Engel. Also, wenns denn schon mal ne Geliebte sein muss: keine Kollegin, keine Kundin, klar? Auch keine echte Liebschaft nebenbei. Macht nur Ärger. Will, wenn man sich nicht bei ihr meldet, in der Bank dauernd am Telefon zu einem durchgestellt werden. Oder schreibt gar Briefe nach Hause. Na, stellen Sie sich das mal vor. Nein, meine Herren, ich sage nur: Callgirls. Ganz saubere Sache. Die Damen sind gepflegt, diskret, geben sich nicht mit ungewaschenen Ausländern ab, sind medizinisch clean. Saubere Sache mit denen. Man kriegt was man will, kostet hundert Mark, na schön, aber danach hat man seine Ruhe vor ihnen. Klar?"

Diese Rede hatte Olaf ungemein gefallen. Wenn schon, dann war das die Lösung. Drei Wochen später war er zum ersten Mal bei einem Callgirl. Schöne Wohnung in einem Hochhaus, kein Mieter kannte den anderen, breites Bett, gekacheltes Bad, flauschige Handtücher. Und – das Mädchen machte keine Zicken; verlor nicht die Geduld, wenn er nervös war und darum ziemlich lange brauchte, und meckerte ihn nicht an, wenn er aus Übererregung abprotzte, bevor er es überhaupt geschafft hatte, in sie einzudringen. Drei, vier Jahre ging das gut. Dann suchte er

auch hier nach einer Abwechslung: „Sein" Callgirl bot ihm an, ihre Freundin mit dazuzubitten. Ein Dreier. Wunderbar! Zwei Jahre später wollte er nur noch zusehen, wenn es die beiden Mädels miteinander machten.
Vor drei Jahren ließ er sich zum ersten Mal fesseln. Das hatten „seine" beiden Callgirls nicht gewollt. Also kam eine Dritte ins Spiel. Ging eine ganze Weile ganz gut. „War ja nur einmal alle zwei Monate", erklärte mir Olaf, „dann ließ sich mein Schwanz nicht mehr bescheißen. Er wollte einfach nicht mehr, hätte auch bei zehn oder zwölf frischen Ästen auf dem Arsch nicht mehr gewollt."
Ich fragte ihn nach Viagra.
„Durfte ich nie nehmen. Hat mir der Arzt verboten. Das Herz."
„Und nun?"
„Einsicht. Vernunft. Bescheidenheit. Ist schwer, kann nicht jeder, ich weiß. War auch bei mir nicht einfach. Glaubst ja immer noch, vorübergehende Schwäche, gibt ja da die tollsten Tricks dagegen. Alles Quatsch. Mit 35 geht Profi-Fußball nicht mehr, mit 40 kannst du Formel 1 vergessen, mit 50 jede Art von Leistungssport. Und um die 70 rum wird jeder Wunsch nach Fickerei zur Quälerei. Vergiss es einfach."
Olaf, der Einsichtige, Vernünftige, Bescheidene. Wunderbar.
Anderen widerfährt anderes. Wo Olaf das Gereiztwerden aufgab und sein Blatt seufzend hinwarf, lassen sich andere weiter reizen. Sylvia, die Domina, deren Telefonnummer man jede Woche in den einschlägigen Spalten der Berliner *BZ* findet, variiert aufgrund ihrer Erfahrungen das Thema so:
„Nur Frauen wissen, dass der beste Orgasmus der ist, den man sich alleine holt. Männer brauchen eine Frau dazu. Wenn es normal bei denen nicht mehr geht, verlangen sie nach härteren Bandagen – im wahrsten Sinne des Wortes. Am Anfang tun es ein paar leichte Peitschenhiebe auf den Hintern, zum Schluss wollen sie gewürgt werden, bis ihnen die Luft fast für immer ausgeht. Sie nennen das die ultimative Geilheit, ich sage: Die werden zunehmend geisteskrank. Aber was solls, ich lebe davon."
Man sollte die Aussage der Domina Sylvia nicht überschätzen. Gewaltgeladene Schäferstündchen in sexuellen Folterkammern sind, trotz steigenden Angebots, bei älteren Herren doch eher die Ausnahme. Weitaus häufiger hingegen sind Auslegungsdifferenzen über die geltenden Gesetze der Marktwirtschaft bei Angebot und Nachfrage im „normalen" Hurenbetrieb. Dort lautet die Kernfrage: Hat der zahlende Freier Anspruch auf einen ihm zu liefernden Orgasmus? Die meisten Huren bemühen sich emsig, dieses Ziel zu erreichen, aber sie verneinen einen Anspruch darauf. Für sie ist eine Nummer eine Nummer, aber wie sie für den Kunden endet, ist sein Problem. Viele ältere Freier sehen das ganz anders, so etwa nach dem Motto: Keinen Orgasmus kann ich auch zu Hause haben, eine Hure zahle ich dafür, dass ich ihn auch bekomme.
Kein Orgasmus – kein Geld. Mit dieser Rechtsauffassung wollte ein uns bekannter Schweizer Verleger in Berlin vor Gericht ziehen, weil ihm in einem Edelpuff in Grunewald drei hintereinander bestellte Damen nicht zum Orgasmus verhelfen konnten, obwohl sie zusammen über tausend Euro kassiert hatten. Dem – klugen – Anwalt des Verlegers gelang es im Interesse seines Mandanten, einen öffentlichen Skandalprozess zu verhindern. Dadurch gibt es in dieser heiklen Rechtsfrage immer noch kein Präzedenzurteil.

Wesentlich ruhiger, und mittlerweile wesentlich weitverbreiteter, verlaufen die virtuellen sexuellen Beziehungen, die betagte Männer unterhalten. Sie stellen das größte Zuschauerpotenzial bei den Kanälen im *free-tv*, die jede Nacht jede weibliche Intimzone zur Besichtigung freigeben. Die dort – umsonst – gezeigten Softporno-Clips sollen die Voyeure reizen, die eingeblendeten Telefonnummern zu wählen, unter denen angeblich die eben gesehenen Erotikstars zu jeder nur denkbaren verbalen Schweinerei bereit sind. In ihrer Wortwahl sind sie das tatsächlich – aber es sind in der Regel nicht die knackigen TV-Nudistinnen, sondern Teilzeitkräfte in einem Callcenter, die ihren obszönen Wortschwall von Manuskripten mit der gleichen Leidenschaft ablesen, wie die Zugauskunft der Bundesbahn. Wer unter diesen Umständen einige Zeit benötigt, um zu einer Art von Erguss zu kommen, zahlt für die Telefonnummer mehr als für eine richtige Nummer im Puff.

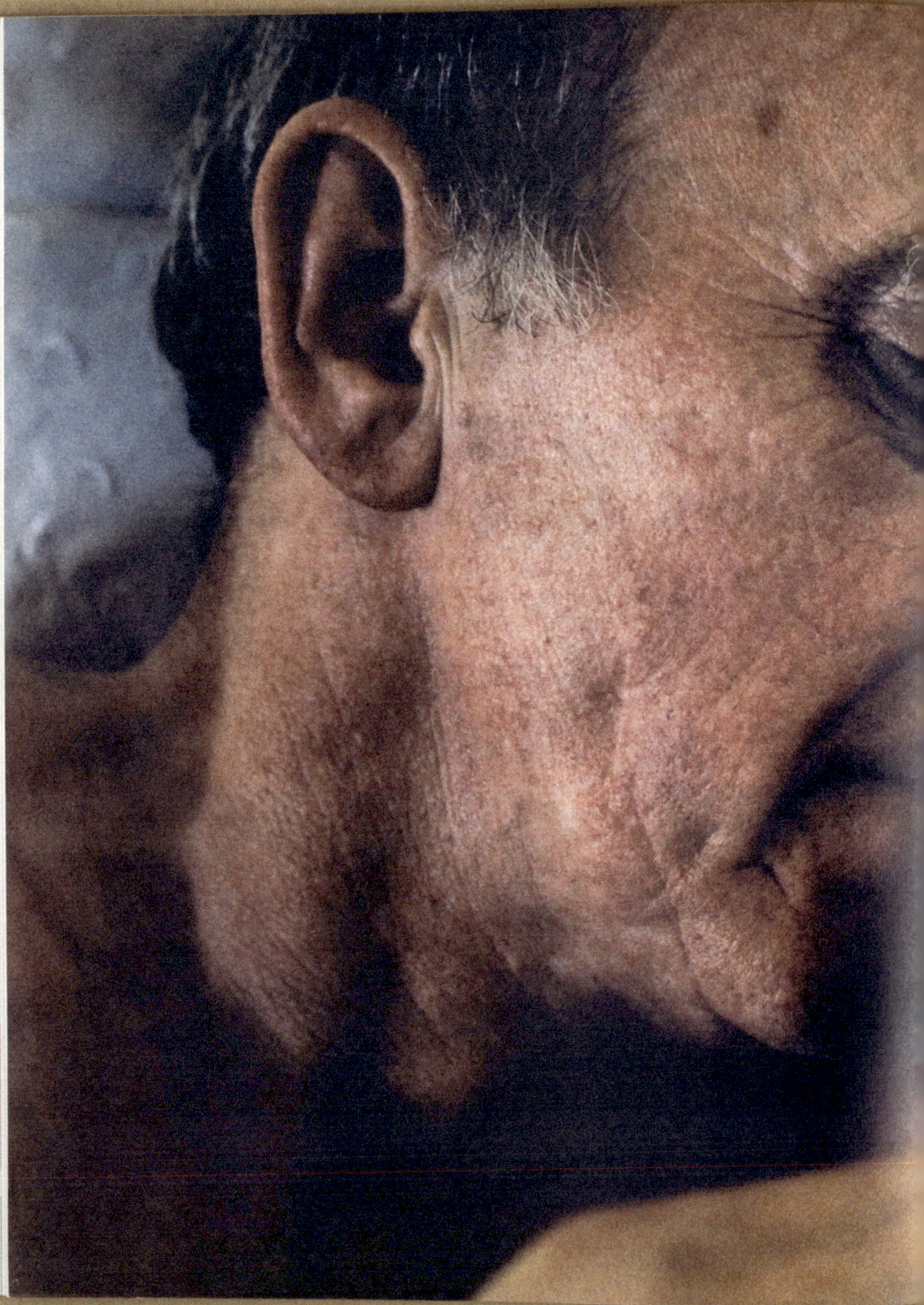

Die alte Leier: Wer Sex für Geld will, muss reichlich löhnen. Und dazu die alte Weisheit, die wir schon auf dem Schulhof gehört haben: Wenn der Schwanz steht, ist der Verstand im Eimer.
Ein weiterer, schon in der Pubertät oft gehörter Spruch sollte hier nicht unerwähnt bleiben. Er betrifft die mit großer erotischer Fantasie versehenen Männer, die ohne kostspielige Extras auskommen. Der Spruch lautet: Ficken kann nie so schön sein, wie man es sich beim Onanieren vorstellt. In geduldiger einsamer Beschäftigung mit sich selbst führen sie ihren Penis rhythmisch über den Zahnradspeicher ihrer sexuellen Erinnerungen, bis ein Zacken einhakt. Sexualforscher behaupten, dass gut ein Viertel aller Männer über sechzig auf diese Weise immer mal wieder einen Lustgewinn erzielen.

Nach diesem Ausflug ins Reich der Schwellkörper-Fanatiker ein Blick auf die gesetzten Herren, die das alles erheblich ruhiger angehen – denn die sind schließlich immer noch in der Mehrheit. Aber es ist eine Mehrheit in kaum greifbarer Vielfalt. Ein typisches Gruppenverhalten, das die Fünf-Prozent-Klausel sprengen würde, ist nicht erkennbar. Es geht um Zehntausende, wenn nicht Millionen Einzelfälle.
Am besten gefällt mir der Wilmersdorfer Rentner, dem sein Arzt einen täglichen Zweistundenspaziergang bei jedem Wetter verordnet hatte. „So alleene durchs Nirwana schlurfen, also ick bitte Sie", beschwerte er sich. Da kam dem Arzt eine Idee. „Wilmersdorf", sagte er, „das ist doch voller Witwen. Die meisten von denen haben einen Hund, und fast alle haben ein Zipperlein; Hüftgelenk, dicke Beine und so. Warum bieten Sie denen nicht an, die Hunde auszuführen? Dann haben die Damen eine Entlastung und Sie Gesellschaft."
Kein blöder Rat, wie sich herausstellte. Nach knapp einem halben Jahr war unser Rentner der Scheich von acht Haremsdamen. Mal bei der einen, mal bei der anderen gab es nach dem Hundeausführen eine kleine Kaffee- und Kuchentafel, mal ein Likörchen oder Schnäpschen – und auch immer mal wieder zunehmend kühner werdende gegenseitige Schilderungen erotischer Erinnerungen. Und dann? Schelmisch verschlossen beantwortet der Rentner diese Frage: „Denken Sie an den alten Beckenbauer, der hat gesagt: A bisserl was geht alleweil."
Manche mögen es ja vielleicht nicht glauben: Was der Wilmersdorfer Rentner da als Solonummer abliefert, ist in so manchem Seniorenheim eine gern geübte Praxis. Harmlose Brett- und Kartenspiele am Nachmittag führen dort am Abend zur gemeinsamen Betrachtung von Fernsehfilmen und oft an den Wochenenden zu Tanzveranstaltungen, bei denen man sich häufig gegenseitig ganz schön auf die Pelle rückt. „Und dann", sagte mir augenzwinkernd eine erfahrene Betreuerin, „ist nachts nicht alles, was man durch die Türen keuchen hört, Bronchitis."
Nicht immer kommt das späte Liebesglück sozusagen auf Krücken daher. Der berühmte Berater eines großen Automobilkonzerns traf im 72. Lebensjahr, nach drei Scheidungen und einem eher sanft entschlafenen Sexualleben, eine 35-Jährige, bei deren Anblick ihm, wie er mir sagte, „meine beiden Köpfe gleichzeitig explodierten." Jetzt ist er 75, hat mit seinem reifen Fräuleinwunder zwei kerngesunde Kinder und, so sagt er, „arbeitet drei Mal in der Woche heftigst am dritten." Verdächtigungen hämischer Freunde, da seien vielleicht heimliche Helfer am Werk gewesen, verflüchtigen sich, wenn man die Kinder sieht. Sie sind ihm wie aus dem Gesicht geschnitten.
Über seine eigenen sexuellen Befindlichkeiten zu reden, ist ja nicht jedermanns Sache. Von den vielen Verschwiegenen hört man nichts. Außer vielleicht diesen Witz, der wie jeder gute Witz aus einem tragischen Anlass über die Absurdität ins Schwarze trifft:

Drei alte Männer, 60/70/80, sitzen auf einer Parkbank. Der 60-Jährige: „Also an den Fest- und Geburtstagen gehts eigentlich immer noch ganz gut." Der 70-Jährige: „Na ja, an unserem Hochzeitstag und an Silvester, mit Mühe zwar, aber es geht." Der 80-Jährige: „Heute früh um neun wollte ich mal wieder mit meiner Anne. Da sagte die, ich hätte doch erst vor einer Stunde mit ihr ... Das Gedächtnis, sage ich euch, das Gedächtnis!"
Was beweist: Im Alter gibt es größere gesundheitliche Handicaps als das Nachlassen der Manneskraft!

Fotograf William Minke stand bei der Sexmesse in Berlin 2009 auf der richtigen Seite

Ciao Bello

Auf der Zoophilen-Party war
Gastgeberin Doris mit einem
Schäferhund im Bett.
Aber Spaß hat es nicht gemacht

Text: Ben Knight

Auf der Zoophilen-Party, die ich im letzten Sommer besuchte, war es überraschend peinlich. Ich hatte gedacht, eine solch intime Party wäre geselliger, wenn man derart besondere Triebe hat. Aber irgendwie haben sich alle etwas geniert. Vielleicht habe ich die Stimmung nicht gerade begünstigt.
Ich bin quer durch Deutschland gefahren, von Berlin nach Essen, um dabei zu sein, und einer fragte mich schon: „Warum? In Berlin gibts doch auch eine Szene." Ich wollte herausfinden, was Bizarrsex-Menschen eigentlich so machen und wie bizarr sie wirklich sind, und Joachim und Doris waren die einzigen Zoophilen, die mich reingelassen haben. Obwohl sich die deutsche Zoophil-Szene über die ganze Bundesrepublik verteilt, ist sie dennoch eine feste Gemeinde, und normalerweise kommen keine einzelnen fremden Männer auf ihre Hunde-Partys.
Ich hatte gesagt, dass ich meine Freundin mitbringe. Doch die musste dann überraschend absagen. Tja. Also stand ich allein vor der Tür und hoffte, dass sie mich als die Hälfte eines Paares akzeptierten und mir glaubten, dass ich die dunkle Seite meiner Sexualität erforschen wollte. Ich wurde eingelassen, aber nicht ohne Misstrauen. Es wurde viel über *Fakes* geredet. Ein *Fake* ist ein Hundesex-Voyeur, jemand, der wie ein Parasit fasziniert ist vom sexuellen Verhalten anderer Menschen. Ich bin ein *Fake*. Aber zum Glück haben sie es erst nach meinem Abgang gemerkt.
Ich war früh dran und überraschte Joachim bei seinen Vorbereitungen. Aber er nahm es gelassen. Er zog seine Jeans über seinen Bauch hoch und lud mich ein, mich zu setzen. Joachim hatte einen schwabbeligen Bauch und trug ein weites Leinenhemd, das auf der Brust offen war. Er hatte zudem einen kleinen Schnurrbart und einen beunruhigenden Blick, der mich ein wenig zu sehr an Hitler erinnerte. Obwohl sich wahrscheinlich keine faschistische Manie hinter diesem Blick verbarg, war es die größte Ähnlichkeit, die ich je gesehen habe. Seine Frau Doris, eine dünne, stumme Eva Braun in falschem Leder und mit rotgefärbtem Haar, saß neben mir an einem Ikea-Tisch. Zwischen den beiden sitzend nippte ich ein wenig an meinem Mineralwasser. Sollte Joachim jetzt schon misstrauisch gewesen sein, dann hat er es gut verborgen. Er sprach nun ununterbrochen während der folgenden acht Stunden (meistens über seine Lebensgeschichte, mit nur mild rassistischen Kommentaren zur Lage der Bundesrepublik).
Im Laufe dieser unaufhörlichen Anekdotensammlung steuerte die Party auf einen kurzen, unerfüllten Höhepunkt zu und versickerte danach in nostalgischen Zoosex-Geschichten. Am Ende waren zehn Männer, vier Frauen und zwei Hunde da. Nur eine Frau (Doris) und ein Hund (Billy) hatten versucht, Sex zu haben. Der rothaarige Harald war der Besitzer der kleinen Wohnung. Eine einräumige Zuflucht, die früher an Studenten vermietet wurde. Aber nachdem die Wohnung einmal in einem furchtbaren Zustand zurückgelassen wurde, haben sich Harald und seine Frau entschieden, sie für Orgien und „Männerüberschuss"-Partys zu reservieren. Das Paar stattete die Wohnung mit einem niedrigen Bett und einer hölzernen SM-Bank aus. Der Bodenbelag war praktisches, abwischbares Linoleum und der Wandschrank voller sauberer Laken und Handtücher. Harald bezog das Bett dreimal neu während der Party.
Der vergnügte und gut gelaunte Thorsten hatte wie Joachim eine Videokamera, einen Bauch und einen Schnurrbart. Er war ein alter Freund des Paares. Er meinte, seinen Hund Henry habe er nicht mitbringen können, weil der gerade an Lungenkrebs leidet. Doris hing sehr an Henry. Alle auf der Party waren im mittleren Alter und aus dem Arbeitermilieu, mit Ausnahme von Johanna und Thomas, einem Studentenpaar Anfang zwanzig. Johanna und Thomas hatten bereits Partnertausch ausprobiert und wollten nun in dunklere Gewässer eintauchen. Johanna war etwas schüchtern, der bisexuelle Thomas mit der Lederjeans blass, aber sehr höflich. Sie hatten eine Flasche Rotwein mitgebracht. Johanna machte bescheiden klar, dass sie heute keine Hunde ficken, sich aber vielleicht von Billy lecken lassen würde.
Später, als der riesige, hyperaktive Schäferhund durch die Wohnung sprang, wild hechelte und seine 30 Zentimeter lange, muskulöse Zunge zeigte, lehnte sich jemand zu Johanna und sagte: „Na, nicht schlecht, oder? Da können wir nicht mithalten, oder?

Sieht gut aus, was?" „Ja", meinte Johanna und lächelte scheu. Johanna sah interessiert aus, aber bisher war nichts Erotisches geschehen. Billy war der Einzige, der wirklich Spaß auf der Party hatte. Er war zwei Jahre alt und reinrassig. Tony, ein Kerl wie ein Brocken mit einer rauen Stimme, hatte ihn als Welpe für 600 Euro gekauft. Billy war nicht nur ein majestätisches Tier, sondern auch die männlichste, nobelste Kreatur im Raum. Er merkte das, und wir minderwertigen Männchen wurden zu seinem Rudel.

Er etablierte seine Alphaposition auf dem Bett im Zentrum des Zimmers und begutachtete uns. Wir waren alle fette, schielende Affen mit fleckiger Haut – fast alle Raucher und Halbalkoholiker. Wenn ich Doris oder Johanna wäre, dachte ich, würde ich auch lieber mit Billy schlafen als mit einem von uns. Er hatte nun klargemacht, wem das Bett gehörte, aber er wollte nicht darauf ruhen. Er sprang herum, roch aufgeregt an allen. Die Männer machten kraftlose Scherze: „Er weiß, worums geht!" – „Nein, hier nicht! Ich hab nichts für dich!" Es war genau die gleiche Sprache, die man von gewöhnlichen Hundebesitzern kennt, nur eben mit einem perversen Unterton. Er war so aufgeregt, dass er auf das Linoleum pisste. Ich fragte Joachim, ob man einen Hund trainieren müsse, damit er Sex mit einer Frau hat. „Nicht viel. Ein paar Mal vielleicht, aber nachdem man ihn angeregt hat, übernimmt meistens sein Instinkt."

Tony erzählte, dass die Versuche mit Billy und seiner Freundin nicht erfolgreich gewesen waren. Aber Billy hätte sich daran gewöhnt, masturbiert zu werden. Nach ungefähr drei Stunden fing der Sex an. Doris hatte ihre Jeans im Badezimmer ausgezogen. Als sie wieder hereinkam, mit nichts außer einem T-Shirt bekleidet, wurde alles plötzlich still. Die zwei Videokameras fingen leise an zu surren. Billy pisste wieder auf den Boden. Doris stieg aufs Bett, und Billy sprang gleich an ihre Seite. Sie spielte mit ihm, streichelte ihn, flüsterte in sein Ohr wie eine Mystikerin. Irgendetwas Privates und Schönes spielte sich mitten im Zimmer ab, während wir es lasziv beobachteten wie lüsterne Zwerge. Doris fasste Billy kaum an, zeigte ihm stattdessen ihren dünnen Körper. Sie ruhte ab und zu, um einen komischen, glückseligen Augenkontakt mit Billy aufzunehmen. Sie nahm sanft Billys Penis in die Hand. Sein Rücken wölbte sich, und er poppte ihre Hand kräftig für ein paar Sekunden, bis er sein Gleichgewicht verlor. Sein Penis schob sich aus dem Fellschlauch heraus, Doris drehte sich um, und Billy versuchte, sie zu decken. Er stieß völlig gehetzt mehrere Male, drei Sekunden lang, versuchte einzudringen – und fiel herunter. Dieses Ritual – Streicheln, Flüstern, Wichsen, Penetrationsversuche, Runterfallen – wiederholte sich ein paar Mal, bis Doris aufgab, ohne Bedauern oder den Hund zu beschimpfen. Die Männer machten ihr auch keine Vorwürfe. Es würde halt keine der wilderen Partys werden. Joachim machte ein paar kennerhafte Bemerkungen zu der „Phase", in der sich Billy gerade befand. Billy guckte etwas verblüfft und sah nun bei Weitem nicht mehr so majestätisch aus. Tony entschied, dass es Zeit war, Gassi zu gehen. Joachim fing wieder an zu erzählen. Harald wechselte die Laken. Dann meinte Joachim plötzlich, dass Tony den Billy wahrscheinlich schlage. „Er hat viel zu viel Angst vor seinem Herrchen", meinte er. Auch Doris, die sich inzwischen wieder angezogen hatte, meinte: „Da ist irgendwas nicht koscher." Thorsten fand das auch. Es gab nicht mehr viel zu tun, außer Geschichten zu erzählen. Joachim erzählte, wie sein Sohn herausgefunden hatte, dass er und Doris „Zoo" waren. In der Schule hat der 17-Jährige die Namen seiner Eltern gegoogelt und fand eine Webseite mit den ganzen Bildern. Sie gestanden ihm alles, und er war völlig außer sich. Dann erzählte er es seinen Freunden, und kaum vier Wochen später brachte er ein Mädchen mit nach Hause, die es auch probieren wollte.

„Bis ich 60 war, dachte ich, das wäre ein Knochen."

FRANZÖSISCHER SCHAUSPIELER, UM 1900

Guter Mann

WENN MÄNNER SICH AUSZIEHEN, KOMMEN ENTWEDER WASCHBÄR- ODER WASCHBRETTBÄUCHE ZUM VORSCHEIN. BEIDES KEIN SCHÖNER ANBLICK. IM GEGENSATZ ZU DEN NACKTEN, DIE DER FOTOGRAF ROY BLAKEY VOR 30 JAHREN PORTRÄTIERT HAT.

BERLIN

LOB DER ARMUT

Berlin nervt oft ganz gewaltig, auf vielerlei Arten, jeden einzelnen Tag. Berlin hat U-Bahn-Kontrolleure, die auch Kickboxer sein könnten. Politiker, die besser als mauscheln nur noch Geld verprassen können. Des Weiteren: rüpelige Richter, großkotzige Polizisten, endlose Baustellen, mies gelaunte Tresenkräfte sowie Heerscharen biederer Journalisten. Der sich maßlos überschätzende Bürgermeister macht den Kultursenat gleich mit – und zu allem Überfluss setzt man in die Stadtmitte ein milliardenteures Rigips-Schloss, das jeden modernen Menschen, der noch einen Funken architektonischen Anspruchs hat, zum Wahnsinn treibt.

Und dennoch. Berlin ist und bleibt auf absehbare Zeit die einzige deutsche Stadt auf Weltniveau. Die einzige, der man das Wort „Groß-" bedenkenlos voranstellen kann – und die genau daher alle anzieht, die es aus der Spießbürgerlichkeit des Restlandes heraustreibt. Menschen in Porsche Cayennes werden hier eher belächelt als bewundert, niemand wird angestarrt, weil er in einem Film mitgespielt hat, bunte Haare hat oder zerrissene Kleidung trägt. Und wen das Schicksal einmal dazu verdammt hat, den Inspirationspegel der Stadt München ermitteln zu müssen, der sehnt sich jeden verdammten Tag auf die Straßen Kreuzbergs, Moabits oder Friedrichshains zurück.

Die Berliner werden etwas vorschnell der Schroffheit bezichtigt. Zunächst mal ist gar nicht einzusehen, was so unfreundlich daran ist, wenn jemand einen Großteil der Stadt von Zugezogenen besiedeln lässt – ja, ihnen ganze Stadtteile überlässt, ohne zu murren. Der Berliner erzeugt keinen Assimilationsdruck auf neue Bürger. Er lässt sie in ihren Gettos wursteln, er zeigt jedem eine Ecke, in der er sich einrichten kann. Mit besonders nervigen Neu-Berlinern geht er nach dem Motto um: nicht mal ignorieren. Als vor einigen Jahren ein paar Journalisten ein Berlin-Hass-Buch auf den Markt schmissen, weil in Berlin die Auswahl an den Käsetheken zu klein sei und die Menschen in der S-Bahn Trivialromane läsen – da gab es einen Beitrag in der *Abendschau*, der sich so leutselig mit den Autoren beschäftigte, als handele es sich um putzige Zoo-Insassen.

Nicht zuletzt war das DUMMY-Berlin auch ein Dank an die Stadt, ohne die es dieses Magazin nicht gäbe. Nur in Berlin hat man die Chance, mit geringem Etat kreativ zu sein, weil nicht alle Energie aufs Geldverdienen verwendet werden muss.

IHR SEID DOCH ALLE GROSSE ARSCHLÖCHER €1.500

ALTE SAU €2.500

€350 **DU ARMES SCHWEIN, DU HAST DOCH EINE MATTSCHEIBE**

BEKLOPPTER €250

VERFLUCHTES WEGELAGERERGESINDEL €900

€1.000 **BULLENSCHWEIN** **(MIT STINKEFINGER)**

ZU DUMM ZUM SCHREIBEN €450

SCHEIBENWISCHER €350–1.000 **(MIT DER HAND VOR DEM GESICHT WEDELN)**

€1.500 **RAUBRITTER**

€750 **EINEN VOGEL ZEIGEN**

WEGE-

€1.000 **DU WICHSER**

Wer Streit mit Polizisten sucht, sollte sich genau überlegen, was er sagt. Denn anders als in Holland, wo ein herzliches »Fuck you« schon mal ungeahndet bleibt, haben die Richter hier wenig Verständnis für Wutausbrüche. Eine Preisliste in Euro

AM LIEBSTEN WÜRDE ICH JETZT

ARSCHLOCH €1.500 ZU DIR SAGEN

BEI DIR PIEPT'S WOHL €750

KREIS AUS DAUMEN UND ZEIGEFINGER BILDEN €675–750 (ARSCHLOCH)

FIESES

€150–300 ZUNGE HERAUS-STRECKEN

IDIOTEN, €1.500 IHR GEHÖRT IN DIE NERVENHEILANSTALT

DU BLÖDES SCHWEIN €500

€300 LECK MICH DOCH

MISTSTÜCK €2.500

€600 EINEN POLIZISTEN DUZEN

WICHTELMANN €1.000

TROTTEL IN UNIFORM €1.500

DIR HAT WOHL DIE SONNE DAS GEHIRN VERBRANNT €600

DU SCHLAMPE €1.900

€300 WITZBOLD

€300–600 DUMME KUH

Quelle: ADAC

Nichts da

Muss man einen großen Geländewagen haben? Eine kleine Wohnung für viel Geld? Arbeit statt Sex? Wohl eher nicht. Ein Lob der Armut

Text: Harald Martenstein

Warum ist Berlin eine großartige Stadt? Warum wollen wir hier leben und nirgendwo anders? Wer diese Frage stellt, zum Beispiel auf einer Party in Berlin-Mitte, wird ungefähr die folgenden Antworten erhalten: die Kunstszene, die Kultur. Spannende Leute. Das Nachtleben. Wenn du rausfährst, bist du sofort im Grünen. Überhaupt, eine unglaublich grüne Stadt, die Parks und die Seen. Billige Wohnungen. Überhaupt, du kannst in Berlin billig leben. Die Stadt ist offen, sie nimmt dich schnell auf, nach ein oder zwei Jahren ist es, als seist du schon immer hier gewesen. Dazu das Multikulturelle! Jeder Stadtteil ist anders. Und so weiter.

Alles, wirklich alles, was Berlin attraktiv macht, hängt damit zusammen, dass Berlin eine arme Stadt ist und es immer war. Diese Aussage gilt auch für das, was man „Natur" zu nennen sich angewöhnt hat. Das Umland ist grün und ländlich, weil Berlin in einer Gegend ohne nennenswerte Bodenschätze liegt, es gibt keinen mit London oder Paris vergleichbaren industriellen Speckgürtel, weil nach dem Mauerfall die Industrie und der Handel nicht nach Berlin zurückgekommen sind, die Seen sind oft genug deshalb entstanden, weil in Berlin mit billigem Torf geheizt wurde, die Parks gibt es deshalb, weil das Berliner Proletariat des 19. Jahrhunderts in dunklen Mietskasernen zusammengepfercht war, und weil seine Herren kein Interesse daran hatten, dass ihr Proletariat ihnen nach kurzer Zeit verreckte. Dass die billigen

Wohnungen, die billig sind, weil Berlin arm ist, mit der „jungen, kreativen Szene" und der Multikultur zusammenhängen und diese wiederum mit dem Nachtleben, begreift man sofort.

Reiche Städte sind langweilig, weil sie nicht so viel Freiraum für Paradiesvögel und Neuankömmlinge bieten, sie schotten sich ab, weil sie etwas zu verlieren haben. Reiche Städte können sich Experimente nicht leisten. Sie haben eine schlechtere Lebensqualität, allein schon wegen der teuren, kleinen Wohnungen. Deswegen sind sogar einige der härtesten Münchenfans aus München weggezogen (und veröffentlichen dann, in Berlin selbstverständlich, Anti-Berlin-Bücher), deswegen war New York, wie mir Experten versichern, auf dem besten Weg dazu, langweilig zu werden. Vielleicht rettet ja die Wirtschaftskrise New York.

Berlin ist nicht „arm, aber sexy", wie der Regierende Bürgermeister es formuliert hat. Berlin ist sexy, weil es arm ist. Wer auf diesen Zusammenhang hinweist, von dem heißt es natürlich, er sei ein Zyniker. Und es ist ja wahr – so angenehm die Armut Berlins für diejenigen ist, die hier studieren oder ein Theater gründen oder einen Modeladen eröffnen wollen, so unangenehm ist die gleiche Armut für den Langzeitarbeitslosen, der sich in Wedding mithilfe von Hartz IV zu Tode trinkt … nein, halt: Stimmt das denn? Der Arme ist nicht einsam in Berlin. Er steht nicht am Rand der Gesellschaft, sondern bildet eine ihrer tragenden Säulen. Der Arme findet in Berlin eine Infrastruktur aus billigen Kneipen, Wärmestuben, Armenrestaurants und Benefizveranstaltungen vor, darunter die alljährliche Weihnachtsparty für Arme, die der Sänger Frank Zander ausrichtet. Ganze Stadtviertel gehören den Armen, dort muss sich zumindest keiner seiner Armut schämen. Es ist nicht schön, arm zu sein, aber für Arme ist Berlin eine angenehmere Stadt als München.

Fast immer im Leben hat das Angenehme unangenehme Nebenwirkungen und umgekehrt. Fast immer musst du dich entscheiden. Du kannst kein Leben des Rausches führen und dabei hundert werden, du kannst nicht Kinder großziehen und dich der Geborgenheit einer Familie erfreuen und gleichzeitig ein wildes Partyleben führen, du kannst nicht gleichzeitig einen Sportwagen und einen Campingbus fahren. Du kannst nicht in einer reichen Stadt leben, die „total spannend" und „wahnsinnig offen für Neues" ist.

Nicht immer sind arme Städte angenehm. Sie müssen schon groß sein, groß genug, darin unterzutauchen, groß genug für Theater und Konzerte, groß genug für zwei oder drei Reichenviertel, denn ein paar Reiche muss es ja geben, damit nicht alles völlig herunterkommt, groß genug, um Sitz einer Regierung oder eines Fürsten zu sein, das bringt Renommee und sorgt dafür, dass die öffentlichen Einrichtungen – Straßen, Schulen – in ihrem Zustand nicht unter einen gewissen Mindeststandard sinken. Die Armut dagegen darf nicht zu groß sein, nicht wie in Accra oder in Kalkutta, dort, wo gehungert wird, wo man Lumpen trägt und in Pappkisten schläft, kann man die Armut nicht loben, man wird sie auch eher „Elend" nennen.

Angenehm ist die Armut dort, wo es früher einmal bürgerlichen oder adeligen Reichtum gab, mit der entsprechenden architektonischen Erbschaft, wo der Staat sich noch sorgt, wo er noch ein paar väterliche Gefühle für die Armen aufbringt, damit sie nicht gezwungen sind, zu rauben und zu morden, um an ihre Drogen zu kommen, wo der Staat den Müll von den Straßen schafft und, ja, auch Polizisten bezahlt. Umweltkatastrophen – wie etwa die Luft in Mexiko City – können arme Städte unerträglich machen. Eine gute arme Stadt liegt in einem reichen, funktionierenden Land, einem Land voller Gesetze, Traditionen und Prinzipien, die in der armen Stadt aber in ihrer Wirkung auf ein erträgliches Maß abgeschwächt werden, sodass die arme Stadt sich zwischen Ordnung und Chaos, Verfall und Aufbau im exakten Gleichgewicht befindet, ewig unterwegs, ohne zu wissen wohin, eine Baustelle, auf der meistens die Arbeit ruht, wie Berlin.

In der armen Stadt wiegt der Makel des Scheiterns weniger schwer. Das ist menschlich an ihr. Wer hat schon Geld? Kaum jemand. Braucht man Geld? Nicht viel davon. Scheitern gibt es eigentlich nicht, wenn Armut ein Normalfall ist, der niemandem auffällt. Es gibt nur das Ausbleiben des Erfolgs. In Berlin wird derjenige, den der Erfolg verlässt, in seinem Milieu nicht so leicht verstoßen. Außerhalb der dünnen, aus München oder Bonn importierten Oberschicht von Berlin ist es sehr einfach, auf einer Party, inmitten von höheren Staatsdienern und arrivierten Künstlern, jemanden zu treffen, der eigentlich gar nichts macht und trotzdem nicht mehr jung ist.

Wer arm ist, stirbt früher, aber meist nicht an Hunger oder Kälte. Die Armen rauchen und trinken zu viel, man sagt: Sie haben sonst nichts vom Leben. Das passt nicht zu der heimlichen Sehnsucht vieler Reicher. Die Armen sind fast überall auf der Welt für die Erfindung der Nationalgerichte, für die ekstatischen Feste und für die Popmusik zuständig. Nie werden die Reichen den Verdacht los, dass die armen Nichtstuer vielleicht das bessere Leben führen, ein kurzes, aber wildes Leben ohne Triebverzicht, ohne Disziplin, ohne Angst vor Abstieg und all die anderen Stimmungskiller. Zu den Standardwarnungen gehört der Satz, man dürfe die Armut nicht romantisieren. Dieser Satz wird deswegen so oft verwendet, weil die Versuchung, genau dies zu tun, groß ist.

Stadtsoziologen erklären, dass die Armut in fast jeder Stadt ein Durchgangsstadium ist, auf dem Weg eines Viertels in den Reichtum. Zuerst ist die Armut da, dann werden die billigen Wohnungen von der *Bohème* und der Jugend erobert, die das Viertel hübsch und unterhaltsam machen, am Ende kommt das Bürgertum, vertreibt die *Bohème*, übernimmt das Viertel und verwandelt es, wie Schwabing oder Prenzlauer Berg, in ein historisches Zitat, eine Kulisse, in der neue, reiche Bewohner die arme Vergangenheit des Viertels nachzuspielen versuchen. So funktioniert es fast überall, aber Berlin ist zu groß, um jemals ganz übernommen zu werden. In Kreuzberg zum Beispiel herrscht seit Jahrzehnten ein stabiles Gleichgewicht zwischen Migranten, erfahrungshungriger Jugend und Post-68er-Bürgertum, keiner Gruppe gelingt es, Kreuzberg ganz für sich zu gewinnen. Manche Gegenden sind reich geworden, wie Prenzlauer Berg, andere verarmen dafür, wie Teile von Reinickendorf oder Spandau. Unaufhörlich strömen Arme nach Berlin, Studenten, erfolglose Künstler, illegale Migranten, Abenteurer. Sie sind zu viele, die Reichen werden immer zu wenige sein. Berlin wird niemals reich sein, das heißt, wir ziehen nie weg.

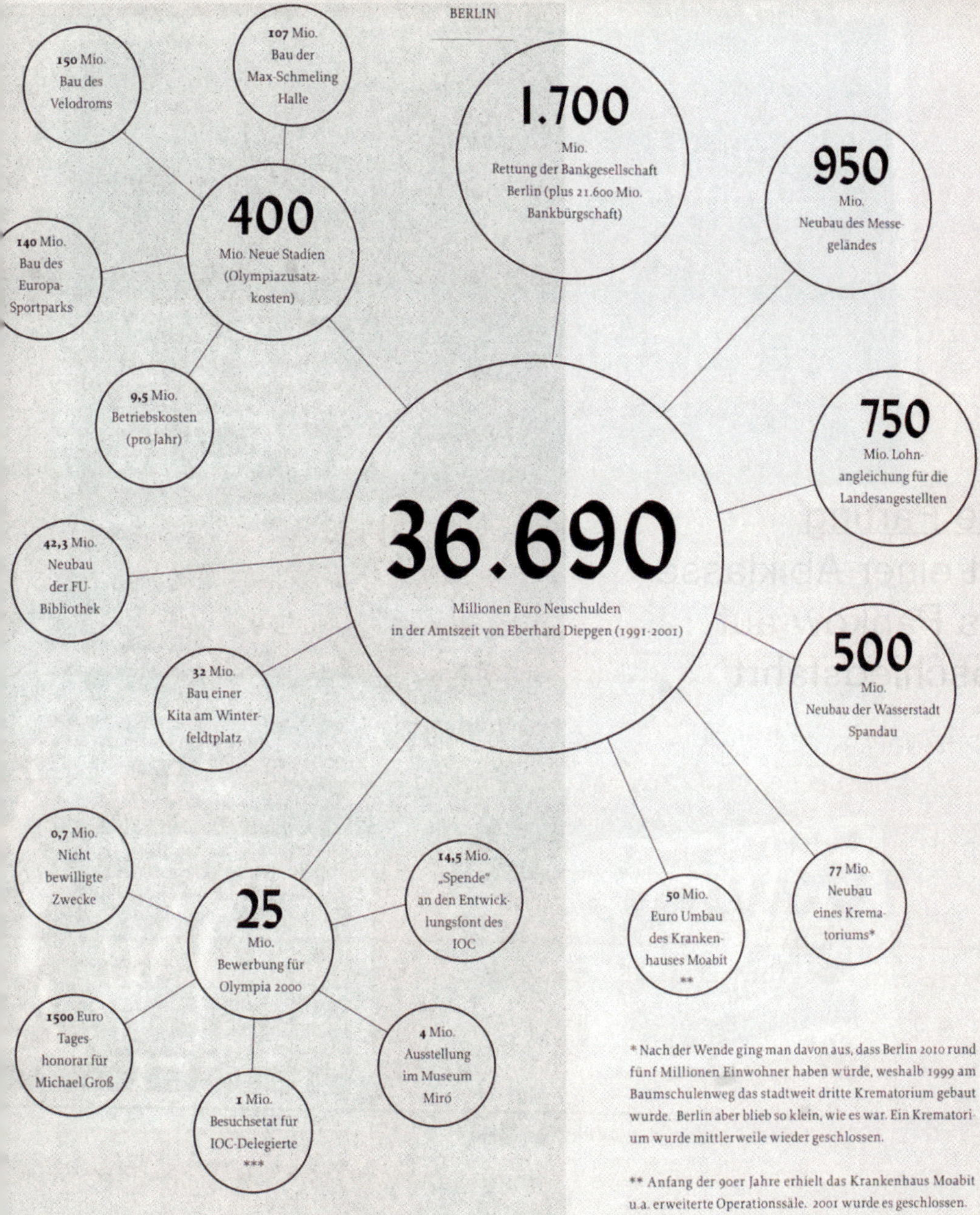

* Nach der Wende ging man davon aus, dass Berlin 2010 rund fünf Millionen Einwohner haben würde, weshalb 1999 am Baumschulenweg das stadtweit dritte Krematorium gebaut wurde. Berlin aber blieb so klein, wie es war. Ein Krematorium wurde mittlerweile wieder geschlossen.

** Anfang der 90er Jahre erhielt das Krankenhaus Moabit u.a. erweiterte Operationssäle. 2001 wurde es geschlossen.

*** inclusive Ausspähens der sexuellen Neigungen, des Drogenkonsums sowie der Haltung zum NS-Regime unter allen 100 Delegierten. Bei der entscheidenden Abstimmung erhielt Berlin ganze neun Stimmen.

The Parting
Mit einer Abiklasse aus Pankow auf Abschiedsfahrt

Fotos: Tobias Kruse

Einmal Paranoia und zurück
Unterwegs mit den allwissenden Taxifahrern von Berlin

Protokoll: Oliver Geyer

1. Etappe: „Es müsste mal wieder einen richtigen Knall geben!"
(DUMMY-Büro – Großer Stern)

Name Werner Makschin
Alter Ende 50
Herkunft Berlin
Typ „Schrebergärtner" – Schnurrbart und Lederjacke
Themen Revolution, gesellschaftliche Gerechtigkeit , enttäuschte Ostdeutsche
Einstieg Ich frage ihn, ob wir überhaupt durchs Regierungsviertel fahren können, wo doch der chinesische Staatschef im Kanzleramt zu Besuch ist und in solchen Fällen meist alles abgesperrt wird.
Nee, da waren gestern auch schon große Demonstrationen. So ist das eben, Staatschefs müssen vor denen geschützt werden, von denen se gewählt worden sind. Auf Kosten des Volkes. Das sollte dem ein oder anderen denn vielleicht doch mal zu denken geben. Hier muss dringend wieder was passieren. Hier läuft doch was nicht richtig, oder? Ick sage, es müsste wieder einen richtigen Knall geben.

Und dann?
Na, sonst bewegt sich doch nischt. Ick meine, gucken Sie sich das doch mal an, die Leute kümmern sich um nischt, die gehen alle nur einkaufen.

Aber damit helfen sie doch immerhin der Wirtschaft zu überleben?
Ach, so weit denken die doch überhaupt nicht. Jetzt wieder mit dem Zumwinkel, kann mir das mal einer erklären? Warum sie den mit der S-Klasse abholen? Überhaupt warum die Steuerfahndung S-Klasse fährt? Mich würden sie mit einem blauen Bulli abtransportieren. Warum ist der so wichtig? Warum wird der so schonend behandelt? Ich sag es Ihnen: Weil er einiges weiß über die anderen Wichtigen, die auch alle nicht wollen, dass über sie wat rauskommt.

Und wann wird er kommen, der große Knall?
Na, vielleicht sind die Deutschen zu obrigkeitshörig. Das wird schon von den Eltern an die Kinder weitergegeben und immer so weiter. Irgendwo isset ja ooch richtich, dass et son jeordnetet Zusammenleben geben muss. Sonst würde ja ooch nischt loofen. Aber die Leute wollen eben ooch keene richtige Freiheit. In der DDR war det ja ooch lange so. Die hatten ihren kleinen Garten, ihre Natur, ihren Kühlschrank und Fernseher und waren zufrieden. Und jetze hamse dieset Jefühl, det der böse Kapitalismus ihnen allet wegnimmt und versaut.

War doch auch naiv zu glauben, dass sie im perfekten System landen.
Det uns da nich die jebratenen Tauben umme Ohren fliegen würden, war mir schon lange klar. Aber vielen andern nich. Ich bin ja selbst auße DDR jeflohen. Als ich wegen versuchter Republikflucht vor Gericht stand, waren da Mitangeklagte, die dachten det wirklich, im Westen wär allet golden. Die gaben denn zu Protokoll, dass sie nur einmal ne Honda fahren wollten in ihrem Leben usw.

Wann sind Sie denn geflüchtet?
1974. Erst habick et anna Ostsee versucht, dann anna tschechischen Grenze. Hat beidet nich jeklappt. Dann hammse mich in Berlin wegen Republikfluchtplanung ranjekricht. War jut so. Haft war sowieso der sicherste Weg innen Westen. Da mussteste den Tod nich inne Augen kucken. Man musste nur einen im Westen haben, der dann diesen Vogel informiert hat. Der und zwee andere Rechtsanwälte haben det ja alles unter sich ausjemacht damals. Denn konnste First Class ausreisen.

2. Etappe: „Wowereit? Det is der Allerschlimmste!“
(Großer Stern – Unter den Linden)

Name Christian Grundmann
Alter etwa Anfang 60
Herkunft Berlin
Typ „Aggro-Weihnachtsmann“ – ergrauter Vollbart, dicker Wollpulli
Themen Protestkultur, Wowereits Politik, die Zukunft von Barack Obama, Lügen in der Politik
Einstieg Im Radio wird durchgesagt, dass die Straße des 17. Juni gesperrt ist.

Schon wieder eine Demo!
Wogegen diesmal?

Keene Ahnung. Wees ick, watt dit immer soll? (Grummelt irgendwas in seinen Bart.)

Aber demonstrieren muss man doch wohl noch dürfen in der Demokratie?
Dat Einzige, wat die tun, is mir die Arbeit versauen. Immer demonstriern se. Neulich ham sogar irgendwelche Kroaten demonstriert, weil da bei denen wieder irgendwatt nich in Ordnung war – aber denn solln'se doch in Kroatien demonstrieren! Wat ham wir denn damit zu tun? Oder Israel. Wenn da watt nich richtig läuft, solln'se sich doch alle innen Flieger setzen und in Israel uffn Putz haun, aber nich immer hier den janzen Verkehr aufhalten.

Ist aber viel verlangt, dass die sich für jede Demo ein Flugticket kaufen sollen.
Is mir doch egal, watt die machen. Ick kann det nich mehr sehen. Einen Tach demonstrieren die Radfahrer, dann die Gewerkschaften, dann die Homos.

Und bringt alles nichts?
Nee, watt soll det schon bringen? Überhaupt die Homos, dit is doch dit Allaletzte. (Grummelt wieder was in seinen Bart. Ich verstehe nur „Wowereit".)

Was haben Sie gesagt? Wowereit?
Det is der Allaschlimmste.

Wieso?
(Antwortet nichts.)

Was hat der Wowereit denn falsch gemacht?
Na allet, von Anfang an. Mit de Linken koaliert, denn den DHL nich nach Berlin jekriegt, die hatta nach Leipzig abwandern lassen, denn hatta Tempelhof zujemacht, denn hatta die zwee Hangars von Tempelhof an diese Modefirma vakloppt, weil er da wen kannte. Babelsberg hatte geboten, die Dinger fürs ganze Jahr zu mieten, aber er jubelt dit den Modeheinis unter, weil er se kennt.

Aber ist es denn nicht sinnvoll, Tempelhof zu schließen, wenn es bald den neuen Flughafen in Schönefeld gibt?
Na watt meinen se, watt Tempelhof an Taxis gebunden hat, watt wir da zu tun hatten!

Aber dann müssen die Passagiere eben aus Schönefeld geholt werden.
(Grummelt was in seinen Bart, dann ist erst mal Pause.) Da sitzta (er zeigt auf das Rote Rathaus, an dem wir vorbeifahren). Die da im Senat könnten diese janzen Demos ja ooch ma vabieten.

Moment mal, die müssen die doch zulassen.
Ja, aber nich immer vorm Brandenburger Tor, wo der janze Verkehr zusammenbricht. Meinetwegen solln'se im Treptower Park demonstrieren. An den Obama seine Stelle würd' ick die hier alle sowieso nich mehr mit dem Arsch ankucken. Da lassen se den nich vorm Brandenburger Tor auftreten, nur vor der Siegessäule!

Aber die Merkel konnte doch aus diplomatischen Gründen nicht einen Kandidaten so bevorzugen.
Ach die Merkel, die is doch sowieso dit Letzte. Oder finden Sie die etwa jut? Der Obama zeigtet denen jetz allen. Was der schon allet gemacht hat in der ersten Woche im Amt. Nur det der die erste Legislaturperiode nicht überstehen wird.

Wieso?
Na watt der allet für Feinde hat! Der hat Guantanamo zugemacht, der legt sich mitte Abtreibungsgegner an, der will den Irakkrieg sofort beenden und, und, und. Und den Bush, der kann jetzt gehen, der is der Idiot.

Finden Sie nicht?
Da hammse nach dem 11. Septemba alle jeschrien, jetz muss wat passieren, die Amerikaner müssen wat machen! Und wenn die Amerikaner denn wat machen, meckern se alle und sagen, der Krieg war falsch.

Moment mal, ist er doch auch. Das gründete alles auf Lügen.
Ach, die lügen doch alle! Wat ick mir schon an Lügen angehört habe, Renten sind sicher, jau klar! (Pause) Die Politiker fahren ja alle keen Taxi, die haben Chauffeure. Aber auch wenn'se det allet nich hätten, würden se gloob ick kein Taxi fahren. Die haben Angst, watt se sich allet anhören müssten. Die haben Angst vor dem Volk, dit se vertreten sollen.

Heute Morgen hatte ich einen Taxifahrer, der genau deshalb wollte, dass endlich mehr Leute auf die Straße gehen und demonstrieren.
Na, ist doch schön, det wa alle unterschiedliche Meinungen haben. Wär doch auch langweilig, wenn dit nich so wäre, oder?

<u>3. Etappe: „Jesus war doch Rabbiner."</u>
(Unter den Linden – DUMMY-Büro)

<u>Name</u> Henry Petersen
<u>Alter</u> etwa Mitte 40
<u>Herkunft</u> Norddeutschland
<u>Typ</u> Fishermans Friend – norddeutscher Akzent, Wollmütze, runde Brille
<u>Themen</u> Ratzinger-Konflikt, Christentum, Dialog der Religionen, Terrorismus
<u>Einstieg</u> Ich lege den *Spiegel* mit dem Ratzinger-Motiv auf meinen Schoß, Headline: „Der Entrückte". Er springt drauf an.

Der Entrückte (lacht). Ich würde mal eher sagen der Verrückte.

Wieso?
Ach, der Ratzinger. (Er lacht) Was der mit diesen Pius-Brüdern gemacht hat, war doch das Beste, was man sich für die katholische Kirche wünschen konnte.

Warum?
Na, so graben sie sich nach und nach selbst das Wasser ab, meine ich. Das hat doch alles nichts mehr mit dem Kern zu tun, der eigentlichen Religiosität, Mystik, Jungfrauengeburt und so weiter und so fort. Die sind doch seit Hunderten Jahren immer nur mit Machterhalt beschäftigt. Im Hochmittelalter war die Kirche auf dem Höhepunkt ihrer Macht, dann kam die Reformation. Danach mussten sie sich immer mehr verteidigen.

Deshalb verteufeln sie heute auch die „Privatreligionen", oder?
Ja, die haben Angst, dass sie ihre Macht verlieren.

(Pause)

Man denkt ja heute immer an Rom und den ganzen Prunk, wenn es um Christen geht. Aber das kommt ja alles aus einer ganz anderen Ecke, wenn ich jetzt so die Bilder aus dem Gazastreifen im Fernsehen sehe, wie die Palästinenser sich über die israelische Besatzung ereifern, dann denke ich immer, das ist doch die Mentalität, aus der sich das Christentum mal entwickelt hat. Die ham sich damals gegen die römischen Besatzer ereifert und haben auf einen Messias gehofft, der sie von den Besatzern befreit. So wie die Palästinenser hoffen, dass sie von den Israelis befreit werden.

(Pause)

Und dieses Zölibat. Was hamse sich dabei gedacht? Jesus war doch verheiratet. Der war Rabbiner. Steht so in der Bibel. Die Rabbiner haben Ehefrauen und dürfen Kinder kriegen. Alleine schon, weil die in ihren Gemeinden auch Eheberatung machen sollen.

Offensichtlich glauben die katholischen Priester, dass sie das trotzdem können.
Ja, die denken ja auch, dass sie eine höhere Macht besitzen. Und dass sie sich nicht vom Sex ablenken lassen.

Und deshalb besser den Überblick bewahren?
Ja. Die sagen ja, dass sie die absoluten Wahrheiten haben. Das ist wahrscheinlich auch die einzige Möglichkeit, wie die Kirche überleben wird.

Meinen Sie, die haben gegen dieses großstädtische Weltbild, diese Ironie und Relativität langfristig noch eine Chance?
Mmmh, eigentlich hatte die Kirche doch gerade ein Revival. Wenn man sieht, was auf den Kirchentagen los ist. Obwohl der Ratzinger es sich zur Lebensaufgabe gemacht hat, die absoluten Wahrheiten zu vertreten.

Eigentlich komisch, oder? Religiöse und mystische Erfahrungen soll doch eigentlich nur jeder in sich selbst machen können. Mehr so individuell.
(Er lacht). Ich finde überhaupt, man sollte wieder an die alten olympischen Religionen anknüpfen. Aus dem alten Griechenland und Rom. Die waren als Religionen friedlicher, wegen Religion gab es da keine Kriege.

Wie kam es?
Na, die hatten viele Götter. Einen für die Liebe, einen für den Krieg usw. Und wenn die Griechen zu den Römern fuhren, dann hatten die auch einen Gott für die Liebe und einen für den Krieg usw. Nur dass die da einen anderen Namen hatten.

Wie eine Art konvertible Währung?
Exakt. Das ist friedlicher. Jeder Gott verkörpert einen Aspekt des Lebens, den die anderen auch kennen. So kommt man zusammen. Aber wenn man sagt, wir haben den einzigen richtigen Gott, will jeder missionieren, dann gibt es Krach. Ist auch ein Grund für den islamischen Terrorismus.

Der Waff

Foto: Dirk Lässig

Werner B. lässt es gern krachen. Die Feuerwehr ist ihm zu langweilig, die Polizei will ihn nicht. Werner B. macht sich selbstständig. In seinem Keller bastelt er ein Bomben-Arsenal, mit dem er Berlin-Kreuzberg locker in die Luft jagen könnte.

-Text: Jörg Schindler

-Fotos: Annette Hauschild & Dirk Lässig

Werner B. beginnt jetzt ein neues Leben. Das alte hat er vor einem Jahr in die Luft gejagt.

¬ An einem kühlen Frühlingsabend, um kurz vor sechs, knallt es in der Kreuzberger Kloedenstraße 1a. Beißender Geruch zieht durchs Treppenhaus, aus dem Keller dringt dichter Qualm, von unten keucht jemand: «Alles in Ordnung». Danach aber sieht es ganz und gar nicht aus. Als Polizisten das Untergeschoss des Berliner Wohnhauses betreten, entdecken sie eine Stahltür, die es aus den Angeln gehoben hat, dahinter einen Raum, der ganz offensichtlich in liebevoller Kleinarbeit zu einer Art Waffenwerkstatt umgerüstet wurde. Und mittendrin, unter Schock, einen kleinen Mann mit aschblondem Haar und üblen Verbrennungen an Gesicht, Bauch und Armen. Er wird festgenommen und per Rettungshubschrauber ins Unfallkrankenhaus gebracht.

¬ In dem Keller stoßen die staunenden Beamten im Laufe einer langen Nacht auf Unmengen von Stahlhülsen, Messingbuchsen, Gaskartuschen und staubfrei gereinigten Blechbüchsen. Dazu in Reih' und Glied Transportboxen voller Zünder, Kunststoffkisten mit unterschiedlichen Detonatoren, Eimer, Flaschen und sonstige Behälter mit insgesamt 176 Kilogramm Explosivstoffen. Hinter einer Wandverkleidung schließlich legen sie vier Betonverschläge frei, randvoll gefüllt mit 337 selbstgebauten Handgranaten, jede einzelne davon verpackt in einem Tiefkühlbeutel und ordentlich beschriftet mit Herstellungsdatum, Sprengstoffart und -menge. Es ist, als habe sich ein spießiger Saubermann heimlich für seinen persönlichen Krieg gerüstet. «Er hat in seinem Keller Granaten gebastelt wie andere Leute Modellschiffe», wird der ermittelnde Staatsanwalt später sagen.

¬ Des weiteren entdecken die Beamten im Souterrain des Mehrfamilienhauses mehrere Dutzend halbautomatische Pistolen aus tschechischer, sowjetischer, bulgarischer, deutscher Fertigung, eine Doppelflinte, ein Repetiergewehr, einen Selbstlade-Karabiner und 18 000 Schuss Munition. Daneben Waffenbücher aus der Zeit zwischen den Weltkriegen, Unterlagen über Sprengfallen, Anleitungen für hochexplosive Gemische, Notizen über Nervengas. «Nur rein theoretisch», sagt ihr Verfasser, habe er sich damit beschäftigt.

¬ In seiner Wohnung bietet sich den Uniformierten ein ähnliches Bild. In Schrankverstecken und Tresoren stoßen sie auf zwölf weitere Handgranaten und zusätzliche Waffen, darunter eine Maschinenpistole 56 Tokarev, Kaliber 9 mm, jugoslawischer Bauart. Insgesamt ein Arsenal, mit dem man eine Woche lang Kreuzberg verteidigen könnte. Die ganze Nacht über wuchten Polizisten das Zeug in ihre Transporter. Sieben VW-Pritschen sind nötig, um die explosive Fracht abzutransportieren. Auf dem Sprengplatz in Grunewald wird eine Sonderschicht gefahren, um die Waffensammlung sachgemäß zu vernichten. «So etwas», sagt ein entgeisterter LKA-Beamter, «ist mir bislang noch nicht untergekommen.»

¬ Der Justizapparat ist ratlos. Ermittler durchforsten Keller und Wohnung, um Hinweise auf Waffendiebstahl oder -handel zu erlangen. Aber sie finden nichts. Der Staatsschutz schaltet sich ein, weil er eine Verschwörung wittert. Auch das eine falsche Fährte. Sachverständige untersuchen den Sprengstoff und die Handgranaten aus der Kloedenstraße und attestieren ihnen «annähernd professionelle Standards». Psychiater werden konsultiert, die den Verletzten aus dem Keller jedoch für voll zurechnungsfähig halten. Und so sehen sich die Ermittler am Ende keinem Hehler, keinem Terroristen, keinem Verrückten gegenüber – sondern einem stillen, schüchternen Bürger, der, je nachdem ob er lächelt oder die Lippen aufeinanderpresst, mal an Jens Weißflog mal an Lech Walesa erinnert: Werner B., 59 Jahre alt, geschiedener Sprengmeister aus Thüringen, und Waffennarr. «Waffenliebhaber» ist der Begriff, den er bevorzugt.

¬ Werner B. ist ein höflicher Mensch. Er legt Wert auf die Feststellung, dass er «in keinem Fall auf der Seite des Bösen steht, sondern ganz im Gegenteil es eher bekämpfen würde». Das hat er kurz vor Beginn seines Prozesses vor dem Landgericht Berlin handschriftlich dargelegt, in kleinen, aufrechten Druckbuchstaben, die ihn als geradlinigen, ordnungsliebenden Zeitgenossen ausweisen. Er steht auf, wenn er angesprochen, er antwortet, wenn er gefragt wird, nuschelnd zumeist, aber stets sachdienlich. Er zeigt nicht, dass ihn seine mehrfach operierten Unterarme, die einer feuerroten Kraterlandschaft gleichen, bis heute schmerzen. Er hat sich im Griff. Außer wenn er daran erinnert wird, wie er sich durch eine Dummheit verriet. Dann muss er mit den Tränen kämpfen. Er hat es nicht für möglich gehalten, dass er selbst einmal die Lunte an sein Lebenswerk legen würde.

Der Waffennarr

Werner B. lässt es gern krachen. Die Feuerwehr ist ihm zu langweilig, die Polizei will ihn nicht. Werner B. macht sich selbstständig. In seinem Keller bastelt er ein Bombenarsenal, mit dem er Berlin-Kreuzberg locker in die Luft jagen könnte

Text: Jörg Schindler

Werner B. beginnt jetzt ein neues Leben. Das alte hat er vor einem Jahr in die Luft gejagt.
An einem kühlen Frühlingsabend um kurz vor sechs knallt es in der Kreuzberger Kloedenstraße 1a. Beißender Geruch zieht durchs Treppenhaus, aus dem Keller dringt dichter Qualm, von unten keucht jemand: „Alles in Ordnung." Danach aber sieht es ganz und gar nicht aus. Als Polizisten das Untergeschoss des Berliner Wohnhauses betreten, entdecken sie eine Stahltür, die es aus den Angeln gehoben hat, dahinter ein Raum, der ganz offensichtlich in liebevoller Kleinarbeit zu einer Art Waffenwerkstatt umgerüstet wurde. Und mittendrin, unter Schock, einen kleinen Mann mit aschblondem Haar und üblen Verbrennungen an Gesicht, Bauch und Armen. Er wird festgenommen und per Rettungshubschrauber ins Unfallkrankenhaus gebracht.
In dem Keller stoßen die staunenden Beamten nach einer langen Nacht auf Unmengen von Stahlhülsen, Messingbuchsen, Gaskartuschen und staubfrei gereinigten Blechbüchsen. Dazu in Reih und Glied Transportboxen voller Zünder, Kunststoffkisten mit unterschiedlichen Detonatoren, Eimer, Flaschen und sonstige Behälter mit insgesamt 175 Kilogramm Explosivstoffen.
Hinter einer Wandverkleidung schließlich legen sie vier Betonverschläge frei, randvoll gefüllt mit 337 selbst gebauten Handgranaten, jede einzelne davon verpackt in einem Tiefkühlbeutel und ordentlich beschriftet mit Herstellungsdatum, Sprengstoffart und –menge. Es ist, als habe sich ein spießiger Saubermann heimlich für seinem persönlichen Krieg gerüstet. „Er hat in seinem Keller Granaten gebastelt wie andere Leute Modellschiffe", wird der ermittelnde Staatsanwalt später sagen.
Des Weiteren entdecken die Beamten im Souterrain des Mehrfamilienhauses mehrere Dutzend halb automatische Pistolen aus tschechischer, sowjetischer, bulgarischer und deutscher Fertigung, eine Doppelflinte, ein Repetiergewehr, ein Selbstladekopplungkarabiner und 18.000 Schuss Munition. Daneben Waffenbücher aus der Zeit zwischen den Weltkriegen, Unterlagen über Sprengfallen, Anleitungen für hochexplosive Gemische, Notizen über Nervengas. „Nur rein theoretisch", sagt ihr Verfasser, habe er sich damit beschäftigt.
In seiner Wohnung bietet sich den Uniformierten ein ähnliches Bild. In Schrankverstecken und Tresoren stoßen sie auf zwölf weitere Handgranaten und zusätzliche Waffen, darunter eine Maschinenpistole Tokarev, Kaliber neun Millimeter, jugoslawische Bauart. Insgesamt ein Arsenal, mit dem man eine Woche lang Kreuzberg verteidigen könnte. Die ganze Nacht über wuchten Polizisten das Zeug in ihre Transporter. Sieben VW-Pritschen sind nötig, um die explosive Fracht abzutransportieren.
Auf dem Sprengplatz in Grunewald wird eine Sonderschicht gefahren, um die Waffensammlung sachgemäß zu vernichten. „So etwas", sagt ein entgeisterter LKA-Beamter, „ist mir bislang noch nicht untergekommen."
Der Justizapparat ist ratlos. Ermittler durchforsten Keller und Wohnung, um Hinweise auf Waffendiebstahl oder -handel zu erlangen. Aber sie finden nichts. Der Staatsschutz schaltet sich ein, weil er eine Verschwörung wittert. Auch das ist eine falsche Fährte. Sachverständige untersuchen den Sprengstoff aus der Kloedenstraße und attestieren ihm „annähernd professionelle Standards". Psychiater werden konsultiert, die den Verletzten aus dem Keller jedoch für voll zurechnungsfähig halten. Und so sehen sich die Ermittler am Ende keinem Hehler, keinem Terroristen, keinem Verrückten gegenüber – sondern einem stillen, schüchternen Bürger, der, je nachdem ob er lächelt oder die Lippen aufeinanderpresst, mal an Jens Weißflog, mal an Lech Walesa erinnert: Werner B., 59 Jahre alt, geschiedener Sprengmeister aus Thüringen und Waffennarr. „Waffenliebhaber" ist der Begriff, den er bevorzugt.
Werner B. ist ein höflicher Mensch. Er legt Wert auf die Feststellung, dass er „in keinem Fall auf der Seite des Bösen steht, sondern ganz im Gegenteil, es eher bekämpfen würde". Das hat er kurz vor Beginn seines Prozesses vor dem Landgericht Berlin handschriftlich dargelegt, in kleinen, aufrechten Druckbuchstaben, die ihn als geradlinigen, ordnungsliebenden Zeitgenossen ausweisen. Er steht auf, wenn er angesprochen wird, er antwortet,

wenn er gefragt wird, nuschelnd zumeist, aber stets sachdienlich. Er zeigt nicht, dass ihn seine mehrfach operierten Unterarme, die einer feuerroten Kraterlandschaft gleichen, bis heute schmerzen. Er hat sich im Griff. Außer, wenn er daran erinnert wird, wie er sich durch eine Dummheit verriet. Dann muss er mit den Tränen kämpfen. Er hat es nicht für möglich gehalten, dass er selbst einmal die Lunte an sein Lebenswerk legen würde.
Werner B. ist zwölf, als er erstmals in seine explosive Welt eintaucht. Mit seinem älteren Bruder und seinen Kumpels mixt er zu Hause, in der Nähe von Gera, Schwarzpulver, sprengt Maulwurfslöcher, bastelt Knallfrösche mit Unkraut-Ex. Später lässt er sich von seinen Eltern einen Chemiebaukasten schenken, experimentiert mit Eisensulfat, mit Schwefel, mit Salpeter, jagt seine ersten, simplen Bomben in die Luft, hantiert irgendwann auch mit komplexeren Gemischen. Er absolviert sein ganz privates Chemiestudium, kauft Rohstoffe, Tinkturen, Granulat, was immer er kriegen kann, versucht neu zu erschaffen, wovon er gelesen hat. Und sobald er denkt, dass es gut ist, vermerkt er in einem Lexikon mit grüner Tinte, wann er was „entdeckt" hat. Thermit beispielsweise am 11. Mai 1963. „So fing das an", sagt B.
Sprengstoffe. Eine faszinierende Welt. Dass der eine schell hochgeht, der andere langsam, dass der eine leistungsfähiger ist, der andere schwächer, dass der eine starken Druck entfaltet, der andere weniger: „Das ist wie beim Menschen", sagt B. Aber mit Menschen ist es so eine Sache: Da kann man wenig tun, wenn die Chemie nicht stimmt. Und sie hat häufiger nicht gestimmt im Leben des Werner B. Mit seinem Bruder nicht, mit seiner Frau nicht, mit Freunden nicht. Also zog er sich zurück. „Ich bin kein Kneipengänger", sagt er, „ich will was schaffen, ich will was bauen, ich will was ausprobieren." Und seien es Handgranaten. „Wer weiß, wofür man sie mal braucht."
1977 sieht B. die Zeit gekommen, von seinen Granaten Gebrauch zu machen. Er trägt „einen starken Gerechtigkeitssinn gegen das Böse". Und das Böse, das ist in den Augen des Bombenbastlers längst die DDR. Die Mauer, die vorgeschriebenen Meinungen, „der Kram". B. will das nicht. B. will weg. Sein Plan dabei: An der Westgrenze Nebelgranaten zünden, einen Loch in den Zaun sprengen „und ruck, zuck durch". Der Plan geht nicht auf: Beim Üben auf einem Kartoffelacker wird er von LPG-Bauern gestellt. Die Genossen sind beeindruckt: Tests ergeben, dass B.s Granaten nicht schlechter sind als jene, mit denen die Volksarmee zu manövrieren pflegt. Sie machen ihm ein Angebot. B. lehnt ab und wird stattdessen eingebuchtet. Versuchte Republikflucht. Sechs Jahre muss er dafür sitzen, danach, 1983, wird er abgeschoben, nach Berlin-West.
Seine Sprengstoffe braucht er hier nicht mehr, aber die neuen Möglichkeiten, die er nun hat, die ganzen Zutaten, die er in der DDR nicht bekam: Guanidinnitrat, Ammoniumperchlorat, Nitromethane, Leuchtspurmunition, das will erforscht, das muss entdeckt werden. Er hat das Wissen dazu. Und den Willen. Werner B. kann nicht mehr aufhören. Er ist „wie im Rausch". Und die normale Dosis reicht bald schon nicht mehr aus.
Er tritt einem Schützenverein bei. Nun darf er ganz legal einen Waffenschein erwerben. Was er daneben ganz illegal tut, bekommt jahrelang niemand mit: Mal für 200, mal für 1.000 Mark kauft er sogenannte Deko-Waffen. Ehemals schussfähige Pistolen, die aufgeschweißt, entkernt und unschädlich gemacht wurden. B. stopft die Hohlräume, schweißt sie wieder zu, macht sie wieder scharf. Stunden-, nächtelang steht er an der Werkbank, hobelt, lötet, feilt, atmet Dreck. „Eine Sauarbeit – normale Menschen beißen sich daran die Zähne aus." Normale Menschen, nicht Werner B. „Mein Fall", sagt der Liebhaber und lächelt verlegen, „ist einmalig." Irgendwann macht er aus dem Hobby seinen Beruf. In Siegen lässt er sich zum Sprengmeister ausbilden, in Berlin zum Feuerwerker, heuert dann bei einer Munitionsbergungsfirma an. Aber die Arbeit wird ihm schnell langweilig: stundenlang im Dreck zu wühlen, wo er meistens nur Schrott findet. Es sind schlechte, ermüdende Tage. Wenn er an guten dann doch mal auf eine Weltkriegsbombe stößt, wird sie gleich fortgeschafft. Bei der Sprengung darf er nicht dabei sein, darf den Knall nicht hören, die Wirkung nicht sehen, das Pulver nicht riechen. „Das ist enorm unbefriedigend." Werner B., Spreng-

stoff-Pionier, Explosiv-Experte, Waffen-Doktor – degradiert zum Sand schippen. B. bewirbt sich, bei der Polizei, Abteilung „Unkonventionelle Spreng- und Brandvorrichtung" in Grunewald. Er wird abgelehnt. Also tut er schließlich, was er tun muss: Baut seinen Keller akribisch zum Waffenlabor um, zimmert Verschläge, fertigt Betonfächer, kauft kiloweise Lösungen, Laugen, Basen, igelt sich ein in seinem zwölf Quadratmetern im Untergrund, erdenkt, erforscht, erfindet. Und testet seine Sprengstoffe regelmäßig weit draußen in Brandenburg – die harmloseren in normalen Nächten, die gefährlicheren an Sylvester. Die Böller sind ihm eine perfekte Tarnung. Er weiß um das Risiko, das er damit eingeht, aber hört ein Raucher auf zu rauchen nur wegen des Warnhinweises auf der Packung? Außerdem hantiert er seit Jahrzehnten bereits mit seinen Pulvern, er hat längst Dutzende Notizbücher mit Formeln vollgeschrieben, er jongliert spielerisch mit chemischen Elementen. „Ich war mir sicher, da kann mir nix passieren." Am frühen Abend des 31. März 2003 geht Werner B. erneut in seinen Keller. Er ist aufgekratzt zu diesem Zeitpunkt und fahrig, er hat Streit mit seiner Freundin gehabt, es ging um Geld. Er will sich ablenken, also beschließt er, ein paar Granaten zu bauen. Das beruhigt ihn. Diesmal vergisst er jedoch, nach dem Reinigen die Flasche mit dem Waschbenzin zu schließen. Als er die Lötlampe einschaltet, verpuffen die Dämpfe. Schwarzpulver, das zum Trocknen auf Heizungsrohren liegt, fängt Feuer, das sich auszubreiten droht. Eine Kettenreaktion, sagt ein Sachverständiger, hätte nicht nur den Keller, sondern auch umliegende Häuser zerstören können. Werner B. weiß es zu verhindern – mit bloßen Händen erstickt er das Feuer. Er verletzt sich selbst schwer dabei, sonst passiert nicht viel, aber doch genug, um sein gesamtes Leben aus den Fugen zu bringen.

Sie haben ihn verurteilt, zu drei Jahren und drei Monaten. Es war eine milde Strafe, er hat sie, so der Richter, seinem Alter und seinen Verletzungen zu verdanken, und der Tatsache, dass er, im eigentlichen Sinn, kein Krimineller ist, dass er niemandem geschadet hat. Außer sich selbst. Er ist nicht sicher, ob er auch im April, wenn er sich noch einmal wegen unerlaubten Waffenbesitzes verantworten muss, einen gnädigen Richter finden wird. Aber wie immer das Urteil ausfallen mag: Er wird sich fügen. Er steht auf der Seite des Guten, er will keinen neuen Ärger mehr. Der alte reicht für ein Leben. Wenn alles gut läuft, wird er nach ein, zwei Jahren wieder draußen sein. Er will dann neu anfangen. Es bleibt ihm auch nichts anderes übrig.

Er hat keinen Job mehr und kein Geld. Seine Zwei-Zimmer-Wohnung in Kreuzberg wird er räumen, vor allem aber wird er sich einen neuen Zeitvertreib suchen müssen. Nicht dass er kein Interesse mehr an Waffen und Sprengstoffen hätte. Erst neulich hat er im Gefängnis gelesen, dass die Amerikaner eine neue Art Napalm entwickelt haben. „Was das nun wieder sein kann, das geht mir nicht aus dem Kopp." Er hat Al Quaida im Verdacht, mit Nervengas zu experimentieren, deswegen würde er gerne weiterforschen, sich und die anderen vorbereiten. Das Böse bekämpfen. Er hat so viele Ideen, so wenig erst erforscht. Er weiß, dass es besser wäre, es ließe ihn kalt. Er wird sich Mühe geben. Er wird Zeit brauchen.

Einstweilen aber „blutet das Herz", sagt Werner B. Und dann sagt er: „Wenn ich gestern Abend eine Pistole gehabt hätte ..." Zum Glück besitzt er nichts mehr, womit man schießen könnte. Lediglich auf der Schrankwand in seinem Wohnzimmer steht noch ein metallener Revolver, „ein Feuerzeug", sagt B., „ein Witz".

Man könnte damit eine Zigarette anzünden. Aber er raucht ja nicht.

Ganz schön taktlos

Männer, die sich beim
Tanzen zum Affen machen.
Fotoreportage aus
einer Berliner Diskothek

Fotos: Edgar Herbst

I NY

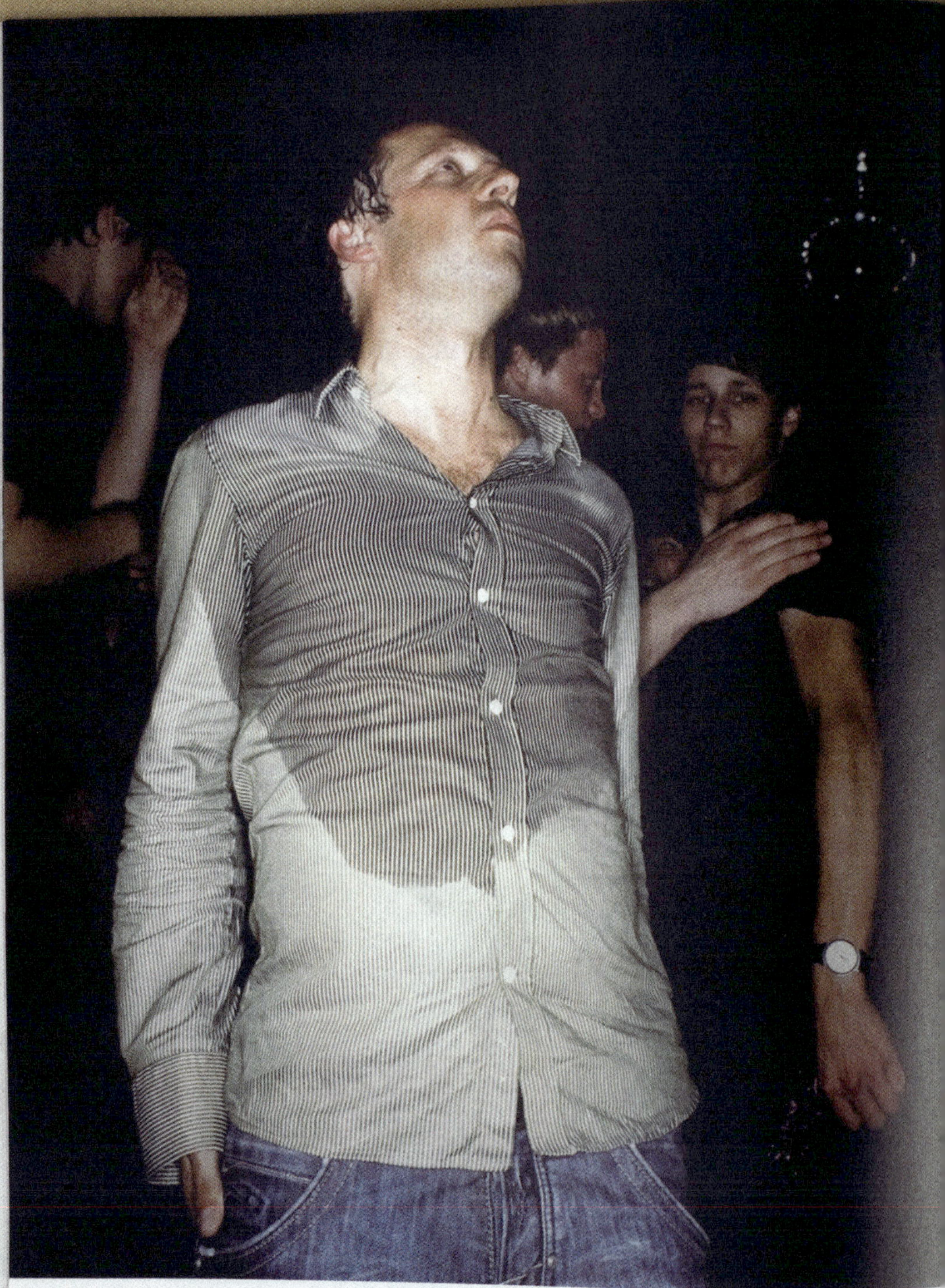

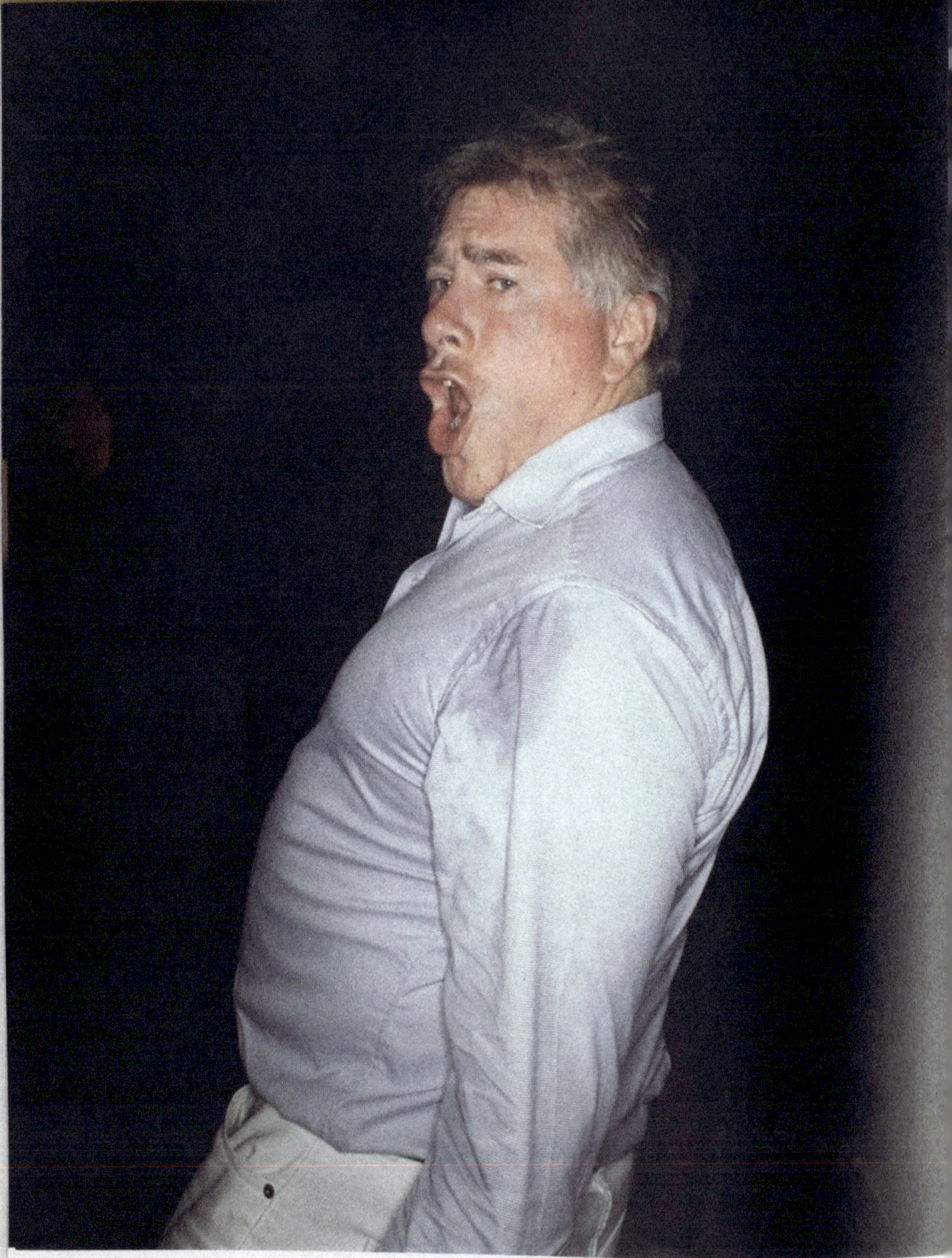

Taco Hell

Pablo war unser Austauschschüler aus Mexiko, ein Muttersöhnchen und Vielfraß, der fast unsere Beziehung zerstört hätte

Text: Anja Köhler

Pablo hatte sich unter Kontrolle. Er kaute nie an den Nägeln, wenn wir dabei waren. Aber er musste es getan haben, denn sie waren bis aufs Nagelbett weggebissen. Wir gaben ihm Pflaster, die er schnell wieder abriss. Er wippte unaufhörlich mit den Beinen, und wenn es ganz schlimm kam, wenn die Angst vor dem Unbekannten und vor dem Alleinsein in seinen Körper fuhr, atmete er wie ein alter Mann nach einem Dauerlauf.
Ob ich bemerken würde, dass er nervös sei, fragte er mich etwa drei Tage nach seiner Ankunft aus Mexiko. Er saß am meinem Küchentisch, während ich ihm etwas zu essen „präparierte" – wie er es immer nannte. Ja, doch, das mit der Nervosität hatte ich bemerkt. Ich hielt es für recht normal, dass ein 16-jähriger Junge, der in einem fremden Land für ein Jahr zur Schule gehen sollte, aufgeregt war. Als ich versuchte, ihn zu beruhigen, floss eine Träne seine Wange hinab. Die Mama – er vermisse seine Mama.
Ich reichte ihm ein Taschentuch, dann noch eins und noch eins. Herrje, so hatten wir uns das nicht vorgestellt. Wir wollten einfach einem mexikanischen Jugendlichen die Gelegenheit geben, Deutschland kennenzulernen und mit uns zu leben. Wir hatten sogar die Idee, dass er hier selbstständig werden könnte und die Freiheit genießen würde. Vielleicht würde er sich sogar mit meinem ebenfalls 16-jährigen Sohn anfreunden. Wir hatten uns auf Pablo gefreut.
Vor seiner Abreise aus Mexiko wollten seine Eltern unbedingt mit uns skypen. Die ganze Familie hatte sich in Pablos Zimmer versammelt. Wir dachten an zehn Minuten, aber Pablos Familie hatte sich den ganzen Nachmittag freigehalten, um uns mexikanische Musik vorzuspielen und Medaillen, die Pablo bei Wettkämpfen gewonnen hatte, in die Kamera zu halten. Der Vater bat uns, dafür zu sorgen, dass Pablo nicht nur an Schule und Sport denke, sondern auch an Mädchen. Dabei blitzte sein Goldzahn über das verzerrte Bild. Die Oma machte mir Komplimente, die Mutter sagte, Pablo sei ein wirklich guter Junge, und wir sollten ihn wie unseren eigenen Sohn behandeln, ihn lieben.
Nun saß er in unserer Küche und begann minutiös seinen Tagesablauf in Mexiko zu schildern: „Um 6.15 weckt mich meine Mutter. Vom Wecker werde ich nie wach. Dann gehe ich in die Garage und glühe

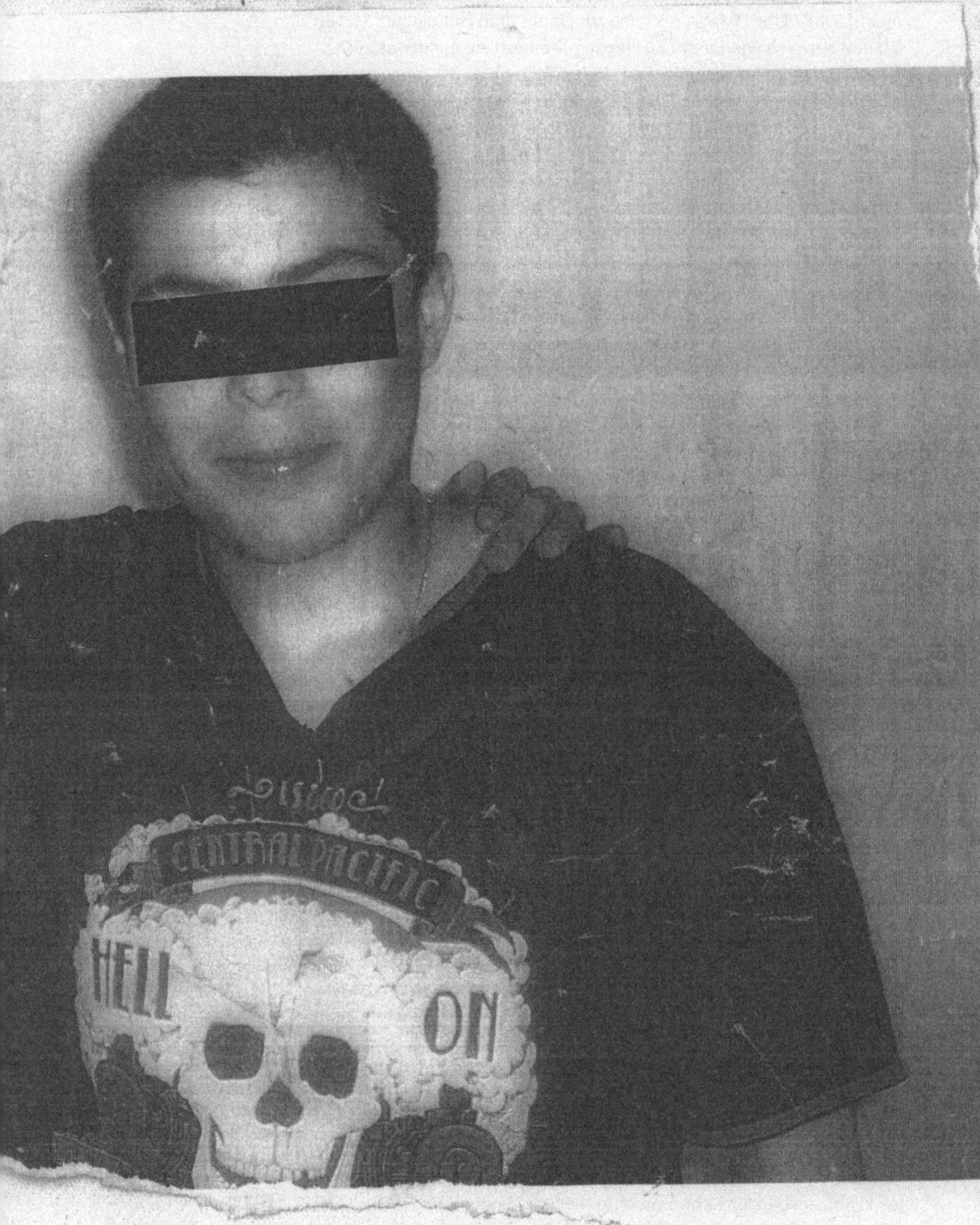
CENTRAL PACIFIC
HELL
ON

die Zündung des Ford Mustang vor, während meine Mutter Frühstück macht. Um 7 Uhr 10 fährt sie mich zur Deutschen Schule, um 16 Uhr 30 holt sie mich wieder ab. Zu Hause präpariert sie mir etwas zu essen, dann gehen wir einkaufen. Jeden Tag um 18.30 schauen wir alle zusammen Fernsehen. Dann kuscheln wir, anschließend kitzeln mein Vater und ich meine Mutter. Dann noch mal Essen, Hausaufgaben und ins Bett." Er brauche diese feste Struktur, sagte er noch, und müsse immer genau wissen, was wann passiere.

Ob er mexikanische Musik anmachen dürfe, fragte Pablo. Natürlich – immerhin wollte ich, dass er sich bei uns wohl und wie zu Hause fühlt. Die Musik klang wie bayerische Blasmusik mit spanischen Texten. Das sei Drogendealer-Musik, ließ er mich wissen. Wie bitte? Ja, in den Dörfern und kleinen Städten würden die Drogenbosse Feste für das Volk veranstalten und Bands spielen lassen. Zu diesen Fiestas würde er auch gern mit seinen Eltern fahren, da sei immer viel los, die Mexikaner verstünden es eben zu feiern, zu singen und zu tanzen – ganz anders als die steifen Deutschen. Dann beschrieb er mir die Drogendealer von oben bis unten: welche Hüte, welche Hemden, Hosen, Gürtel und Stiefel sie trügen und was die kosteten. Dazu zeigte er mir Bilder im Internet, auch von den Autos, die typisch für die Drogendealer seien. Seine Augen blitzten vor Entzückung, als er mir die Motorengeräusche vorspielte. Als ich ihn nach dem Essen bat, sein Geschirr selber in die Spülmaschine zu räumen, raffte er sich auf, murmelte etwas davon, dass seine Mutter gesagt hätte, er solle mithelfen und stellte die Gläser mit der Öffnung nach oben in die Maschine.

Die Schule gefiel ihm nicht, genau so wenig wie die deutsche Musik, das deutsche Essen, die deutsche Art überhaupt. Ich hörte mich, die deutsche Kultur und das deutsche Schulsystem verteidigen. Dann kam der Tag, an dem Pablo das erste Mal allein bei uns in der Wohnung war. Kaum aus der Schule, rief er mich auf dem Handy an und fragte, wann ich kommen würde. Hatte ich ihm doch gesagt, irgendwann am Abend. Eine halbe Stunde später klingelte es wieder. Er habe Hunger. Pablo hatte immer Hunger – aber dazu später mehr. Der Kühlschrank war voll, aber Pablo wusste weder wie man Nudeln kocht noch, wie man sich ein Stück Fleisch brät und auch dieses deutsche Brot wolle er nicht mehr essen. Irgendetwas würde er wohl finden und ich sei in einer wichtigen Sitzung, sagte ich. Richtig ernst wurde es beim nächsten Anruf. Er fühle sich so krank, bekäme kaum Luft und ihm sei übel.

Er hatte schon mit seiner Mutter in Mexiko gesprochen, die ihm riet, einen Arzt zu rufen. Und weil er es allein nicht schaffte, rief sie eben von Mexiko aus einen deutschen Notarzt, der tatsächlich kam und feststellte, dass alles in Ordnung sei. Kaum war ich zu Hause, nahm er mich in Beschlag und gestand, dass er nicht allein sein könne und es in seinem ganzen Leben „noch keine fünf Minuten" war. Unwillkürlich musste ich an meinen Sohn denken, um den ich mich kaum noch kümmern konnte, seitdem Pablo da war, und der mit 16 sein ganzes Leben selber organisierte. Und Pablo konnte oder wollte nicht mal fünf Minuten alleine sein?!

Dennoch fühlte ich mich schlecht: Vielleicht müssen mexikanische Jugendliche nicht lernen, selbstständig zu werden und allein klar-

zukommen, vielleicht kümmert sich die Mutter um die jungen Männer, bis die Ehefrau das übernimmt. Was für eine Mutter bin ich wohl in den Augen von Pablos Mutter? Die Antwort kam prompt.
Ich erfuhr sie über Skype. Ich solle mich doch bitte mehr um Pablo kümmern, er sei es so gewohnt, er fühle sich so einsam. Ob ich ihn nicht häufiger mal mitnehmen könne, wenn ich geschäftlich unterwegs sei. Um mir das zu sagen, brauchte Pablos Mutter etwa zwei Stunden. Sie sprach über Pablo als er klein war, über die Großmutter, dankte mir, machte Komplimente, drehte weitere endlose verbale Schleifen, während Pablo hinter mir herumhippelte. Ich war erschöpft von dem vielen Reden und vom Trösten und vom Kochen. Ich koche sehr gern, aber nicht, wenn es von mir erwartet wird. Und nicht viermal am Tag. Vier Mahlzeiten waren das mindeste, was Pablo erwartete, am liebsten fünf. Und bitte nicht immer das gleiche und möglichst viel Fleisch. Ich kochte alles, was normalerweise satt macht: Käsespätzle, Bratkartoffeln, Pfannkuchen, aber Pablo wurde nie satt. Auch nach drei Tellern nicht. Jeden Morgen gab ich ihm einen Müllbeutel voll mit Sandwiches, Müsliriegeln, Obst und Schokolade mit zur Schule. Es reichte nicht. Wenn er nach der Schule nach Hause kam, musste das Mittagessen auf dem Tisch stehen, von dem er drei Teller aß – obwohl er auf dem Nachhauseweg schon einen Döner verdrückt hatte. Und mit Brot musste man ihm abends gar nicht erst kommen – lieber noch mal warm. Einmal habe ich ein ganzes Kuchenblech mit Nachos gemacht – mit extra viel Käse, Hackfleisch und saurer Sahne drauf. Danach schaute Pablo in die Runde, als sei das die Vorspeise gewesen.
Bei seinem Verzehr hätte er aussehen müssen wie ein Sumoringer, tat er aber nicht. Wir tippten auf eine Stoffwechselkrankheit. Etwa zwei Wochen später, nachdem Pablo mir offenbart hatte, dass er nie nach Deutschland wollte, ihn seine Eltern aber gezwungen hätten, und dass er am liebsten sofort wieder nach Hause wollte, rief einer seiner ehemaligen Lehrer von der Deutschen Schule bei uns an. Er müsse mal ein ernstes Gespräch mit mir führen. Pablo fühle sich vernachlässigt, wir sollten uns mehr um ihn kümmern, immerhin sei er erst 16. Genau, 16! Ich sagte ihm, dass ich mich an meinem Sohn orientiere, der in dem Alter deutlich mehr Verantwortung für sich übernehme. Ja, der Arme hätte ja unter meinem harten Erziehungsstil sicher keine Wahl gehabt, wies mich der Lehrer zurecht. Was erzählte Pablo da alles über mich? Warum musste ich hier plötzlich meine Erziehung rechtfertigen? Warum nicht Pablos Mutter, die ihren Sohn gegen seinen Willen und offensichtlich ohne mentale Vorbereitung nach Deutschland geschickt hatte und ihn per Telefon und Internet ständig an ihre virtuelle Brust nahm? Pablo tat mir unendlich leid, aber ich konnte nicht mehr.
Er fand eine Familie in einer kleinen Stadt in Norddeutschland. In der Nacht vor seiner Abreise konnte er nicht schlafen und ging stundenlang im Flur hin und her und kaute an seinen Nägeln, bis das Blut kam. Wenn Pablo nicht bei uns gewesen wäre, wüssten wir nicht, wie gut es uns geht – ohne ihn!
Nachtrag: Auch in der anderen Familie fühlte sich Pablo nicht wohl und ging nach insgesamt vier Monaten in Deutschland zurück nach Mexiko. Dafür hat er sogar in Kauf genommen, dass er den versprochenen VW Golf GTI nicht bekommt.

Alles schon mal gesehen

Wenn man kaum hören und sehen kann, wird die Stadt erst richtig schön – sagt Herr Krug, der am Usher-Syndrom leidet

Text: Fabian Dietrich
Illustration: Edward B. Gordon

Wenn Herr Krug seinen Mantel anzieht, neun Stockwerke mit dem Lift nach unten fährt und die Tür seines Wohnblocks in Hohenschönhausen öffnet, empfängt ihn ein heller und dunkler werdender Fleck, ein kalter Luftzug, ein Meer aus Pochen und Brummen, das genauso gut Autolärm, Menschengelächter oder Tiergebell sein könnte. Vorsichtig tastend macht er 30 Schritte in die Dunkelheit. Stufen. Bordsteinkanten, Trambahnschienen. Eine Tür. Wie an einem unsichtbaren Faden zieht sich Herr Krug voran, zerteilt das, was da vor ihm ist, in eine grobe Form von Ordnung. Seine Werkzeuge: ein Gehirn, ein Stock, ein sprechender Kompass und ein dreistufig regulierbares Hörgerät. Sein Ziel: der Bao-Fang-Imbiss und das Drei-Euro-Angebot. Herr Krug öffnet die Tür und sagt Hallo. Er bestellt sich ein warmes Asiagericht.

Im Prinzip hatte er Zeit sich vorzubereiten auf das, was da kommt, doch er zog es vor, nicht allzu viel zu unternehmen. „Ich habe das verdrängt", sagt er. „Das ist wohl so." Sein Gehör war seit frühester Kindheit geschädigt. In der Pubertät zog sich sein Sichtfeld allmählich zu. Als ihm die Ärztin vor etwa 20 Jahren sagte, dass er jetzt mal besser aufhört mit dem Autofahren, konnte er es schon nicht mehr ignorieren. Alles was er sah, war wie ein Spielfilm im falschen Format: Bevor sich die Dinge in einen helldunklen Fleck verwandelten, wurden sie oben und unten von zwei Balken zerquetscht. Ein Breitwandfilm, der irgendwann kaum noch zu sehen war.

Herr Krug ist jetzt 55 Jahre alt und beinahe blind. Er weiß, dass seine Krankheit nach ihrem Entdecker „Usher-Syndrom" heißt, von einem Gendefekt verursacht wird, und dass es Patienten gibt, die noch schlimmer dran sind als er. Sein Gehör ist schwach, aber wenigstens funktioniert es noch. Manche Usher-Patienten verlieren beide Sinne, für die Außenwelt sind sie nur noch durch Berührungen erreichbar.

Als Herr Krug noch als Physiker arbeitete, untersuchte er, wie sich die Natur selbst organisiert und komplexe Strukturen hervorbringt. Wie Insekten über eine Wiese kriechen, wie ihnen trampelnde Säugetiere folgen, wie die Menschen kommen, die Straßenbaumeister, die Architekten. Wie irgendwann aus dem Nichts ein Etwas wird, aus Zufällen ein Weg entsteht. Seit er im Ruhestand ist, ordnet er die Welt nicht mehr für andere, sondern nur noch für sich selbst. Jeden Tag aufs Neue baut er sich seine Umgebung wieder auf. Wie ein Rallyefahrer Kurven und die passende Geschwindigkeit in seine Karte einträgt, um später auch ohne Sicht fahren zu können, merkt sich auch Herr Krug jede Ecke, jede Stufe, jede Trambahnstation.

Seine Frau versucht ihm beim Einkaufen manchmal einzureden, dass er froh sein kann, nichts mehr zu sehen, weil da draußen, in Berlin, sowieso alles immer scheußlicher wird. Herr Krug sagt, in gewisser Weise stimme das schon. Er muss die eingeschlagene Scheibe an der Trambahnhaltestelle nicht sehen, nicht die zerkratzten Autos, nicht die verfallenen Häuser aus der DDR. Er muss das Plakat nicht sehen, auf dem steht, dass die Flippers bald für ihre Jubiläumstournee nach Berlin kommen. Und auch nicht die vollgesprayte Wand auf dem Weg zu seinem Haus, auf der steht: „Revolution! Wer sich nicht bewegt, spürt seine Eier nicht!"

Herr Krug sagt, er fühle sich manchmal wie in Platons Höhlengleichnis, wo die Menschen gefesselt beieinander sitzen und den Schatten an der Wand zuschauen, die sie für die reale Welt halten. Einer von ihnen befreit sich und flüchtet nach draußen, wo er die strahlende Wirklichkeit hinter den Schatten sieht. Herr Krug meint, dieser ausbrechende Mensch könnte genauso gut auch ein Behinderter sein. „Die Welt der Blinden ist facettenreicher als die der Sehenden, weil sie durch eigene Imaginationskraft hell erleuchtet ist."

Die Stadt im Kopf von Herrn Krug ist ein einziges Postkartenmotiv. Die Fassaden sind in kräftigen Farben gestrichen, die Menschen schlendern gut gekleidet über die Gehsteige und lächeln sich an. „Wenn ich heute am Alex bin oder am Bahnhof Zoo, ist das für mich immer noch so, wie ich das ganz früher zu DDR-Zeiten oder kurz nach der Wende gesehen habe", sagt er. Herr Krug hat ein gefrorenes und gereinigtes Bild Berlins vor Augen, wenn er da draußen in der Dunkelheit ist. „Mein Gehirn funktioniert ähnlich wie eine Festplatte. Wenn keine neuen visuellen Informationen hinzukommen, werden die alten nicht gelöscht." Seine Kinder bleiben Kinder, obwohl sie im Ausland Praktika machen und längst erwachsen sind. Seine Frau ist für immer jung und attraktiv. Und auch Herr Krug altert nicht. Er hat sich vor sieben oder acht Jahren das letzte Mal im Spiegel gesehen.

In seiner Freizeit, wenn man das überhaupt so nennen kann, studiert Herr Krug die Welt. Der Computer ist an, der Monitor immer aus. Leise und zaghaft fahren seine Finger über die schwarze Tastatur, bis er das Kommando eingegeben hat, das ihn zu seinem Ziel führen wird. Aus den Kopfhörern ertönt die „männliche Standardstimme", ein abgehackter, synthetischer Sprecher, der in einem wahnwitzigen Tempo kühl eiernde Singsangsätze von sich gibt. „Man gewöhnt sich daran", sagt Herr Krug. Der Computer liest ihm vor und er hört zu.

Herr Krug hat ungefähr 1.000 Bücher in seiner Wohnung: Alle seine Regale sind voll. Goethe, den er bewundert wie keinen anderen Menschen, hat er komplett. Jedes Buch kann er aus der Dunkelheit fischen. Aber er darf keinen Fehler machen dabei. Er muss wissen, wo die Dinge sind, sonst sind sie weg. Regelmäßig zwingt er sich dazu, das alte Wissen aufzufrischen. Dann steht er auf, tastet sich durch die Wohnung, spürt den Sessel in der Ecke, wo er abbiegen muss, erreicht ein Regal, zieht einen Band daraus hervor und scannt 20 Seiten davon ein, die ihm die „männliche Standardstimme" später vorlesen kann. Im Moment interessieren ihn Heinrich Heine und Zeitzeugenberichte aus der DDR. „Seine eigenen Klischees abbauen", nennt er das, was er da den ganzen Tag lang macht. Herr Krug sagt, bevor er erblindete, wusste er gar nicht, was es für komplexe Innenräume zu entdecken gibt.

Er schreibt noch, aber nicht mehr für andere Wissenschaftler, sondern nur noch für Leute wie ihn, die ungefähr 5.000 Menschen in Deutschland, die ebenfalls am Usher-Syndrom leiden. Auf einer speziellen Webseite veröffentlicht er leicht lesbare theoretische Aufsätze. In wunderschön mäandernder

Sprache erzählt Herr Krug von Träumen, Krankheit, Physik und Philosophie. Er schreibt zum Beispiel, dass der Sichtradius bei Kindern nur etwa 15 Meter beträgt und dass alle Gegenstände, die dahinter liegen, für sie wirken wie auf eine Theaterkulisse gemalt. Er schreibt, dass man sich das Weltall früher ganz ähnlich vorgestellt habe: Eine mit Sternen gesprenkelte Kristallkugel, in der die Menschen eingeschlossen sind. Doch heute weiß man, dass es anders ist. Der Raum ist weit und grenzenlos.

Das Letzte, was ihn da draußen so richtig interessierte, hatte nicht mit Physik, sondern mit Architektur und Städteplanung zu tun. Auf einer Exkursion nach Weimar fiel sein Blick durch eine lange Schneise zwischen den Bäumen und den Büschen in die Ferne auf das Gartenhaus Goethes. Ohne seinen Tunnelblick hätte er vielleicht nicht erkannt, dass da jemand eine höhere Ordnung in die Natur geschlagen hatte. Erst durch die Krankheit fand Herr Krug sein Thema. Er hatte die Sichtachsen entdeckt.

Er führte die anderen Usher-Kranken, die auch nur noch einen Ausschnitt oder nichts mehr von der Welt sahen, in die Gärten des Potsdamer Schlosses Belvedere, was so viel wie schöne Aussicht heißt. Dort erklärte er ihnen, dass nicht nur der Park, sondern auch antike Tempelanlagen auf einer Fokussierung basieren, dem Prinzip der sich schnurgerade durch die Landschaft ziehenden Sichtachsen. Herr Krug glaubt, dass sich die Menschen nach der Weite sehnen. Sie wollen eine Ahnung der Unendlichkeit.

Als er nach der Wiedervereinigung nach Rom reiste, wie das schon Goethe getan hatte, stellte er sich auf die Piazza del Popolo, wo es die vollendetsten Sichtachsen überhaupt gibt. Vor ihm zog sich von einem Obelisken aus ein Dreistrahl kilometerlang durch die Stadt. Er sah mit seinen grünblaugrauen Augen, die von innen schon angefressen waren, sehr weit in die Ferne. Schwer zu sagen, was damals durch seinen Kopf ging. Ob der Anblick ihn emotional berührte. Ob er glücklich war oder traurig. Ob er einfach nur das Letzte gefunden hatte, was er sehen wollte auf der Welt.

Seitdem ein Großteil der Sinneszellen auf seiner Netzhaut abgestorben sind, also Millionen winziger Stäbchen und Zapfen nicht mehr arbeiten, ist Berlin gefährlicher geworden für ihn. Vor ungefähr zehn Jahren ist Herr Krug mal bei minus 15 Grad einen Weg in der Nähe des Wandlitzsees entlanggegangen. Einen Weg, den er kennt, seit er ein Kind ist. Doch die Landschaft veränderte sich an diesem Abend. Es war, als hätte ein böser Geist sie umgestellt. „Die Gesamtheit der Informationen, die ich erhielt, war unterkritisch", sagt Herr Krug. Nur mit Mühe fand er nach Hause zurück.

Einmal ist er in eine Baugrube gefallen und einmal sehr schlimm ausgerutscht auf dem Eis. Einem Bekannten von ihm hat ein Ast das Auge aufgerissen, weil die Schutzreflexe nicht mehr funktionieren. Herr Krug will gewarnt werden, bevor etwas passiert: Er trägt eine Brille und eine Baseballmütze, deren Schirm ihn vorzeitig spüren lässt, dass er gegen etwas prallt. Wenn er das Haus verlässt, dann niemals ohne Stock, und wenn er tiefer in die Stadt vordringt, was selten der Fall ist, ruft er einen Begleitservice an.

Doch vielleicht würde er auch in eine ungefährliche Stadt nicht mehr hinausgehen wollen. Die vielen Menschen, die vielen Geräusche, die bewegten und die starren Objekte, all das strengt ihn an. Er sagt, die Neuronen in seinem Gehirn hätten sich zu neuen Netzen verknüpft. Er könne sich mehr merken als früher. Riechen vielleicht auch, aber nicht so sehr. Das Dumme ist nur: Alles kostet ihn das Hundertfache an Energie.

Am liebsten bleibt er bei Goethe, Heine und seiner Frau in der Wohnung in Hohenschönhausen. Dort ist es sehr still, der Computer läuft ohne Bildschirm und das Licht bricht sich in bunten Spektren, wenn es durch das Fenster fällt. Von hier oben hat man eine tolle Aussicht auf den Asia-Imbiss und die parkähnliche Natur in Nordostberlin, aus der kurz vor dem Horizont weißlich-graue Hochhäuser wachsen. Es ist schön hier oben. Aber das ist egal. Die Erscheinungen der Dinge sind sinnlos, sie zählen nichts mehr für ihn. Mit fester Stimme sagt Herr Krug: „Das was ich sehen wollte, habe ich gesehen."

Er steht auf und macht zwei Tassen löslichen Pulverkaffee. Er schwankt, aber er hat alles im Griff. Mit dem kleinen Finger kontrolliert Herr Krug, wie hoch das heiße Wasser steht.

DIKT
ATO
REN

LESEN SIE SOFORT DIESE GESCHICHTEN, SONST …

Als einen „herzerfrischenden Geschichtenerzähler“ bezeichneten die Redakteure der englischen Zeitschrift *Homes & Gardens* Adolf Hitler, den sie 1938 in seinem Domizil auf dem Obersalzberg in den bayerischen Alpen besuchten. Zu einer Zeit, in der die Nürnberger Rassengesetze seit drei Jahren galten, und in den Lagern und Folterkellern der Nazis bereits Zigtausende Menschen ums Leben gekommen waren. Der Artikel selbst erschien im Monat der Reichskristallnacht. Nicht nur Hitler selbst gefiel den englischen Journalisten außerordentlich, auch angesichts der Gemütlichkeit seines Heims gerieten sie ins Schwärmen. Die Bilder zu der Eloge über den GröFaZ lieferte übrigens Hitlers Hoffotograf Heinrich Hoffmann. Wer sich hinter dem Pseudonym *Ignatius Phayre* verbirgt, konnte nicht mehr festgestellt werden.

Die Hitler-Homestory war quasi der Auftakt zu einer regelmäßigen Beschäftigung mit Diktatoren und deren Umfeld. Wobei man das Wort „Diktator“ ja unbedingt in andere Lebensbereiche außerhalb des Politischen ausweiten sollte. Natürlich ist auch der Großschauspieler Helmut Berger immer ein autokratischer Herrscher gewesen, so wie er seine Mitmenschen mit Schimpftiraden und Tobsuchtsanfällen terrorisierte. Paul Sahner, heimlicher

Bunte-Chef und offener DUMMY-Freund, hat dennoch ein liebevolles Bild von ihm gezeichnet. Schließlich ist man ja zuweilen inmitten all der Indifferenz, die einen umgibt, dankbar für jeden Polterer, jeden Selbstüberschätzer und Hütchenspieler. Daher kommt auch der Philosophendarsteller Peter Sloterdijk in einem Porträt zu Ehren.

Dass Stefan Aust in der Sektion Diktatoren nicht fehlen darf, ist evident. Unter seiner Chefredakteurs-Ägide ging es mit dem *Spiegel* investigativ steil bergauf und dann aber auch bergab, da Austs Nähe zu den anderen Mächtigen ein vernünftiges Blattmachen nicht mehr zuließ. Redakteure berichteten von einem Klima der Angst, während Aust und die anderen Gewaltherrscher des Journalismus wie Matthias Döpfner oder Frank Schirrmacher im Berliner Restaurant Borchardt ihre Anmaßungen planten – wie das Kippen der Rechtschreibreform.

Tja, und dann wäre da noch Roberto Blanco, Herr über ein untergegangenes Reich voll schunkelwilliger Menschen, die „Ein bisschen Spaß“ singen – und auch nach Karriereende noch im Vollbesitz seiner Selbstüberschätzungskräfte. So musste er auch erst mal schlucken, dass nicht der *Stern* oder die *Bild*-Zeitung am Telefon war, sondern DUMMY. Dann aber präsentierte er sich beim Fotoshooting als Könner seines Fachs in verschiedenen Rollen prominenter Schwarzer. Und ein „herzerfrischender Geschichtenerzähler“ ist er schon lange.

DUMMY UNABHÄNGIGES GESELLSCHAFTSMAGAZIN NR. 25 THEMA MAMA
DUMMY
mama
25
JUBILÄUMSAUSGABE
MIT DEM
BESTEN AUS DEN LETZTEN
25 HEFTEN
WWW.DUMMY-MAGAZIN.DE
4 196448 906007 25

Cover-Boy
Der Tyrann auf unserer Titelseite ist ein einsamer Sohn

Text: Paul Sahner

Coverillustration: Enver Hadzijaj

Foto: Edgar Herbst

Mama ist tot. Seine Mama. Die Frau, die mit ihm gelitten und gestritten hat, oft beides zur gleichen Zeit. Gelitten, wenn er mal wieder erst am frühen Morgen heimkehrte in die kleine Salzburger Wohnung, die sich Helmut Berger, 65, mit seiner Mama Hedwig seit zehn Jahren teilte. Anfangs hat sie dann mit ihm gestritten, aber schnell ließ sie das, weil er sowieso nichts mitbekam, randvoll wie er war. Und wenn er dann wieder nüchtern war, hat er sie in die Arme genommen, sie war doch sein einziger Halt. Doch dann, am 10. Oktober diesen Jahres, starb sie.

Es ist nicht allein der plötzliche Verlust, der so tief schmerzt. „Am schlimmsten ist die Gewissheit", so Helmut Berger, „dass ich mit meiner Mutter nun nie mehr lachen und weinen, mich streiten und wieder versöhnen kann."

Es war eine außergewöhnliche Mutter-Sohn-Beziehung. Sie vergötterte ihn. Das schmeichelte ihm. Er, der sich seiner vergangenen Genialität überaus bewusst ist, duldete keinen Widerspruch. Manchmal verließen die beiden die Wohnung mehrere Tage nicht. Dann schwelgten sie nächtelang in Erinnerungen über die Zeiten, in denen Helmut Berger zum Kinoweltstar wurde. Mit Filmen wie *Ludwig II.*, *Die Verdammten* oder *Gewalt und Leidenschaft*, in dem er Hollywoodstar Burt Lancaster an die Wand spielte. Doch seine Karriere endete abrupt Mitte der 90er-Jahre. Heim zur Mutter.

Freunde wie beispielsweise Eliette von Karajan bezeichneten die tiefkatholische Mutter als seinen Fels in der Brandung. Sie stoppte sein exzessives Leben, duldete weder Drogen noch Alkohol. Zumindest nicht in der Wohnung. Nun saßen sie da, Mama und ihr einziger Sohn, auf dem Sofa, schoben seine größten Erfolge in den DVD-Player, beförderten die Vergangenheit per Fernbedienung in die Gegenwart. Sie applaudierte. Danach ging er oft noch um die Häuser: „Morgens, wenn ich noch von Sinnen war, löste Mutter bereits Kreuzworträtsel. Sie wollte geistig frisch bleiben für mich, noch ganz lange für mich da sein."

Überhaupt war sie der Dreh- und Angelpunkt seines aktuellen Lebens. „Jemand musste sich ja um sie kümmern", erzählte er mir vor ein paar Jahren, „deswegen bin ich nach dem römischen Dolce Vita zurück nach Salzburg gekommen – obwohl ich die Stadt an der Salzach verachte." Berger: „Ich bin kein Loden- oder Dirndlfreak. Dieser verdammte Smalltalk in der Stadt, blablabla. Alles viel zu provinziell, zu klein. Jeder kennt dich. Die Menschen machen mir Angst. Deswegen gehe ich auch nur nachts spazieren."

Mit dem Vater, einem Wirt, hatte er gebrochen, als er 22 war. „Ich habe ihn mit irgendeiner Hure in meinem Bett erwischt", schimpfte er. „Danach wars aus, nie wieder habe ich ein Wort mit ihm gesprochen."

Helmut Berger flüchtete vor seinem Vater vor 40 Jahren in die Ewige Stadt, wo er seiner ganz großen Liebe, Lucio Visconti, begegnete: „Er verfiel mir, ich ihm. Als Alain Delon ihn mir ausspannen wollte, verjagte ich ihn aus unserer Villa."

Wenn Berger über den großen Regisseur spricht, die Dreharbeiten, den Starrummel, die Yachten, die fünf Villen und seine Filmpartnerinnen von Romy Schneider bis Liz Taylor, nimmt er die Sonnenbrille ab. Plötzlich ist er hellwach. Die Vergangenheit war allgegenwärtig in seinem Leben. Er hat sie immer mit seiner Mutter geteilt.

Als Helmut Berger Ende September wegen einer Bandscheibenoperation in die Salzburger Uniklinik eingeliefert wurde, umarmte die Mama ihn: „Ich werde dich jeden Tag besuchen."

Berger: „Sie hat natürlich Wort gehalten."

Am Donnerstag, den 8. Oktober, hatte sich Hedwig Berger mit ihrem schönsten Kostüm herausgeputzt. Sie ging danach zum Friseur, wollte besonders hübsch sein für ihren Sohn. Mutter eines berühmten Sohnes zu sein, verpflichtet selbstverständlich dazu, sich nicht gehen zu lassen – so sah sie das.

Es war ein besonderer Tag. Sie brachte Prospekte aus dem Reisebüro mit. Helmut Berger: „Mutter war umwerfend schick. Ich war stolz auf sie. Am Krankenbett haben wir Pläne geschmiedet. Für nächsten Sommer war eine Kreuzfahrt durch Norwegens Fjordwelt geplant."

Abends saßen Mutter und Sohn vor dem Fernseher. Hand in Hand verfolgten sie auf *RTL* ihre Lieblingsshow *Wer wird Millionär?* Sie neckten sich wie immer, wenn einer von ihnen beim Raten danebenlag. Berger frotzelte: „Mama, bei deinem Wissen müssten wir längst Millionäre sein." Sie lachte. Als sich Hedwig Berger an diesem Abend von ihrem Sohn verabschiedete, versprach sie: „Am Samstag bringe ich dir selbst gebackenen Guglhupf mit." An der Tür winkte sie ihm zu: „Pass auf dich auf."

Einen Tag später rief sie an. Sie freue sich schon auf den nächsten Tag, könne es kaum erwarten. Der nächste Tag war der Samstag. Gegen Mittag wollte sie kommen. Helmut Berger erinnert sich: „Sie war doch immer so überpünktlich. Ich habe sie angerufen, angerufen, angerufen. Alle fünf Minuten. Ich dachte: Das gibts doch nicht. Dann rief ich unser Dienstmädchen an, sie solle zu mir kommen, den Schlüssel zu unserer Wohnung abholen."

In der Zwischenzeit beruhigte sich Berger, so gut es ging: „Sie wird wohl den Bus verpasst haben. Sie wird auf dem Weg zu mir von Bekannten aufgehalten worden sein. Vielleicht stimmt auch etwas mit dem Telefon nicht."

Eine Stunde später rief das Dienstmädchen bei ihm an: „Ihre Frau Mama liegt völlig entkräftet im Bett." Der Notarzt bringt sie auf die Intensivstation. Ein paar Stunden später war Hedwig Berger tot, gestorben an einer Hirnblutung.

Berger reagierte fassungslos. „Das kann doch nicht sein. Sie war so agil, so voller Wünsche und Tatendrang!" Eliette von Karajan, die Witwe des berühmten Dirigenten Herbert von Karajan, war die Erste, die ihrem Freund im Krankenhaus Trost spendete: „Deine Mutter war ein so wunderbarer Mensch. Du wirst sie ewig lieb haben." Berger: „Eliette war wahnsinnig nett. Sie hat mir selbst gemachten Linsensalat mitgebracht. Dazu knusprigen Schweinebraten und Rosen."

Die Rosen stehen jetzt auf Helmut Bergers Nachtschrank. Davor zwei Bilder. Das eine zeigt ihn mit seiner Mutter. Auf dem anderen stehen Hedwig und Helmut Berger sehr andächtig vor Papst Johannes Paul II. Eine Privataudienz vor 14 Jahren. Diese Aufnahme, sagt Berger, gebe ihm die Gewissheit, dass seine tiefgläubige Mutter jetzt genau dort oben sei, wo sie es sich immer gewünscht hat: im Himmel.

«Ein herzerfrischender Geschichten-Erzähler»

Im November 1938 hatte Nazi-Deutschland Österreich und die Sudetengebiete annektiert, die »Nürnberger Rassengesetze« waren seit drei Jahren erlassen. Was das englische Magazin »Homes and Gardens« nicht daran hinderte, dem »Herrn Hitler« einen herzlichen Besuch abzustatten. Eine »Hitler's coming home«-Story.

– Text: Ignatius Phayre (1938)
– Übersetzung: Hanna Engelmeier & Christian Thomas

An einem Abend im Mai 2003 kramte der Schwiegervater von Simon Waldman, Internet-Chef bei der Zeitung «The Guardian» in London, stolz ein altes Magazin hervor: eine «Homes and Gardens»-Ausgabe vom November 1938. In dem 65 Jahre alten Heft entdeckte Waldman einen bemerkenswerten Text: eine Homestory über Adolf Hitlers Domizil in den bayrischen Alpen, in der der «Große Diktator» unter anderem als zauberhafter Inneneinrichter gepriesen wird. Im November 1938, war es zwei Jahre her, dass Hitler das Rheinland besetzt hatte, sechs Monate waren seit dem »Anschluss» Österreichs vergangen, Wochen seit der Eingliederung der Sudetengebiete, der Horror der »Reichskristallnacht» stand wenige Tage bevor. Dennoch stellte das britische Einrichtungsmagazin den Verantwortlichen all dessen als charmanten und hochkultivierten Gastgeber dar. Waldman scannte den Artikel, stellte ihn auf seine Webseite und informierte per E-Mail Isobel McKenzie-Price, Herausgeberin von «Homes and Gardens», das mittlerweile dem Verlags-Riesen IPC gehört. Zwei Wochen später antwortete ihm McKenzie-Price, der Artikel falle unter das Urheberrecht, weshalb sie ihn ersuche, den Text von der Webseite zu entfernen. Waldman tat, wie ihm geheißen, und stellte stattdessen die E-Mail-Korrespondenz mit McKenzie-Price auf seine Seite. Nach einer wochenlangen Kontroverse zog «Homes and Gardens» das Veröffentlichungsverbot schließlich zurück. Des weiteren stellte sich heraus, dass der angebliche Autor und Fotograf «Ignatius Phayre» (ein Pseudonym) die abgebildeten Fotos gar nicht gemacht hatte. In Wirklichkeit stammten sie von Hitlers Lieblings-Fotograf Heinrich Hoffmann: «Homes and Gardens» hatte sie von der NS-Pressestelle geordert. Einige waren Jahre vor Erscheinen des Artikels entstanden. Wir drucken das Dokument mit freundlicher Unterstützung des «Guardian» im Original-Layout mit deutscher Übersetzung.

Englischer Original-Text: www.guardian.co.uk/g2/story/0,3604,1076390,00.html

Hitlers Haus aus der Nähe betrachtet, links die Terrasse im Schatten der Sonnenschirme

Mehr als zwölf Jahre ist es her, dass Herr Hitler den Platz für sein endgültiges Zuhause festlegte. Es sollte unbedingt in der Nähe der österreichischen Grenze sein, knappe 10 Meilen entfernt von Mozarts Salzburg. «Haus Wachenfeld», anfangs nicht mehr als eine Jagdhütte, hat sich gemausert und ist heutzutage ein attraktives bayrisches Chalet, in 2000 Fuß Höhe zwischen Nadelwäldern und Kirschgärten auf dem Obersalzberg. Hier führte in der ersten Zeit seine verwitwete Schwester, Frau Angela Raubal, seinen Haushalt nach «bäuerlichen» Maßstäben. Als aber sein berühmtes Buch «Mein Kampf» ein überwältigender Bestseller wurde (mehr als 4,5 Millionen verkaufte Exemplare), begann Hitler zu überlegen, die bescheidene Hütte durch ein Haus mit Garten von angemessener Größe zu ersetzen. Diesbezüglich war Hitler stets sein eigener Architekt.

Nichts Angeberisches umgibt des Führers kleines Heim. Ein ähnliches Haus könnte jeder beliebige Geschäftsmann aus München oder Nürnberg in diesen lieblichen Hügeln besitzen.

Die Eingangshalle ist mit einer seltsamen Sammlung von Kakteen in Majorica-Töpfen zugestellt. Das Arbeitszimmer Herrn Hitlers ist wie ein modernes Büro gestaltet, aus dem eine Telefonanlage hinausführt. Von hier aus hat der Führer die Möglichkeit, seine Freunde oder Minister einzuladen, nach Berchtesgarden zu fliegen und auf der hauseigenen Landebahn wieder einzufliegen, die sich direkt hinter den

Dieses Bild zeigt die herrliche Umgebung des Chalets. Im Vordergrund: Hitler (rechts) mit Feldmarschall Göring (links) und von Blomberg (Mitte).

ITLERS
OUNTAIN
HOME

to »Haus Wachenfeld« in
varian Alps, written and
rated by Ignatius Phayre

194 HOMES AND GARDENS, *November*, 1938

HITLERS FEIN STAFFIERTES STUDIO
In diesem Raum, rechterhand, fand jüngst das Gespräch zwischen dem Führer und Herrn Chamberlain statt.

Rasenflächen erstreckt. Das Anwesen bietet die beste Aussicht ganz Europas. Eine gewagte These, ich weiß. Aber in diesen bayerischen Alpen gibt es ein ganz besonders weiches Grün, mit schneeweißen Spitzen und bewaldeten Hügeln, wie die Schönfeldspitze und die Teufelshörner.

Hitlers Haus blickt auf sein Heimatland Österreich. Oft werden die Mahlzeiten auf der Terrasse serviert, auf einem kleinen Tisch im Schatten großer Stoffschirme. Vom Aussichtspunkt ist weit unten eine verträumte Kette kleiner Seen mit antiken Grabkapellen zu sehen, überdeckt von Moosschichten auf riesigen Steinen. Seit der Reichsführer hier als «Gutsherr von Wachenfeld» einzog, wurde die gesamte Region mit Autobahnen überzogen, sogar bis nach Oberammergau.

Dieses freundliche, luftige Chalet ist durchweg in hellem Jade-Grün gehalten. In den Außenräumen, etwa der überdachten Sonnenterrasse, weiße Korbstühle. Herr Hitler liest hier die einheimischen und ausländischen Zeitungen, die sein Privat-Pilot Hansel Baur täglich vor dem Mittagessen aus Berlin einfliegt.

In dieser Höhe ist die bayerische Sonne am angenehmsten. Sogar zur Weihnachtszeit, tief verschneit, leuchtet Haus Wachenfeld so warm wie das Engadin. Die Wirkung von Licht und Wärme wird durch das Trillern vieler Harzer Bergkanarienvögel in vergoldeten Käfigen verstärkt, die in den meisten Räumen stehen oder hängen.

Die Vorhänge sind aus bedrucktem Leinen oder feinem Damast in helleren Tönen. Der Führer ist sein eigener Innenausstatter, Designer, Möbelfachmann und Architekt. Er erweitert das Haus ständig, baut neue Gästezimmer an und richtet Lieblings-Antiquitäten darin ein – vor allem deutsche Möbel aus dem 18. Jahrhundert, nach denen eigens Beauftragte in München für ihn suchen.

Es wäre falsch anzunehmen, die Wochenendgäste seien alle, oder auch nur hauptsächlich, Staatsdiener. Hitler lebt auf in der Gesellschaft brillianter Gäste, insbesondere Künstler, Sänger und Musiker. Als Gastgeber ist er ein herzerfrischender Geschichtenerzähler. Wir wissen alle, wie überrascht Lloyd George und Parteifreunde waren, als sie Hitlers Einladung nach Haus Wachenfeld folgten.

Die Gästeschlafzimmer sind mit alten Gravuren geschmückt, aber interessanter sind des Führers eigene Aquarellzeichnungen. Es gab Zeiten, als der Führer froh war, mit dem Verkauf dieser kleinen Werke ein paar Mark auftreiben zu können; keines misst mehr als 20 Zentimeter im Quadrat und jedes ist mit einem unleserlichen, wenn auch unverkennbaren «A. Hitler» unterzeichnet.

Die Gärten sind sehr einfach angelegt. Rasenflächen mit blühenden Flechten sind auf verschiedenen Höhen angepflanzt, ebenso Rosen und Saisonblumen. Der Führer, so darf ich hinzufügen, hat eine Schwäche für Schnittblumen in seinem Haus, wie für Musik.

Jeden Morgen um neun geht er hinaus und bespricht mit seinen Gärtnern deren tägliche Arbeit. Diese Männer, wie auch sein Chauffeur und sein Pilot, sind weniger Bedienstete denn treue Freunde. Hitler war schon immer Vegetarier, sein Speiseplan ist sowohl ausgewogen als auch schwer bereitzustellen. Sogar in seiner fleischlosen Kost ist Hitler so etwas wie ein Gourmet – wie John Simon und Anthony Eden überrascht feststellten, als sie mit ihm im Präsidenten-Palais in Berlin dinierten. Sein bayerischer Koch, Herr Kannenberg, stellt eine beeindruckende Vielfalt vegetarischer Gerichte zusammen, herzhaft und gehaltvoll, ein Genuss für Auge und Gaumen, und alles streng nach den Diätvorschriften, die Hitler ausgibt. Aber im Haus Wachenfeld bietet er auch eine großzügige Tafel für normale Geschmäcker. Hier versammeln sich bons viveurs wie Feldmarschall Göring, Feldmarschall von Blomberg und Joachim von Ribbentrop zum Dinner. Ausgefallene Speisen wie «Caneton à la presse» werden aufgetischt, dazu feine Weine und Liköre aus von Ribbentrops

EIN AUSSCHNITT DES SONNEN-SALONS OBERHALB DER TERRASSE
Hier finden Konferenzen bei Regenwetter statt, wenn es unmöglich ist, im Freien zu sitzen.

exzellenter Auslese. Entsprechend werden Zigarren und Zigaretten auf dieser Terrassenfeier entzündet – obwohl Hitler weder raucht noch Alkohol in jedwelcher Form zu sich nimmt.

Alle Besucher bekommen den Hundezwinger des Gastgebers zu sehen, wo er bemerkenswerte Schäferhunde züchtet. Einige seiner Schoßhündchen dürfen über das Anwesen laufen, besonders, wenn Herr Hitler einen «Rummel» für die Kinder der Gemeinde veranstaltet. An solchen Tagen, wenn die Staatsgeschäfte erledigt sind, spaziert der Gutsherr höchstselbst, begleitet von einigen Gästen, durch die Wälder in die kleineren Dörfer. Dort sitzen die Alten vor den Türen ihrer Hütten und schnitzen Schmuck und Spielzeug aus Holz, Elfenbein und Knochen. Die Kleinen werden dann in Hitlers Haus eingeladen. Kaffee, Kuchen, Obst und Süßigkeiten warten auf Tischen im ausladenden Obstgarten auf sie. Die Frauen Goebbels und Göring leiten in traditionellen bayerischen Trachten Tänze und Volkslieder an, während die verwegeneren Seelen eine Spritztour in Hitlers Privatflugzeug unternehmen dürfen. Ich darf auch den Bogen-Schießstand auf der Rückseite des Chalets nicht zu erwähnen vergessen. Es ist merkwürdig, Feldmarschall Göring, Oberhaupt der besten Luftwaffe in Europa, dabei zu beobachten, wie er mit Pfeil und Bogen ein 20 Meter entferntes Strohziel anpeilt. Da ist soviel Anspannung in diesen flammenden Stieraugen, als würde das Schicksal von Nationen von diesem Volltreffer abhängen!

Aber ich habe genug geschildert, um den Eindruck eines sonnigen subalpinen Hauses zu vermitteln, hunderte von Meilen entfernt vom Berliner Trubel, inmitten unbedarfter Bäuerlichkeit von Schnitzern und Jägern. Dies ist das einzige Heim, in dem Hitler lachen und entspannen kann – oder gar Touren leiten mit Hilfe seines Dreifuß-Teleskopes, das er selbst auf der Besucherterrasse bedient. «Dies ist mein Zuhause», sagt er einfach. «Das habe ich mit dem Geld aufgebaut, das ich verdient habe.» Dann zeigt er seine Bibliothek, wo man feststellt, dass gut die Hälfte der Bücher von Geschichte, Malerei, Architektur und Musik handeln.

HERR HITLER ZEIGT SEINEM BAULEITER VON IHM PERSÖNLICH VORBEREITETE PLÄNE FÜR DEN ANBAU EINES WEITEREN GÄSTEHAUSES

Wenn es schön genug ist, um unter freiem Himmel zu dinieren, sieht man ein Piano für das Nachmittagskonzert. Einheimische Talente spielen Violine und Cello zu Stücken von Mozart oder Brahms. Aber am Piano sitzt immer dieser Englisch sprechende Riese (er misst ca. 1,90 Meter): Dr. Ernst «Putzi» Hanfstaengl, der sich als Komponist von gesamtdeutschem Rang erweist.

IN SEINEN STUNDEN DER ERLEICHTERUNG – DER FÜHRER IN SEINEM GARTEN, MIT EINEM SEINER REINRASSIGEN SCHÄFERHUNDE AN DER SEITE.

tler? Find ich gut!

den größten Verbrecher aller Zeiten gibt es unterschiedliche Meinungen. Ein Panorama.

. Adolf Hitler ist schuld, dass an Weih-
hten letztes Jahr in Havanna das Klopapier
wurde. Auf Kuba ist Klopapier teuer: Eine
n Schleifpapierqualität kostet fünf Pesos,
nuss ein Zigarrendreher eine ganze Kiste
Lanceros rollen. Die Parteizeitung
na» dagegen kostet nur 20 centavos, wes-
e Tageszeitung immer schon früh am
an allen Kiosken Havannas ausverkauft ist.
gene Weihnachten nun war die «Granma»
usgeliefert, da machten sich die Mitglieder
nmunistischen Partei fieberhaft daran, alle
baren Exemplare wieder einzusammeln.
r Titelseite prangte ein Foto von Fidel
der zu amerikanischen Studenten sprach,
gs war der Revolutionsführer seines lan-
uen Bartes beraubt und hatte einen fiesen,
dunklen Seitenscheitel. Er sah aus wie
Hitler. Irgendwo in den Katakomben des
uses der Parteizeitung am Platz der
tion versieht offenbar ein todesmutiger
r seinen Dienst. Denn für die kommunisti-
egierung Kubas ist «Adolf Hitler» die
ste mögliche Beleidung, reserviert für ihre
Feinde: Zum Beispiel für den konservati-
nischen Ministerpräsidenten José Maria
den Demonstranten im vergangenen
offiziell als «Führercito», als «Führerchen»
npfen durften. Oder für den US-
nten George W. Bush, dem «Führer des
nternationalen Neofaschismus'». So steht
falls in Kubas Parteizeitung Granma. Den
Habaneros geht die allerdings, siehe oben,
am Arsch vorbei. *– Frank Rotweck*

tinien/Chile. Es muss wohl Ende der
Jahre gewesen sein, als mich ein älterer
er in die Redaktion des deutschsprachigen
lattes «La Plata-Ruf» einlud, in dem sich
he Hetzartikel gegen so angesehene
e wie Bundespräsident Heinemann oder
Augstein fanden. In Argentinien herrschte
eine besonders grausame Militärdiktatur.
ne Redaktion hatte zu dem Abend noch
gentinische Generäle im Ruhestand und
dmiral eingeladen. Militärs wie Redakteure
en mich in strammer Haltung mit dem
en Gruß und mehreren kräftigen «Heil
Rufen, gefolgt von einem «Arriba la
a libre» (Heil dem freien Deutschland).
nerälen im Ruhestand war Adolf Hitler in
nie ein heldenhafter Kämpfer gegen die
istischen Gringos aus den Vereinigten
Als Argentiniens größter Feind galten in
der Regierung Perón die Vereinigten
deshalb gab es schon im Zweiten
g und in den Jahren danach für Hitler als
ten Gegner der Amerikaner Sympathien.
ahm viele Nazi-Flüchtlinge auf, unter
dolf Eichler und General Strössner. Der
im Nachbarland Paraguay pflegte sogar
önliche Freundschaft mit dem berüchtig-
Arzt Mengele und gab diesem die para-
e Staatsbürgerschaft. Die nach
rika geflohenen Deutschen warben um
nis für die historische Figur Hitler, doch
-Ideologie fand auf dem Halbkontinent
nhänger. Die rassistische Komponente des
sozialismus wurde in den ethnisch so
en Ländern Südamerikas zurückgewiesen
ht verstanden. In Chile gehörten zu den
n der Colonia Dignidad, wo Pinochet poli-
ftlinge foltern ließ, auch einige ehemalige
Nazis. Die Überlebenden unter den dort
lelten erinnern sich, Hitler-Bilder in den
nmern gesehen zu haben. Im großen und
t die Hitler-Verehrung in Lateinamerika
se von Deutschstämmigen beschränkt
geblieben. Einen gar nicht so unbekannten Journalisten aus Brasilien traf ein besonderes Pech: Sein eine Zeit lang von Hitler begeisterter Vater, ein Universitätsprofessor, hatte ihn mit Vornamen Adolfo Hitler genannt. So stand es nun bei dem Armen ein ganzes Leben lang in Pass und Personalausweis. Seine Artikel zeichnete er begreiflicherweise immer nur mit seinen beiden gut portugiesischen Familiennamen. *– Walter Haubrich*

Island. Wenn die Isländer am Nationalsozialismus etwas besonders beeindruckte, dann waren es Massenaufmärsche und Veranstaltungen, bei denen die Körper unzähliger Menschen als anonymes Gebilde eine Einheit bilden. So etwas funktioniert nämlich bis heute nicht im dünnbesiedelsten Land Europas. 1934 gründete sich eine isländische Nazipartei. Deren Aufmärsche mit maximal fünfzig Personen auf dem Hof der Reykjaviker Grundschule wirkten allerdings nicht besonders beeindruckend. Eine mehrfach von Himmler angekündigte geheime Ausgrabungsreise des SS-Ahnenerbes – man plante einen heidnischen Tempel auszugraben – wurde ständig verschoben, obgleich die isländische Tageszeitung «Morgunbladid» am 23.2.1939 bereits frohlockte: «Hitler, Göring, Goebbels, Abkömmlinge von Wikingern». Der von den Nazis zum deutschen Generalkonsul in Island beförderte SS-Brigadeführer Werner Gerlach war zuvor als Pathologe für das Konzentrationslager Buchenwald zuständig. Auf Island wollte er sich nebenamtlich mit rassenbiologischen Untersuchungen befassen. Nach seiner Ankunft am 30. April 1939 im zentralen Hotel Borg wurde er am Morgen durch die 1.Mai-Rufe sozialistischer Demonstranten geweckt. Um den Namen «Hitler» zu vermeiden, nannten ihn die im besetzten Dänemark lebenden Isländer gern scherzhaft «Hjalti», was ein ganz gewöhnlicher isländischer Vorname ohne besondere Bedeutung ist. Gleichwohl gab es durchaus gewisse Sympathien für Ethnozentrismus und die Idee der «reinen nordischen Kultur» bei einigen prominenten Isländern. *– Wolfgang Müller*

Irland. Fremdsprachenkenntnisse sind in Irland nicht sonderlich weit verbreitet. Selbst ausländische Eigennamen werden meist verhunzt. Wer hätte zum Beispiel vermutet, dass sich hinter «Lohenbroh» ein bekanntes Münchner Bier verbirgt? Verblüffend korrekt können die meisten Iren allerdings «Heil Hitler» aussprechen. Das liegt daran, dass im irischen, aber vor allem im englischen Fernsehen, das in den meisten Gegenden Irlands zu empfangen ist, immer wieder Kriegsfilme gezeigt werden. Die Zeiten, da deutschen Touristen der faschistische Gruß in irischen Pubs entgegengeschmettert wurde, liegen noch gar nicht lange zurück. Die dumpfe Begrüßung war durchaus freundlich gemeint: Wer gegen England gekämpft hat, kann nicht von Grund auf schlecht gewesen sein. Die Berichte über rechtsradikale Gewalt haben jedoch dazu beigetragen, dass dieser Gruß inzwischen seltener zu hören ist. Manchmal liegt es wohl auch nur am falschen Wörterbuch. Wer in Cassel's Deutsch-Englischem Wörterbuch unter «Sieg Heil» nachschlägt, findet als englische Übersetzung: «Hurrah!» *– Ralf Sotscheck*

Italien. Am Eingang zum Berghotel auf dem Gran Sasso d'Italia erinnert eine unscheinbare Travertintafel daran, deutsche Fallschirmjäger im September 1943 vor dem Haus gelandet waren und Benito Mussolini aus seinem Berggefängnis befreiten. An der Rezeption liegen Duce-Bücher, die Etiketten einiger Weinflaschen zeigen Mussolinis Verbündeten aus Berlin. Das kommt in Italien selten vor. Zwei Jahre deutscher Rückzugsgefechte gegen Partisanen und Alliierte, Gemetzel in Mittelitalien und im Norden haben sich tief ins kollektive Bewusstsein eingeprägt. Die ardeatinischen Höhlen vor Rom, wo auf Anordnung Hitlers 1944 mehr als 300 Zivilisten erschossen wurden, sind eine der wichtigsten Gedenkstätten Italiens. Nur als Blitzableiter leistet der einst Bewunderte heute nützliche Dienste. Nach dem Krieg überlebten viele Zeichen der Mussolini-Herrschaft, das Böse jener Zeit repräsentierte ja der Andere. Wer heute provozieren will, schmiert nicht Fasces an die Wände, sondern Hakenkreuze. Im 20. Jahrhundert habe es zwei Totalitarismen gegeben, verkündete Silvio Berlusconi: Nationalsozialismus und Kommunismus. Den Beitrag seines Landsmanns unterschlug er ebenso wie den Francos. Niemand widersprach. *– Thomas Goetz*

Afghanistan. «General Fahim schläft noch», flüsterte die Wache und schloss den Türspalt zum Nebenraum wieder. Der Krieg war soeben zu Ende in Kabul, Bin Laden in die Flucht geschlagen und wir Deutschen ganz hoch im Kurs bei den Afghanen. Ich wartete im kargen Büro des künftigen Verteidigungsministers Fahim, der nebenan auf einem Feldbett lag. Um mich herum saßen zwölf Militärs in zusammengeklaubten grünen Uniformen, Kalaschnikows neben sich, und starrten mich an, recht finster, wie mir schien. «Deutscher?», fragte einer schließlich. Mein Nicken gefiel ihnen und sie rückten näher. Einer mit schwarzem Bart und Pakul auf dem Kopf, der tellerförmigen Filzmütze, hielt mir seine behaarte Hand entgegen und sagte was von «arischen Brüdern», die wir seien. «Ariana» hieß Afghanistan früher einmal, heißt die Fluglinie noch heute. Er fragte, ob Hitler gut war. Ich erzählte von Verfolgung und Folter, von Krieg und Holocaust. Empörung zeigten meine Zuhörer aber erst, als ich von Hitlers Hoden sprach. Nur einen solle er gehabt haben und vielleicht sei Hitler schwul gewesen. «Oh, nicht guter Mann», sagten sie da, und der Bärtige zeigte sich erleichtert. Einem seiner Söhne habe er einst den Vornamen «Hitler» geben wollen. Wie gut, sagte er nun, das nicht getan zu haben. «Wir nannten ihn Rommel. Wie war Rommel?» *– Wulf Schmiese*

Namibia. Namibia steht weltweit im Ruf, besonders viele Hitler-Verehrer zu beheimaten, natürlich vornehmlich Deutsche, die seit Generationen in der einstigen Kolonie leben. Der Hauptgrund für diese zweifelhafte Reputation liegt in der kleinen Stadt Omaruru, hier gab es mal eine Bäckerei, die «Dampfbäckerei Maier», die Brötchen mit Hakenkreuz verkaufte und wo jedes Jahr zum Führergeburtstag die Reichsflagge gehisst und das Horst-Wessel-Lied gespielt wurde. Aber das ist lange her. Natürlich gibt es in Namibia immer noch genügend Deutsche, deren Einstellung zur schwarzen Bevölkerung alles andere als politisch korrekt ist – ein Hort glühender Hitler-Bewunderung aber ist das Land wohl nie gewesen. Lieber besinnt man sich auf die vermeintlich glorreiche Kolonialzeit von 1884 bis zum Ersten Weltkrieg. Deshalb gibt es heute noch die Göring-Straße in Lüderitz, benannt nach Heinrich Ernst Göring, dem ersten deutschen Reichskommissar in Südwest und Vater des späteren Generalfeldmarschalls Hermann Göring. *– Michael Bitala*

Kenia. In Kenia wird man als Deutscher in Ruhe gelassen. Kein Hitler-Gruß, kein blöder Spruch, keine peinliche Anerkennung, dass der «Gröfaz» gute Arbeit geleistet habe. Fast schien es, als ob die Kenianer den größten Verbrecher des 20. Jahrhunderts gar nicht kennen. Hier feiern die Minibusfahrer, die als die schrecklichsten Kerle des Landes gelten und gerne provozieren, Osama bin Laden, die Taliban, Saddam Hussein oder Monica Lewinsky. Diese Namen kleben auf ihren verrosteten Bussen. Von Hitler keine Spur. Zwar gibt es im Norden des Landes ein paar Männer, die Hitler als Vornamen tragen. Ihre Eltern tauften sie so, als diese gegen die frühere Kolonialmacht Großbritannien kämpften und die verhassten weißen Ausbeuter ärgern wollten. Glücklich sind die Hitlers damit sicherlich nicht. *– Michael Bitala*

China. Das Hitler-Bild vieler Chinesen rührt vor allem aus jahrzehntelanger Berieselung durch Filme aus sowjetischer Propagandaproduktion, später solche aus Hollywood – deren gemeinsame antifaschistische Botschaft bei einigen jedoch verloren gegangen zu sein scheint: Es gehört zu den unangenehmen Erfahrungen Deutscher in China, bei Nennung ihrer Nationalität von – stets männlichen – Taxifahrern oder Mitreisenden im Zug ein «Hai Chi-te-le!» entgegen gebellt zu bekommen – und den Ton der Anerkennung feststellen zu müssen, der in dem nachgeäfften Hitler-Gruß mitschwingt. «Hitler war ein großer Mann», hört man dann. «Wie Mao Zedong». Die Bewunderung für starke Führer fällt im Jahrtausende autokratisch regierten China noch immer auf fruchtbaren Boden; darüber, dass Hitler wie Mao Millionen von Menschen auf dem Gewissen hat, gehen diese chinesischen Stammtischbrüder achselzuckend hinweg. Aber: Der Hitler-Gruß ist weniger geworden in den letzten Jahren. Viel häufiger erfährt der Deutsche mittlerweile Anerkennung von anderer Seite: Gebildete Chinesen loben Deutschland gern für seine Aufarbeitung der Nazi-Vergangenheit – und kontrastieren es im gleichen Atemzug mit dem in ihren Augen schändlichen Verhalten Japans, das seine Kriegsverbrechen bis heute leugne. *– Kai Strittmatter*

Indien. Als der indische Neuwagen vor der Tür stand, empfahl mein Koch eine «Puja». Das Auto müßte hinduistisch gesegnet werden, sagte er, sonst drohe Unheil. Er besprenkelte also die Reifen mit einer Zitronenlösung und ließ mich über eine Kokosnuss fahren. Das weithin sichtbarste Zeichen der Segnungszeremonie aber war das große rote Hakenkreuz auf meiner Kühlerhaube. Es durfte nur vom Regen abgewaschen werden, der prompt eine Woche auf sich warten ließ. Kaum ein Inder verbindet die «Swastika», das Glückssymbol der Hindus, mit dem deutschen Diktator. Nur die historisch Gebildeten denken bei Hitler an Massenmord, an Lebensraum, oder an Gleichschaltung. Für den Durchschnittsinder hat der Name Hitler einen eher guten Klang, weil Deutschland unter dem Hakenkreuz manches von dem verkörperte, was Indien in den letzten Jahrhunderten schmerzlich vermisste: Ordnung und Disziplin im Inneren, Stärke, Macht und eine prekäre Form von Respekt nach Außen. Und dann ist da der gemeinsame, wenn auch getrennt geführte Kampf gegen die Briten, den Deutschland 1945 verloren und Indien zwei Jahre später – mit der Unabhängigkeit – gewonnen hat. Michael Dusche, der als Dozent für Philosophie an der Jawaharlal Nehru Universität in Delhi lehrt, stellt in seinen Deutsch-Kursen seit Jahren die Eingangfrage, warum sich die Studenten für das ferne europäische Land interessieren. Mindestens jeder Zehnte begründet die Entscheidung unter anderem mit einem positiven Hitler-Bild. *– Jochen Buchsteiner*

So ein Motherfucker

Niemand füllt das intellektuelle Vakuum in Deutschland so leicht wie Peter Sloterdijk

So ein *Motherfucker*

Niemand füllt das intellektuelle Vakuum in Deutschland so leicht wie Peter Sloterdijk

Text: Arno Frank
Illustration: Enver Hadzijaj

Peter Sloterdijk ist möglicherweise ein echter *Motherfucker.* Ein Bewohner des Elfenbeinturms ist er nicht. Im Gegenteil. In Theorie wie Praxis ist Peter Sloterdijk ein sehr zugänglicher Mensch. Theoretisch kann man in Karlsruhe von außen an die backsteinerne Wand eines schmucklosen Wohnhauses aus der Gründerzeit pinkeln und dabei den Blick über die oberen Stockwerke der sloterdijkschen Bibliothek schweifen lassen, denn der Herr Professor wohnt dort ganz transparent im Erdgeschoss. Praktisch kann man aber auch früh am Morgen einfach klingeln und wird von einem leicht nuschelnden Hausherrn eingelassen, der Strickjacke trägt und die Lesebrille in der Hand: „Ah, se ham ein Termin, ja? Herr Frank?"

Im Flur der Wohnung hängt eine hohe Decke, der Duft von Kaffee und familiäre Aufbruchstimmung. Die Tochter muss jetzt in die Schule, dringend. Ihre Mutter packt schon mal die Tasche, während ihr Vater den frühen Eindringling nach nebenan in sein winziges Arbeitszimmer führt. Überquellende Bücherregale ohne erkennbare Ordnung, Zeitschriften und Ausrisse aus Zeitschriften auf Hockern, ein schmaler Schreibtisch mit einem prähistorischen Computer, ein Fenster mit beruhigender Aussicht auf einen von Kastanien gesäumten Spielplatz. Sloterdijk serviert noch einen Tee, zwei Stunden werden wir uns hier nun auf zwei antiquierten *Fauteuilles* gegenübersitzen. Wir werden über seine Bücher sprechen, sein Selbstverständnis als Philosoph und nicht zuletzt seine Rolle als „philosophischer Varietékünstler" in den medialen Manegen dieser Republik.

So hat ihn die *Zeit* neulich wieder apostrophiert, immerhin als Künstler, aber eben als einen halbseidenen, vom Varieté, wie überhaupt etwas eigentümlich Abfälliges immer mitschwingt, wenn in jenen Feuilletons von Peter Sloterdijk die Rede ist, für die er gerade mal keine seiner bisweilen besinnungslosen Besinnungsaufsätze schreibt. Die sind selten banal und eigentlich immer originell, wenn auch nicht im besten Sinne. Denn was Peter Sloterdijk zu den aktuellen Diskursen dieser Gesellschaft beizutragen hat, wird von der interessierten Öffentlichkeit immer häufiger als irrlichternde, manchmal sogar verantwortungslose Einlassung wahrgenommen – ganz gleich, ob er diese Diskurse selbst angestoßen hat, etwa mit seinen eugenischen „Regeln für den Menschenpark", oder sich nur in bestehende Debatten einmischt.

Fragt man den Philosophen, dann liegt das an der interessierten Öffentlichkeit selbst. Die habe sich freiwillig Denkverboten unterworfen, die von linksreaktionären Definitionshoheiten der „Frankfurter Schule" aufgestellt worden seien. Er selbst ist der einsame Rufer in der diskursiven Wüste, dessen Stimme sich kaum erhebt, deren Inhalt aber gerne ins Schrille kippt. So etwa, als er in einem Interview mit dem Politsimulationsmagazin *Cicero* die umstrittenen Äußerungen des Bundesbank-Vorstands und ehemaligen Hirntumorpatienten Thilo Sarrazin über türkisch-arabische Integrationsverweigerer in Berlin mit folgenden Dröhnworten verteidigte: „Man möchte meinen, die deutsche Meinungs-Besitzer-Szene habe sich in einen Käfig voller Feiglinge verwandelt, die gegen jede Abweichung von den Käfigstandards keifen und hetzen."

Dieser „Käfig voller Feiglinge", worunter man auch „Narren" verstehen darf, ist natürlich der Elfenbeinturm, von dem aus der herrenlose Denker, als den wir uns Sloterdijk vorstellen dürfen, regelmäßig mit dem Artilleriefeuer der Arroganz belegt wird. Etwa dann, wenn ihm mangelnde „Kenntnisnahme der neueren Forschungsliteratur" vorgeworfen wird, wie es unlängst der Sozialphilosoph, Hegel-Experte und Habermas-Schüler Axel Honneth getan hat. Zuvor hatte Sloterdijk in der *Frankfurter Allgemeinen Zeitung* in einem – wie stets stilistisch brillanten – Delirium die Einkommenssteuer als eine Art staatlich motivierter Enteignung beschrieben, die die eigentlichen Leistungsträger unserer Gesellschaft ihres unternehmerischen Elans beraube und damit der Gesellschaft selbst schade.

Wer die sloterdijksche Motherfuckerhaftigkeit herausarbeiten will, ist mit diesem neoliberalen Haifischgrinsen von einem utopischen Aufsatz bestens bedient. Denn mit dem Plädoyer für die „gebende Hand", die Spende statt der Steuer hat sich der frei flottierende, herrenlose Denker so weit in blühende FDP-Landschaften verirrt, dass ihm selbst der geneigteste Leser nur mit Unbehagen folgt. Auf dieses Unbehagen angesprochen, scheint Sloterdijk weniger über eine Antwort, als vielmehr über die Beschaffenheit seines Parkettbodens zu meditieren. Wenn er dann aber zu sprechen anhebt, ist es, als senke sich die Nadel auf eine leicht zerkratzte Schallplatte, die sich immer schon gedreht hat und wohl noch lange weiterdrehen wird. Seine Antwort beweist dann durchaus eine „Kenntnisnahme der neueren Forschungsliteratur", wenn auch vornehmlich die seiner eigenen. Die Frage sei, wie man „überhaupt sozialen Zusammenhang denken" könne, „wenn man die Gesellschaft insgesamt als einen Körper ohne Zentralorgan beschreibt". Im Übrigen gebe es dieses Schisma zwischen Akademia und Agora „seit dem 19. Jahrhundert, seit es philosophische Schriftsteller gibt. Es ist also nichts Neues und keineswegs zu bedauern, dass es zum Denken in akademischer Tradition auch Alternativen gibt. Ich will es einfach als andere Spielart verstanden wissen. Leider pflegen die deutschen Geisteswissenschaften eine Tradition des Ressentiments gegen Ansätze, die sich abseits vom akademisch gebetteten Hauptstrom des Denkens etablieren", sagt er und schickt einen seiner unter dem Schnurrbart hervorgeschnauften Seufzer hinterher: „Es ist mir ein sozialpsychologisches Rätsel, warum das so ist."

Vielleicht liegt es daran, dass ein Sloterdijk nur deshalb abseits des „Hauptstroms" der Lehrmeinungen seine Manöver fahren kann, weil er aufreizend spielerisch mit den dort auftretenden Verwirbelungen und Scherwinden umzugehen versteht. Weil er ein so eloquenter Stilist ist, wie ihn die Zunft sonst weit und breit nicht hat. Weil ihn sein essayistischer Wagemut in bisher unentdeckte Gewässer trägt – wo er ein Publikum findet, von dem die hauptamtlichen Binnenkapitäne der Zunft nicht einmal zu träumen wagen.

Es ist nun einmal so: Wer von der assoziativen, metaphernsatten und mäandernden Sprache seiner beiden Hauptwerke nicht in einen rauschhaften Sog der Erkenntnis gerät, der hat von der Libido der Lektüre keine Ahnung. Die zweibändige „Kritik der zynischen Vernunft" (1983) ist das Fundament seiner Karriere, die Trilogie „Sphären" (1998) mit ihrem raumtheoretischen Erzählstrang von der befruchteten Eizelle bis zur Globalisierung sein Haupt- und Spätwerk.

Alles, was Sloterdijk seitdem publiziert, sind eigentlich nur jazzige Improvisationen auf diese musikalischen Hauptmotive seiner Arbeit. Zwar beschleicht den Leser gerade im Zustand ekstatischster Erkenntnislust der dumpfe Verdacht, hier nur einem virtuosen Hütchenspieler und Wortjongleur beizuwohnen. Der Zustand erhöhter Spannung und Sehschärfe aber bleibt bestehen. Das ist es, was gute Unterhaltung ausmacht. Und das ist es auch, was seine jüngeren Bemerkungen zu Fragen der Zeit und vor allem sein Auftreten in einer so perfekten Sinnzertrümmerungsmaschine wie dem Fernsehen problematisch machen: der Eindruck, hier wolle einer eigentlich nur spielen, ein selbstbesoffener Stichwortgeber mit Logorrhoe als Guru all derer, die hergebrachte Frontlinien am liebsten zu ihren Gunsten auflösen wollen. Hat er sich zwischen 1978 und 1980 nicht sogar im Ashram von Bhagwan Shree Rajneesh aufgehalten? Etwa aus Liebe zu Weisheit und Vernunft?

Ja, genau. Und zwar aus einer so unbedingten und blinden Liebe zu Weisheit und Vernunft, dass dafür auch Ab- und Umwege in Kauf genommen werden. „Ein leichtsinniges Klima ist für meine Arbeit lebensnotwendig", räumt Sloterdijk ein und verweist damit auf den Glutkern jeder philosophischen Erkenntnis: den Skandal, den Aufruhr. Müssen wir Sloterdijk deshalb als „Sokrates Mainomenos" betrachten, als verrückten Sokrates also, den man nicht allzu ernst nehmen darf? Wir müssen nicht, wir dürfen. Wer die Dinge allzu ernst nimmt, dem kommt bald jede erhellende Heiterkeit abhanden.

Eher wäre unser Mann mit einem anderen freibeuterischen Denker zu vergleichen, einem prototypischen *Motherfucker* der Antike, mit Diogenes in der Tonne. Der wurde wegen seiner Bissigkeit für Hergebrachtes, wegen seinem öffentlichen Onanieren und Urinieren und damit fast schon punkigen Provozieren der „guten Gesellschaft" abfällig als „kyon" bezeichnet, als Hund. Er aber nahm es als Ehrentitel und verkündete: „Die anderen Hunde beißen ihre Feinde, ich aber meine Freunde, um sie zu retten."

»FRÄULEIN, BITTE ZUM DIKTATOR«

NEBEN DEM KÄMPFEN UND TÖTEN FAND ER IMMER AUCH NOCH ZEIT FÜR FRAUEN. ABER NUR BEI EINER WURDE MUSSOLINI SCHWACH.

Von Fabian Dietrich
Fotos: Picture Alliance, Ullstein

Lieber als zu fliehen ließ sich Clara Petacci gemeinsam mit Mussolini erschießen und aufhängen: Die Leichen am 29. April 1945 an einer Mailänder Tankstelle

Fräulein, zum Diktator bitte!
Über eine Frau, die Benito Mussolini so sehr liebte, dass sie gern mit ihm starb

Text: Fabian Dietrich

Die Tochter des päpstlichen Leibarztes Francesco Saviero Petacci ist von einer fremden Macht besessen. Sie liebt Aquarelle, Gedichte, Chopin und sorgfältig manikürte Fingernägel, und sie hat ein kleines Geheimnis in ihrem Zimmer versteckt. Eine Sammlung von Fotos, auf denen ein grimmiger, toastbrotköpfiger Mann posiert. Claretta Petacci interessiert sich nicht für die kleinen Jungs auf der Straße. Sie will den größten für sich haben, auch wenn er 29 Jahre älter ist als sie: Benito Amilcare Andrea Mussolini.
Das Italien der Zwanziger, Dreißiger und Vierziger Jahre ist ein erotischer Einheitsstaat. Mussolini übt wie sein deutscher Freund Hitler eine magische Wirkung auf Frauen aus. Am Strand von Ostia soll es gelegentlich zu hysterischen Szenen kommen. Wenn sich der Duce im Badeanzug zeigt, schmeißen sich Passantinnen in Straßenkleidung ins Wasser. Psychologen erklären sich die enorme Anziehung Mussolinis als kollektiven Rückfall in die Kindheit. Diktatoren pflegen im Gegensatz zu demokratischen Politikern eine Art Vater-Kind-Kommunikation mit ihren Untertanen, die auf manche wirkt wie das pure *Mojo*. Unterschwellig verströmt der Duce ein göttliches Versprechen: Totale Unterwerfung gegen totale Sicherheit. Ob er selbst jedoch zur Liebe fähig ist, das ist eine andere Frage.
Doch zurück zur Tochter des päpstlichen Leibarztes. Zu Ostern und Weihnachten schickt Claretta Petacci schwärmerische Glück-

wunschgedichte an den Diktator. Sie nennt in „Ben“ und „großer Führer“. Wenn er eine Rede hält, ist sie Stunden vorher da, um einen guten Platz zu kriegen. Als die geisteskranke Irin Violet Gibson 1926 ein Attentat auf Mussolini verübt und ihm mit einer Pistole durch die Nasenflügel schießt, ist Claretta Petacci außer sich vor Wut. Die Vierzehnjährige schreibt ihm: „Zum zweiten Mal haben sie versucht, Dich zu töten. Eine Frau! Welche Schande! Welche Feigheit! Welche Scheußlichkeit! Duce, mein allergrößter Duce, unser Leben, unsere Hoffnung, unser Ruhm! Ich würde mir sehnsüchtig wünschen, den Kopf auf Deine Brust zu legen, um die Schläge Deines großen Herzens zu hören.“ Die Briefe des kleinen Mädchens werden in einer Holzschatulle im Regierungspalast verwahrt. Der Duce antwortet kein einziges Mal.

Mussolini ist auf dem Höhepunkt seiner Karriere. Die Parteien sind verboten, der Große Faschistische Rat hat das Parlament ersetzt. Noch gibt es keinen Krieg, den er verlieren kann. Privat gönnt er sich ein wenig Luxus. Er lebt mit seiner genügsamen Frau Rachele und seinen Kindern in der Villa Torlonia in Rom. Morgens geht er reiten, nachmittags schlendert er mit einem Pfefferminzblatt hinter dem Ohr durch seinen Park, wo er Löwen, Affen, Königsadler und Gazellen hält. Abends in seinem Amtssitz, wenn die tägliche Diktatorenarbeit getan ist, öffnet er die Türe zu seinem Vorzimmer. Dort warten die Frauen auf den Duce, oft stundenlang und völlig aufgelöst. „Die Gattinnen der Parteibonzen, die Damen der großen Gesellschaft Roms, die ausländischen Journalistinnen waren seine Eintagsgeliebten, die er rasch und ohne Gefühlsduselei auf einer Steinbank vor dem hohen Fenster seines Arbeitsraumes im Palazzo Venezia nahm“, schreibt der Biograf Giovanni da Luna. Die Seitensprünge des Duce sind stadtbekannt, er prahlt vor Freunden und Mitarbeitern mit seiner Potenz. Eine längerfristige Befriedigung bringen sie ihm allerdings nie. Sein Ego braucht konstant neuen Stoff, neue Opfergaben und Erfolge die es verbrennen kann. Mussolini ist nicht nur der mächtigste Mann Italiens, sondern auch der mit Abstand größte Narzisst. Er neigt zu übersteigerten Reaktionen, begeistert sich urplötzlich für Mode, trägt exotische Hüte und Gamaschen. Er entwickelt ein, wie seine Ehefrau in ihren Memoiren schreibt, „bösartiges Vergnügen“, die Treppen vor seinen Mitarbeitern hinaufzurasen. Er ruft das römische Imperium aus und verkündet: „Nur Blut kann die Räder der Geschichte in Bewegung setzen.“

Claretta ist 19, als sie ihrem grausamen Gott das erstes Mal begegnet. Auf einer Fahrt ans Meer wird die Familie Petacci plötzlich von einem perlweißen Alfa Romeo Cabrio überholt. Claretta erkennt das Auto sofort. Sie kreischt und winkt dem Duce zu. An einem Kreisverkehr in Ostia bremst er und steigt aus. Es wird ein kurzes erstes Treffen. Mussolini wirft einen Blick auf das Mädchen, fragt nach ihrem Namen und rast davon.

Drei Tage später erreicht sie eine Einladung aus dem Palast. Mussolini gibt sich am Telefon als „der Mann aus Ostia“ aus und raunt, er habe ihre Gedichte wieder gefunden, ob sie ihn denn sehen wolle. Im Vorraum seines Arbeitszimmers treffen sie sich das erste Mal. Ihre Schwester wird später behaupten, es habe sich um eine „keusche Verabredung“ gehandelt. Der Diktator spielte Chopin auf der Geige, und sie hörte zu. Wahrscheinlicher ist jedoch, dass Mussolini an diesem Nachmittag schlicht und ergreifend den besten Sex seines Lebens hatte. Für Claretta, so berichten Biografen, zieht er sich sogar die Stiefel aus.

Lange ist es unter Psychologen umstritten gewesen, ob Diktatoren überhaupt zu einer anderen Liebe als der Liebe zu Waffen, Sportwagen und Raubtieren fähig sind. Sigmund Freud stellt die bestechend einfache Behauptung auf, Narzissten könnten keine libidinöse Energie an andere Menschen verschenken, weil sonst weniger für sie selbst übrig bleibe. Was 1932 jedoch in Rom seinen Anfang nimmt, ist eine astreine Sado-Maso-Lovestory. Der Duce schüttet seine Libido in Kübeln aus. Die zwanzigjährige Claretta unterwirft sich bis zur Selbstverleumdung. Mussolini erkennt sich in ihr wieder, plötzlich ist er größer als je zuvor. „Ich bin Du und Du bist ich“, schreibt er ihr. Trotz mehrerer Versuche gelingt es ihm bis zu seinem Tod nicht, seine Abhängigkeit von Claretta Petacci zu beenden.

Auch Dritte profitieren von Mussolinis neuer Geliebten. Clarettas Mutter steuert die Beziehung im Hintergrund. Sie kauft eine fantastisch teure Villa in der Nachbarschaft des Duce und reist ihm mit ihrer Tochter hinterher. Sie schließt sich mit dem Staatssekretär Guido Buffarini zusammen und überredet Claretta, ein mit öffentlichen Geldern finanziertes Unternehmen für wohltätige Zwecke zu gründen. Die Organisation wird schon bald die wichtigste Einnahmequelle für die Familie Petacci.

Claretta wünscht es sich sehnlich, doch der Duce zeigt sich nie gemeinsam mit der jungen Frau in der Öffentlichkeit. Die meiste Zeit führen sie eine Beziehung auf Distanz. Mussolini legt eine eigene Telefonleitung in die Villa der Petaccis, die nicht nur der italienische Geheimdienst, sondern vermutlich auch die Nazis anzapfen. Sie schreibt ihm Berge von süßen Briefen und Gedichten, die nach dem Krieg alle im römischen Staatsarchiv verschwinden. Sie macht ihm dramatische Szenen, weil er hin und wieder auch noch andere Geliebte empfängt. Die Weltgeschichte rauscht währenddessen leise im Hintergund vorbei. Für Politik empfindet Claretta Petacci ungefähr so viel wie für das Knacken einer Chopinplatte auf dem Grammophon. Als Mussolini von seinem Balkon aus die Eroberung Äthiopiens feiert, ist sie wütend, weil sie nicht neben ihm stehen darf. Als Mussolini auf dem Maifeld in Berlin vor Millionen Zuhörern die Achse mit Deutschland beschwört, ist sie eifersüchtig. „Ich habe Dir sehr gut zuhören können. Du warst großartig, Du sprichst perfekt Deutsch, mit einer unglaublich deutlichen Aussprache, ganz klar auch in den Feinheiten. Aber ich leide sehr. Ich glaube Dich in der Nähe einer anderen Frau. Wer weiß, wie viele Dir heute geschmeichelt haben. Sag mir, wer ist jetzt in deinem Zimmer?“

Italien tritt in den Zweiten Weltkrieg ein, doch Mussolinis Truppen erleben einen Misserfolg nach dem anderen, sie kämpfen erfolglos in Albanien, Griechenland, Nordafrika und schließlich auch in Russland. Der Stern des Duce sinkt unaufhaltsam. Und daran ist auch Clara Petacci Schuld. Sie verweichliche ihn, sagen hochrangige Faschisten. Mussolinis Schwiegersohn, Graf Galeazzo, lästert hinter dem Rücken des Diktators: „Es ist in Ordnung, sich Nutten zu nehmen. Aber es ist ein Skandal, ständig nur zu einer einzigen zu gehen.“ In den Bürgerhäusern finden Untergangsorgien statt, die Familie Petacci bereichert sich an Almosen und missachtet Lebensmittel- und Benzinrationierungen. Für die kriegsmüden Italiener ist die junge Geliebte des Duce eine Provokation. Sie wird zum Symbol für die Verkommenheit und Dekadenz des Faschismus. Auch in Hitlers Führerhauptquartier gehen beunruhigende Meldungen aus Italien ein. Ein Bericht des Auslandsgeheimdienstes schließt 1943 mit den Worten: „Die Petaccis richten mehr Schaden an als 15, verlorene Schlachten."

Mussolini wird 1943 vom Großen Faschistischen Rat entmachet und festgenommen. Der Diktator ist zu diesem Zeitpunkt ein gebrochener und stark gealterter Mann. Auch die Petaccis werden auf ihrer Flucht verhaftet. Auf Toilettenpapier schreibt Claretta an Mussolini: „Was ist mit dir, Ben? Ich weiß es nicht. Ich weiß nur, dass sie mein Leben für Deines nehmen mögen." Doch Mussolini und Claretta erhalten eine zweite Chance. Deutsche Fallschirmjäger befreien den Duce und seine Geliebte aus der Haft, Hitler richtet seinem Freund ein faschistisches Mini-Reich am Gardasee ein. Während von Süden her die Alliierten heranrücken, verschanzt sich Mussolini mit halbseidenen Größen seines Regimes in der Republik von Salò. Bei ihm sind der einäugige Staatssekretär Barracu, der Intrigant Buffari, der Kriegsbaron Borghese. Heimlich wird auch Claretta Petacci an den Gardasee gebracht.

Mussolinis Sohn Vittorio und seine Ehefrau sind empört, doch Claretta versteht die Aufregung nicht. Sie schreibt Vittorio: „Ohne mich würde ihre Vater nur noch mehr vereinsamen und ohne einen ihm nahestehenden Menschen sein. Er braucht mich – und in den wenigen Stunden, die uns bleiben, um von der harten Realität, von Menschen und Dingen loszukommen, tröste ich ihn über so manche Bitterkeit hinweg."

Am 17. April 1945 stehen die Alliierten vor Mailand, der Geburtsstadt des italienischen Faschismus. Acht Tage später ist die Republik von Salò erobert. Mussolinis Familie ist bereits auf der Flucht. Er selbst rast in einem Konvoi aus SS-Männern auf die Schweizer Grenze zu. Hinter Mailand schließen sich zwei weitere Fahrzeuge an, in einem von ihnen sitzt Claretta Petacci. Sie hat sich entschieden, bei Mussolini zu bleiben. Von den Alpen aus will er einen letzten großen Angriff führen, doch es kommt nicht mehr dazu. Die 52. Partisanenbrigade Garibaldi stoppt den Konvoi in Dongo. Obwohl Mussolini sich mit Stahlhelm und Wehrmachtsmantel tarnt, wird er erkannt und festgenommen. Claretta Petacci jedoch ist frei. Sie bestürmt den Partisanenführer, sie zu Mussolini zu bringen: „Ich würde ohnehin sterben, aber langsamer und nach großem Leiden. Ich verlange nur, mit ihm sterben zu dürfen." Die Partisanen erfüllen ihr schließlich diesen Wunsch. Am Nachmittag des 28. April erschießt ein Oberst Mussolini und Claretta auf offener Straße. Ihre Leichen werden in einem Möbelwagen nach Mailand gebracht und kopfüber am Dach einer halb zerbombten Tankstelle auf der Piazzale Loreto gehängt, wo sie von einem wütenden Mob geschlagen und getreten werden. „Tot in Mailand", titelte das *Time Magazine* zu Fotos der entstellten Körper. Mussolini hat die Augen weit geöffnet, sein Kopf liegt auf Clarettas Brust. Ihr erster gemeinsamer Auftritt geht um die Welt.

Der Blanco-Check

Das war auch so eine Idee: Roberto Blanco anzusprechen, ob er sich nicht für DUMMY in eine Badewanne voller Milch legen möchte, um sich wie einst Whoopie Goldberg von Annie Leibovitz fotografieren zu lassen. Oder als Muhammad Ali posieren wolle.
Blanco sagte natürlich sofort Nein. Erst der massive Zuspruch von *Bunte*-Reporter Paul Sahner, der Blanco versicherte, dass DUMMY in Ordnung sei, stimmte ihn um und bescherte Fotografin Edith Held eine echte Sternstunde.

Fotos: Edith Held

EVERLAST
Choice of Champions
EST.1910

KURZWEIL

Kaiser Franz

Früher wäre er seinen Mitspielern am liebsten an die Gurgel gegangen, wenn die nicht spurten. Heute verströmt Franz Beckenbauer konfuzianische Gelassenheit

Text: Paul Sahner

46. MINUTE: 15.11.1980, STUTTGART. Nach vier Jahren US-Operettenliga wird Franz Beckenbauer beim Auswärtsspiel des HSV beim VfB zur Pause eingewechselt. Allerdings: Als Schiedsrichter Günter Linn wieder anpfeift, ist Beckenbauer nicht da. 60 Sekunden lang spielt der HSV mit zehn Mann, ehe der Kaiser erscheint. Im Jahr darauf wird Beckenbauer mit dem HSV Meister. 26 Jahre später ergeht der Auftrag an den Reporter und intimen Franz-Kenner Paul Sahner, zu erklären, was den Kaiser so sakrosankt macht. Kurz vor der Deadline, quasi in der Nachspielzeit, kommt dieser Text:

Steilvorlage von DUMMY: „Schreib über das System Beckenbauer.“ Das System Beckenbauer heißt Beckenbauer. Mal eben so Weltmeister werden, als Spieler (1974) und als Trainer (1990). „Der liebe Gott meint es schon verdammt gut mit mir“, fasst er sein Leben zusammen. Wirkte er als Libero oft überheblich, strahlt er längst eine randphilosophische Gelassenheit aus: „Schau mer mal.“ Franz Beckenbauer, 60, ist ein großzügiger Mensch. Am liebsten verschenkt er Weisheiten. Die sammelt er wie andere Menschen Autogramme. Viele schnappt er auf bei seinen Reisen rund um die Welt. 250.000 Kilometer sind es im Jahr, in den letzten zwölf Monaten zählte sein Dateliner 330 Reisetage. Liebste Nachtlektüre sind Bücher von Laotse, Konfuzius oder Krishnamurti. Die Weisheiten des fernen Ostens hat er seit vielen Jahren verinnerlicht. Damit macht er auf seine Gesprächs- und Geschäftspartner einen ebenso souveränen Eindruck wie Franz-Josef Strauß, dessen lateinischer Zitatenschatz legendär war. Strauß war natürlich ein Beckenbauer-Fan, spätestens seit dem 13. Januar 1970. In einem ZDF-Film hatte Beckenbauer damals gesagt, er betrachte Willy Brandt als „nationales Unglück“. Beckenbauer dementierte halbherzig, während Strauß frohlockte: „Es ist das Recht eines jeden Staatsbürgers, eine solche Meinungsäußerung abzugeben.“
36 Jahre später: „Magst a Brezn“, fragt mich Franz Beckenbauer, als er sich im hellgrauen Nadelstreifenmaßanzug des Wiener Starschneiders Pepino Teuschler in den Ledersitz der Cessna Citation auf dem Salzburger Airport fallen lässt. Franz Beckenbauer, Globetrotter in Sachen Fußball, ist schwer genervt. Er knurrt: „Was willst überhaupt von

mir? Du kennst mich eh schon in- und auswendig." Obwohl es seine Idee war, unser Interview im Jet zu machen, grantelt er. Das ist seine Art, Gespräche zu eröffnen. Erst dem Gegner zeigen, was man von ihm hält. Irgendwo zwischen Salzburg und Mönchengladbach klärt er mich auf: „Ich befinde mich im Herbst meines Lebens, was ich erlebt habe, reicht bei anderen für vier Leben. Früher war ich ein Heißsporn. Spurten meine Mitspieler oder andere Zeitgenossen nicht, wäre ich denen am liebsten an die Gurgel gegangen. Heute halte ich es mit Laotse: ‚Andere erkennen, ist weise. Sich selbst zu erkennen ist Erleuchtung.'"

Ich habe Manager, Wissenschaftler und Politiker erlebt, die ganz ergriffen schwiegen, wenn der Mann, in dessen Popularität sie sich so gerne sonnen, fernöstliche Weisheiten so selbstverständlich von sich gab, als wäre er selber ein Erleuchteter. Klar, dass alle ihm das „Du" anbieten, zuletzt Edmund Stoiber und Gerhard Schröder. Promis drängen sich auf Partys neben ihn, denn wo Beckenbauer ist, ist Blitzlicht. Er paart Charme und Witz mit bajuwarischer Schlitzohrigkeit, die bei ihm allemal eindrucksvoller rüberkommen als beim Hackl Schorsch oder Waldi Hartmann. Er ist ja der Kaiser.

Geschliffen zum eloquenten Weltbürger, dem zu jedem und allem was auch immer einfällt, hat ihn Robert Schwan, der in einem Haus im Münchner Schlachthofviertel aufwuchs: „Sechs Parteien teilten sich ein Scheiß-Plumsklo mit Zeitungspapier. Da musste ich raus." Beckenbauer über Schwan: „Er kam von unten wie ich. Er wollte nach oben wie ich. Er wurde mein Mentor."

Schwan machte Beckenbauer zum Werbe-Kaiser. Kein anderer deutscher Sportler scheffelte so viele Millionen. Beckenbauer ist längst sein eigenes Vermarktungsgenie. Erst als Spieler, dann als Nationalcoach, jetzt als Bayern-Präsident. „Red, wie dir der Schnabel gewachsen ist", riet Schwan dem Freund, „die Leute werden dich deswegen lieben."

„Firlefranz" nannte ihn die *Süddeutsche Zeitung* einmal.

Ich frage ihn, ob er seine Narrenfreiheit ausnutze, getreu seiner Maxime „Was schert mich mein Geschwätz von gestern"? „Ich bin kein oberflächlicher Mensch", antwortet er, „sondern im Sternzeichen der Jungfrau geboren. Uns sagt man nach, dass wir scharf analysieren können, deswegen sind meine Aussagen durchaus ernst gemeint."

Auch 1992 war das so. Ich war Chefredakteur von *Penthouse* und interviewte ihn. Im Wesentlichen sagte er damals auf acht Seiten folgendes: „Ich möchte beim Sterben leiden, weil ich den Tod bewusst erleben will. Vielleicht überrede ich dann den lieben Gott, dass er mich als Frau auf die Erde schickt. Dann kann ich Kinder kriegen."

Er sagte auch noch, dass er schon ein paar Mal gelebt habe. Als Mensch, als Tier oder als Pflanze. Die *Bild*-Zeitung machte ihn fortan zum unsterblichen Guru.

Überhaupt die Journalisten. Die lieben ihren Franz, hofieren ihn, als Kaiser, Lichtgestalt oder Legende. Das mag ein wenig schleimig sein, vor allem ist es berechnend. Wenn Beckenbauer redet, hat man immer eine Topstory. Ein uneheliches Kind? „Ja mei, der liebe Gott liebt ein jedes Kind." Töchterchen Francesca? „Sie kann mich um den Finger wickeln, wenn sie mir mit Schleifchen im Haar und triumphierendem Blick den Ball zukickt." Überhaupt seine Frauengeschichten: „Eine jede hat noch Kontakt zu mir. Wir bleiben eine große Familie, und wenn es in der Familie stimmt, stimmt es auch in der Welt."

So einfach ist das System Beckenbauer. Beckenbauer sieht sich als Brückenbauer. Er verbindet arm und reich, jung und alt. Dass er noch nicht abgehoben ist, verdankt er seinen Wurzeln. Dass er dennoch längst schwebt, hat auch damit zu tun, dass sein Selbstbewusstsein nur noch von seinem Sendungsbewusstsein übertrumpft wird. Kein profaner Spruch soll seinen Grabstein verunstalten. Beckenbauer: „Mein Name genügt."

Der Jet landet in Mönchengladbach. Ende einer Dienstreise. Eine gemischte Grundschule fängt den Global Player am Flughafen ab. Alle klatschen, als sei ein Außerirdischer gelandet. Jeder will ein Autogramm. Beckenbauer ist immer großzügig, heute verschenkt er Zeit. Und mir noch einen Konfuzius: „Man muss sich einen Stecken in der Jugend schneiden, damit man im Alter daran gehen kann." Beckenbauer will 90 werden: „Mindestens."

ZWEITE HALBZEIT

46 MINUTE: 15.11.1980, STUTTGART. Nach vier Jahren US-Operettenliga wird Franz Beckenbauer beim Auswärtsspiel des HSV beim VfB zur Pause eingewechselt. Allerdings: Als Schiedsrichter Günter Linn wieder anpfeift, ist Beckenbauer nicht da. 60 Sekunden lang spielt der HSV mit zehn Mann, ehe der Kaiser erscheint. Im Jahr darauf wird Beckenbauer mit dem HSV Meister. 26 Jahre später ergeht der Auftrag an den Reporter und intimen Franz-Kenner Paul Sahner, zu erklären, was den Kaiser so sakrosankt macht. Kurz vor der Deadline, quasi in der Nachspielzeit, kommt dieser Text:

TEXT:
PAUL SAHNER

SAHNER, 56, IST MITGLIED DER „BUNTE"-CHEFREDAKTION UND DER BECKENBAUER DES INTERVIEWS.

Steilvorlage von DUMMY: „Schreib über das System Beckenbauer." Das System Beckenbauer heißt Beckenbauer. Mal eben so Weltmeister werden, als Spieler (1974) und als Trainer (1990). „Der liebe Gott meint es schon verdammt gut mit mir" fasst er sein Leben zusammen. Wirkte er als Libero oft überheblich, strahlt er längst eine randphilosophische Gelassenheit aus: „Schau mer mal." Franz Beckenbauer, 60, ist ein großzügiger Mensch. Am liebsten verschenkt er Weisheiten. Die sammelt er wie andere Menschen Autogramme. Viele schnappt er auf bei seinen Reisen rund um die Welt. 250.000 Kilometer sind es im Jahr, in den letzten zwölf Monaten zählte sein Dateliner 330 Reisetage. Liebste Nachtlektüre sind Bücher von Laotse, Konfuzius oder Krishnamurti. Die Weisheiten des fernen Ostens hat er seit vielen Jahren verinnerlicht. Damit macht er auf seine Gesprächs- und Geschäftspartner einen ebenso souveränen Eindruck wie Franz-Josef Strauß, dessen lateinischer Zitatenschatz legendär war. Strauß war natürlich ein Beckenbauer-Fan, spätestens seit dem 13. Januar 1970. In einem ZDF-Film hatte Beckenbauer damals gesagt, er betrachte Willy Brandt als „nationales Unglück". Beckenbauer dementierte halbherzig, während Strauß frohlockte: „Es ist das Recht eines jeden Staatsbürgers, eine solche Meinungsäußerung abzugeben."

36 Jahre später: „Magst a Brezn", fragt mich Franz Beckenbauer, als er sich im hellgrauen Nadelstreifenmaßanzug des Wiener Starschneiders Pepino Teuschler in den Ledersitz der Cessna Citation auf dem Salzburger Airport fallen lässt. Wie immer fliegt er privat. Diverse Jet-Eigner schätzen sich überglücklich, wenn sie dem Kaiser ihr Fluggerät kostenlos zur Verfügung stellen dürfen. Das macht sich gut im Freundeskreis: „Sorry, kann heute abend nicht kommen. Muss den Franz nach Rio bringen."

Sein Terminkalender weist so kurz vor der WM keine weißen Flecken auf. Franz Beckenbauer, Globetrotter in Sachen Fußball, ist also schwer genervt. Er knurrt: „Was willst überhaupt von mir? Du kennst mich eh schon in- und auswendig." Obwohl es seine Idee war, unser Interview im Jet zu machen, grantelt er. Das ist seine Art, ein Gespräch zu eröffnen. Erst dem Gegner zeigen, was man von ihm hält.

Irgendwo zwischen Salzburg und Mönchengladbach klärt er mich auf: „Ich befinde mich im Herbst meines Lebens, was ich erlebt habe, reicht bei anderen für vier Leben. Früher war ich ein Heißsporn. Spurten meine Mitspieler oder andere Zeitgenossen nicht, wäre ich denen am liebsten an die Gurgel gegangen. Heute halte ich es mit Laotse: ‚Andere erkennen, ist weise. Sich selbst zu erkennen ist Erleuchtung.'" Ich habe Manager, Wissenschaftler und Politiker erlebt, die ganz ergriffen schwiegen, wenn der Mann, in dessen Popularität sie sich so gerne sonnen, fernöstliche Weisheiten so selbstverständlich von sich gab, als wäre er selber ein Erleuchteter. Klar, dass alle ihm das „Du" anbieten, zuletzt Edmund Stoiber und Gerhard Schröder. Promis drängen sich auf Partys neben ihn, denn wo Beckenbauer ist, ist Blitzlicht. Er paart Charme und Witz mit bajuwarischer Schlitzohrigkeit, die bei ihm allemal eindrucksvoller rüberkommen als beim Hackl Schorsch oder Waldi Hartmann. Er ist ja der Kaiser.

Geschliffen zum eloquenten Weltbürger, dem zu jedem und allem was auch immer einfallt, hat ihn Robert Schwan, der in einem Haus im Münchner Schlachthofviertel aufwuchs: „Sechs Parteien teilten sich ein Scheiß-Plumpsklo mit Zeitungspapier. Da musste ich raus." Beckenbauer über Schwan: „Er kam von unten wie ich. Er wollte nach oben wie ich. Er wurde mein Mentor." Schwan machte Beckenbauer zum Werbe-Kaiser. Kein anderer deutscher Sportler scheffelte so viele Millionen. Beckenbauer ist längst sein eigenes Vermarktungsgenie. Erst als Spieler, dann als Nationalcoach, jetzt als Bayern-Präsident. „Red, wie dir der Schnabel gewachsen ist", riet Schwan dem Freund, „die Leute werden dich deswegen lieben." „Firlefranz" nannte ihn die „Süddeutsche Zeitung" einmal.

Ich frage ihn, ob er seine Narrenfreiheit ausnutze getreu seiner Maxime „Was schert mich mein Geschwätz von gestern?" „Ich bin kein oberflächlicher Mensch"„ antwortet er, „sondern im Sternzeichen der Jungfrau geboren. Uns sagt man nach, dass wir scharf analysieren können, deswegen sind meine Aussagen durchaus ernst gemeint."

Auch 1992 war das so. Ich war Chefredakteur von „Penthouse" und interviewte ihn. Im Wesentlichen sagte er damals auf acht Seiten folgendes: „Ich möchte beim Sterben leiden, weil ich den Tod bewusst erleben will. Vielleicht überrede ich dann den lieben Gott, dass er mich als Frau auf die Erde schickt. Dann kann ich Kinder kriegen." Er sagte auch noch, dass er schon ein paar Mal gelebt habe. Als Mensch, als Tier oder als Pflanze. Die „Bild"-Zeitung griff begeistert zu und machte ihn fortan zum unsterblichen Guru.

Überhaupt die Journalisten. Die lieben ihren Franz, hofieren ihn, als Kaiser, Lichtgestalt oder Legende. Das mag ein wenig schleimig sein, aber vor allem ist es berechnend. Wenn Beckenbauer redet, hat man immer eine Topstory. Ein uneheliches Kind? „Ja mei, der liebe Gott liebt ein jedes Kind." Töchterchen Francesca? „Sie kann mich um den Finger wickeln, wenn sie mir mit Schleifchen im Haar und triumphierendem Blick den Ball zukickt." Über seine Frauengeschichten: „Eine jede hat noch Kontakt mit mir. Wir bleiben eine große Familie, und wenn es in der Familie stimmt, stimmt es auch in der Welt."

So einfach ist das System Beckenbauer. Beckenbauer sieht sich als Brückenbauer. Er verbindet arm und reich, jung und alt. Dass er noch nicht abgehoben ist, verdankt er seinen Wurzeln. Dass er dennoch längst schwebt, hat auch

Die linke Bügelfalte

Schon immer herrisch: Stefan Austs Zeit und Wirken bei den *St. Pauli Nachrichten*, dem Sexblatt mit politischem Anspruch

Text: Oliver Gehrs

Das Studieren beschränkt sich bei Aust auf so wenige Vorlesungen im Fach Soziologie, dass man nicht mal von einem abgebrochenen Studium reden kann. Stattdessen geht er 1970 zu den *St. Pauli Nachrichten* (*SPN*), die mit einer Art Pornokommunismus den Hamburger Kiez erfreuen und vom Februar 1970 an als Tageszeitung erscheinen, um der drohenden Indizierung durch die Bundesprüfstelle für jugendgefährdende Schriften zu entgehen. Schließlich ist das Blatt voll mit nackten Frauen und Borderline-Schlagzeilen wie „Keuschheitsgürtel mit Dynamit gesprengt" oder „Verlegersfrau entführt, zerhackt, verfüttert".

Gegründet wurden die *SPN* von dem *Spiegel*-Fotografen Günter Zint und dem Hamburger Antiquitätenhändler Helmut Rosenberg. Zint hatte in London eine Zeitung entdeckt, deren Titelschlagzeile sich die Leser wünschen konnten. „*Zint had tea with the queen*", stand auf Zints Exemplar, das quasi zur Blaupause für die *SPN* avancierte, die am Hans-Albers-Platz in einem Trödelladen verkauft wurden und für deren Kopfzeile man die Buchstaben von Springers *Hamburger Abendblatt* ausgeschnitten hatte. Bereits im Juli 1968 verkauften die *SPN* zwanzigtausend Exemplare – der Heiratsmarkt, der unter der Überschrift „Seid nett aufeinander" firmierte, erfreute sich großer Beliebtheit. Heiraten wollte zwar niemand, aber zotige Kurztexte lasen viele gern.

Auch für die Hamburger Schüler sind die *SPN* Anfang der Siebziger eine feste Anlaufstelle. Wer Wut auf einen Lehrer hat, geht einfach in die Redaktion, die sich eine schöne Schlagzeile ausdenkt. Zum Beispiel „Studienrat langweilt Schüler zu Tode". Die wird dann in kleiner Auflage gedruckt und im Klassenzimmer verteilt. Die einkalkulierte Empörung über die *SPN* bleibt nicht aus. So werden Kioskverkäufer vom Springer-Verlag angehalten, das Busenblatt aus dem Sortiment zu nehmen, falls ihnen daran liegt, die *Hörzu* weiter verkaufen zu können. Irgendwann beschlagnahmt die Polizei sogar die komplette Kartei der Heiratsmarktinserenten, da laut Amtsgericht die Anzeigen „dazu bestimmt sind, unzüchtigen Verkehr herbeizuführen". Letztendlich haben die Aktionen der Polizei dem Blatt aber nur zu ungeahnter Publizität verholfen und zu einem riesigen Absatzmarkt weit über Hamburg hinaus. Als die *SPN* im Februar 1970 fast verboten werden und deswegen zur Tageszeitung umgemodelt werden, hat die Wochenendausgabe mit dem Heiratsmarkt bereits eine Auflage von 1,2 Millionen. Das ermöglicht Verleger Rosenberg, der nun nicht nur anzügliche Annoncen, sondern auch täglich Nachrichten und politische Artikel veröffentlichen muss, das Anwerben erfahrener Kräfte – darunter Stefan Aust, der bei den *SPN* gleich zu den Spitzenverdienern gehört. Schließlich hat er sich bei *Konkret* einen Namen gemacht. Für Aust wiederum muss der Wechsel von der dogmatischen *Konkret* zum Spaßblatt eine befreiende Wirkung haben.

Die Redaktion zieht in eine riesige Altbauwohnung in der Hein-Hoyer-Straße und dichtet unter dem teilweisen Einfluss bewusstseinserweiternder Drogen die ersten Schlagzeilen. Gleich in der ersten Ausgabe wird über Atombomben spekuliert, die die Amis angeblich auf deutsche Städte werfen wollen, die Zeitschrift *Konkret* sei von der CIA unterwandert. Schon da beginnt das Rätselraten bei Politikern, Jugendschutzbehörde und Richtern, worum es sich bei den *SPN* eigentlich handelt: Um Satire? Um Porno? Oder eben doch um ein Boulevardblatt, das die *Bild*-Zeitung mit ihren eigenen Mitteln links überholt? Selbst die *Pin-ups* gelten in der Redaktion als Mittel des Klassenkampfs. Durch das „gegenläufige Betexten der Miezen", so die Macher mit an Hybris grenzendem Selbstbewusstsein, solle die Rolle der Frau als „sexuelles Futtermittel" in Frage gestellt werden. Das sieht dann zum Beispiel so aus, dass eine Nackte mit Salatgurke abgebildet wird und daneben steht, dass man Gurken auch melken kann. „Sie geben die sogenannte Gurken-Milch."

Für den politischen Furor im Gaudiblatt sorgt Stefan Aust, der in den *St. Pauli Nachrichten* unter dem Pseudonym „Hein" schreibt – zusammen mit Horst Tomayer, der sich „Fietje" nennt. Gemeinsam schießen sie auf alles, was im Verdacht steht, die Bundesrepublik so erhalten zu wollen, wie sie ist, vor allem auf Axel Springer, der fast täglich in den *SPN* lesen kann, was für einen Saftladen er leitet. „Wer von rechts kommt wie Springer, hat nicht das Recht, recht zu haben. Wir sind gegen Springer, weil wir alles, was er anstellt, verneinen" – mit dieser

Haltung macht sich Aust zu einem der Hauptfeinde des Medienkonzerns.
Dabei ist die Anti-Springer-Haltung in dieser Zeit so modern wie sonst nur noch der Drogenkonsum; nur tritt sie bei Aust erstaunlich radikal hervor. „Ihr hetzt schon genauso wie Springer", beklagt sich ein Leser am Sorgentelefon, aber das sieht man in der Redaktion anders.
Die Entführung des deutschen Botschafters Karl Graf von Spreti durch Guerillas in Guatemala feiert die Redaktion als „tollkühnes Ding". Als Spreti umgebracht wird, erinnern Aust und Tomayer daran, dass die Revolutionäre nur ihr Land befreien wollen, und der wahre Schuldige der Machthaber ist, der dem Grafen seine Ernennungsurkunde überreicht hat. „In einem Land, wo legale Opposition liquidiert wird, müssen Revolutionäre – ob sie wollen oder nicht – zu Gewaltmaßnahmen greifen. Das bestehende System ist etablierte Gewalt, der nur mit Gegengewalt begegnet werden kann." So rechtfertigen Aust und Tomayer die Totschlagpolitik der Terroristen, nachdem auch noch in Brasilien ein deutscher Diplomat verschleppt worden ist.
Aust kämpft zwar nicht in Lateinamerika für den Kommunismus und die Befreiung von der Diktatur, aber in Hamburg-St. Pauli sieht er sich schon als eine Art Speerspitze im medialen Klassenkampf. Er schreibt sich frei – und wird den Kollegen suspekt. „Die linke Bügelfalte" nennen sie ihn, weil er immer so ordentlich angezogen ist, seine Haare gewaschen hat und sich statt der bodenständigen Mädchen vom Kiez lieber eine Moderedakteurin vom *Stern* zur Freundin nimmt. Auch dass er zuweilen die rechte Hand statt der linken zur Kommunistenfaust ballt, bleibt nicht unbemerkt.
Für Aust sind die *SPN* „frisch wie Kernseife und unabhängig wie der Wind". Tatsächlich haben alle Beteiligten einen Mordsspaß. Geschrieben wird auf neuesten Kugelkopfschreibmaschinen, getrunken wird Scotch der Marke Vat 69 oder italienischer Silberadler, und vor der Tür steht eine Armada Velosolex-Mofas für den ganz schnellen Einsatz.
Seine Funktion als Kolumnist beschreibt Aust den Lesern so: Man wolle sich einsetzen für „soziale Gerechtigkeit in den Betrieben und also für die Mitbestimmung der Arbeiter in den Betrieben der Unternehmer, für die völkerrechtliche Anerkennung des anderen Teils Deutschlands, DDR, und für die Befreiungsbewegungen in den Kolonialländern, insbesondere für die Ächtung des imperialistischen Kriegs in Vietnam seitens der Bundesregierung." Das klingt im Grunde wie das Programm von Ulrike Meinhof, und von der scheint Aust in der Tat mehr gelernt zu haben, als man bei *Konkret* je gedacht hat.
So findet sich die unversöhnliche Haltung der späteren Terroristin auch in den Kommentaren von Aust und Tomayer wieder, teilweise im selben Straßenkämpferjargon: Das „amerikanisch-faschistische System" sei am Ende, schreiben sie, Mao Tse-tung „der Größte" und das deutsche „Resozialisierungssystem bis auf die verkalkten Knochen asozialer als alle Mörder, Kindesverführer, Huren und Loddel zusammen". Und dem „beschränktesten Bierdimpfl Bayerns", Franz Josef Strauß, rufen die Kommentatoren zu: „Wir fordern die Todesstrafe für all diejenigen, die die Todesstrafe fordern."
Endgültig den Entrechteten dieser Welt verbunden fühlt sich Aust, nachdem ihn in einer Döner-Bude auf dem Kiez eine Art Schlüsselerlebnis ereilt: Gerade hat er sich gemeinsam mit einem Kollegen vor einen Teller mit gemischtem Kebab gesetzt, als eine Prostituierte hereinstürmt und mit Blick auf Aust (der in diesen Jahren gern eine Pilotenbrille mit einem schulterlangen Pilzkopf kombiniert) ruft: „Die Gammler kriegen gleich was zu fressen, ich kann ja warten. Da, guck dir bloß mal die ungepflegten Typen an mit ihren langen Haaren, könnte einem ja gleich übel werden."
Schon wenige Tage später erscheint Austs Kolumne mit einem frischen Foto, aber mehr noch als die verletzte Eitelkeit, macht ihm die fehlende Solidarität der Straßenmädchen zu schaffen, die er doch eigentlich wie alle, die gegen die spießbürgerliche Ordnung aufbegehren, zu seinen Kombattanten zählte. Schließlich erfüllen sie die für ihn wichtige gesellschaftliche Funktion, Ventil für die aufgestauten Triebe der Männer zu sein, die das kleinbürgerliche Idealbild von einer intakten Familie erzeugt, in der die Sexualität einzig der Fortpflanzung dient. Als dann auch noch eine Prostituierte bei einem von den *SPN* veranstalteten Huren-Hearing über

südlich-schwarzhaarige Typen klagt, schwant Aust, dass die Proletarierinnen aus der Horizontalen womöglich nicht für die soziale Revolution taugen.
Auch die Leser sind traurigerweise mehr an der Rubrik „Pornorama" und dem großen Sextest („Haben Sie schon mal eine Frau gebumst, ohne dass Sie es eigentlich wollten?") als an politischen Statements interessiert. Die mit Kontaktanzeigen vollgestopfte Wochenendausgabe verkauft sich denn auch über eine Million Mal, während an den Wochentagen nur einige tausend Exemplare über die Theke gehen. Die Tagesausgabe wird vom Überschuss der Wochenendnummer finanziert, jeden Tag verliert Rosenberg 6.000 Mark damit.
Dennoch feiert Rosenberg seine rasenden Reporter Aust und Tomayer zum zweijährigen Geburtstag seines Blatts als die meistgelesenen deutschen Kolumnisten, nach Sebastian Haffner, aber vor Günter Gaus und Rudolf Augstein. Auch wenn Mickys Monkeys auf der Feier im Admiral Nelson daraufhin einen Extra-Tusch spielen, ist das natürlich Quatsch. Denn gelesen werden in den *SPN* vor allem die sekretreichen Zusendungen der Leser, die sich Erlebtes und Ausgedachtes von der Seele schreiben. Für die Rubrik „Fotografieren Sie Ihren Liebling" die nackte Schwiegermutter unterm Gummibaum einreichen und beim Aufruf, sich andere Wörter für „ficken" auszudenken, glatt 371 Vorschläge machen, darunter „einzipfeln" und „bommeln".
Säckeweise erreicht solche Post die Redaktion, und deren Lektüre lässt manchen Mitarbeiter allmählich ahnen, was da Dumpfes hinter der Fassade der sexuellen Aufklärung gärt.
In solch einem entsicherten Umfeld schreibt es sich auch für Aust gleich viel offenherziger, zumal er in seiner Zeit bei den *SPN* nie unter seinem richtigen Namen publiziert. Während die Bundesprüfstelle in Bad Godesberg im Sommer 1970 erwägt, nun auch die tägliche Nummer zu verbieten, rechnet Aust im Verbund mit Tomayer jetzt mit allem und allen ab: Nixon, Präsident der „United-SA", sei ein „gemeingefährlicher Irrer", *Bild*-Chef Boenisch „ein erklärter Faschist", und der ehemalige Bundeskanzler Kurt Georg Kiesinger habe „Spaß an KZs" gehabt: Ihn „begeisterte die Endlösung der Judenfrage mit Gas und Genickschuss". Und endlich bekommt auch die Schule, unter der Aust in Stade so gelitten hat, ihr Fett ab. „Pennäler, die sich noch vor Jahren jeden langweiligen Unterricht, jede autoritäre Disziplinarmaßnahme, jede Maßregelung, schlechte Zensuren aufgrund kritischer Bemerkungen, Vorzensur für Schülerzeitungen oder politische Beeinflussung gefallen ließen, ergreifen heute Gegenmaßnahmen", schwärmt Aust über das „Kleine rote Schülerbuch", das im April 1970 erscheint und in Teilen in den *SPN* abgedruckt wird.
In den USA feuert die Polizei bei einer Protestdemonstration in eine Menge von 3.000 Jugendlichen und erschießt vier Studenten. Daraufhin fragen die *SPN* am 11. Mai 1970: „Ist das die Weltrevolution?" und berichten begeistert davon, „dass es überall kracht", dass in Washington, London, Paris, Rom, Berlin und Hamburg „Pflastersteine auf Polizisten geworfen" und „Universitätsgebäude angezündet" werden. Bilanz allein der Unruhen in Berlin, wo 15.000 Demonstranten durch die Straßen ziehen: 261 verletzte Polizisten, zwei von Steinwürfen getroffene Polizeipferde müssen erschossen werden.
Andere Teile der Subversion sitzen bereits im Gefängnis. Baader, Ensslin und Proll waren wegen der Brandstiftung in einem Frankfurter Kaufhaus am 31. Oktober 1968 zu je drei Jahren Zuchthaus verurteilt worden. Als Andreas Baader am 14. Mai 1970 während eines Freigangs aus der Haft befreit wird, und bei der Aktion im Institut für Soziologie in Berlin-Dahlem der Institutsangestellte Georg Linke schwerverletzt zurückbleibt, ist auch Ulrike Meinhof dabei. Für Aust ist die Befreiung insgesamt eine enttäuschende Sache: Von Baader sei zu verlangen gewesen, schreibt er mit Tomayer in den *SPN*, „dass er die insgesamt drei Zuchthausjahre nach dem Vorbild Lenins, Bebels, Luxemburgs und anderer Revolutionäre diszipliniert absitzt, um sich die Möglichkeit weiterer legaler politischer Arbeit nach der Entlassung nicht zu nehmen". Hier hat Aust, der später immer wieder und wohl zu Recht behaupten wird, er sei nie ein Linker, sondern eher ein Bürgerlich-Liberaler gewesen, endgültig seine mediale Rolle verinnerlicht, die des journalistischen Chefideologen mit fester Arbeitszeit.

KRIM INAL FÄLLE

VON NEW YORK NACH WOLFENBÜTTEL

Gleich mehrere Monate recherchierte Steffi Kammerer in den USA, um einigermaßen Licht in einen Mordfall zu bringen, an dem der Sohn des Bestsellerautors Paul Auster beteiligt war. Ein Drogensüchtiger war in einem New Yorker Apartement umgebracht worden. Während einige Tatverdächtige zügig im Gefängnis verschwanden, wurden die Ermittlungen gegen Austers Sohn erstaunlich vervelos geführt. Nachdem das Interesse von Medien und Öffentlichkeit an dem Mordfall bereits nachgelassen hatte, brachte ausgerechnet ein Buch von Austers Frau Siri Hustvedt die Sache wieder aufs Tapet. Darin schreibt sie recht autobiografisch über eine Frau und ihren Sohn, der auf die schiefe Bahn gerät.

Ein echter Kriminalfall also, den Kammerer ursprünglich für eine Berliner Tageszeitung aufgeschrieben hatte. Dort aber wollte man die glänzend recherchierte Geschichte plötzlich nicht mehr drucken – und die Umstände der Ablehnung muteten ebenfalls recht mysteriös an. Denn damals war einer der Herausgeber der Zeitung zuvor als Lektor und Verlagsleiter in New York gewesen, wo er das prominente Schriftstellerpaar Paul Auster und Siri Hustvedt zu seinen Freunden zählte. Möglicherweise war das einer der Gründe, warum die Geschichte nicht in der Tageszeitung, sondern in DUMMY landete, wofür wir sehr dankbar waren.

Weit weniger mysteriös ist die Geschichte des absaufenden Atommüllendlagers Asse II in der Nähe von Wolfenbüttel in Niedersachsen. In Dokumenten tritt ganz offen zutage, wie sich die Verflechtung von skrupellosen Energiekonzernen und ideologischen Politikern, die nicht von einer unkontrollierbaren Technik lassen können, zu einer Hypothek unfassbaren Ausmaßes amalgamieren. Wer bislang nicht so genau wusste, wie verbrecherisch die Atompolitik der vergangenen Jahrzehnte war, ist nach Hubert Manias Stück schlauer.

Ob es ein Verbrechen war, dass der Schweizer Tom Kummer über Jahre deutschen Magazinen gefälschte Interviews andrehte, ist eine andere Frage. Man kann darin auch ein bewusstes Wegsehen erkennen, weil die Geschichten, die Kummer anschleppte, einfach zu schön waren. DUMMY-Redakteur Oliver Geyer hat Kummer in Los Angeles besucht, jedenfalls behauptet er das. Aber wer weiß: Vielleicht steckt auch hinter dieser Geschichte schon wieder der nächste Krimi.

DER WEG DER PILLE

TEXT Stephan Seiler
ILLUSTRATION BUREAU BARAQUE

DER DJ
DER DEALER
DIE KONSUMENTEN

Das Leben nach dem Tod

Ein Junge wird abgeschlachtet und seine Leiche verstümmelt, mitten am Tag, in einem Tunnel neben einer Bahnstation in Frankfurt. Die Ermittler verfolgen Zehntausende Spuren, nehmen zig Fingerabdrücke, bitten das FBI und sogar die Fremdenlegion um Mithilfe. Doch bis heute ist der Täter auf der Flucht. „Wir kriegen ihn", sagt Hauptkommissar Uwe Fey. Und was wenn nicht?

Text: Stefan Krücken

Geträumt hat er nicht von Tristans Mörder, hat er noch nie, selbst nicht an jenem Tag, als er die Leiche des Jungen sah, verstümmelt und abgelegt wie ein Stück Vieh. Hauptkommissar Uwe Fey, 49, weigert sich, nach Dienstschluss für den Mörder, den er seit mehr als einem Jahrzehnt verfolgt, einen Platz zu finden. Aus Notwehr. Wenn er abends nach Hause zurückkehrt, verbannt er alle Gedanken an die Arbeit aus seinem Kopf, er sagt, er hänge sie weg wie eine Jacke. „Geht net anders, sonst lande ich irgendwann in der Klapsmühle", sagt Fey mit breitem Hessisch, „sonst frisst einen des hier auf." Dabei schiebt er einen Aktenordner über den Schreibtisch.

Zwischen den Deckeln steckt eine Essenz dessen, was die „Soko Tristan", Mordkommission 1, Fachkommissariat K11 im Frankfurter Polizeipräsidium, in den vergangenen zwölf Jahren ermitteln konnte. Bilder auf den ersten Seiten zeigen das Opfer: Tristan Brübach, 13, ein blonder Teen, Pagenschnitt, klein und schmächtig, ein Halbwaise, dessen Mutter von einem Hochhaus sprang. Man blättert um und muss den Blick abwenden. Fotos vom Tatort, die zeigen, was der Psychopath von Tristan übrigließ. Für die Frankfurter Staatsanwaltschaft ist das, was sich an einem grauen Tag im März 1998 in diesem Tunnel neben dem Bahnhof im Stadtteil Hoechst ereignete, der schlimmste Fall in der Kriminalgeschichte der Stadt. Wer nicht lesen mag, welche Monstrosität hinter diesem Verbrechen steckt, sollte den nächsten Absatz überspringen.

Auszüge aus Obduktionsbericht 282/92: Tristans Gesicht ist mit flächenartigen Blutergüssen übersät, er wurde mit höchster Brutalität und bis zur Bewusstlosigkeit geschlagen, danach gewürgt. Der Mörder schneidet Tristan die Kehle durch, ein harter Schnitt von einem Ohr zum anderen, so tief, dass er beinahe den Kopf vom Rumpf trennt. Ein geübter Schnitt, wie von einem Metzger. Der Mörder lässt den Leichnam im Lauf des Liederbachs ausbluten, schleift ihn dann ins Innere des Tunnels. Er zieht Tristans Hose hinunter, setzt einen tiefen Schnitt oberhalb des Schambeins, schneidet den Hodensack auf, entnimmt beide Hoden. Aus dem Oberschenkel trennt er Muskelfleisch heraus, knapp 20 Zentimeter ist die Wunde lang, elf Zentimeter breit. Der Täter legt den Jungen hin, als ob er schlafe. Eine tiefe Wunde verdeckt er mit einem Schuh.

Mindestens 15 Minuten lang macht sich der Täter am Leichnam zu schaffen. Statt sich rasch vom Tatort zu entfernen, legt er Tristans Körper auf besondere Weise hin, bringt einen Schuh zurück, den der Junge im Kampf verlor, um damit eine Wunde zu verdecken. Er legt den Jungen in schlafähnlicher Haltung auf den Betonsockel, zieht ihm die Hose wieder an und bedeckt mit der Jacke sein Gesicht. In der Kriminalwissenschaft nennt man dieses Phänomen *undoing*, den Versuch, eine Tat ungeschehen zu machen.

„Wir kriegen den Mörder", sagt Fey, es klingt trotzig, nach kalter Wut. Fey ist ein Kommissar mit Bürstenschnitt und durchdringendem Blick. An seiner Krawatte haftet die Raute seines Lieblingsvereins, des Hamburger SV, wegen Uwe Seeler, den Fey charakterlich für „einwandfrei in Ordnung" hält. Wer sich mit dem Kommissar unterhält, bekommt den Eindruck, dass „charakterlich einwandfreie" und offen ausgesprochene Meinungen wichtig sind für sein Seelenleben, weshalb Fey, mehr Schimanski als Poirot, nicht jede Beförderung mitnehmen durfte. „Hinter Karriere, Ehrgeiz und Führungsstreben verstecken sich die eigentlichen Versager des Lebens" steht auf einem Zettel an seiner Pinnwand, neben einer Postkarte aus Kalifornien.

Mehr als hundert Tötungsdelikte hat der Mordermittler in seiner Laufbahn bearbeitet, wie viele genau, ist ihm nicht wichtig. Delikte an jungen Menschen, besonders an Kindern, die gehen nahe, auch wenn man sich vornehmen mag, Gefühle an der Garderobe abzugeben. „Ich gehe mit dem Tod anders um als viele meiner Freunde, aber das hier war einfach nur furchtbar", sagt er. Fey hat einen Sohn, heute im Alter des Mordopfers Tristan, den er in der B-Jugend des Fußballklubs trainiert. „Wissen se, als Mordermittler haben Sie keinen Beruf", meint Fey, „wer das als Beruf sieht, der ist falsch. Wir haben eine Berufung." Fey nennt es „Jagdfieber".

Was aber, wenn das Jagdfieber abkühlt, weil es keine Spur zu geben scheint, obwohl sich der Mord mitten am Tage ereignet, direkt neben einem S-Bahnhof, an dem jede Stunde hunderte Pendler den Zug nehmen? Mehr als

23.000 Spuren, „einen Tsunami von Informationen“ (Fey) haben die Ermittler geprüft; seit 2002 gaben in einer bundesweit einmaligen Untersuchung mehr als 10.000 Männer in den westlichen Stadtteilen Frankfurts freiwillig ihre Fingerabdrücke ab (in Hoechst waren es 98,65 Prozent). Man schaltete Experten des FBI ein, bat Experten einer Kriminologenkonferenz in Toronto um Mithilfe und rief Fahnder von Europol an.
Fallanalytiker des Bundeskriminalamtes (BKA) bündelten alle Erkenntnisse, die Anwerbestelle für Fremdenlegionäre und das Tribunal für Kriegsverbrecher in Den Haag wurde eingeschaltet, sogar 200 Frankfurter Metzger überprüft. Zeitweilig suchten mehr als 100 Ermittler nach Tristans Mörder und gingen dabei jeder erdenklichen Theorie nach. Einen blutigen Fingerabdruck, den der Täter in einem Schulbuch hinterließ, bereiteten Fachleute in einem Institut für Daktyloskopie in Lausanne auf und verglichen ihn mit weltweit allen verfügbaren Datenbanken – bislang ergebnislos. Die Akten, die Fey erst vor Kurzem wieder durchging und neu sortierte, sind nebeneinander gestellt mehr als 20 Meter lang.
Der Kommissar schlägt vor, den Tatort zu besuchen, er kippt den Rest aus seiner Kaffeetasse herunter. Minuten später brummt er mit seinem Dienst-BMW aus der Tiefgarage und fährt Richtung Autobahn. Fey erzählt, warum er Polizist wurde. Damals, im Dorf in der Wetterau, wo er aufwuchs, rangierte ein Polizist im Ansehen kurz hinter dem Arzt und dem Schulleiter. „Es gab Respekt vor der Uniform, früher“, sagt Fey, er betont das früher, um von seinen Erlebnissen heute zu berichten. Vor Kurzem nahmen sie einen Verdächtigen in einer Berufsschule fest, einen Deutschrussen, der einem Obdachlosen aus einer Laune heraus von hinten eine Bierflasche über den Schädel geschlagen hatte. Sie mussten Verstärkung anfordern, weil sie von einer Meute bedroht wurden, die keinerlei Hemmungen zeigte, die Polizisten anzugreifen. Beleidigt oder gar angespuckt zu werden im Dienst, scheint keine besondere Erfahrung mehr zu sein.
Vom Fall des Bierflaschenschlägers berichtet Fey, dass ein Gericht den Täter zu einer Bewährungsstrafe verurteilte; sein Opfer lag im Koma und wird vermutlich ein Pflegefall bleiben. Fey möchte sich nicht ereifern, er möchte sich nicht aufregen, er versucht, sich zu kontrollieren, während der BMW in die Außenbezirke von Frankfurt hinaus rollt, doch man hört jene Verzweiflung und Wut, die Fey und andere Kollegen spüren, weil manche milden Strafen gegen ihr Gerechtigkeitsempfinden verstoßen. Entlohnt wird der Einsatz und die Frustration im Falle des Hauptkommissars nach Besoldungsgruppe A11, was nach knapp 30 Dienstjahren eine Art Schmerzensgeld von 3.187,45 Euro im Monat ergibt.
Der graue BMW fährt durch Hoechst, einem Stadtteil von Arbeitern, Fassaden aus Mischbeton, Trinkhallen, Kleinwagen am Straßenrand. Fey zeigt auf den Wohnblock, in dem Tristan aufwuchs. Ein trauriges, kurzes Leben alleine mit seinem Vater, der ihn nach dem Freitod der Mutter aufzog. In der Schule wurde Tristan oft gehänselt, auch geschlagen, erpresst; manchen Nachmittag hängt er am S-Bahnhof ab, in einer Halbwelt von Gammlern, Fixern und Jugendlichen wie ihm, die nicht wissen, wo sie hingehören. Am 26. März 1998 mochte er eigentlich nicht zur Schule gehen, weil er über Rückenschmerzen klagte, doch sein Vater, den er aus einer Telefonzelle anrief, überredete ihn, hinzugehen. Ermittlungen ergaben, dass Tristan am Tage zuvor von einem Steinwurf am Rücken getroffen worden war.
Um 13.30 Uhr verließ er die Schule und wurde in einem Bus Richtung S-Bahnhof gesehen; ein anderer Mitschüler erkannte ihn eine Dreiviertelstunde später auf einer Bank. Das letzte Lebenszeichen von Tristan war seine Begegnung mit einer Hundehalterin um 15.20 Uhr. Zehn Minuten später wollten drei Jugendliche aus der Adelonstraße ihren Weg zum Busbahnhof Hoechst durch den Tunnel abkürzen; sie sahen einen Mann, der sich über einen Gegenstand auf dem Betonsockel beugte und entschieden sich, weil ihnen die Szene unheimlich erschien, für den Umweg. „Was sie sahen, war der Mörder bei der Tat“, sagt Fey, während der die steile Böschung zum Tunnel hinunter steigt.
Der Tatort sieht aus wie die Kulisse eines Horrorfilms: ein dunkler, etwa hundert Meter langer Betonschlauch, in dem es nach Urin stinkt. Heute sind die Eingänge mit schweren

Eisengittern gesichert, damals wie heute gammelt Unrat im dichten Gebüsch an den Aufgängen. „Angsttunnel" nennen ihn die Kinder im Viertel, und bis heute rätseln die Ermittler, warum Tristan hinein ging. Sie vermuten, dass der Verbrecher ortskundig ist, denn den Tunnel findet nur, wer sich auskennt. 17.08 Uhr ging die Meldung des Leichenfunds bei der Polizei ein, vom Betreuer einer Jugendeinrichtung, der von zwei entsetzten Kindern alarmiert wurde, die eine Abkürzung durch den Tunnel hatten nehmen wollten.

Die ersten 48 Stunden sind wichtig in einer Morduntersuchung. Es gilt, die Spur des Täters aufzunehmen, solange er noch in der Nähe ist, solange sich die Zeugen noch genau erinnern, solange die Spuren noch frisch sind. In den ersten Tagen gehen Fey und seine Kollegen nur kurz nach Hause, um sich drei Stunden schlafen zu legen. Die „Soko Tristan" wurde mit Informationen überhäuft, beinahe überschüttet, und eine Art Panik brach in Frankfurt aus, denn man fürchtete, dass der Täter erneut zuschlagen könnte. Als es keine heiße Spur gab, dehnte man die Suche immer weiter aus. Auch zwei Fernsehaufzeichnungen in der ZDF-Reihe *Aktenzeichen XY ungelöst* bringen keine neuen Erkenntnisse. „Die Zeit spielt gegen uns", sagt Fey.

Wie sieht die Theorie der Fahnder aus? Kannte der Täter Tristan oder war es eine Zufallstat? Handelt es sich beim Mörder um einen unscheinbaren Bewohner des Stadtteils oder um einen Schwerstkriminellen auf der Durchreise? Eine Spur zumindest scheint es zu geben: Ein 14-Jähriger meldete sich kurz nach der Tat mit dem Hinweis auf einen Mann mit Zopf, den er in der Nähe des Tunnels aus dem Gebüsch kommen sah. Zwei Anwaltsgehilfinnen gaben zu Protokoll, dass ein Mann mit Zopf die Kanzlei betrat und stammelte, „er habe Scheiße gebaut" und benötige dringend anwaltlichen Rat. Die Frauen schickten den Mann zu einem stadtbekannten Strafverteidiger, bei dem er sich jedoch nie meldete. Auffälligstes Merkmal des Unbekannten, etwa 1,75 Meter groß und zur Tatzeit zwischen 20 und 30 Jahre alt: eine Vernarbung an der Oberlippe, offenbar eine operierte Hasenscharte.

Hauptkommissar Fey überprüfte 1600 Exhäftlinge, die Wochen vor der Tat aus Hessens Gefängnissen entlassen wurden oder die Freigang hatten, nach einem solchen Mal. Als ein Gericht aus Datenschutzgründen Feys Ermittlungen in Krankenhäusern bremste, schaffte er es, einen Artikel in einer Fachzeitschrift für Zahnmedizin zu platzieren, doch ohne Erfolg. Tristans Rucksack, in dem Hoden und Muskelstücke transportiert wurden, entdeckte ein Spaziergänger in einem Wald im Taunus, etwa eine Stunde von Frankfurt entfernt. Darin steckte eine Deutschlandkarte aus Tschechien. Fey stößt bei seinen Recherchen auf einen französischen Fremdenlegionär, der sich unmittelbar vor der Tat in Tschechien aufhielt, doch weil der Mann ein Alibi für die Tatzeit hat und der Fingerabdruck nicht von ihm stammt, untersagt ein französisches Gericht, dass Fey den Verdächtigen vernimmt.

Ein Jahr lang wurden seine Ermittlungen zudem auf eine falsche Fährte gelockt, weil sich die Frau eines Unternehmers an ihrem Exmann rächen wollte. Aus den Tathinweisen, die öffentlich zugänglich sind, strickte sie eine überzeugende Legende für ihre Vendetta, bestach sogar Zeugen. „Wir sind mitten in einen unglaublichen Rosenkrieg hineingeraten", erzählt Fey. Die Frau wurde inzwischen zu einer Geldstrafe von 5000 Euro verurteilt, doch ein Trost für die Ermittler vom K11 ist das nicht. Wieder verstrich kostbare Zeit. „Manchmal glaube ich, wir leben in einer total kaputten Welt."

Es ist Abend geworden, als Fey noch einmal sein Büro aufsucht. Er schreibt ein Gesuch um Amtshilfe nach Frankreich. Er will nicht lockerlassen, er will endlich den Fremdenlegionär nach dem Rucksack befragen. Er will nicht aufgeben, auch wenn die Chance, den Mörder von Tristan noch zu finden, gering ist. „Wenn er noch lebt, dann kriegen wir ihn bestimmt", sagt Fey noch einmal, als wolle er sich selbst Mut zusprechen. „Dass der noch frei herumläuft, ärgert mich." Ein Phantombild, das er nach Aussagen von Zeugen zeichnen ließ, hängt an der Pinnwand hinter seinem Schreibtisch. Der Mann mit der Hasenscharte verfolgt ihn nicht bis in seine Träume, aber er sieht ihn jeden Morgen an, sobald er das Büro betritt.

California Dreaming

Als Märchenonkel des deutschen Journalismus lieferte Tom Kummer erfundene Star-Interviews und Reportagen. DUMMY hat Kummer in L. A. besucht: Tom, jetzt mal in echt

Text: Oliver Geyer

Popp, popp, popp, popp. Die gelben Bälle fliegen so schnell über das kleine Paddletennis-Feld, dass sie die ballistische Bahn von Gewehrkugeln beschreiben. Popp, popp, popp. Man sieht nur noch gelbe Streifen. Tom Kummer lässt es auch in seinem neuen Job als Paddletennis-Trainer im Jonathan Club at the Beach in Malibu richtig poppen, er macht Tempo. Er will das Letzte aus seinem Gegenüber herausholen, egal wer sich da abrackert. Heute ist es Bruce Willis, der alles geben muss. Die Sonne steht schon tief über den unwirklich hohen Palmen des Promi-Klubs in Malibu. Gegen Abend bläht sie sich immer noch einmal auf, taucht die Welt in Technicolor und versinkt im Pazifik. Der ganze Himmel ist orange. Hier ist aber auch alles *larger than life*, denkt der gejetlagte Europäer. Das kann doch nicht wahr sein.
Der *Actionheld* hat aufgegeben, Bruce Willis wedelt mit dem triefenden Stirnband: „Lass uns besser noch zusammen einen Drink nehmen Tomás." Willis und Kummer kommen hoch auf die Terrasse und setzen sich zu mir. Die letzten Sonnenstrahlen leuchten die Szene perfekt aus. „Das ist Bruce, das ist Oliver, ein Freund aus Deutschland", stellt Tomás uns vor. „Nice to meet you, Bruce." Da ist man 13 Stunden nach Los Angeles geflogen, um etwas über den wahren Tom Kummer zu erfahren, über das Leben unseres Schweizers in Hollywood, über den *Bad Guy of German Journalism*, der mit seinen gefälschten Promi-Interviews und Reportagen die heile deutsche Medienwelt in eine Identitätskrise gestürzt hat, und schon ist man Teil der Lüge. Für die Mitglieder des Clubs heißt Tom Tomás, kommt nicht aus Bern, sondern aus Brasilien und war immer Tennisspieler. Meine erste Frage, die mir während der Zwischenlandung in Zürich einfiel und klug erschien, muss ich erst mal stecken lassen: Sind alle Schweizer Lügner? Stattdessen gibt es Weibergeschichten von Bruce Willis.
Auf der Rückfahrt kommen wir der Wahrheit schon näher. „Wir Schweizer belügen vor allem uns selbst", antwortet Tom Kummer, jetzt auch mit der echten Berner Sprachfärbung. Wie James Dean peitschen wir mit völlig überhöhter Geschwindigkeit über den Mulholland Drive, unter uns glitzert und rumort die größte Lichtklang-Installation der Welt, Los Angeles. Korea Town, Kummers *Hood*, ist noch weit weg. „Wir sind nie bei uns", spricht Kummer für seine Landsleute, „wir sind immer nur bei unserem Image, von dem wir unterstellen, dass es das Ausland von uns hat, und an dieser Unterstellung arbeiten wir." Immer können Schweizer ihre eigene Leistung nur im Abgleich mit irgendetwas Großem im Ausland würdigen, hat Kummer auch schon in seinem Buch *Blow up* behauptet. Als ginge es um Weltniveau, so wie in der DDR. Heißt das, er will seine Lügengeschichten im *SZ-Magazin* und im *Stern* nachträglich einer vermeintlichen Schweizer

Kollektivneurose in die Schuhe schieben? „Na ja, diese Schweizer Diktatur des Imagebewusstseins hat mich geprägt. Und ich hab die völlig auf die Spitze getrieben." – Pause – „Andererseits hat man ja auch einen freien Willen." Und der wollte das große Ding machen. Der sah die Sache so: Nicht weniger ist mehr – mehr ist mehr!

Schweigend fahren wir weiter. Leuchtreklamen und entgegenkommende Autos werfen schillernde Muster auf Kummers braungebranntes Tennislehrer-Gesicht, im Radio wummern die die R'n'B-Guitars. L. A. ist ein einziger Tarantino-Film, hier in einer Coproduktion mit dem Schweizer Fernsehen. Kummer baut noch einen Schlenker über den Hollywood Boulevard und das *Observatory* hoch oben auf dem Berg im Griffith Park ein. Beiläufig, scheinbar zufällig an beeindruckenden Orten entlangfahren, das mache ich in Berlin auch immer mit Besuchern. *It's all about entertainment.*

Motor aus, Blick genießen und erst mal eine rauchen. Von hier oben sieht das Straßenmuster der Monsterstadt aus wie ein beleuchteter Schachcomputer, über dem Spielzeug-Hubschrauber mit Suchscheinwerfern kreisen. Unten tobt eine Schlacht, aber hier hat man den Überblick und kann seine Strategie überdenken. Kummer kneift die Augen leicht zusammen, wie Leute, die etwas Bedeutendes sagen, und bläst beim Sprechen den Rauch aus dem Fenster: „Ich sags mal so: Ich bin mit meinen Stationen Schweiz, Deutschland und dann L. A. auf der Beobachterebene dritter Ordnung angekommen."

Wo? Serviert er mir jetzt den altbekannten Cocktail aus *Trash* und Philosophie, gut geschüttelt, damit der Leser nichts mehr versteht? „Erst reichte mir die Aussicht von Kleinscheidegg auf das Lauterbrunnental nicht mehr. Dann ekelte mich dieser ganze künstlerische Höhenflug in Berlin an, die pseudopostmoderne Philosophie- und Magazin-Besserwisserei. Hollywood war meine Pilgerfahrt ins Mekka der Fiktion, ich dachte, kurz vor dem Olymp zu sein. Aber dann lässt mich meine Münchner Seilschaft abstürzen. Und wenn du plötzlich alles verlierst, dann wird der Blick frei."

Aber worauf? „Auf die eigene Geltungssucht", antwortet er. Auf die eigene Art, die Welt zu sehen. Und darauf, dass er unbewusst vielleicht immer genau das wollte: abstürzen, hart landen in der unterprivilegierten Realität von Korea Town. Das scheinbar angeborene Recht der Schweizer auf Mittelstand, Sicherheit und damit Langeweile abschütteln und mit dem echten Leben in Berührung kommen. Realitätsschnipsel mit Fantasie zu großem Kino komponieren – Tom Kummer hat trotz Bruchlandung nichts verlernt. Oder sich ein Detail rauspicken und es übercodieren, was die Zeilen halten. Zum Beispiel Topfpflanzen. Charles Bronson ließ er in dem legendären Interview mit der Überschrift „Ein Mann sieht grün" seitenlang über Zimmerpflanzen philosophieren. Welches Detail picken wir uns denn heute mal raus? Heute ist die Überwachungskamera dran, die vor dem Apartementhaus an der South Serrano Avenue hängt. Kummer sieht sie und hebt zu einem Kurzreferat an: „All diese Kameras im öffentlichen Raum hier sind für mich nicht nur Symbol des Polizeistaates USA nach 9/11. Die sind Sinnbild der heutigen Faktenreligion, dem Dogma des Faktischen. Als gebe es so etwas wie die Realität! Jede Wahrnehmung ist Konstruktion, aber damit kommen die angstgesteuerten Journalistenschulen-Abgänger nicht klar." Einspruch: Es gibt doch so was wie die konsensuelle Realität, Tom, wollen wir uns nicht ein bisschen daran orientieren? „Gute Nacht", sagt er. Für heute ist alles gesagt.

An Schlaf ist im Billig-Motel an der Interstate 10 am Rand von Kummers Viertel nicht zu denken. Ein paar Mexis haben Party gemacht und wurden nahtlos vom anschwellenden Motorenlärm der Millionen Pendler abgelöst, die hier ihren Morgen im Stau verbringen. Ich schiebe die Plastikvorhänge zur Seite und sehe im gleißenden Morgenlicht die zwölfspurige Trasse. Die Automasse bewegt sich wie das automatische Fußgänger-Fließband auf dem Flughafen. Kurz danach stehe ich mit Tom Kummer in seinem Jeep selber drin. Und kriege einen Crashkurs in kalifornischer Lebensphilosophie: „Du musst nur deine innere Abwehrhaltung gegen den Stau aufgeben, dich in den Flow bringen, dann erträgst du es. Man muss es als Meditation sehen."

Nach einer anderthalbstündigen Stau-Kontemplation stehen wir vor dem Eingang des

Hollywood Forever Cemetery am Santa Monica Boulevard. Mir wird klar, was dieser Ausflug an Tom Kummers freiem Tag soll. Er ist die Antwort auf meine Frage nach der Realität. Auf dem Hollywood Forever Cemetery gibt es keine Grabsteine, nur Monitore, auf denen 20-minütige biografische Filme laufen. Die Verstorbenen haben sie vor ihrem Ableben in Auftrag gegeben. Es lebe der Zentralfriedhof, singe ich. „Das ist wirklich die lebendigste Art, tot zu sein, die ich je gesehen habe." Wir bleiben vor dem LCD-Grabstein eines Versicherungsagenten stehen. Sein Film macht mehr so den Eindruck, der Mann sei britischer Geheimagent gewesen. Erstaunlich, wie man so ein Versicherungsdasein aufbauschen kann. „Heute ist alles semifiktiv, jede Biografie. Man muss nur ein Auge dafür haben", sagt Kummer, „dann erkennt man überall und in jedem das große Drama." Er hat es immer schon gewusst, alles ist großes Kino, und Hollywood kann ihn da nur bestätigen. Das ist die alte Schule von griechischem Drama und Hollywood-Drehbuch: Held verlässt Heimat, denn die Heimat braucht Hilfe. Held nimmt die Herausforderung an, muss Prüfungen bestehen, hat Mentoren, Feinde und Verbündete, und wenn er alles überstanden hat, kommt er zurück und rettet die hilfsbedürftige Heimat mit dem Schatz seiner Erfahrung. Drama, Drama, Drama, und immer an den Leser denken. Glaubst du da wirklich immer noch dran, Tom? „Ja sicher, es würde sich doch auch niemand mit Popcorn ins Kino setzen, um die Bilder einer Überwachungskamera anzusehen", antwortet er.

Ausgerechnet der *Focus* hat ihn enttarnt, das Magazin, das immer nur Fakten, Fakten, Fakten liefert. Diese Heft gewordene Überwachungskamera ohne einen Journalisten-Regisseur, der mit etwas Esprit die schnöden Fakten zu großem Kino neu arrangiert, aber voller Tabellen und Zahlen. Das Tortendiagramm ist die Verdichtung von Tom Kummers Feindbild des faktengläubigen Mainstream-Journalismus, da will er sich auch heute noch keine Scheibe von abschneiden. Nein, dann lieber die knallig bunten dreistöckigen Geburtstagskuchen, die man bei *Ralph`s Supermarket* im Sonderangebot aus der Tiefkühltruhe nehmen kann. Deswegen ist Kalifornien heute genau der richtige Ort für einen wie Kummer: Auf dem Gelände der Traumfabrik ist er sicher vor diesen freudlosen Deutschen und Schweizern, die Menschen mit Neigung zum imaginativen Abheben immer unbedingt runterholen wollen. Warum runter? Am Boden war er eine Zeit lang, dahin zieht ihn nichts zurück. Allerdings kann ich auch dem Reiz nicht widerstehen, noch etwas Helium in Kummers Ego-Ballon zu füllen: Wie sein Drama auf dem Kino-Grabstein aussehen würde, will ich wissen. Wie ein schweizerisch-deutsch-amerikanisches Epos? Wie will er sich zu einem Helden umdichten? Und müsste der nicht am Ende wie jeder dramatische Held in seine Heimat zurückgehen und sie mit irgendwas bereichern? Kummer mag es groß: „Da fällt mir sicher was ein. Vielleicht mit der Erfahrung, das mit der Geltungssucht mal auf die Spitze getrieben zu haben. Dann am Boden gelegen und das echte Leben gespürt zu haben, ohne diese verteufelte Schweizer Sicherheit. Jede Menge Schläge eingesteckt zu haben und es irgendwie auch zu bereuen. Ich schlage tagaus, tagein monoton meine Paddletennis-Bälle, so wie der deutsche Kaiser Wilhelm im Exil aus Reue Holz gehackt hat. So wird es großes Kino. Hauptsache, es poppt."

Popp, popp, popp. Diesmal fliegen die Bälle etwas ruhiger. Gwyneth Paltrow hat auf Tom Kummers Handy angerufen. Ob sie noch eine Privatstunde kriegen könnte. Wir fahren sofort in den Jonathan Club nach Malibu. Wieder sitze ich auf der Terrasse, wieder ist der Chefbeleuchter von Hollywood, die Sonne, in Hochform. Heute gibt es einen rosaroten Sonnenuntergang, dazu einen *Sundowner.* Kleines Tennis, großes Kino. Gwyneth winkt mir zwischen zwei Ballwechseln zu. Dann kommen sie zu mir an den Tisch. Wir kommen ins Plaudern – über die Auflösung der Grenzen von Körper und Technologie, Wahrheit und Fiktion. Gwyneth schaut mir tief in die Augen und sagt: „Die medientechnologische Entzauberung des Menschen als Entropiemaschine provoziert revolutionsromantische Immediatutopien reziprok kommunizierender Kollektive." Nein, das sagt sie natürlich nicht.

Aber wir reden noch bis spät in die Nacht über Topfpflanzen.

New York City Man

Roy Finer war in den 1970ern ein *Cop* in der Bronx und das ist eigentlich auch schon alles, was man wissen muss

Fotos: Roswitha Hecke/13 photo

NEW YORK CITY MAN

Roy Finer war in den 1970ern ein Cop in der Bronx, und das ist eigentlich auch schon alles, was man wissen muss

Fotos: **Roswitha Hecke / 13photo**

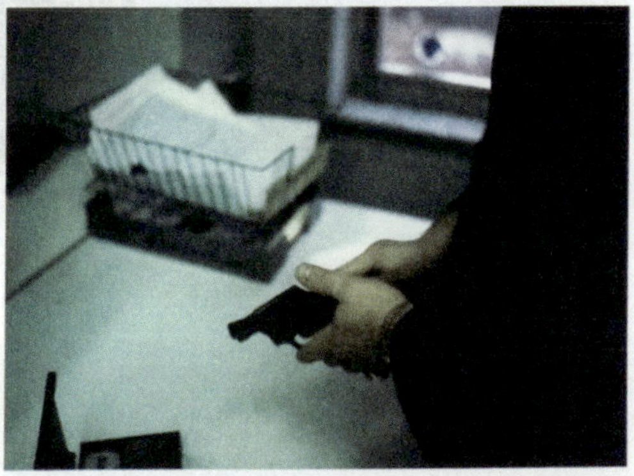

WANTED FOR MURDER
BY BRONX DETECTIVE AREA

BRONX SEX CRIME SQUAD

Sohn der Angst

Was passiert, wenn man das Kind eines berühmten Schriftstellers ist und in einen Mordfall verwickelt wird? Wie geht es weiter, wenn man davonkommt, aber die Stiefmutter plötzlich ein erfolgreiches Buch schreibt, das von diesem Verbrechen erzählt? Eine investigative Reportage über Paul und Daniel Auster, die Schriftstellerin Siri Hustvedt und einen Mord, der nicht vergeht

Text: Steffi Kammerer

Der Mord geschah an einem Sonntag im März 1996. Bekannt ist auch der Ort des Verbrechens: 43. Straße West in Manhattan, Hausnummer 560, Appartement 3K. Was sich wirklich zutrug, wird wohl nie genau geklärt werden – es gibt Dutzende Versionen über den Tod von Andre Melendez, der sich Angel nannte und New Yorker Jugendliche mit Drogen versorgte. Zur Arbeit trug er weiße Flügel aus Federn.
Rätselhaft soll auch die Szene sein, die dem Mord im Film vorausgeht. Für wenige Sekunden ist ein zusätzlicher Männerkörper zu sehen, verschwommen liegt er im Hintergrund des Bildes. Die wenigsten Zuschauer werden es bemerken. „Genau darum geht es uns", sagt Randy Barbato. „Wer Bescheid weiß, sieht es, die anderen nicht." Er ist einer der beiden Regisseure von *Party Monster*, einem eher mittelmäßigen Film, der bis vor Kurzem in einigen amerikanischen Städten lief. Er ist vor allem interessant durch das, was er auslässt. Macaulay Culkin *(Kevin allein zu Haus)* spielt darin Michael Alig, den selbst ernannten König der Clubkids. Den Jungen aus Indiana, der nach New York kam, um das Nachtleben zu revolutionieren, der es im Jahr 1988 aufs Titelbild des *New York Magazine* schaffte und wenige Jahre später zum Killer wurde. Er sitzt im Gefängnis, genau wie sein Freund Robert (Freeze) Riggs.
Tatsächlich war in der Mordnacht eine weitere Person in Michael Aligs Wohnung. Das ist in einem dünnen braunen Ordner dokumentiert, den man unter dem Aktenzeichen 98 N004953 im Justizgebäude in der Centre Street von Manhattan anfordern kann: *The people of the State of New York against Daniel Auster (M 20).* Ein Teil der Akte ist für die Öffentlichkeit gesperrt.
Im Film kommt Daniel Auster nicht vor – sieht man von dem Sekundenauftritt für Eingeweihte ab. Regisseur Randy Barbato fällt es schwer zu erklären, warum das so ist, schließlich heißt es zu Beginn von *Party Monster:* „Basierend auf einer wahren Geschichte." Er windet sich: „Wir haben nicht versucht, einen Kriminalfall zu lösen. Die Clubszene als solches interessierte uns viel mehr als die Frage, ob eine vierte Person im Raum war, wie involviert sie war und warum sie beschützt wurde."

Bis März 1996 fanden Verbrechen für Paul Auster im Kopf statt. Die mysteriösen Begebenheiten, die der gefeierte Autor an seiner Schreibmaschine erfand, hatten nichts zu tun mit seinem eigenen Leben, seinem gepflegten Stadthaus im Brooklyner Viertel Park Slope, in dem er sich mit seiner Ehefrau, der Autorin Siri Hustvedt, und zwei Kindern eingerichtet hatte: Der Tochter Sophie und Daniel, seinem Sohn aus erster Ehe. Unzählige Artikel sind geschrieben worden über das Bilderbuchleben des intellektuellen New Yorker Vorzeigepaars.
Wie schnell Paul Auster von den Ereignissen in Michael Aligs Wohnung erfuhr, ist nicht bekannt. Vielleicht erzählte sein Sohn es ihm, gleich nachdem es passiert war, vielleicht hat er gewartet, bis die Gerüchte lauter wurden: Ein Drogendealer war getötet worden und er, Daniel, war dabei gewesen. Wahrscheinlich sagte er seinem Vater auch, was man sich sonst so erzählte. Dass die Leiche von seinen Freunden in Stücke geschnitten worden war und die Einzelteile in einem Pappkarton auf dem Hudson River trieben.
Der Sohn des Schriftstellers verließ die Stadt für Monate. Im Dezember 1996 wurden Alig und Freeze verhaftet. Sie gaben zu, Angel ermordet zu haben. Sein Torso war auf Staten Island angeschwemmt worden. Freeze legte ein schriftliches Geständnis ab, in dem er beschrieb, wie er dem Opfer mit dem Hammer auf den Kopf schlug, während Alig es mit einem Tuch erstickte.
Am 1. Oktober 1997 wurden Alig und Freeze zu 20 Jahren Gefängnis verurteilt. Die Strafe war in einem sogenanntem *Plea bargain* ausgehandelt worden: Weil sie mit den Behörden kooperiert hatten, wurden sie wegen Totschlags verurteilt, nicht wegen Mordes.
Freeze sagte an jenem Tag vor Gericht: „Ich bin sicher, dass alle Beteiligten, ich selbst, Michael Alig, Daniel Auster und Angel Melendez, Opfer des gleichen schrecklichen Übels wurden, nämlich Drogen."
Dies ist eins der seltenen Male, dass der Name Daniel Auster öffentlich im Zusammenhang mit der Tat genannt wird.
Drei Monate später verurteilte das Gericht Auster zu fünf Jahren auf Bewährung. Der Bezirksstaatsanwalt von Manhattan, Robert Morgenthau, beschuldigte ihn des „krimi-

nellen Besitzes von Diebesgut dritten Grades." Morgenthau erwähnt dabei weder Alig noch Freeze, noch dass es sich bei dem Bestohlenen um eine Leiche handelt. In seiner Urteilsbegründung findet sich keinerlei Erklärung darüber, was Auster während des Mordes getan hat oder was er gesehen hat.
Die *New York Times* druckte am 2. Februar 1998 eine knappe Agenturmeldung: „NEW YORK *(Reuters)* – Der Sohn des Schriftstellers Paul Auster wurde am Freitag zu fünf Jahren auf Bewährung verurteilt, nachdem er eingestanden hatte, 3.000 US-Dollar von einem ermordeten Kolumbianer gestohlen zu haben. Daniel Auster, 20, schwieg, als Richter William Wetzel das Urteil verlas, das in einem *plea deal* mit dem Büro des Bezirksstaatsanwalts von Manhattan ausgehandelt worden war. Bei seiner Aussage vom 20. Januar gab Auster zu, am 10. März 1996 mehr als 3.000 Dollar von Angel Melendez genommen zu haben, nachdem dieser getötet worden war. Auster hätte bis zu sieben Jahre hinter Gittern kommen können. Er gab zu, dass er in der Wohnung war, als Michael Alig und sein Mitbewohner Robert Riggs Melendez getötet haben. Auster wurde für dieses Verbrechen nicht belangt."
Abgesehen von dieser Meldung und ein paar Insider-Hinweisen in der Stadtzeitung *Village Voice* blieben die Medien still. Keine Schlagzeilen, kein Klatsch. Paul Auster verweigerte jede Stellungnahme.
Dann setzte sich Siri Hustvedt hin und begann ein Buch zu schreiben. Sechs Jahre hat sie daran gearbeitet, im letzten Frühjahr kam es auf den Markt: *Was ich liebte.* Zu Anfang schildert sie das Leben von zwei befreundeten New Yorker Paaren. Ab der Hälfte wird der Roman zum Krimi mit bekanntem Inhalt: Es ist eine ziemlich genaue Beschreibung dessen, was 1996 passiert ist – mit dem Unterschied, dass Angel Melendez in Hustvedts Buch Rafael Hernandez heißt und Michael Alig zum Künstler Teddy Giles wird. Daniel Auster ist Hustvedts Stiefsohn. Der Stiefsohn im Roman heißt Mark, genau wie Auster wurde er 1977 geboren. Er wird beschrieben als Liebhaber von Giles, der ihm vielleicht beim Töten assistiert hat. Am Ende spricht das Buch Mark frei – aber nur im juristischen Sinn. Die Zweifel bleiben. In Hustvedts Buch findet sich folgende Stelle: „Der Staatsanwalt argwöhnte allmählich, womöglich eher einen Komplizen als einen Zeugen befragt zu haben. Wir alle hatten diesen Verdacht. (...) Violet hatte schon lange vermutet, dass Mark nicht die volle Wahrheit über den Mord erzählt hatte. (...) Mark hatte ihn getäuscht, so wie er uns alle getäuscht hatte. (...) Ich wusste, dass Teddy Giles und Mark Wechsler einer bestimmten Definition gemäß wahnsinnig waren, Exempel einer Gleichgültigkeit, die viele monströs und unnatürlich finden."
Trotz der offensichtlichen Parallelen hat Hustvedt offenbar nicht damit gerechnet, dass ihre Leser sich ans wahre Leben erinnern würden. Als sich die Autorin dieses Artikels ankündigt, hat sie ein freundliches Gespräch geplant. Über sich selbst, die Schriftstellerehe, ihr Buch, für das sie Lob aus aller Welt erhalten hatte. Mit dem sie endlich dem Schatten ihres Mannes entkommen war, endlich mehr war als die hübsche Ehefrau, die auch schrieb. Nach ihrem Stiefsohn befragt, lächelt sie und wechselt elegant das Thema. Als sie versteht, dass ihr Stiefsohn Grund des Besuchs ist, gefriert ihr Puppengesicht. „Das Buch ist Fiktion" wiederholt sie mit zunehmender Lautstärke. „Mark und Daniel sind nicht die gleiche Person." „Aber Sie provozieren doch den Vergleich?" „Natürlich ist viel von Daniel in Mark, aber genauso habe ich beim Schreiben an andere Jugendliche in Schwierigkeiten gedacht." Sie dehnt die Worte, als würde man dann besser begreifen, und hackt mit ihrer schmalen Hand in die Luft. „Die Handlung ist ausgedacht. Ich koche nicht altes Material auf. Es ist ein komplett neues Kunstwerk entstanden."
Über den realen Mordfall spricht sie unwillig. Schließlich sagt sie: „Es war eine sehr schwierige Phase in unserem Leben. Ich habe diese Erfahrung benutzt und gleichzeitig auch nicht. Die Handlung ist deutlich fiktionalisiert, so wie der Charakter auch. Aber natürlich liegt unter allem eine emotionale Wahrheit, die ich benutzt habe." Hält sie Daniel Auster für schuldig? „Darüber werde ich nicht sprechen. Ich sehe keine Veranlassung zu erklären, wie wir gefühlt haben", sagt sie. Ihr Hals ist voll dunkelroter Flecken. Ob man überhaupt etwas von Literatur verstehe, fährt sie die Besucherin

plötzlich an. Ob man überhaupt wisse, dass auch Proust und Thomas Mann und überhaupt alle Großen Elemente aus dem eigenen Leben benutzt hätten. Man könnte ihr antworten, dass auch die Frage, was ein Roman darf, nicht neu ist. Dass das Verhältnis von Dichtung und Wahrheit gerade einige deutsche Gerichte beschäftigt, dass die im Zweifelsfall zugunsten der Privatsphäre entscheiden.
„Schalten Sie das Band aus!", befiehlt sie schließlich in der Stille. „Was wollen Sie hier?" Minuten später wechselt sie die Strategie. Sie versucht, die Reporterin zu umgarnen. Es sei ihr Geburtstag heute. „Mein Buch hat meinem Stiefsohn nicht geschadet. Aber wenn Sie jetzt anfangen, irgendwelche Parallelen zu suchen, das würde ihn wirklich verletzen."
Im Buch beschreibt sie Mark als pathologischen Lügner. Als Narziss, der für Aufmerksamkeit alles tut, der Versprechen bricht und stiehlt – der den Eltern zunehmend entgleitet, trotz aller Bemühungen. Seine biologische Mutter wird charakterisiert als verschlossen und verriegelt wie ein verschlossenes Haus. Wenn sie Sex habe, mache sie ein „leises grunzendes Geräusch". Und trotzdem gibt es für Violet, die Stiefmutter, kein Entkommen. „Die beiden Frauen waren die Pole gegenseitiger Lust, verbunden durch den Jungen, den er mit nur einer von ihnen gezeugt hatte."
„Die Erfahrung, einen Stiefsohn zu haben, hat das Buch sicherlich beeinflusst", sagt Siri Hustvedt. Es sei kompliziert zwischen Eltern hin- und herzuwechseln. „Ich gehöre nicht zu den Leuten, die denken, dass Scheidungen keine Spuren hinterlassen. Ich habe sehr viel über Persönlichkeitsstörungen gelesen. Aber noch einmal: Mark ist nicht Daniel. Mark ist ein Mischmasch aus unglücklichen Kindern. Aus solchen, die ich kenne, und aus solchen aus der Literatur."
Im Buch lässt sie Violet sagen: „Ich bin voller Hass. Ich hasse Mark. Dabei habe ich ihn geliebt. Natürlich nicht von Anfang an, aber ich habe langsam gelernt, ihn zu lieben und später dann zu hassen, und ich frage mich, ob ich ihn auch hassen würde, wenn ich ihn geboren hätte, wenn er mein eigener Sohn wäre? Aber die wirklich schreckliche Frage ist: Was war es, was ich liebte?"
Mit Daniel habe sie nie über ihr Buch gesprochen, sagt sie. Gelesen habe er es auch nicht, glaubt sie. Was er denken werde, wenn er es irgendwann tut: „Dann wird er Bescheid wissen, nicht wahr", sagt sie schneidend. „Was ich aus dem wahren Leben genommen habe, geht nur uns beide an. Ich habe nicht das Gefühl, etwas von ihm gestohlen zu haben."
Sowohl im Werk von Paul Auster als auch bei Siri Hustvedt sind Autoren und Figuren schwer zu trennen, beide bedienen sich reichlich im eigenen Leben. Austers Charaktere treffen Fremde mit Namen Paul Auster, Söhne sind Väter, Väter sind Söhne, die Frau, die den Helden in *Leviathan* rettet, heißt Iris (Siri rückwärts), Violet und Bill in *Was ich liebte* heiraten am gleichen Tag wie Siri und Paul.
In Interviews erwähnen sowohl Hustvedt als auch Auster häufig ihre Tochter Sophie – Daniel scheint es nicht mehr zu geben. Im Juli 2002 wollte ein Reporter der *Berliner Zeitung* wissen, was wirklich wichtig ist in Austers Leben: Seine Ehefrau, seine Tochter, einige Freunde. „Damit hat es sich." Kurz darauf erkundigte sich der britische *Guardian* nach seinem Sohn. Auster antwortet: „Zurzeit findet er sich – fragen Sie mich in ein paar Jahren wieder."
Zwei Jahrzehnte zuvor schrieb Auster ausführlich über Daniel in seinem Buch *Die Erfindung der Einsamkeit*. Die Leser erfahren, dass sein Sohn am gleichen Tag geboren wurde wie Anne Frank und dass der ehemalige Bürgermeister von Jerusalem auch Daniel Auster heißt. Dass er Sternzeichen Zwilling ist. „Eine Welt, in der alles doppelt ist, in der die gleiche Sache immer zweimal geschieht."
Er beschreibt, wie er im *Pinocchio* vorgelesen hat, wie besessen Daniel als Dreijähriger davon war, *Superman* zu sein, wie er fast an einer Lungenentzündung gestorben wäre. Und wie er, Paul Auster, erkannt hätte, dass „das Leben des Jungen ihm mehr bedeutete als sein eigenes (...). Es war erst in diesem Moment der Angst, dass er für immer der Vater seines Sohnes wurde."
Das letzte Mal, dass Paul Auster sich und Daniel in einen Zusammenhang brachte, war im Jahr 1995. Da hat er eine Rolle für ihn geschrieben in seinem Drehbuch *Smoke*. Daniel trat neben Harvey Keitel auf. Die Figur, die

Auster für seinen halbwüchsigen Sohn wählte, war die des „Bücherdiebs". Man sieht einen hochgewachsenen Jungen mit Baseballmütze über blondem Haar, der in einen Zigarrenladen kommt. Er hat einen verschlagenen Gesichtsausdruck, stiehlt ein Buch, Keitel rennt fluchend hinter ihm her und schmeißt ihm eine Coladose nach. Die kurze Filmkarriere des Daniel Auster.
Im Herbst 1996 begann Auster sein Studium an der New Yorker State-University in Purchase. Er schrieb sich für Visuelle Kommunikation ein. Nach Angaben der Universität wurde er im Mai 2000 exmatrikuliert – ohne Abschluss.
Er hat wenige andere Spuren hinterlassen. Im Juni 1998 tauchte er bei der Premiere eines Dokumentarfilms über den Mord auf – in dem er nicht erwähnt wurde. Wie auch bei *Party Monster* hatten Randy Barbato und Fenton Bailey Regie geführt. Der Film hatte Premiere beim schwul-lesbischen Filmfest in New York. „Ich konnte es kaum glauben, als ich ihn im Publikum sah", sagte Barbato. „Ich schätze, er wollte sehen, wie er im Film dargestellt wurde. Er hat uns zugewunken, bevor es dunkel wurde. Als die Lichter angingen, war er wieder weg." Am Tag danach schrieb die *New York Post:* „Eingeweihte sagen, die Behörden hätten in Bezug auf Austers Beteiligung den Mund gehalten wegen der Prominenz seines Vaters."
Ein Mädchen, das Daniel Auster an der Uni kennengelernt hat, schickte zu jener Zeit einen Brief an die *Village Voice*, in dem sie schrieb, Daniel Auster sei einige Monate ihr Freund gewesen und habe ihr drei Versionen des Mordes erzählt. In zwei Varianten war er passiv, bloß Zeuge der Tat. Dann aber erzählte er ihr eine dritte Version, in der er aktiv an der Tötung beteiligt war: „Er sagte mir, dass er keine Moral hat und kein Gewissen und dass er sich nicht schuldig fühlt wegen der Tat. Er sagte, er identifiziere sich mit Merseult in Camus *Der Fremde*." Das Mädchen schrieb weiter, sie habe Siri Hustvedt angerufen und ihr erzählt, was sie erfahren habe. „Und sie war schockiert, aber überhaupt nicht überrascht."
Siri Hustvedt schreibt in ihrem Buch: „Am Telefon erzählte ein unbekanntes Mädchen Violet von dem Gerücht. Es ging um einen möglichen Mord und einen Jungen namens Rafael, aber wer kann sagen, ob die Geschichte nicht komplett erfunden ist?"
Früher hatte sich Michael Alig immer sehr vage über die Rolle von Daniel Auster geäußert. Das hat sich geändert. Als die Reporterin ihn im letzten Jahr in seinem Hochsicherheitsgefängnis im Norden New Yorks besuchte, sagte er: „Daniel hat uns geholfen, Angel umzubringen." Das hätte er jedem gesagt, der ihn zu diesem Zeitpunkt gefragt hätte. Aber Journalisten hatten längst das Interesse an ihm verloren. Ohne Siri Hustvedts Buch wäre es auch dabei geblieben.

Nach Aligs jüngster Darstellung kam Daniel in der Nacht vor dem Mord in seine Wohnung, gegen fünf Uhr früh. Sie gingen ins Schlafzimmer, Freeze und Angel blieben im Wohnzimmer. Daniel und er hätten einen Fassbinder-Film gesehen, sagt Michael, im deutschen Original mit Untertiteln: *Die bitteren Tränen der Petra von Kant*. Weit kamen sie nicht. Angel und Freeze begannen sich wegen Geld zu prügeln und Michael kam Freeze zur Hilfe. Dabei fiel er in einen gläsernen Küchenschrank. Dann kam auch Daniel hinzu. „Er versuchte, die Glassplitter aus meinem Rücken zu holen. Plötzlich fing Angel an, mich zu beißen. Freeze nahm den Holzgriff eines Hammers und schlug ihm drei Mal von hinten auf den Kopf, weil er einfach nicht aufhörte zu beißen. Ich drückte ihm ein Tuch aufs Gesicht. Daniel saß auf Angels Bauch. Es war einer gegen drei."
„Wir waren alle auf einem Haufen, es war ein wahnsinniger Kampf. Als Angels Augen zurückrollten, hat es keiner von uns richtig bemerkt. Wir waren viel zu high. Es war wie im Film. Wir hatten nicht damit gerechnet, dass er sterben würde. In meiner Wohnung wurden ständig Leute ohnmächtig", sagt Alig. „Und alles passierte so rasend schnell. Es war gar keine Zeit, etwas zu sagen. Ich kann mich nicht erinnern, dass wir irgendetwas gesprochen hätten. Danach haben wir weiter gekokst und den Film zu Ende geschaut. Im Spaß habe ich zu Freeze gesagt, du hast ihn umgebracht."
Irgendwann schauten sie dann nach ihm. „Da war kein Puls. Nichts. Als ich verstand, was passiert war, dachte ich nur, wir müssen total high werden, damit das weggeht. So nach dem Motto, wenn wir nicht darüber sprechen,

ist es nicht passiert. Wir haben uns nicht einmal angesehen."
Angel starb am frühen Mittag, sagt Alig. „Gegen 18 Uhr verließen wir zu dritt die Wohnung." Vorher hätten sie Angels Taschen geleert. „Jeder von uns hat eine Handvoll Drogen genommen und zwei- bis dreitausend Dollar. Wir trennten uns auf der Straße. Daniel ging zum Port Authority-Bahnhof, um einen Bus nach Atlanta zu nehmen. Wir haben nicht viel gesagt, haben uns nicht verabschiedet – wir waren sehr high, völlig durcheinander, schockiert. Wir dachten, wir träumen, als seien wir im Film. Es war alles surreal."
„Es war das letzte Mal, dass ich Daniel gesehen habe. Ich habe nie wieder mit ihm gesprochen."
Es ist schwierig, den Michael Alig im Gefängnis mit Alig dem Clubkid zusammenzubringen. Für einen Mathelehrer könnte man ihn halten oder für einen Bibliothekar. Kurzes Haar, dunkle Brille, ernster Ausdruck. Alig sagt, er habe akzeptiert, dass er einen Menschen umgebracht habe. „Das hat eine ganze Weile gedauert. Aber ich habe verstanden, wozu ich fähig bin. Ich übernehme die Verantwortung dafür. Ich habe das Gefühl, das Gefängnis hat mir das Leben gerettet."
Daniel war 18, als er Michael Alig traf, der zehn Jahre älter ist. Es war im Jahr 1995, bei einem Rave in Poughkeepsie, New York. „Wir hatten beide Ecstasy genommen und mochten uns auf Anhieb", sagt Michael. „Daniel trug ein Halsband und eine Leine. Bald war er auf allen vieren und ich führte ihn an der Leine durch die Menge." Sie wurden ein Paar.
„Daniel hat diese süße Schüchternheit. Er ist niedlich und gleichzeitig hinterhältig – was die Leute auch über mich sagen. Wahrscheinlich zogen wir uns deshalb an. Er hält sich für intelligenter als andere – Regeln gelten für ihn nicht. Er hat einen durchgeknallten, dunklen Humor. Natürlich ist er unmoralisch – aber das sind wir alle."
Ende 1995, so erzählt Michael Alig, hätten Paul Auster und Siri Hustvedt ihn und Daniel und einen weiteren Freund in ein italienisches Restaurant eingeladen. „Ich hatte keine Ahnung, wer Daniels Vater ist. Ich habe es nicht herausgefunden, bis ich ins Gefängnis kam." An das Abendessen erinnert er sich nur schwach. „Wir hatten alle Rohypnol genommen. Seine Eltern waren in ihre Unterhaltung vertieft, wir in unsere. Es sah nicht so aus, als hätten sie viel mit Daniel zu tun. Sie waren nie zu Hause, wenn wir bei ihm waren, in seinem Zimmer unter dem Dach. Daniel konnte so ziemlich machen, was er wollte – bis sie herausgefunden haben, was er so tat. Irgendwann haben sie sein Tagebuch gelesen. Da stand drin, dass er in mich verliebt ist und Heroin nimmt. Dann durfte er nicht mehr aus dem Haus."
Michael sagt, bisher habe er Daniel geschützt: „Wir haben uns geliebt. So weit das mit Drogen möglich ist. Und ich wollte nicht für noch ein zerstörtes Leben verantwortlich sein. Es hätte Angel nicht zurückgebracht. Im Nachhinein denke ich, es wäre vielleicht besser für ihn gewesen, ins Gefängnis zu gehen. Welchen Effekt hat es, wenn man so etwas tut und nicht bestraft wird? Ich bin mir sicher, dass er nicht denkt, er sei glimpflich davongekommen. Bestimmt hat er jetzt Angst. Wartet ständig darauf, dass es ihn einholt."
Alig sagt, er habe nie versucht, Daniel anzurufen – eine Freundin habe es probiert, aber Paul Auster habe sie abgewimmelt. „Niemand konnte mehr mit ihm sprechen."
Alig hat angefangen, ein Buch über den Mord zu schreiben. Der erste Entwurf ist fertig. Er sagt, er überlegt, auf der ersten Seite eine Nachricht für Daniel zu schreiben: „Bitte komm mich besuchen, ich bin nicht wütend auf dich."
Daniel Austers Bewährung ist vorüber. Die Frist lief am 29. Januar letzten Jahres ab. Barbara Thompson, Sprecherin des Bezirksstaatsanwalts von Manhattan sagt, es sei nicht möglich, mit dem Staatsanwalt oder einem seiner Mitarbeiter über Austers Beteiligung zu sprechen. „Wir haben alles gesagt, was dazu zu sagen ist. Auster hat zugegeben, Angels Rucksack durchwühlt zu haben und das Geld genommen zu haben. Das ist alles." Aligs jüngste Äußerungen wollte sie nicht kommentieren.
Warum wurde Daniel Auster nicht wenigstens als Zeuge vernommen? „Die anderen beiden haben sich für einen *plea deal* entschieden. Also gab es kein Verfahren und es wurden auch keine Zeugen befragt." Hat er sich nicht

zumindest damit strafbar gemacht, dass er nicht sofort zur Polizei gegangen ist, um das Verbrechen zu melden? „Ich glaube nicht", sagt Thompson, „dass es ein Gesetz gibt, das einen dazu verpflichtet."
Im letzten Sommer kam noch ein Buch auf den Markt: *Clubland. The fabulous rise and murderous fall of clubculture* von Frank Owen, Autor der *Village Voice*. Es ist das erste Buch, das Daniel Auster explizit nennt, sogar im Index. „Nach dem Mord wurde Auster von seinem Vater an einen geheimen Ort gebracht. Paul Auster kontaktierte dann einen Freund der Familie, bei dem es sich zufällig um Manhattans Bezirksstaatsanwalt Robert Morgenthau handelte. Morgenthau war bekannt dafür, Prominente mit Samthandschuhen zu behandeln. Ein Treffen wurde vereinbart, bei dem Daniel den Mitarbeitern des Staatsanwalts erzählte, er habe gehört, wie Alig und Freeze das Verbrechen einen Tag vorher geplant hätten. Angel sei in die Wohnung gelockt waren. Als er mit viel Geld und Drogen über die Schwelle trat, hätten Michael und Freeze bereits hinter der Tür auf ihn gewartet."
Michael Alig sagt: „Freeze und ich hatten ganz zu Anfang entschieden, dass wir Daniel heraushalten würden. Ich dachte, da der Staatsanwalt mich und Freeze hat, ist es dessen Job, den Rest herauszufinden. Am Anfang habe ich nicht einmal zugegeben, dass Daniel überhaupt in der Wohnung war. Ich habe es erst gesagt, nachdem ich Freezes Geständnis gesehen habe, in dem er schreibt, da sei eine dritte Person im Zimmer gewesen. Als sie damit zu mir kamen, sagte ich, oh ja, er war da, aber er war ohnmächtig und hatte nichts damit zu tun.'"
Man muss die Aussagen Michael Aligs mit Vorbehalt sehen, auch seine neue Version. Zu oft hat er seine Darstellung geändert. James St. James, sein ehemals bester Freund, der vor fünf Jahren das Buch *Disco Bloodbath* schrieb, sagt: „Ich finde es komisch, dass Michael plötzlich redet. Warum nicht vorher? Um Daniel zu schützen? Das wäre nicht seine Art. Er liebt sich selbst, aber altruistische Liebe ist nicht Teil seines Vokabulars. Ich habe ihn 30 Mal nach Daniels Rolle gefragt. Jedes Mal klang die Geschichte ein bisschen anders."

Der ehemalige Anwalt von Alig, Gerald McMahon, sagt, dessen Darstellung sei für ihn nicht neu, Alig habe ihm bereits 1997 erzählt, Auster sei am Kampf beteiligt gewesen. „Nach meinem Verständnis war Daniel Auster ein Mordkomplize." „Warum wurde er dann nicht belangt?" MaMahon lacht. Dann sagt er: „Verschwörungstheoretiker würden sagen, es hat mit dem Einfluss seines Vaters in New York zu tun. Sicher ist, dass seine Anwesenheit und seine Beteiligung mir und dem Staatsanwalt bekannt waren."
Wenn das stimmt: Warum haben Alig und Freeze ihn dann gedeckt? McMahon sagt, es wäre nicht in ihrem Interesse gewesen, wenn er vernommen worden wäre: „Auster hat dem Staatsanwalt erzählt, die ganze Sache sei ein geplanter Überfall gewesen, der mit Mord endete. Dafür kann man Todesstrafe bekommen. Der Staatsanwalt sagte, wenn wir den *plea deal* nicht annehmen, würden sie für Alig und Freeze die Todesstrafe beantragen." Außerdem hätte es Alig und Freeze nicht geholfen, wenn sie Auster beschuldigt hätten, sagt McMahon. „Die Tatsache, dass drei Leute einen Mord begangen haben statt zwei, ist nicht entlastend. Sie wurden für Totschlag angeklagt, nicht für Mord. Ich war glücklich über den Deal."
Warum nur hat Siri Hustvedt ihr Buch geschrieben? Vielleicht glaubte sie, nach all den Jahren könne sie es tun. Natürlich ist die Geschichte aus der Autorenperspektive ein perfekter Stoff. In einem ihrer Interviews sagte Siri Hustvedt: „Ein gutes Buch ist immer ein bisschen unmoralisch."
Daniel Auster ist zwar nicht ihr biologischer Sohn – aber er hat mit ihr in einem Haus gelebt, sie hat ihn aufwachsen sehen. Warum hat sie seine traurige Entwicklung derartig ausgeschlachtet. Aus Rache? Als Familientherapie? Um das zu erreichen, was die Amerikaner *closure* nennen – also einen Abschluss zu finden? Und warum hat Paul Auster der Veröffentlichung zugestimmt?
Paul Auster erzählt am Telefon, er wolle dazu nichts sagen. Und zu den Anschuldigungen von Michael Alig werde er sich auch nicht äußern. Wenn man Siri Hustvedt glaubt, dann denkt ihr Mann, „das Buch ist wunderbar. Er hat vier Entwürfe gelesen. Er war sehr stolz auf mich, als ich fertig war." Sie hat es ihm

gewidmet: „Für Paul Auster" steht auf der ersten Seite.
Daniel Auster wurde mit der Frau vor ihr gezeugt. Paul Auster und Lydia Davids hatten 1974 geheiratet. 1977 kam Daniel zur Welt. Ein Jahr später trennten sie sich. Auster heiratete Siri. Viele seiner Charaktere kämpfen mit dem Verlust von Ehefrau und Kind. Und die Bücher von Lydia Davids, selbst eine preisgekrönte Autorin, haben ein Hauptthema: der Verlust der Liebe, der Verlust des Ehemanns. Bis ins kleinste Detail beschreibt sie ihren Schmerz, wie sie ihn mit seiner neuen Frau beobachtet, das neue Haus observiert, wie sie hofft, dass er zurückkommt. Eine ihrer Kurzgeschichten heißt *Ehefrau eins auf dem Lande*: Ehefrau eins ruft an, um mit Sohn zu sprechen. Ehefrau zwei antwortet ungeduldig, gibt das Telefon weiter an Sohn von Frau eins. (…) Nach dem Gespräch mit ihrem Sohn isst Frau eins, eine häufig wütende, aber nun stille Person, vor einem großen Fernseher zu Abend. Frau eins schluckt Essen, schluckt Schmerz, schluckt Essen. Sie sieht Werbung: Eine Mutter, die nicht die echte Mutter ist, brät Ei und gibt dem fröhlichen jungen Sohn, der nicht ihr wirklicher Sohn ist, einen liebenden Kuss, während ein Cockerspaniel, der nicht der wirkliche Familienhund ist, das zweite Ei vom Teller des Sohnes stiehlt, der nicht der wirkliche Sohn ist. Der Schmerz wächst in Frau eins, Frau eins schluckt das Essen, schluckt den Schmerz, schluckt das Essen.

In Daniel Austers Akte findet sich ein Gutachten von einem Obdachlosenasyl in *White Plains*, nördlich von New York City. Die Leiterin, Kathleen Moran, schreibt am 8. Mai 2001 über ihn: „Es war offenkundig, dass er ein ernstes Drogenproblem hatte. Seine Eltern, geschieden und neu verheiratet, hatten sich für eine Art strenge Liebe entschieden, nachdem sie alle möglichen Therapien versucht hatten. Bei uns ist Daniel in unterschiedlichen Programmen. Leider hat er erst in den letzten Monaten wirklich Fortschritte gemacht. Er geht zu ATS und AA/NA-Treffen. Seine Alkohol- und Drogenbehandlungen sind sechs Tage die Woche. Die Selbsthilfegruppen treffen sich jeden Abend. Ich glaube bestimmt, dass Mr. Auster mehr von diesen Behandlungen profitiert, als von Zeit im Gefängnis. Er lernt allmählich, Verantwortung für sein Handeln zu übernehmen. Er plant auch einen langsamen Entzug von Methadon und in eine sichere Übergangsunterkunft zu ziehen, sobald er 90 Tage clean ist."
In *White Plains* verliert sich die Spur. „Er war seit fast zwei Jahren nicht mehr hier", sagt Moran. Mehr verrät sie nicht. Der letzte Beweis, dass es Daniel Auster gibt, ist ein Fotografenhinweis in der *Village Voice*, in der Ausgabe vom Oktober 2001. Sein Name steht neben einer schwarz-weiß-Fotografie seiner Mutter.
Die ehemaligen Partyfreunde von Daniel Auster sagen, sie hätten keine Ahnung, was er tue. Man erzählt sich, dass er bei seiner Mutter lebt. „Sie versteckt ihn dort, bis der Trubel um den Film vorbei ist", schrieb jemand auf der Website von Michael Alig.
Lydia Davis wohnt in Port Ewing, einem beschaulichen Städtchen im Norden New Yorks, in einem 100 Jahre alten Bootshaus an einem Fluss. „Zu verkaufen" steht auf einem Schild. Wenn man im Haus anruft, meldet sich eine männliche Stimme. Es wird ihr Ehemann sein, ein Maler. Auf die Frage, ob Daniel zu sprechen sei, antwortet er: „Sie haben die falsche Nummer", dann legt er auf. Ruft man wieder an und versichert, die richtige Nummer zu haben, sagt er nach einer langen Pause: „Ja, ich weiß, wovon Sie sprechen." Und ja, Lydia Davis lebe dort, aber sie sei nicht zu sprechen. Und Daniel lebe dort, aber er sei nicht zu sprechen. „Er ist auf Reisen."
Vor einiger Zeit hatte Lydia Davids einen ihrer seltenen öffentlichen Auftritte. Sie sprach vor Studenten in Seattle über ihre jüngste Proust-Übersetzung. Als sie nach der Lesung auf Hustvedts Buch angesprochen wird, zuckt sie zusammen. Nein, kein Wort werde sie darüber sagen. Und zu Aligs Anschuldigungen sage sie auch nichts. „Ich will mit all dem nichts zu tun haben. Und Sie sollten auch nicht darüber schreiben, wenn Sie ein Gewissen haben." Warum nicht? „Bringen Sie nicht noch mehr Unheil in die Welt." „Gibt es eine Möglichkeit, Ihren Sohn zu erreichen? „Nein", sagt sie entsetzt. „Das ist noch schlimmer. Lassen Sie ihn in Ruhe." Immerhin nimmt sie die Karte mit der Telefonnummer

entgegen. Daniel Auster meldet sich nie. James St. James sagt, in der ursprünglichen Version von *Disco Bloodbath* sei Daniel Auster am Kampf in der Wohnung beteiligt gewesen. „Aber mein Lektor hat es gestrichen, die Rechtsabteilung von Simon & Schuster hatte Einwände. Ich durfte nicht einmal den vollen Namen von Daniel Auster schreiben. Sie hatten Angst, dass Pauls Anwalt klagen würde."

Chuck Adams, der Lektor des Buches, räumt ein, Passagen über Daniel Auster seien tatsächlich herausgenommen worden. „Aber es war irrelevantes Zeug. Es ging nicht um das Verbrechen." Sondern? „Das werde ich Ihnen nicht sagen. Es war Klatsch, mehr nicht. Ich fand, nachdem Daniel Auster nicht Teil des Gerichtsverfahrens war, gehörte es nicht in das Buch."

Und deshalb gehörte es auch nicht in den Film: Randy Berbato, der Regisseur von *Party Monster*, sagt, Daniel Auster komme auch deshalb nicht vor, weil der Film auf dem Buch von James St. James basiere.

„Der Film ist keine investigative journalistische Untersuchung des Mordes. Ich bin froh, wenn jemand dem nachgeht. Aber das war es nicht, was uns inspirierte." Er bestreitet, Daniel aus Angst vor Paul Auster ausgelassen zu haben, aus Angst vor dessen Einfluss, aus Angst vor seinen Freunden in Hollywood und Studiotüren, die ihm verschlossen bleiben könnten. „Das ist eine unverschämte Frage", sagt er. „Nicht im Entferntesten ist es so. Wir wurden bei unserer Arbeit nie beeinflusst. Wir hatten nie mit der Familie Auster Kontakt und auch nicht mit einem Vertreter der Familie."

Er glaube nicht, dass im Film etwas fehlt. Es reiche, „dass es einen Mangel an Klarheit gibt". Am Schluss werde der Mord von einer Ratte erzählt. „Damit wollten wir bezwecken, dass die Leute sich fragen, was wirklich passiert ist. Ich glaube schon, dass rund um den Mord vieles nicht geradeaus erzählt ist. Das wirft Fragen auf. Es ist sehr subtil. Aber wir haben so viele Geschichten gehört, dass wir die Antwort selbst nicht wissen. Was in diesem Raum passiert ist – das weiß niemand." Derjenige, der die Fragen beantworten könnte, ist verschwunden. Siri Hustvedt sagt, Daniel Auster lebe in Midtown, Manhattan. Die Frage, was er dort tue, beantwortet sie nach einer langen Pause. „Er macht Fotos und hat einen Job. Und er hat einen Computerkurs belegt."

Im Dezember erschien ein neues Buch von Paul Auster, *Oracle Night*. Auf den letzten Seiten taucht eine Figur auf, die man längst kennt. Der drogenabhängige Heranwachsende, ein Lügner, Betrüger und Dieb. Nur heißt er diesmal Jacob und von einem Mord ist nicht die Rede.

Jacob ist der Sohn eines befreundeten Autors, er trägt schwarze Klamotten und grüne Haare, „sieht grotesk aus, wie ein Clown." Auster beschreibt einen Besuch in der Entziehungsklinik: „Wir hatten erst ein paar Minuten zusammen verbracht und schon fühlte ich mich erschöpft von seinem zynischen Gerede." Der Vater des Jungen stirbt schließlich. Seine letzten Worte gelten dem Sohn: „Er ist jetzt allein. Es gibt nichts mehr, was wir für ihn tun können."

Jacob hasst die Ehefrau des Ich-Erzählers, er hat ihr vor Jahren ins Gesicht gespuckt und nun zerreißt er ein Foto ihres Gesichts in Stücke und tritt ihr so in den Bauch, dass sie ihr ungeborenes Baby verliert und prügelt sie halb tot. Der Ich-Erzähler holt ein Messer und ist bereit zuzustechen, als der Junge verschwindet.

„Jacob war zum Unaussprechlichen geworden, ich brannte voll Hass gegen ihn und freute mich auf den Moment, in dem die Polizei ihn endlich kriegen würde und ich im Gericht gegen ihn aussagen könnte. Zu meinem unendlichen Bedauern bekam ich nie Gelegenheit dazu."

Paul Auster schreibt auch über das Verhältnis von Realität und Fiktion. Er erzählt von einem Autor, der über ein ertrinkendes Kind geschrieben hatte und dessen Tochter kurz darauf untergeht. Der Dichter hat danach nie wieder eine Zeile geschrieben.

Die weißen Sümpfe von Wittmar
Eine kurze Geschichte des Atommüllendlagers Asse II

Text: Hubert Mania
Bilder: John Timberlake

In Deutschland steht ein Hochhaus, das man zwar betreten, aber nie in voller Größe sehen kann. Es wird von einem bewaldeten Hügel getarnt, der rund siebzig Meter aus der niedersächsischen Ackerlandschaft emporragt: die Asse. Wenige Kilometer nordwestlich liegt Wolfenbüttel, das Stadtzentrum von Braunschweig ist mit dem Auto in einer knappen halben Stunde erreichbar, und im Süden lässt sich die blassblaue Silhouette des Harzes mit dem Brocken erkennen. Ein Spaziergänger auf dem östlichen Abschnitt des Assekammwegs hat zwar die Häuser der Gemeinde Remlingen im Visier, ist sich aber wahrscheinlich nicht bewusst, dass er in unmittelbarer Nähe des unsichtbaren Gebäudes wandert.

Wollte er es besichtigen, müsste er mit einem Fahrstuhl 750 Meter in die Tiefe fahren. Dort befindet sich das Parterregeschoss mit zwölf großzügigen Räumen von jeweils 60 Metern Länge, 40 Metern Breite und 15 Metern Höhe. Ähnlich wie in einem Parkhaus führt eine fünf Meter breite „Wendeltreppe" durch alle dreizehn Stockwerke hinauf bis zu den Dachkammern des 650 Meter langen und 260 Meter hohen unterirdischen Bauwerks. Ein umfangreiches Wegenetz zweigt von der Wendeltreppe ab und verbindet die Etagen miteinander, die aus einem mächtigen Salzstock herausgeschlagen worden sind. Es ist das Grubengebäude des ehemaligen Salzbergwerks Asse II. Kaum ein Besucher ist wirklich auf die Hitze hier unten vorbereitet. In diesem trocken-heißen Salzwüstenklima möchte man sich nach den ersten zaghaften Schritten die weiße Besuchermontur gleich wieder vom Leib reißen, obwohl ein gewaltiges Gebläse für den ständigen Zustrom frischer Luft aus der Remlinger Biosphäre sorgt. In der umgewälzten Grubenluft wirbelt feinster Salzstaub. Der lässt sich auf Haut und Lippen nieder und brennt in den Augenwinkeln. Man schmeckt ihn auf der Zunge. Die riesigen Hohlräume in dem senkrecht aufgetürmten Salzmassiv entstanden zwischen 1909 und 1964, als hier Stein- und Kalisalz gefördert wurde. Der Kaliabbau lohnte sich bereits in den 1920er-Jahren nicht mehr. Die Inflation und der Verlust des deutschen Kali-Monopols hinterließen am Südhang der Asse ihre Spuren. Aber auch die Speisesalzmarke „Asse-Sonnensalz" setzte sich nicht dauerhaft auf dem Markt durch. Und so verkaufte der Wintershall-Konzern – sprich Winters-Hall – als Eigentümer sein Bergwerk Asse II 1964 an die Bundesrepublik Deutschland. Damit endete der „positive Bergbau" im Schacht. So nennen die Bergleute die Förderung von Erzen und Mineralien aus dem Berg an die Erdoberfläche.

Während der Vollbeschäftigung und des Wirtschaftswachstums der 1960er-Jahre produzierten die ersten deutschen Atomreaktoren vermeintlich billigen Strom. Die Zahlen waren beeindruckend. Ökonomen und Politiker gerieten ins Schwärmen, denn, verglichen mit derselben Menge Kohle, ließ sich aus einem Kilo Urandioxid die 140.000-fache Energieausbeute erwirtschaften. Der einzige kleine Schönheitsfehler: Bei der Stromproduktion aus Uran fielen nicht wiederverwertbare, radioaktive Reste an, die für einige Zeit sicher aufbewahrt werden mussten. Offenbar ging es um ein paar Hundert Jahre. Einige Wichtigtuer sprachen von zehntausend Jahren, aber solche Übertreibungen musste man ja nicht ernst nehmen.

Auch auf den Atomphysiker und Philosophen Carl Friedrich von Weizsäcker hatte der wissenschaftlich-technische Fortschrittsoptimismus seiner Zeit abgefärbt. Der errechnete nämlich Ende der 1960er-Jahre anhand der Expertenprognosen, dass der gesamte im Jahr 2000 in Deutschland vorhandene Atommüll in einen Würfel von 20 Metern Seitenlänge gepackt und problemlos in einem trockenen Bergwerk entsorgt werden könne. Und klafften nicht im Wüstenklima tief unter der Asse Hohlräume von mehr als drei Millionen Kubikmeter Volumen, die jetzt dem Bund gehörten?

Eine einzige Salzabbaukammer bot schon eine Aufnahmekapazität von 36.000 Kubikmetern. Da sollten doch die läppischen 8.000 Kubikmeter in Weizsäckers Kiste ganz in Ruhe angerollt kommen. Und so begann 1967 der „negative Bergbau" in der Asse: Gefährliche Fremdstoffe wurden aus der Technosphäre des Menschen unter die Erde gebracht und in leer stehenden Abbaukammern verstaut. Zu Forschungszwecken, wie es hieß.

Mit der offiziellen Sprachregelung „Versuchsendlagerung" hielt man sich alle Optionen offen. Diesen verbalen Salto mortale mochten Optimisten und Gutgläubige so interpretieren, dass der radioaktive Abfall wieder fortgeschafft werde, sobald genügend Erkenntnisse gegen eine Endlagerung im Salz gesammelt worden seien. Währenddessen fragten sich die Skeptiker, wie man wohl eine Endlagerung erfolgreich „versuchen" könne, ohne sie auch konkret bis zum Ende, also für immer, durchzuführen. Aus ihrer Sicht war eine Versuchsendlagerung de facto eine Endlagerung. Sonst hätten die Verantwortlichen von einer Zwischenlagerung sprechen müssen.

Hier, in den Hohlräumen von Asse II, hat der negative Bergbau inzwischen eine Dimension angenommen, die weltweit beispiellos ist und noch viele künftige Menschengenerationen beschäftigen wird. Rund 125.000 Fässer schwachradioaktiver und 1.300 Fässer mittelradioaktiver Müll sind zwischen 1967 und 1978 ins Salz gefahren worden. Hier geht es um Substanzen, von denen nach einigen Hunderttausend Jahren noch immer Gefahr für Lebewesen ausgeht. Sprechen wir also von Plutonium. Im Assesalz liegen – gerade wurde die Zahl vom Bundesumweltministerium um das Dreifache nach oben korrigiert – 28 Kilogramm dieses hochtoxischen Stoffs auf einige Tausend Fässer verteilt. Dieses Element kommt in der Erdkruste in kaum messbaren Mengen vor. Und angesichts der geringen Erträge, die im heißen Betrieb eines Atomkraftwerks als Uranzerfallsprodukt anfallen, sind 28 Kilogramm als Atommüllbestandteile ein erstaunlich großes Quantum. An dieser Zahl entzündeten sich denn auch die nie verstummten Befürchtungen, es könnten, heimlich und falsch deklariert, hochradioaktive Abfälle eingelagert worden sein.

Atmet ein Mensch Staub ein, der nur wenige Millionstel Gramm Plutonium enthält, wird die Strahlung in seinen Körper eingeschlossen und kann sich zwanglos entfalten, was unausweichlich zu Lungenkrebs führt. Der menschliche Körper reagiert also mit groben Missverständnissen auf radioaktiven Zerfall. Denn eigentlich verfolgt die dabei frei werdende Strahlung keine bösen Absichten. Sie will sich nur so ungehindert wie möglich ausbreiten und setzt ihre hemmungslose Expansionspolitik recht eindrucksvoll durch. Wenn ihr Materie im Weg steht, von der sie leicht abgebremst wird, gibt sie ihre unwirschen Kommentare ab. Sie zieht es vor, mit Lebewesen auf molekularer Ebene zu kommunizieren und hinterlässt in Gewebe, Organen und im Erbgut raffiniert verschlüsselte Informationen, mit der die wertkonservative DNS nichts anzufangen weiß. Und so kontert der Körper dann auch mit hilflosen Manövern und Himmelfahrtskommandos wie Knochenschwund und Blutkrebs.

In der Asse liegen mindestens vier verschiedene Plutoniumisotope. Isotope sind Atomkerne desselben Elements, aber mit unterschiedlich vielen Kernbausteinen. Wir haben hier also ein Plutoniumsortiment mit 238, 239, 240 und 241 Kernbausteinen. Der jeweilige Anteil dieser Plutoniumisotope an der Gesamtmenge von 28 Kilogramm ist unbekannt. Die höchste Halbwertszeit hat Plutonium-239. Nehmen wir idealerweise an, die 28 Kilogramm wären „brüderlich" durch alle vier Isotope geteilt, dann gäbe es sieben Kilogramm Plutonium-239 mit einer Halbwertszeit von 24.000 Jahren. Zum Vergleich: Die Nagasaki-Atombombe *Fat Man* enthielt sechs Kilogramm Plutonium-239. Jetzt dauert es 24.000 Jahre, bis sich so viele Atomkerne dieses Isotops in Kerne anderer Elemente umgewandelt haben, dass mit dreieinhalb Kilogramm noch die Hälfte der ursprünglichen Masse vorhanden ist.

Nach 48.000 Jahren werden laut statistischer Zerfallswahrscheinlichkeit noch 1.750 Gramm Plutonium in der Asse sein, und nach fast 100.000 Jahren immerhin noch rund 450 Gramm. Eine Halbwertszeit von 24.000 Jahren bedeutet also nicht – wie häufig falsch gefolgert wird – dass nach Jahren keine gefährliche Plutoniumstrahlung mehr zu befürchten ist. Es kommt auf die an einem Ort konzentrierte Menge an. Rechnet man hier mit der Halbwertszeit von 24.000 Jahren konsequent weiter, sind im Jahr 202.008 von den angenommenen 7 Kilogramm Plutonium-239 noch rund 30 Gramm übrig. Bei einer Schwelle von etwa 25 Millionstel Gramm zur Auslösung von Lungenkrebs kann man selbst weitere 100.000 Jahre später noch lange

nicht von einer ungefährlichen Menge dieses Stoffes sprechen. Und deshalb stellt aufgewirbelter Plutoniumstaub in der Asse für einige Hunderttausend Jahre ein realistisches Gefährdungspotenzial dar.
Solche Zeiträume sind für die menschliche Kultur eine gewaltige, kaum vorstellbare Größenordnung. Noch absurder wird es, wenn Politiker und Wissenschaftler für diesen Zeitraum im Voraus Verantwortung übernehmen wollen und behaupten, sie könnten den Atommüll so lange sicher aufbewahren, dass kein Mensch zu Schaden komme. Vor vierzig Jahren, zu Beginn der „Versuche" mit Atommüll in der Asse, setzte man auf die Plastizität des Salzes, auf sein Bestreben, in Hohlräume zu kriechen und sie zu verschließen.
Das Salz werde also, so lautete die forsche These, um die Atommüllfässer gleichsam herumfließen und sie fest im Berg einschließen und dauerhaft von der Biosphäre fernhalten. Gutachter und Volksvertreter garantierten unisono und wider besseres Wissen die ausreichende Standsicherheit des alten Salzbergwerks. Allerdings sind die geodynamischen Kräfte genau dort gestört, wo intensiver Bergbau betrieben wurde. Hier gibt es durch den Eingriff des Menschen künstlich geschaffene, komplizierte Wechselwirkungen zwischen Gesteinsschichten und Grundwasserströmungen. Wer daher Garantien für die Standsicherheit alter Grubengebäude gibt, betritt – buchstäblich gesagt – brüchiges Terrain.
Der Kalisalzbergbau in der Asse begann 1883 mit Probebohrungen in Wittmar, einer kleinen Gemeinde am Südhang des Höhenzugs. Hier wurde 1899 dann auch mit den Bauarbeiten am Schacht Asse I begonnen. Zwei Jahre später stand auf dem Gelände des Bergwerks bereits eine Fabrik, in der das Rohsalz zum gebrauchsfertigen Kalidünger verarbeitet wurde. Es war die hohe Zeit der deutschen Kalisalzindustrie. Und von diesem nationalen Boom wollte nun auch die Asse-Gewerkschaft als Betreiberin der Anlagen in Wittmar profitieren.
Aber nach nur vier Jahren Kaliförderung begann – vermutlich wegen unsachgemäßen Salzabbaus – Wasser aus dem Deckgebirge in die Kammern der 300-Meter-Sohle zu sickern. Ein Jahr später, im Juli 1906, war das Bergwerk Asse I mit Wasser vollgelaufen und musste aufgegeben werden.
Der Schacht Asse II wurde noch im selben Jahr, als sich das Wasser unter Wittmar sammelte, oberhalb der Gemeinde Remlingen angelegt, nur 1.300 Meter östlich von Wittmar. Bis man zum Salzstock vorgedrungen war, vergingen drei Jahre. Arbeiter und Ingenieure berichteten von starken Grundwasserströmungen, verworfenen Gesteinsschichten und Rissen im Deckgebirge. Immer wieder brachen die Schachtwände ein. 1907 und 1908 kam es zu bedenklichen Wasserzuflüssen in die Schachtröhre. Und offenbar gab es auch während der gesamten Betriebszeit in der Nordflanke des Salzstocks Dutzende von Wassereinbrüchen in das Kalisalzlager. Als 1925 die Kaliförderung im Schacht II eingestellt wurde, schüttete man die leeren Kammern mit Rückstandsalz aus dem Aufbereitungsprozess der Wittmarer Chlorkaliumfabrik wieder zu. Dabei kam nachweislich auch nasses Material, sogenannte „Fabriklauge", zum Einsatz.
Die meisten der 125.000 Atommüllfässer liegen heute 750 Meter tief im Steinsalz der Südwestflanke, in unmittelbarer Nachbarschaft zu den feuchten Kaliabbaukammern. 1925 dachte natürlich noch niemand an Atommüll und an die Notwendigkeit, dafür einen peinlichst trockenen Salzstock zu hinterlassen. Aber 40 Jahre später, beim Verkauf des Bergwerks an den Staat, hätten die Verantwortlichen eigentlich wissen müssen, was der Statusbericht des Niedersächsischen Umweltministeriums zur Asse vom September 2008 bestätigt: Die seit Jahrzehnten vorhandene Grundfeuchtigkeit in den angrenzenden Kaliabbaukammern war Mitte der 1960er-Jahre bereits in die Böden aller Steinsalzhohlräume auf der 750-Meter-Sohle eingedrungen. Der Atommüll wurde also von Anfang an in einem angefeuchtetem Milieu eingelagert. Zwischen 1967 und 2008 wurde diese Tatsache nicht nur verschwiegen, sondern das genaue Gegenteil behauptet. Standsicher und trocken sei das Asse-Bergwerk, ein ideales Versuchsfeld zur Einlagerung von Atommüll.
Anfangs wurden die orangefarbenen, schwachradioaktiven 200-Liter-Fässer an einer

Kammerwand aufgereiht und fein säuberlich senkrecht übereinander gestapelt. Auch die horizontale Stapelung wurde erprobt. Doch die Strahlungsintensität dieser radioaktiven Wände erwies sich dann doch als zu gefährlich für das Personal. Deshalb gingen die Ingenieure der Gesellschaft für Strahlenforschung (GSF) auch bald schon zu einer lässigeren Begräbniszeremonie über.
Ein Kipplader fuhr mit sechs Fässern in seiner riesigen Schaufel an den Rand eines künstlich geschaffenen Abhangs in der Grabkammer und ließ die Fässer einfach die Schräge hinunterrollen. Anschließend schüttete er noch ein paar Schaufeln Salz darüber, während die nächsten Fässer schon bereitstanden. Dass bei dieser lieblosen Bestattungsform manches Fass beschädigt werden konnte und womöglich Bitumen herausquoll, das als Fixierungsmittel für radioaktive Stoffe dient, nahm man in Kauf. Bei einer solchen Einlagerungspraxis lässt sich vernünftigerweise nicht mehr von einer Zwischenlagerung sprechen.
Mit etwas mehr Respekt wurden die mittelradioaktiven Gebinde ins Salz gefahren. Sie erhielten ein letztes Geleit in sanfter Ausführung. Im Boden einer bleichen Halle auf der 13. Etage des Atommüllhochhauses war eine runde Falltür eingelassen. Eine Krananlage setzte das Fass, das in einem zehn Tonnen schweren Bleiabschirmbehälter steckte, auf die Falltür. Von der Decke des Dachgeschosses senkte sich nun ein Stahlseil mit Magnetglocke in den Abschirmbehälter hinein und beförderte das eigentliche Fass durch eine sechs Meter starke Salzschicht in eine 15 Meter hohe Lagerkammer, wo es behutsam auf die dort bereits liegenden Fässer aufgesetzt wurde. Der Abschirmbehälter selbst blieb über der Falltür stehen und konnte wiederverwendet werden. 1.300 Fässer sollen auf diese Art und Weise versenkt worden sein.
Womöglich glaubten die Techniker der GSF anfangs tatsächlich selbst an den Versuchscharakter ihrer Pionierarbeit und an eine Rückholung des strahlenden Materials, sobald sie die nötigen Erkenntnisse gewonnen haben würden. Aber es gab noch ein wesentlich bedeutsameres Argument, die Entsorgungspraxis als „Versuchsendlagerung“ zu verkaufen. Versuche unterlagen lediglich dem Bergrecht und nicht dem komplizierteren Genehmigungsverfahren nach Atomrecht, in dessen Verlauf auch besorgte Bürger angehört werden mussten.
Schaut man sich die Genehmigungen des Bergamtes Goslar über die Jahre hinweg an, fällt auf, dass die Behörde spätestens ab 1975 etwas genehmigte, was sie nach Bergrecht eigentlich gar nicht durfte, nämlich die Endlagerung radioaktiven Abfalls – was Politiker und Wissenschaftler in lauschigem Gleichklang stets so vehement dementierten. 1967 wird zunächst nur der „Umgang“ mit radioaktiven Stoffen genehmigt, es ist von „Versuchseinlagerung“ die Rede. 1971 heißt es dann schon „dauernde Einlagerung“ und ab 1975 nachweislich „Endablagerung“ und „Endlagerung“. Aus den Dokumenten wird so auch der genial einfache Schritt von Versuchseinlagerung zu Versuchsendlagerung zwecks Täuschung der Öffentlichkeit nachvollziehbar. Aus der Betreiberperspektive betrachtet, ist diese Sprachregelung allerdings eine kreative Lösung, die folgerichtig zur Logik der Lüge und Vertuschung passt.
Vierzig Jahre lang ist Asse II ein regionales Phänomen gewesen. Selbst in der aufkommenden Antiatomkraftbewegung der 1970er-Jahre nahm kaum jemand Notiz von der Asse und ihren 125.000 Atommüllfässern. Ab 1977 konzentrierte sich die Aufmerksamkeit ohnehin auf Gorleben. Aber während im Landkreis Lüchow-Dannenberg medienwirksam der Widerstand gegen ein künftiges Atommüllendlager geprobt wurde, karrten Züge der Deutschen Bundesbahn, von keinerlei bundesweitem Interesse begleitet, noch schnell massenhaft Atommüllgebinde in die Asse. Denn die letzten Einlagerungsgenehmigungen liefen zum Jahresende 1978 aus.
Die in Kraft getretene 4. Atomrechtsnovelle forderte ein Planfeststellungsverfahren für den Endlagerbetrieb Asse II, was eine Anhörung der kritischen Öffentlichkeit bedeutet hätte. Das vorhersehbare Ergebnis: Die striktere Neufassung der gesetzlichen Regelung zur Endlagerung radioaktiver Stoffe mit ihren verschärften Sicherheitsbedingungen hätte das sofortige Aus für die weitere Annahme von Fässern zur Endlagerung bedeutet. Seit

dem 1. Januar 1979 kam also offiziell kein neuer Atommüll mehr in die Asse. Stattdessen wurde der bereits angehäufte strahlende Schatz verwaltet und angeblich nur noch Forschungs- und Entwicklungsarbeit betrieben.
Zeitlich parallel zur Endlagerisierung von Schacht Asse II fand auch die seltsame Metamorphose des Namens der Betreibergesellschaft statt. Als Tochter des Bundesministeriums für Forschung und Technologie nahm die GSF als „Gesellschaft für Strahlenforschung" 1967 ihre Arbeit in der Asse auf. In den 1970e- Jahren schien es wohl opportun, dem erwachenden Umweltbewusstsein im Land Rechnung zu tragen. Der erweiterte Titel „Gesellschaft für Strahlen- und Umweltforschung" sollte vermutlich suggerieren, man habe es mit einer Art Öko-Institut zu tun, das sich um Leben und Landschaft sorgt. Erstaunlicherweise firmierte man im neuen Jahrtausend schließlich unter dem verwirrenden Etikett „GSF – Forschungszentrum für Umwelt und Gesundheit". Wie? War jetzt so viel Atommüll versuchsendgelagert worden, dass die Strahlen plötzlich alle verschwunden waren und deshalb auch aus dem Namen getilgt werden konnten? Im Berg versenkt zum Nutzen für Mensch und Natur? Ein cleverer Imagewandel vom geschmähten Strahlenforschungsinstitut zum sympathischen Rundum-Sorglos-Zentrum, das glatt als Nebengebäude der örtlichen AOK durchgehen konnte.
Aber auch ein offenkundiger und peinlicher Niedergang einer Gesellschaft, deren Kürzel GSF durch unredliche und schönfärberische Manipulation schließlich bedeutungslos geworden war. Vielleicht war es den Machern selbst peinlich, denn 2008, im 41. und letzten Jahr ihrer Funktion als Betreiber von Asse II, gaben sie die Worthülse GSF ganz auf und ließen sich in den Schoß des Helmholtz-Zentrums München fallen. Aber ganz gleich, ob man die GSF oder das Helmholtz-Zentrum zur Verantwortung ziehen wollte: Der Atommüll ist zwölf Jahre lang so rabiat und endgültig im Salz verscharrt worden, dass niemand auch nur im Entferntesten daran dachte, die gefährliche Fracht irgendwann einmal wieder auszubuddeln und anderswo zwischenzulagern.
In der trocken-heißen Luft, auf der 750-Meter-Sohle, mag man auf den ersten Blick an eine Sinnestäuschung glauben, wenn in Sichtweite einer Einlagerungskammer ein Wasserspiegel aufzuschimmern scheint. In einer oberirdischen Wüste wäre dieses Trugbild einer herbeigesehnten Oase die klassische Fata Morgana.
Aber bei durchaus vergleichbaren klimatischen Bedingungen in einem Atommüllbergwerk kann das Sichten von Wasser in unmittelbarer Nähe von radioaktivem Material ja wohl nur eine Halluzination sein. Der offiziell als „Laugesumpf" bezeichnete Tümpel vor der mit Fässern gefüllten und mit Beton versiegelten Kammer Nummer 12 ist jedoch Wirklichkeit. Im Sommer 2008 hat er traurige Berühmtheit erlangt und die deutschen Medien aufgeschreckt.
Wie konnte sich auf Höhe der Atommüllkammern ein Sumpf von rund 20 Kubikmetern Volumen im Salz bilden? Die Antwort findet sich in der unmittelbaren Nachbarschaft. Das annähernd senkrecht stehende Strahlenhochhaus im Steinsalz lehnt direkt an einer Kalisalzschicht, die ihrerseits fast dieselbe Höhe erreicht wie das Haus selbst. Hier wurde zwischen 1909 und 1925 Kali gefördert. Und die leeren Kammern füllte man anschließend mit nassem Salzgruß. Die Atommüllgräber im Steinsalz liegen zum Teil nur wenige Meter vom feuchten Kalimassiv entfernt. Viele Jahrzehnte lang konnte sich die Feuchtigkeit ungehindert ausbreiten und in das gesamte Parterregeschoss nebenan vordringen.
Da sickerte also das Wasser aus dem ehemaligen Kaliabbau gewissermaßen durch den Hinterhof in die leeren Räume des Hochhauses aus Steinsalz hinein. Kammer 12 wurde 1922 in den Salzstock geschlagen und stand dann ein halbes Jahrhundert lang leer. Noch bevor 1973 dort die ersten Fässer gestapelt wurden, war die Kammersohle schon ganz und gar von Feuchtigkeit durchtränkt. Offenbar trug dieser Umstand zur Korrosion etlicher der insgesamt 7.464 bestatteten Atommüllfässer bei. Darunter sind auch 153 Fässer mit verlorenen Betonabschirmungen, die das sechsfache Volumen eines normalen Zweihundertliterfasses haben und eigentlich als mittelradioaktiv

eingestuft werden müssten. Wegen der wenig zimperlichen Einlagerungspraxis muss man auch mit etlichen zusammengepressten und aufgebrochenen Fässern rechnen.
Die Salzlösungen fließen also seit mehr als 30 Jahren durch das Massengrab Nummer 12 hindurch, kommen in Kontakt mit beschädigten und korrodierten Fässern und schleppen Radionuklide wie Cäsium-137, Strontium-95 und Tritium mit nach draußen in den Sumpf vor der Kammer, dessen Radioaktivität das Elffache der Freigrenze überschritten hat. Es ist viel vom Asse-Skandal gesprochen worden. Der kontaminierte weiße Sumpf von Asse II liegt tief unter der Erde, aber die Fernsehkameras haben ihn aus dem Verborgenen ans Tageslicht und ins Bewusstsein der Öffentlichkeit geholt. Dabei sind er und die Asse überhaupt zum Symbol für die Schlampereien von vier Jahrzehnten Versuchsendlagerung geworden. Der eigentliche Skandal aber ist nicht in erster Linie das Symptom Sumpf, sondern die haarsträubende Erkenntnis, dass seit dem ersten Betriebstag im April 1967 der Atommüll wissentlich in feuchte Kammern eingelagert wurde. Und das ist noch freundlich formuliert. Es gibt Aussagen von Mitarbeitern der ersten Stunde, die glaubhaft versichern, dass die 750-Meter-Sohle komplett über einen Meter hoch unter Wasser gestanden habe und sie erst viele Schichten Salz auffahren mussten, bevor die Atommülletage überhaupt begehbar war. Im unterkühlt sachlichen Statusbericht vom September 2008 lässt sich diese unerhörte Information zwischen den Zeilen herauslesen. Selbst mit dem aus heutiger Sicht natürlich eingeschränkten Wissen der 1960er-Jahre und dem völligen Mangel an Erfahrung auf diesem Gebiet konnten die Ingenieure damals nicht so naiv und dilettantisch gewesen sein, dass sie nicht wussten, was sie da taten. Von 130 potenziellen Einlagerungskammern wählten sie ausgerechnet die zehn Räume im Parterre aus, die schon angefeuchtet waren und in ständiger fluider Verbindung mit den Salzlösungen aus dem Kalibuckel nebenan standen. Diese Praxis lässt sich nicht mehr als Fahrlässigkeit interpretieren. Sie ist so dreist, dass eigentlich nur eine Erklärung in Frage kommt: Den Verantwortlichen an den Schalthebeln von Macht und Wissen brannte das strahlende Zeug unter den Nägeln. Sie wollten es schnell aus der Welt schaffen, krallten sich das erstbeste Bergwerk, das sie finden konnten, erklärten es wider besseres Wissen für trocken und standsicher, pökelten den Strahlenmüll in Salzlake ein und nahmen dabei ein Absaufen der Grube in Kauf. Erfahrungsberichte, auf die sie hätten zurückgreifen können, gab es nicht. Sie selbst waren die Pioniere. Die Frontlinie der internationalen Atommüllforschung war 650 Meter lang und verlief exakt entlang der 750-Meter-Sohle im ehemaligen Salzbergwerk Asse II. Hier hätte Wissenschaftsgeschichte geschrieben werden können. Stattdessen spielten GSF-Wissenschaftler, Gefälligkeitsgutachter, Referatsleiter in Ämtern und Ministerien, Provinzfürsten und Kommunalpolitiker die ewig gleiche Tragikomödie der Macht: Gegenseitige Beschuldigungen und wechselnde Loyalitäten, Vertuschung von Inkompetenz, demonstrative Empörung über das Scheitern ehemaliger Partner, das man selbst mitverschuldet hatte, falsche Versprechungen fürs Volk und die Vernichtung von Geld – sehr viel Geld.
Die Suche nach den Ursachen für die Wassereinbrüche führt zur Standfestigkeit des hundert Jahre alten Bergwerks. Sie spielt auch für die Zukunft von Asse II eine entscheidende Rolle. Auf den oberen Etagen des Salzhauses stoßen die in ihren Ausmaßen an Kathedralen erinnernden Räume an einigen Stellen bis auf wenige Meter an das wasserführende Deckgebirge. Im Rückblick auf die Geschichte des Salzbergbaus ist das ein typischer handwerklicher Fehler, der schon in mancher Salzgrube Wasserzuflüsse verursachte und schließlich zum Absaufen führte. Aber auch die überdimensionierten Hallen könnten dem Atommüllhochhaus zum Verhängnis werden. Viele Jahrzehnte lang konnten sich nur noch die Decken und Wände der Hohlräume gegen Gebirgsdruck und Gravitation stemmen. Zuvor waren natürlich auch die inzwischen abgebauten Salzpartien maßgeblich an der Übertragung der waagrechten und senkrechten Druckkräfte beteiligt gewesen.
2009 lassen sich Wände und Decken guten Gewissens nicht mehr als standfest bezeichnen. Das Maximum ihrer Tragfähigkeit ist

bereits überschritten, so dass sie sich überwiegend im „Entfestigungszustand" befinden – wie es die Bergbauingenieure zurückhaltend ausdrücken. Und da sie die Lasten nicht mehr tragen können, verlagern sich Druck und Spannungen aufs Deckgebirge. So entstehen Deformationen und Auflockerungszonen rund um das Endlager im Salz. Es bröckelt also im Gestein, mal reißt es hier, dann zerrt und gurgelt es da, und schon sind an einer weiteren Stelle die gebirgsmechanischen Voraussetzungen für hydraulischen Druck geschaffen worden. So kann sich das Grundwasser einen neuen Weg in das alte Salzbergwerk bahnen. Genau das geschieht seit gut 20 Jahren im tiefengeologischen Untergrund von Remlingen.

Was schließlich am 17. August 1988 geschah, war die Ouvertüre zum Drama des schlimmsten anzunehmenden Unfalls in einem Salzbergwerk: Gegen Mittag hört ein GSF-Mitarbeiter in 725 Metern Tiefe einen dumpfen Knall. Salzstaub rieselt von der Tunneldecke herab auf den Fahrweg. Die Seismografen zeichnen das Ereignis auf, und zwei Tage später entdecken die Bergbauingenieure an der seitlichen Begrenzung der Kammer 5 auf der 532-Meter-Sohle feuchte, rostbraune Flecken im rötlichen Steinsalz, die sich kontinuierlich ausweiten.
Das erste Bächlein hat zu rieseln begonnen, noch 220 Meter vom strahlenden Müll entfernt. Die genaue Zutrittsstelle lässt sich nicht orten. Plötzlich ist das Wasser da und tropft durch Risse in der spröden Decke auf die nächste Etage hinab, sickert durch den Boden, bildet unter der Decke der darunter liegenden Kammer malerische Tropfsteine und läuft weiter – eindeutig hinunter zu den *Hot spots*. Es ist eine Familienzusammenführung der besonderen Art. Nach 250 Millionen Jahren Trennung sind Wasser und Salz endlich wiedervereinigt.
Nun musste etwas geschehen. Neun Jahre lang, von August 1995 bis April 2004, karrten Eisenbahnwaggons insgesamt mehr als zwei Millionen Kubikmeter Rückstandsalze des ehemaligen Kalibergwerks Ronnenberg bei Hannover auf das Betriebsgelände der Schachtanlage, um damit den größten Teil der 131 Kammern zu füllen.
Erklärtes Ziel war die Konturstabilisierung des Atommüllhauses. Das jahrzehntelang unter freiem Himmel gelagerte Haldensalz war sorgfältig getrocknet worden. Die Restfeuchtigkeit betrug angeblich nur noch zwei Prozent. Mit Druckluft wurde es schließlich durch ein Rohrleitungssystem direkt in die Hohlräume geblasen. Aus technischen Gründen blieb jedoch zwischen der erreichten Füllhöhe und den Kammerdecken immer noch eine Lücke von durchschnittlich 35 Zentimetern. Dabei war es doch die erklärte Absicht der GSF gewesen, gerade die Decken zwischen den Etagen auf dem Versatzsalz ruhen zu lassen und ihnen dadurch Entlastung zu verschaffen. Dieses Ziel wurde offensichtlich nicht erreicht. Nach konservativen Schätzungen sind bei dieser Herkulesaktion negativen Bergbaus rund 250 Millionen Euro verblasen worden. Und so bröckelt das Grubengebäude auch weiter vor sich hin.
Im Juni 2002 fand ein echtes Blaskonzert unter Tage statt. Drei Pastoren und 150 Gläubige aus den Assegemeinden feierten einen Gottesdienst im Schacht. Ob die Geologen der GSF es allerdings für eine gute Idee hielten, dass ein kompletter Posaunenchor für die musikalische Begleitung sorgen sollte, sei dahingestellt. Denn wer kennt nicht die biblische Geschichte über die Posaunen, die die Stadtmauern von Jericho zum Einsturz brachten. Und hier unten waren ja etliche Kammerdecken bereits eingebrochen.

In Norddeutschland sind von 255 Salzbergwerken 89 abgesoffen. Während Asse I, sang- und klanglos und für Beobachter über Tage nicht nachvollziehbar, mit Wasser volllief, ereignete sich 1921 im Kalischacht „Sascha" bei Hedwigsburg, nur vier Kilometer von Wittmar entfernt, eine Katastrophe mit sichtbaren Folgen. Jahrelang hatte sich ein zuletzt nicht mehr eindämmbarer Wassereinbruch angekündigt. Alle Trockenlegungsversuche scheiterten. Sascha musste aufgegeben werden. Das Erdreich gab an zahlreichen Stellen nach, so dass kleine Senken im Gelände entstanden.
Bald blühten Obstbäume auf dem ehemaligen Schachtgelände, und in die verwaisten

Industrieanlagen zog eine Konservenfabrik ein. Fünfzehn Jahre später kam es zu dem katastrophalen Tagesbruch. Eine erdbebenähnliche Erschütterung brachte die Fabrikgebäude und einen riesigen Schornstein auf dem Gelände zum Einsturz. Eine Buntsandsteinschicht von mehr als hundert Metern Mächtigkeit zerbrach und stürzte in die Tiefe der ausgelaugten Salzhöhlen hinab. Und schließlich entstand ein Krater, der sich mit Wasser füllte – ein noch heute zu besichtigender See von rund hundert Metern Durchmesser.
Etwas ähnlich Dramatisches ereignete sich 1930, rund 20 Kilometer Luftlinie südwestlich der Asse, im Kalibergwerk „Hercynia" in Vienenburg. Dort unterlief den Bergleuten gleich im ersten Betriebsjahr 1886 der Fehler, das Salz zu nahe am Deckgebirge abzubauen, so dass es zum Wassereinbruch kam. Vierzig Jahre lang plätscherte ein Rinnsal mit konstanten 7.000 Litern am Tag ins Bergwerk. Zum Vergleich: In der Asse rauschen die unterirdischen Bäche seit 20 Jahren und bringen es auf 12.000 Liter täglich.
Aber wo in Hedwigsburg und Vienenburg mit den geschilderten Ereignissen die Katastrophe zu Ende war, beginnen nach dem Absaufen von Asse II die Probleme erst. Betrachten wir die Lage: Das unterirdische Hochhaus existiert nun nicht mehr. Es ist zusammengestürzt, mit Wasser vollgelaufen und löst sich gerade auf. Bald werden 125.000 Rollreifenfässer in einer konzentrierten Salzlösung liegen. Die weitaus meisten Behälter bestehen aus nur 1,5 Millimeter dünnem Blech. Spätestens nach einem halben Jahr hat der Rost sich bis zum strahlenden Inhalt durchgefressen. Die Fässer sind wegen der Einlagerung in zum Teil feuchte Kammern ohnehin schon weitgehend korrodiert. Außerdem trug die rabiate Abkipptechnik zur Zerstörung vieler Behälter bei.

Wir wissen heute nicht mehr, warum im Hochmittelalter die Bauern am Südhang der Asse ihre Siedlung Wittmar nannten: weißer Sumpf. Vermutlich gab es dort, wie auch heute noch anderswo in der Asse, salzhaltige Quellen. Im Sommer 2008 haben viele Millionen Deutsche auf ihren Fernsehschirmen den radioaktiven Sumpf vor der Einlagerungskammer 12 im Endlager Asse II gesehen. Er ist die physikalische Eins-zu-eins-Entsprechung eines weißen Sumpfes, denn:
Salz + Wasser = weißer Sumpf

Die Bergbauingenieure legen ihren Zeichnungen des Grubengebäudes von Asse II die Zahlen des Gauß-Krüger-Koordinatensystems zugrunde, in dem sich jeder Ort auf der Erde genau festlegen lässt. Das gilt auch für Punkte unter Tage. Die Positionen auf der 750-Meter-Sohle lassen sich auf die „Blattübersicht Wittmar" zurückführen. Das ist die amtliche topographische Karte. Aus Sicht der Vermessungstechnik gehören die unterirdischen *Hot spots* vor den Kammern 4, 8, 10 und 12 also offiziell zur Gemarkung Wittmar und nicht etwa zu einer Remlinger Flur, wie man genauso gut annehmen könnte. Noch liegen die weißen Sümpfe einige Hundert Meter östlich von Wittmar und 750 Meter tief unter der Erde.
Doch es sieht ganz so aus, als sollte ihr ewig strahlender Inhalt eines Tages bis zum Grundwasserhorizont aufsteigen und sich auf Wittmar zu bewegen. Der weiße Sumpf muss also nicht einmal als Metapher bemüht werden. Er ist eine physikalische Wirklichkeit, die die Sprachforscher des 20. Jahrhunderts noch nicht ahnen konnten, als sie die Bedeutung des Namens Wittmar aus dem Niederdeutschen witt für weiß und aus dem Althochdeutschen mar für Sumpf ableiteten.
In einem Gutachten für das Niedersächsische Umweltministerium deckten die Hydrogeologen des Landesamtes für Bodenforschung 1993 den für Laien verblüffenden Umstand auf, dass die Grundwässer im Bereich der Schachtanlage Asse II zum Einzugsgebiet der Weser gehören. Die Wissenschaftler halten nun unterirdische Abzweigungsströme für möglich, die zu den Quellen am Nordwestende des Höhenzugs vordringen können, die man ihrerseits schon zum oberirdischen Einzugsgebiet der Elbe rechnen muss. In dem brisanten Gutachten wurde auch die Möglichkeit hydraulischer Verbindungen zwischen der Atommülldeponie und zehn Wasserwerken im Umkreis von rund 15 Kilometern untersucht. Für die Trinkwasserbrunnen im südöstlichen Gebiet von Remlingen, Kissenbrück und Winnigstedt hält man eine

solche Verbindung für denkbar, will sie jedenfalls nicht ausschließen. Verseuchte Grundwässer können nach Ansicht der Hydrogeologen mit sehr hoher Wahrscheinlichkeit auch zur Trinkwasserstelle in Mönchevahlberg an der Nordostflanke des Asse-Höhenzugs strömen.
Auch ein offener Tagesbruch mit einem oberirdischen, radioaktiven See ist für Asse II durchaus denkbar. Wie schnell und wie weit die strahlenden Stoffe bei diesem Super-GAU in das Grundwasser eindringen würden, ist schwer abzuschätzen. Kein Experte möchte sich auf eine genaue Abfolge von Ereignissen festlegen, die einträfen, wenn das gesamte radioaktive Inventar von Asse II an die Oberfläche geschwemmt würde. Bleibt es ein lokales Problem oder werden auch die kleinen Bäche und Quellen in der oberirdischen Geosphäre der Asse in den Transportzyklus für Radionuklide eintreten? In diesem Fall wäre das gesamte Braunschweiger Land betroffen. Die Rinnsale – eins heißt „Höllebach" – fließen direkt oder über den Bach Altenau in die Oker, die in sechs Kilometern Entfernung an der Asse vorbeirauscht. Die Oker mündet in die Aller, die wiederum in die Weser. Dann stünden wir vor einer überregionalen Herausforderung.
Aber es ist nicht allein die Radioaktivität, die den Kritikern Sorgen bereitet. Dr. Rolf Bertram, ehemaliger Professor für physikalische Chemie in Braunschweig, spricht von einer zusätzlichen enormen chemischen Stofffülle in den Fässern. Tausende von Tonnen Metall, darunter hochtoxische wie Arsen, Quecksilber, Cadmium und Thallium stellten ein brisantes Reaktionsgemenge dar, aus dem brennbare und explosive Gasgemische entweichen könnten. Über die chemischen Reaktionen vieler unterschiedlicher Radionuklide mit giftigen Schwermetallen in der versalzenen und vom Berg aufgestoßenen Brühe kann zurzeit kein Wissenschaftler klare Aussagen treffen. Professor Rolf Bertram betont, dass sich in einem solch aggressiven Milieu von Salzlauge, verrostendem Metall und Strahlung durch zufällige Konstellationen Stromquellen bilden können, ja sogar Radionuklidbatterien, die aus der Wärme, die beim radioaktiven Zerfall frei wird, elektrischen Strom erzeugen. Das mag wie eine Parodie auf die Stromgewinnung durch Atomenergie klingen, aber die dynamische Qualität dieses kuriosen Arrangements ist weitgehend unerforscht. Allein die Menge von 24 Kilogramm Plutonium und von rund 102 Tonnen (!) Uran sprengt jede Vorstellungskraft, wenn es um die Frage geht, wie in diesem Szenario die Menschen auf die lebhaft fortströmenden oder möglicherweise auch standorttreu und träge verweilenden Radionuklide aufpassen sollen.

Vor allem in den ersten vier Einlagerungsjahren war die Asse zeitweise ein Schwarzes Loch, das nicht nur Strahlung, sondern auch Informationen auf Nimmerwiedersehen verschluckte. Lieferscheine sind an diesem Ereignishorizont offenbar bürokratischer Luxus gewesen.
Damals kann alles Mögliche dort gelandet sein, ohne dass man es je einer Instanz gegenüber hätte verantworten müssen. Es bleibt daher die dumpfe Ahnung, dass hochradioaktive Stoffe im Salz verscharrt liegen, die auf undurchsichtige Weise zu schwächerer und dadurch genehmigungsfähiger Strahlung um- oder nachdeklariert wurden. Ganz offiziell aber taucht schon in den Lieferlisten ein Kilogramm Americium-241 auf. Das ist ein Zerfallsprodukt von Plutonium 241 und der gefährlichste Alphastrahler schlechthin, der beim Einatmen oder Verschlucken sein zerstörerisches Werk im Körper anrichtet. Beide Elemente entstehen nur in abgebrannten Brennstäben von Atomkraftwerken und sind daher per definitionem hochradioaktiver Müll.
Stellen wir uns die Welt im Jahr 700. 002. 009 vor – das langlebige Uran-Isotop U-235 hat eine Halbwertzeit von rund 700 Millionen Jahren: Die enorm gesteigerte Leuchtkraft der Sonne wird eine globale Wüste geschaffen haben. Ob es dann bei Temperaturen von mehr als 100 Grad Celsius noch intelligente Lebewesen auf reiner Kohlenstoffbasis gibt, die sich an die strahlende Hinterlassenschaft von Homo sapiens im frühen Atomzeitalter erinnern werden, ist ungewiss. Doch hin und wieder tauchen in den Wüsten besonders feinkörnige, von rostroten Staubschlieren durchzogene, graue Sandschichten auf. Sie lassen sich als Überreste von Beton und

Glas, Eisen und Stahl nachweisen und werden als die verwitterten Behausungen dieser seltsamen Spezies gedeutet.
Aber immerhin werden in 700 Millionen Jahren – wohin auch immer verströmt oder verweht – noch mindestens zwölf Kilogramm Asse-Uran-235 der heißen Kernbrennstoff-Klassifikation vor sich hin strahlen.
Die U-238-Isotope von heute stammen hingegen aus einer Zeit, als unser Planet bestenfalls die Gestalt einer rot glühenden Runkelrübe hatte und auf seiner schwankenden Bahn um die junge Sonne mehr taumelte als kreiste. Das war vor 4,5 Milliarden Jahren. Der Halbierungsprozess der strahlenden Menge von U-238 wird daher die nächsten viereinhalb Milliarden Jahre in Anspruch nehmen. Danach werden die Meere des Planeten wohl endgültig verdunstet sein und glitzernde Salzwüsten hinterlassen haben. Die Sonne wird Dreiviertel des Himmels einnehmen und sich hingebungsvoll der Aufgabe widmen, aus jedem Stäubchen irdischer Materie Heliumkerne oder Wasauchimmer auszubrüten. Eines aber ist gewiss: von den heute in der Asse liegenden hundert Tonnen Uran-238 wird selbst in diesen unvorstellbar fernen Zeiten mit Sicherheit noch

reichlich Strahlung übrig sein, um die Verzehrbedürfnisse unserer sterbenden Sonne zu befriedigen.

Um den kompletten Atommüll aus der Asse zu bergen, werden rund 25 Jahre veranschlagt, die Kosten auf drei bis vier Milliarden Euro geschätzt. Aber man kennt das ja von Großprojekten, vor allem, wenn dabei absolutes technisches Neuland betreten wird: Am Ende dauert alles viel länger und wird doppelt und dreifach so teuer werden wie geplant. Die mit Sicherheit zum Teil während der Lagerung korrodierten oder beim Ausbuddeln beschädigten Fässer müssen neu konditioniert werden. Das heißt, der Inhalt von rund 126.000 Fässern und das beim Bergen verstrahlte Material wird verbrannt, eingeschmolzen oder unter hohem Druck komprimiert. Anschließend müssen alter und neuer Müll in Zement oder Bitumen eingegossen und in neue Behälter eingepackt werden. Die Schachtanlage Asse II wandelt sich also durch diese „Entlagerung" vom Atommüllendlager zum größten Atommüllproduzenten Deutschlands. Ob dieser brisante, mit hohen Strahlendosen für das Personal und für die Biosphäre verbundene Prozess vor Ort oder in der bereits existierenden Konditionierungsanlage im Forschungszentrum Karlsruhe geschehen soll, will sorgfältig abgewogen sein. Der Bau einer oberirdischen Konditionierungsfabrik und eines Zwischenlagers auf dem Gelände der Schachtanlage Asse scheint unausweichlich zu sein.
Diese Option bietet sich geradezu an, da der Schacht Konrad in Salzgitter als das vorgesehene deutsche Endlager für schwach- und mittelaktiven Atommüll nur 20 Kilometer entfernt ist. Ob sich allerdings eine jahrzehntelang dann auch oberirdisch vor sich hin strahlende Nuklearanlage am Südhang der Asse politisch durchsetzen lässt, bleibt offen. Womöglich ist den jetzigen Befürwortern einer Auslagerung diese unliebsame Konsequenz gar nicht bewusst. Sollte man sich aber für die Konditionierung der Abfälle in Karlsruhe entscheiden, wäre in Remlingen lediglich eine Pufferlagerung vorgesehen. Was jedoch sofort ein neues Problem aufwirft, nämlich jahrzehntelange Transporte mit der Bahn und auf der Straße von Remlingen nach Karlsruhe. Anschließend müsste der aufbereitete Assemüll erneut auf Reisen gehen: in das Endlager Konrad, dessen Bereitstellung die Atomindustrie sehnlichst erwartet. Womöglich sind zu diesem Zeitpunkt die Atomkraftgegner in Befürworter und Kontrahenten der Endlagerung gespalten, sodass mit Widerstand gegen die Transporte zu rechnen ist.

Die Kritiker des Atommüllendlagers Asse II halten es für die Pflicht der Entscheidungsträger von heute, die erhöhten Risiken bei der Rückholung des gesamten Atommülls in Kauf zu nehmen. Die Strahlenbelastung des Personals und der Biosphäre, die mögliche Destabilisierung des Bergwerks, die heiklen Transporte quer durch die Republik, das größte Zwischenlager Deutschlands auf der Lichtung oberhalb von Schacht II und die exorbitanten Kosten dürften nicht gescheut werden. Künftigen Generationen sei man es schuldig, keinen unzugänglichen Atommüll in einem abgesoffenen Bergwerk zu hinterlassen. Und in Zukunft müsse die ewig strahlende Fracht so klug und umsichtig gelagert werden, dass sie jederzeit – falls sich etwa innovative Behandlungsverfahren durchsetzen sollten – schnell und relativ sicher zurückgeholt werden könne.

FAMI
LIEN
ALBUM

392
Wer ist diese Frau?
Bilder meiner schizophrenen Mutter

Ausgabe Nr. 25: „Mama"

398
Wächst mir auch ein Atombusen?

Ausgabe Nr. 29: „Angst"

400
Finger weg von meiner Paranoia
Oma denkt, ihr Nachbar will sie vergasen

Ausgabe Nr. 29: „Angst"

406
Omeck
Ein Tag bei meiner Großmutter

Ausgabe Nr. 11: „Frauen"

412
Ein Sohn über seinen Vater

Ausgabe Nr. 23: „Männer"

413
Ein Mann über seinen Bruder

Ausgabe Nr. 23: „Männer"

414
Ein Fall für zwei
Ehepaare an den Niagara-Falls

Ausgabe Nr. 17: „Liebe"

420
Der perfekte Mörder
Der Dorfdepp wars oder auch nicht

Ausgabe Nr. 30: „Behinderte"

426
Das Familienalbum
Affengeil

Ausgabe Nr. 18: „Tiere"

430
Wähle ich irgendwann CDU?

Ausgabe Nr. 29: „Angst"

HAMMERZEHEN IN NYLON

Als der Fotopraktikant beim Brainstorming zum Angst-Heft von seiner Großmutter erzählte, die davon überzeugt ist, dass ihr Nachbar sie umbringen will, war klar, dass man die alte Dame besuchen muss. Als Sascha Lehnartz von seinem behinderten Bruder sprach, der sich mit Vorliebe auf Zigarettenkippen stürzt – von dem Lehnartz aber ansonsten viel zu wenig weiß – war augenfällig, dass man mehr davon lesen möchte.

Die Familie ist eine der kleinsten gesellschaftlichen Einheiten des Miteinanders und als unentrinnbare Angelegenheit ein ständiger Quell schicksalsträchtiger Plots und ergiebiger Langzeitbeobachtungen. Ein Ignorant, wer daran vorbeigeht.

Es geht auch gar nicht darum, die eigene Verwandschaft der medialen Verwertungskette zuzuführen, wie das manche Kolumnisten gern machen, die ihre Kinder und Frauen jeder flotten Pointe opfern, es geht eher um das Gespür für die kleinen Dramen des Alltags und die großen Gefühle. „Ein Sohn über seinen Vater" – diese Überschrift klingt simpel, Marc Fischers Text aber lässt einem die Tränen der Rührung in die Augen treten.

Und was ist das für eine Frau, deren in fleischfarbene Nylonstrümpfe gehüllte Hammerzehen Frank Schinski fotografiert hat? Die Bilder seiner Omeck erzählen viel über eine Gesellschaft, in der die Alten zwar mehr werden, gleichzeitig aber auch immer mehr aus dem Blickfeld des Restes geschoben werden.

Die Fotografin Tierney Gearon sorgte für einen veritablen Skandal, als sie Bilder ihrer nackt herumspielenden Kinder in London ausstellte. Die Polizei konfiszierte das Werk schließlich wegen Verdachts auf Kinderpornografie. Der von der Boulevardpresse geschürte pädosexuelle Blick macht selbst vor der Kunst nicht halt. Gearon hat sich dadurch nicht einschüchtern lassen. Ihr offener Blick auf ihre schizophrene Mutter gehört sicherlich zum Bizarrsten, was wir an zeitgenössischer Fotografie publizieren durften.

Wie es ist, wenn man allmählich spürt, dass man seinen Eltern immer ähnlicher wird, ist ein so großes Thema, dass man es glatt übersehen kann. Und wie es aussieht, wenn Tiere behandelt werden wie Menschen, zeigt die Arbeit von Robin Schwartz, die amerikaweit Haushalte besuchte, in denen aus Zoos und Laboren befreite Menschenaffen leben. Deren Ausdruck, ihre Gesten, ihr Habitus führen uns die nahe Verwandtschaft vor Augen. Familien können grausam sein.

Wer ist diese Frau?

fotografiert von TIERNEY GEARON

Ganz schön seltsam, wenn man eine schizophrene Mutter hat

Wächst mir auch ein Atombusen? Wie es ist, wenn man Angst davor hat, so zu werden wie seine Mutter

Text: Jytte Jollensen

Die erste Hälfte meines Lebens habe ich sie Mama genannt. Mit siebzehn aber beschloss ich, meine Mutter, auch wenn sie mich auf die Welt gepresst hatte, bei ihrem Vornamen zu nennen: Hanne. Eigentlich hätte ich aber Frau Jollensen zu ihr sagen müssen, denn sie war der mir fremdeste Mensch auf Erden. Umgekehrt war es sicher genauso. Alle Regeln, die sie, die strenge Mutter, aufstellte, waren für mich, die rebellische Tochter, willkommener Anlass sie zu brechen: Ich erschien in zerrissenen Hosen zu Familienfeiern, erledigte die Hausarbeit nur liederlich, verweigerte mit Süßigkeiten vollgestopft den Sonntagsbraten – all das eben. Abgrenzung, sagt man, sei wichtig für die Entwicklung der eigenen Identität. Es heißt, das sei völlig normal. Doch meine Mutter und ich waren eine gottverdammte Heimsuchung für die anderen, auch noch, nachdem ich, kaum achtzehn, ausgezogen war.

Nicht nur war ich schon von Natur aus das Gegenteil von ihr – ich zelebrierte es förmlich, der Gegenentwurf zu ihrem Leben zu sein: Trieb mich durch Clubs und Bars, in die sie sich nie hineingetraut hätte, schlug mich mit Nebenjobs durch, wo sie immer den sicheren Berufsweg gewählt hatte. Gönnte mir binnen kurzer Zeit mehr Liebschaften als sie in ihrem ganzen Leben. Politische Meinungen, die sie kategorisch ablehnte, vertrat ich mit größtem Enthusiasmus. Aus Ländern, die sie nie bereist hatte, schrieb ich ihr schwärmerische Postkarten. Fremdworte, deren Bedeutung sie nicht kannte, benutzte ich selbstverständlich. Ich wollte mich rächen, ja, sie verunsichern. Wie auch sie mich lange verunsichert hatte – mit dem latenten Vorwurf, nicht richtig zu sein. Weil sie eine Tochter geboren hatte, die gänzlich anders als sie war und ihr deshalb immer fremd blieb.

Gut zehn Jahre dauerte dieser Groll an, dann geschah, was ich nie für möglich gehalten hatte: Wir sprachen über das, was zwischen uns schiefgelaufen war. Wir stritten, schrien, heulten. Überraschenderweise haben wir uns das erste Mal annähernd verstanden und versuchen das bis heute. Manchmal, wenn sie mich rührt, nenne ich sie Mutsch. Kürzlich ist sie sechzig geworden und ich habe alte Fotos von ihr durchgeschaut. Hanne als Mädchen auf der Gartenschaukel, Hanne als Braut am Arm meines Vaters, Hanne mit Freunden im Skiurlaub. Ich musste zwei mal hinsehen. Himmel! Wie sie da am Tisch der Skihütte sitzt, vergnügt zwischen zwei Freunden – sie sieht aus wie ich. Nie haben wir uns auch nur einen Funken ähnlich gesehen. Hektisch suchte ich Bilder mit uns beiden raus. Die große Nase! Die Fältchen um die Augen! Das forsche Kinn! Die Erkenntnis erschütterte mich.

Dass ich keinen grünen Kajal benutze, dass ich mir keine Dauerwelle ins Haar legen lasse, dass ich kein süßliches Parfum auftrage, dass ich keine Polyesterblusen anziehe, keine Jogginganzüge, keine billigen Pumps – das alles habe ich im Griff. Dass mich die mütterlichen Gene so hinterrücks durchdringen nicht. Ich hatte nie Angst davor, so auszusehen wie sie, weil es schlichtweg keinen Anlass dafür gab: Ich groß, blond, schlank, kleinbrüstig – sie klein, brünett, moppelig, atombusig. Und jetzt das!
Was von ihr, so frage ich mich, diffundiert noch unterhalb meiner Wahrnehmung durch mich hindurch? Spreche ich mit vollem Mund? Lache ich zu laut? Putze ich wie eine Irre? Ich denke nicht. Aber wenn ich mir die Haare bürste, zupfe ich meine Frisur mit denselben Gesten zurecht wie sie es tut. Ein Blick auf die akkurat im Wäscheschrank sortierten Bettlaken und Handtücher zeigt mir, wie ihr Ordnungssinn auch mich durchdringt. Und wenn ich wütend werde, erkenne ich in meinem Rasen nur allzu gut ihre Hilflosigkeit.

Das erste Mal habe ich diese Wut bei ihr mit sechs Jahren erlebt. Mein Vater war gerade mit einer anderen Frau durchgebrannt. Meine Mutter hatte nicht nur ihre erste große Liebe und die Doppelhaushälfte, sondern auch ihren Glauben an die Welt verloren. Ohne Arbeit, ohne Geld, ohne Ahnung, wie es weitergehen sollte, saß sie mit zwei kleinen Mädchen in einer Sozialwohnung, 14. Stock, übles Viertel. Weil ich nicht bekommen hatte, was ich wollte, sagte ich zu ihr, mein Vater sei viel besser als sie. Kindlicher Trotz. Da ist sie ausgerastet, hat einen Stock aus der Küche geholt und ihn mit Wucht auf meinen Hintern niedersausen lassen – solange, bis die Wut vorbei war. Nie zuvor hatte sie so etwas getan. Später, ich lag in meinem Bett, hörte ich, wie sie im Nebenzimmer weinte. Ich ging zu ihr und brachte ihr ein Taschentuch. Sie tat mir leid. Weil ich schon damals verstand, dass sie sich geschworen hatte, nie ihren Kindern anzutun, was sie selbst erlebt hatte.
Dass auch sie Angst hatte, so zu werden wie ihre Mutter.

(Die Angst davor, so zu werden wie die eigene Mutter, heißt: Matrophobie)

Besuch bei einer 87-jährigen Dame, die glaubt, dass ihr Nachbar sie vergasen will

FINGER WEG VON MEINER PARANOIA

TEXT
:
OLIVER GEHRS
–
FOTOS
:
BARBARA KENTNER

Hagel wohnt hier nicht mehr. Aber das ist egal, darum geht es nicht. Er ist noch immer da und macht das, was er immer gemacht hat: Er bohrt, hämmert, er kriegt seine Tobsuchtsanfälle, er leitet Strom und giftige Chemikalien in die Wohnung von Else Schumann, die unter ihm wohnt. Manchmal bricht er bei ihr ein, zerknüllt eine ihrer Blusen und legt sie auf die Waschmaschine, damit sie merkt, dass er da war, und sich fürchtet.

Und Else Schumann fürchtet sich. Seit zehn Jahren.

Sie ist hierher gezogen, als ihr Mann starb. Die alte Wohnung war zu groß geworden, und im Garten tauchten immer häufiger düstere Gestalten auf, die bis in die Morgenstunden tranken, als wären sie dort zu Hause.

Ihr Mann war tot, aber sie war noch einigermaßen jung, keine 60. Also hat sie erst einmal die neue Freiheit genossen. Sie ist ausgegangen und hat Reisen unternommen. Ihr Mann hatte ihr ja nicht einmal erlaubt, den Führerschein zu machen, weil er der Auffassung gewesen war, dass Frauen nicht hinters Steuer gehören.

Dann wurde dieses Appartement frei: 60 qm im vierten Stock, Wohnzimmer, Schlafzimmer, Bad, Küche, ein schöner Balkon nach Süden und der Edeka direkt vor der Haustür. Und noch besser: Ihre ein Jahr ältere Schwester Johanna wohnt auch hier, sogar auf dem selben Flur.

Ach ja, die arme Johanna: Neulich lag sie bis auf ein T-Shirt entkleidet vor ihrer Wohnungstür, an der Schläfe klebte Blut. Hagel war in ihre Wohnung eingedrungen, hatte sie überwältigt und betäubt, anschließend auf den Flur geschleppt und ihren Kopf zwischen der Wand und einer Truhe eingeklemmt. Daher das Blut. Weil es sich um ein Gewaltverbrechen handelte, hat Else Schumann an die Hausverwaltung geschrieben: »Wie lange darf sich Hagel das noch erlauben«, hatte sie in ihrem Brief gefragt.

Geboren wurde Else Schumann 1923 in derselben Stadt, in der sie heute noch lebt. Sie hat das Dritte Reich miterlebt, die Aufmärsche der Nazis, die Tage, an denen die Bäckerei ihres Vaters rammelvoll war mit strammen Deutschen. Weil sie keinen Luftschutzkeller hatten, ist ihre Familie vor den Bombenangriffen in die SS-Kaserne gleich gegenüber geflohen.

Eigentlich hat sie den Krieg gut überstanden. Ihr Bruder, der an der Front war, kam heil nach Hause zurück. Die Bäckerei musste schließen, aber wenigstens lebte man. Heute strahlt Else Schumann jene Rüstigkeit aus, die die Kriegsgeneration auszeichnet. Etwas Unverwüstliches geht von dieser kleinen Person aus, von der man den Eindruck hat, dass man sie beugen, aber nicht brechen kann.

Else Schumann kramt in einem kleinen geflochtenen Kasten, in dem sie ihre wichtigen Unterlagen aufbewahrt. Sie tragen die Adressen der Hausverwaltung, von Anwaltskanzleien, einige vom Landgericht. Ihre Briefe, die sie säuberlich kopiert hat, haben keinen Briefkopf. Sie sind bis zur letzten Zeile in akkurater Handschrift verfasst – selbst die, die sechs Seiten lang sind, das Papier vorne und hinten beschrieben. In ihnen stehen Worte, die gar nicht zu einer alten Dame passen: »Perverser Spanner« steht da, »Dreckschwein« und »gerechte Strafe«. Immer geht es um Herrn Hagel.

Er war schon da, als Else Schumann in die Wohnung zog. Vom ersten Tag an war Hagel nicht zu überhören. Sein lautes Stöhnen, die Musik, der ständig laufende Fernseher, sein

Rumpeln. Vielleicht die normalen Geräusche eines lauten Nachbarn. Vielleicht aber auch etwas zu laut. Wer will das heute noch sagen.

Jedenfalls fand Else Schumann keine Ruhe mehr. Wenn sie ins Bett ging, lauschte sie schon bang und natürlich hörte sie wieder was. Erst leise, dann lauter. Sie wälzte sich hin und her, selbst im Morgengrauen war an Ruhe nicht zu denken. »Am 25.8.2003 zwischen 5 und 6 Uhr 30 hörte es sich an, als rolle Hagel große Kugeln durch seine Wohnung«, steht in einem ihrer Beschwerdebriefe an die Hausverwaltung.

Der Lärm war das eine. Dann fielen Else Schumann andere Sachen auf. Als sie unter der Dusche stand, fühlte sie sich plötzlich ganz komisch – als würde ihr jemand zugucken. Sie konnte sich gut vorstellen, dass Hagel sie beobachtete. Wie er das anstellte, das weiß sie bis heute nicht. Auch andere Vorfälle blieben mysteriös. Zum Beispiel die Sache mit dem Gas. Es fing damit an, dass ihr der Boden im Bad glitschig vorkam und einen süßlichen Geruch verströmte. Gas riecht süßlich und legt sich seifig auf die Fliesen. Wochenlang war an Duschen nicht mehr zu denken.

So gibt es fast jeden Tag Überraschungen: Einmal kam Frau Schumann nach

Finger weg von meiner Paranoia
Besuch bei der 87-jährigen Oma unseres Praktikanten, die glaubt, dass ihr Nachbar sie vergasen will

Text: Oliver Gehrs

Hagel wohnt hier nicht mehr. Aber das ist egal, darum geht es nicht. Er ist noch immer da und macht das, was er immer gemacht hat: Er bohrt, hämmert, er kriegt seine Tobsuchtsanfälle, er leitet Strom und giftige Chemikalien in die Wohnung von Else Schumann, die unter ihm wohnt. Manchmal bricht er bei ihr ein, zerknüllt eine ihrer Blusen und legt sie auf die Waschmaschine, damit sie merkt, dass er da war und sich fürchtet.
Und Else Schumann fürchtet sich. Seit zehn Jahren.
Sie ist hierher gezogen, als ihr Mann starb. Die alte Wohnung war zu groß geworden, und im Garten tauchten immer häufiger düstere

Gestalten auf, die bis in die Morgenstunden tranken, als wären sie dort zu Hause.
Als ihr Mann tot war, hat Frau Schumann nicht nur getrauert. Sie war ja noch einigermaßen jung, keine 60. Also hat sie erst einmal die neue Freiheit genossen. Ist ausgegangen und hat Reisen unternommen. Ihr Mann hatte ihr nicht einmal erlaubt, den Führerschein zu machen, weil er der Auffassung gewesen war, dass Frauen nicht hinters Steuer gehören.
Dann wurde dieses Appartement frei: 60 qm im vierten Stock, Wohnzimmer, Schlafzimmer, Bad, Küche, ein schöner Balkon nach Süden und der Edeka direkt vor der Haustür. Und noch besser: Ihre ein Jahr ältere Schwester Johanna wohnt auch hier, sogar auf demselben Flur. Die arme Johanna: Neulich lag sie bis auf ein T-Shirt entkleidet vor ihrer Wohnungstür, an ihrer Schläfe klebte Blut. Hagel war in ihre Wohnung eingedrungen, hatte sie überwältigt und betäubt, anschließend auf den Flur geschleppt und ihren Kopf zwischen der Wand und einer Truhe eingeklemmt. Daher das Blut. Weil es sich um ein Gewaltverbrechen handelte, hat Else Schumann an die Hausverwaltung geschrieben. „Wie lange darf sich Hagel das noch erlauben?" hat sie in ihrem Brief gefragt.
Geboren wurde Else Schumann 1923 in derselben Stadt, in der sie heute noch lebt. Sie hat noch das Dritte Reich miterlebt, die Aufmärsche der Nazis, diese Tage, an denen die Bäckerei ihres Vaters rammelvoll war. Weil sie keinen Luftschutzkeller hatten, ist ihre Familie vor den Bombenangriffen in die SS-Kaserne gleich gegenüber geflohen.
Eigentlich hat sie den Krieg gut überstanden. Ihr Bruder, der an der Front war, kam heil nach Hause zurück. Die Bäckerei musste schließen, aber wenigstens lebte man. Vielleicht hat sie dem Krieg ja sogar was zu verdanken, was ihr heute noch hilft, zu überleben. Irgendwie lebt sie ja wieder in einem Krieg.
Else Schumann kramt in einem kleinen geflochtenen Kasten, in dem sie ihre wichtigen Unterlagen aufbewahrt. Sie tragen die Briefköpfe der Hausverwaltung, von Anwaltskanzleien, einige vom Landgericht. Ihre Briefe, die sie säuberlich kopiert hat, haben keinen Briefkopf. Sie sind bis zur letzten Zeile in akkurater Handschrift verfasst – selbst die, die sechs Seiten lang sind, das Papier vorne und hinten beschrieben. In ihnen stehen Worte, die gar nicht zu einer alten Dame passen: „Perverser Spanner" steht da, „Dreckschwein" und „gerechte Strafe". Immer geht es um Herrn Hagel.
Er war schon da, als Else Schumann in die Wohnung zog. Vom ersten Tag an war Hagel nicht zu überhören. Sein lautes Stöhnen, die Musik, der ständig laufende Fernseher, sein Rumpeln. Vielleicht die normalen Geräusche eines lauten Nachbarn. Vielleicht aber auch etwas zu laut. Wer will das heute noch sagen.
Jedenfalls fand Else Schumann keine Ruhe mehr. Wenn sie ins Bett ging, lauschte sie schon bang, und natürlich hörte sie wieder was. Erst leise, dann lauter. Sie wälzte sich hin und her, selbst im Morgengrauen war an Ruhe nicht zu denken. „Am 25.8.2003 zwischen 5 Uhr und 6 Uhr 30 hörte es sich an, als rolle Hagel große Kugeln durch seine Wohnung" steht in einem ihrer Beschwerdebriefe an die Hausverwaltung.

Der Lärm war das eine. Dann fielen Else Schumann andere Sachen auf. Als sie unter der Dusche stand, fühlte sie sich plötzlich ganz komisch – als würde ihr jemand zugucken. Sie konnte sich gut vorstellen, dass Hagel sie beobachtete. Wie er das anstellte, das weiß sie bis heute nicht. Auch andere Vorfälle blieben mysteriös. Zum Beispiel die Sache mit dem Gas. Es fing damit an, dass ihr der Boden im Bad glitschig vorkam und einen süßlichen Geruch verströmte. Gas riecht süßlich und legt sich seifig auf die Fliesen. Wochenlang war an Duschen nicht mehr zu denken.

So gibt es fast jeden Tag Überraschungen: Einmal kam Frau Schumann nach Hause und fand ihre Wohnung unter Wasser. Es hatte den Teppich zerstört und war sogar unter die Fußleisten gekrochen. Als sie einen Handwerker für die Reparatur rief, entdeckte der in den Wänden große Hohlräume. „Man konnte einen ganzen Arm durchstecken", sagt Else Schumann. Natürlich hätte man durch diese Hohlräume auch Dämpfe einleiten können, giftige Chemikalien. Ein anderes Mal stand der Matjes aus dem Kühlschrank einfach auf der Küchenspüle – offenbar hatte sich Hagel mit einem Zweitschlüssel in die Wohnung geschlichen. Und wo er schon mal da war, hat er es sich gleich noch auf dem Sofa gemütlich gemacht. Ein großer Fettfleck an der Wand darüber erinnert noch an ihn. „Ich finde das richtig eklig", sagt Frau Schumann.

Die 87-Jährige ist für ihr Alter körperlich ziemlich gesund. Kein Krebs, kein Alzheimer, nur mit dem Laufen klappt es nicht mehr so gut. Neue Knie hat sie bekommen, inzwischen ist ihr die Arthrose den Rücken hochgekrochen und in die Schulter. Dagegen nimmt sie ein Schmerzmittel oder sie reibt sich mit Gel ein. Aber gegen ihr größtes Leid gibt es kein Medikament.

Ihre Tochter sagt natürlich, sie solle nicht rumspinnen, ihr Schwiegersohn – ein Chemiker – winkt nur ab, wenn sie mit Herrn Hagel anfängt. Ihre Enkelkinder, die auf den meisten Bildern in ihrer Wohnung zu sehen sind, hören ihr manchmal zu, aber es könnte sein, dass sie ihrer Oma nur einen Gefallen tun. „Es ist ja ziemlich einfach, mich für verrückt zu halten ", sagt Else Schumann. Die Hausverwaltung beantwortet ihre Briefe schon lange nicht mehr, nachdem Herr Hagel erfolgreich gegen Frau Schumann geklagt hat wegen Verleumdung. Sie solle nicht mehr behaupten, dass er große Kugeln durch die Wohnung rolle und sie mit Gift umbringen will.

Sie hat auch ohne diesen Rechtsstreit ganz schön viel Geld in den Streit mit Hagel investiert. Das Laminat, mit dem sie die Wohnung nach dem Wasserschaden hat auslegen lassen, war auch nicht billig. Zudem hatte sie zwei Detektive für 900 Euro im Monat angeheuert, die Hagel auf die Schliche kommen sollten. Einmal wollten sie sich bei den Nachbarn als Fernsehmonteure verkleidet Einlass verschaffen, flogen aber auf. Billiger war es deshalb nicht. Frau Schumann hatte auch den Eindruck, als hätte es einer der Detektive nur auf ihr Geld abgesehen. Der andere, der nette, ist vor Kurzem verstorben. Mit sechzig, einfach so.

Seitdem muss sich Frau Schumann selbst schützen. An ihrer Wohnungstür befinden sich fünf zusätzliche Schlösser. Kleine mit Ketten, große mit Zahlencodes. Manchmal schafft es Hagel dennoch, in ihre Wohnung zu kommen und Frau Schumann zu verwirren. Sie hat zum

Beispiel drei blaue Polohemden im Kleiderschrank gefunden, die definitiv nicht ihr gehören. Sie lässt sie dennoch erst mal hängen, weil es Beweisstücke werden könnten. Aber bei der Vorstellung, dass Hagel ihre Sachen berührt, wird ihr schwindelig.

Mittlerweile geht Frau Schumann kaum noch aus dem Haus. Zu groß sind die Schmerzen, zu schwer fällt ihr das Gehen. In der Wohnung stützt sie sich auf einen Rollator, in dessen Körbchen vorne ihre Tabletten liegen und das Voltaren-Schmerzgel. Zum Frühstück, zum Mittag und zum Abendessen kommt ihre Schwester rüber, sie müssen sich dann leise unterhalten, weil sie abgehört werden. Manchmal sprechen sie auch besonders laut, damit Hagel mitkriegt, was sie so zu sagen haben.

Wie sieht er eigentlich aus, der Herr Hagel?

„Gesehen habe ich ihn nur einmal", sagt sie. „Leider von hinten. Als er mich erblickte, hat er sich sofort umgedreht."

Frau Schumann hat jetzt mal alle Briefe vorgelegt. Auch den letzten, der noch nicht fertig ist, obwohl er schon acht Seiten umfasst. Diesmal wird die Hausverwaltung nicht anders können, als zu reagieren. Manchmal kommt es ihr so vor, als sei sie die Einzige, die sich um Hagel und seine Marotten kümmert. Selbst die Polizei kommt nicht mehr, wenn sie anruft. Es hängt also von ihr ab, ob dieses Haus noch einmal Ruhe findet.

Es ist schon fünf Jahre her – da sah es ganz gut aus. Da schien der Kampf vorbei zu sein. In Hagels Wohnung zog die Tochter des griechischen Wirts ein, der unten im Haus ein Restaurant betreibt. Beim Einzug lud sie alle Mieter in die renovierte Maisonettewohnung ein, auch Else Schumann. Aber sie ist nicht hingegangen, weil sie von vorneherein wusste, dass die Tochter des griechischen Wirts nur in Hagels Auftrag handelt. Dass sie die Wohnung für ihn gemietet hat. „Er macht auch gar keinen Hehl daraus, dass er noch da ist", hat Frau Schumann an die Hausverwaltung geschrieben. „So hat er z.B. am 24.8. einen Tobsuchtsanfall bekommen. Er hat sich auch zwischen 16 und 17 Uhr in die Wohnung von Familie Klein begeben, um dort vom Balkon aus immer wieder Arschloch zu brüllen."

Inzwischen soll noch jemand anderes in der Wohnung wohnen, wieder eine Frau. Wenn man in den fünften Stock geht, um nachzusehen, wer da über Frau Schumann wohnt, findet man den Namen „Jakob" an der Tür. Aber Frau Schumann geht nicht hoch, sie ist doch nicht wahnsinnig. Ist sie nicht?

Man kann es auch anders sehen. Der Streit mit Hagel hält Frau Schumann auf Trab: Sie schreibt ja den ganzen Tag Beschwerdebriefe an die Polizei und an den Hausmeister, sie führt Buch über seine Untaten und schaut, wo sie Türschlösser bekommen kann. Und das Beste ist: Es gibt immer jemanden, der an allem schuld ist. An all den kleinen Pannen im Alltag, die im Alter immer größer werden. Wer hätte nicht gern einen, dem man die Schuld geben kann.

Warum sie denn nicht woanders hinzieht? Frau Schumann sagt, dass sie das natürlich immer mal wieder gemeinsam mit ihrer Schwester überlege, aber letztlich komme man immer zu dem Schluss, dass sie so etwas nicht mehr finden:

Eine Wohnung, bei der der Edeka direkt vor der Tür liegt.

Omeck
Ein Tag im Leben meiner Großmutter

Fotos: Frank Schinski

Elfriede ∞ Heinz
Schinski

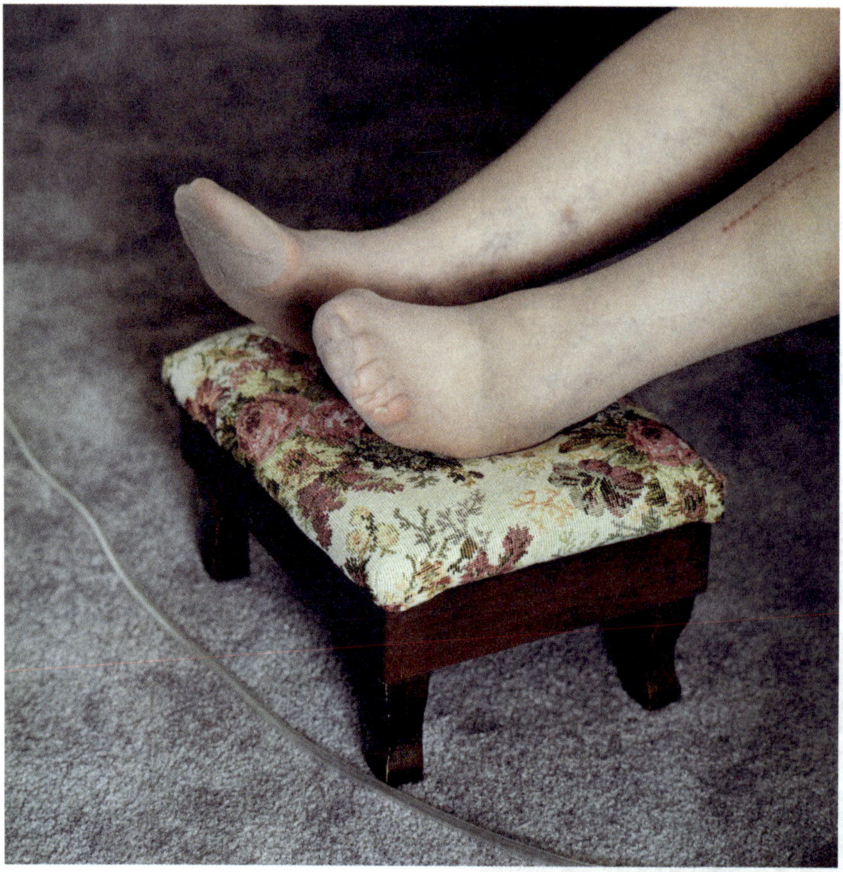

Ein Sohn über seinen Vater

Text: Marc Fischer

Papa ist einsvierundsiebzig und wiegt achtzig Kilo. Daran ändert sich eigentlich nie was. Er ist ein konstanter Typ. Er lebt mit meiner Mutter in einem Reihenhaus in Hamburg, mag Countrymusik (Johnny Cash & Garth Brooks) und trägt gern Baseballkappen. Manchmal sagt er Sätze wie „Paris hat zehn Millionen Einwohner, wusstest du das?“ Wenn Papa in die Sonne geht, wird er erst sehr sehr rot und dann sehr sehr braun. So ist das.
Papa war Kommissar bei der Hamburger Kriminalpolizei, Staatsschutz. Also Bulle. Das hört er natürlich nicht gern, Bulle. Aber so hörte ich es immer von allen anderen. Obwohl er nie jemanden erschossen hat, worauf er stolz ist, worauf ich stolz bin. Einmal habe ich seine Pistole aus dem Nachtschrank geholt, um zu wissen, wie das ist.
Bevor Papa Bulle war, war er Seemann. Von tief aus dem Süden (Chiemsee) kam er hoch in den Norden (Hamburg) und fuhr auf hundert Meter langen Holzfrachtern um die Welt. Papa war in Brasilien, als Antonio Carlos Jobim und Vinicius de Moraes den Bossanova erfanden. Gehts geiler? Wenn Papa von Rio erzählt, kriege ich Tränen in den Augen. Wenn Papa am Hamburger Hafen steht, kriegt er welche. Er liebt das Meer, Schiffe, den Wind. In den Siebzigern war er einer der ersten Surfer. Meine Mutter ist ein Inselkind, Fehmarn. Wegen ihr, wegen mir tauschte Papa die See gegen die Polizeimarke, glaube ich.
Einmal, vor ein paar Jahren, ich hatte etwas getrunken, sagte ich zu Papa, sein Leben vor meiner Existenz, also das mit dem Meer, den Schiffen, Rio und alldem, interessiere mich eigentlich viel mehr als sein Leben nach meiner Geburt, also das mit dem Reihenhaus und der Polizei. Inzwischen weiß ich, was für ein dummer, unreifer Satz das war. Als Papa vor ein paar Tagen mit Mutter bei mir war, um ihren vierzigsten Hochzeitstag zu feiern, wurde mir klar, was für eine Leistung das ist: vierzig Jahre. Und sie lachen noch!
Käme einer vorbei und sagte: „Schnell, sag drei tolle Dinge, die dein Vater für dich getan hat“, würde ich antworten:

- Er schenkte mir Robert Louis Stevensons *Schatzinsel*, als ich neun war.
- Er malte mit Wachsmalstiften das beste Bild eines Pumas, das ich je gesehen habe.
- Er gab mir immer das Gefühl, dass man alles wieder reparieren kann, auch das Leben (zumindest ein paar Teile davon).

Nicht so schlecht. Natürlich hat er auch Mist gebaut. Einmal verhaute er mir wegen schlechter Noten den Arsch. Das mit dem Arsch war nicht so schlimm. Schlimm war, dass ich danach eine Zeitlang Angst vor ihm hatte.
Heute ist wieder alles okay. Papa ist jetzt 68. Oder 67? 69? Manchmal krieg ich's durcheinander. Es liegt nicht daran, dass ich mich nicht für ihn interessiere. Eher daran, dass ich mich vor solchen Zahlen fürchte, weil ich mir nicht vorstellen kann, wie es irgendwann mal ohne Papa ist. Selbst wenn ich ihn nur ein paarmal im Jahr sehe.
Käme noch einer vorbei und befähle mir, Papa mit einem Wort zu beschreiben, würde ich „Wärme“ sagen. Es ist wirklich das passendste Wort, das mir einfällt. Er, Papa, ist ein einsvierundsiebzig großer, achtzig Kilo schwerer, warmer Exbulle mit einer Baseballkappe auf dem Kopf, der dir sagen kann, wieviele Leute in Paris leben. Ich mag ihn sehr. So ist das.

Ein Bruder über seinen Bruder

Text: Sascha Lehnartz

Ein Freund bemerkte, dass ich meinen Bruder selten beim Namen nenne, wenn ich von ihm erzähle, sondern meist nur „mein Bruder“ sage. Mir war das nicht aufgefallen, aber es ist wohl so, dass mir sein Name manchmal fremd vorkommt. Ich spreche ihn nicht oft mit Namen an. Er heißt Bastian, aber er hat in den 34 Jahren seines Lebens noch nie „Ich heiße Bastian“ gesagt. Er spricht kein Wort. Es heißt, er könne nicht hören, aber nicht einmal das wissen wir mit Sicherheit. Bastian ist Autist.

Ich habe in meinem Leben oft erklären dürfen, was Autismus ist, ohne dass ich es je verstanden hätte. Ich habe Bücher über Autismus gelesen, Experten belehrten mich.

Aber das Rätsel, das mein Bruder ist, kann ich nicht lösen.

Als er geboren wurde, vermuteten die Ärzte einen Herzfehler. Sie behielten ihn zwei Wochen zur Beobachtung im Krankenhaus, dann schickten sie ihn nach Hause, „als vollkommen gesundes Kind“, erzählt meine Mutter. Als Baby konnte er den Kopf nicht gerade halten. Er bekam Krankengymnastik. Schließlich ging es. Dann lief er nicht. Als er endlich ging, merkten wir, dass er eine Spastik hat. Er geht auf Zehenspitzen. Vielleicht will er die Welt nicht stören.

Als er nicht zu sprechen begann, sagte meine Oma, er sei ein Spätentwickler, das komme schon noch. Meine Oma ist seit 28 Jahren tot. Es kam nicht.

Ärzte sahen wir viele. Einer schrieb ein Gutachten, das Kind sei blind. Später fiel uns auf, dass Bastian Staubflusen im Flug verfolgte und sie mit zwei Fingern fing.

Messergebnisse ergaben, dass er nicht hören kann. Er bekam Hörgeräte. Er wollte sie nicht. Manchen Nachmittag verbrachten wir im Garten und suchten die Hörgeräte, die Bastian in die Blumen geworfen hatte. Irgendwann ahnten wir, dass wir ihm nicht halfen, wenn wir die Welt für ihn auf laut stellten. Für ihn ist draußen eh zuviel los.

Meine Mutter hat Jahre damit verbracht, herauszufinden, wie man Bastian helfen könnte. Dann Jahre damit, sich damit abzufinden, dass man nicht viel tun kann. Dann Jahre damit, einen Ort zu finden, wo er anständig leben kann.

Bastian läuft viel. Manchmal ist er drei Tage lang durch unser Haus gerannt, ohne zu schlafen. Er hat Blumen gegessen, dem Hund die Haare ausgerissen, sich den kleinen Finger in die Augenhöhle und Bohnen in die Nase geschoben, Waschmittel getrunken und den Kopf vor die Wand geschlagen. Er sieht gern fern, trinkt zu viel Kaffee und mag alles, was vibriert. Wenn er eine Zigarettenkippe findet, hebt er sie auf und isst sie. Er schaut dir fast nie in die Augen, aber er lehrt dich, das Wichtige vom Unwichtigen zu unterscheiden.

Voriges Jahr waren wir an der Ostsee, en famille. Wir haben lange Spaziergänge am Wasser gemacht. Er hielt sich an meinem Arm fest. Bastian mag das Meer. Manchmal hat er kurz gelächelt. Er hat ein sehr charmantes Lächeln, findet meine Freundin. Ich glaube, er weiß es.

Im März hatte Bastian einen Schlaganfall. Er war linksseitig gelähmt, konnte nicht schlucken. Im Krankenhaus hat er meine Mutter und mich mit großen, meerestiefblauen Augen angeschaut. So hat er uns noch nie angeschaut.

Inzwischen kann er wieder laufen. Sehr wacklig noch, aber es geht. Er ist ziemlich stark. Schlucken muss er noch üben. Wir wären froh, wenn er die Magensonde bald los wäre.

Manchmal träume ich davon, dass ich mit meinem Bruder ein Bier trinken gehe und er mir erzählt, wie es bei ihm gerade so läuft.

Fotos: Alec Soth, Magnum / Agentur Focus

EIN FALL FÜR ZWEI

Viele Amerikaner verbringen ihre Flitterwochen in Niagara, wo die Romantik schnell den Bach runtergeht. Ein Foto-Essay

Der perfekte Mörder

Warum ein geistig behinderter Mann eine Tat gesteht, die er womöglich gar nicht begangen hat. Ein Kriminalfall aus Bayern

Text: Fabian Dietrich

Der Weg zu ihrem Grab führt von Lichtenberg aus nach Westen, über die Landstraße, an Füchsen und Raubvögeln vorbei. Es liegt in einem menschenleeren, schluchtartigen Tal im Frankenwald, hinter einer roten Kapelle, vorletzte Reihe rechts. „Wer nicht an Engel glaubt, der ist dir nie begegnet." Das steht auf dem Stein. Peggy Knobloch, 6.4.1992–7.5.2001. Ein blondes Mädchen, das einen Rollkragenpullover trägt. Keine Blumen davor, nur Erde und Gestrüpp.

Für viele Lichtenberger ist das hier keine Ruhestätte, sondern eine Provokation. Ein Grab ohne Leiche? Ein Todesdatum, das auf dem Geständnis eines geistig behinderten Mannes basiert? Manche warten noch immer auf den Tag, an dem eine neunzehnjährige Frau namens Peggy in Oberfranken auftaucht, und diese unselige Geschichte endlich ein Ende hat.

Der Mann, den sie als Mörder verurteilt haben, lebt heute am Rand von Bayreuth, da, wo die Stadt aufhört und die Felder beginnen, 70 Kilometer entfernt von seinem Heimatort Lichtenberg im Frankenwald. Tagsüber faltet er Kartons, wickelt Kabel auf Rollen und drückt vorgestanzte Puzzle aus. Mit dem Abwiegen von Büroklammern haben sie es in der Arbeitstherapie wohl auch schon mal probiert, aber das war für Ulvi Kulac, der kaum lesen und schreiben kann, offenbar zu kompliziert. Er wohnt in einem in beruhigendem Gelb gestrichenen Haus mit vergittertem Balkon, in dem Bereich der forensischen Psychiatrie, der für die Menschen mit Intelligenzminderung vorgesehen ist. Der Rasen auf dem hügeligen Gelände ist fein gestutzt, ein paar Patienten, die Mützen tief ins Gesicht gezogen, laufen vorbei, sammeln das Laub mit einer Schubkarre. Kein menschlicher Laut weht herüber, es wirkt, als würde der Schall vom Gelände verschluckt.

Ulvi Kulac, den seine Unterstützer als einen „Teddybären", und seine Gegner als einen „Brocken" beschreiben, wartet in Begleitung eines Sozialpädagogen im Erdgeschoss.

Da steht ein halsloser kleiner Mann mit Glatze und einem Ring im rechten Ohrläppchen, dem Fußballer Wayne Rooney nicht unähnlich, und er hat sich fein gemacht für den Besuch. Die gute Hose angezogen, aus dunkelbraunem Cord, spitze Lederschuhe dazu, ein gelb marmoriertes Hemd. Er ist jetzt 32 Jahre alt und seit über neun Jahren in der Psychiatrie. „Schön", sagt er. „Schön ist es hier." Man glaubt es ihm. Er wirkt zufrieden, er lächelt, er erzählt von der „Freizeitgrubbe", von der „Erlebnisgrubbe", von der Arbeit mit den Puzzles und den Kartons. Schon am Klang seiner Stimme, die seltsam tief und hohl ist, merkt man aber, dass irgendetwas an diesem Menschen nicht so ganz stimmt: Er spricht, als würde ein Tonband auf zu langsamer Geschwindigkeit abgespielt. Er habe sein Geständnis „bei die Polizei widerruft", sagt er. Nein, er hat die Peggy nicht umgebracht.

Dass Ulvi Kulac diese Geschichte hier, seine eigene Geschichte, vollständig versteht, wenn sie ihm einer in der Psychiatrie vorliest, ist unwahrscheinlich. Sie ist verworren. Außerdem kommen lange, komplizierte Wörter wie Tathergangshypothese, Strafprozessordnung, Reid-Technik und Wiederaufnahmeverfahren in ihr vor.

Die Frau, die dafür sorgt, dass man diese Geschichte überhaupt noch erzählt, lebt mit ihrem Mann in einem Einfamilienhaus, 30 Kilometer entfernt von Lichtenberg. Gudrun Rödel führt ins Wohnzimmer, krault eine schwarze Katze auf dem Fenstersims, zeigt auf ein Vogelhäuschen in ihrem Garten, in dem neulich mal Elstern waren, holt ein Glas Wasser und legt los. Nein, sie habe Ulvi Kulac damals gar nicht gekannt, sagt sie. Das kam später. Erst mal habe sie über seine Verhaftung und den Prozess gelesen, in der *Frankenpost*. „Das kann man doch nicht machen. Das ist doch ein behinderter Mensch", habe sie da gedacht. Gudrun Rödel war damals selber Mutter einer geistig behinderten Tochter, außerdem hatte sie in Zwickau mal in einer Anwaltskanzlei gearbeitet und kannte sich ein wenig in juristischen Dingen aus. Das, was da passierte, empörte sie zutiefst. Wenn wir uns früher engagiert hätten, hätten wir vielleicht das Schlimmste verhindern können, sagt sie. Heute, nach dem Tod ihrer eigenen Tochter, ist dieser Fall ihr Lebensinhalt. Sie ist Sprecherin einer von ihr gegründeten Bürgerinitiative für die Freilassung von Ulvi Kulac und seine gerichtlich anerkannte Betreuerin.

Frau Rödel hat sich eine Klarsichtfolie auf den Wohnzimmertisch gelegt. Darin liegt ein

weißes Papier, auf dem „die Wahrheit" steht. „Der Ulvi hat es nicht gemacht. Und wir können es beweisen", sagt sie.
Am 7.5.2001 verschwindet ein neunjähriges Mädchen im Städtchen Lichtenberg, einem Ort am Fuße einer mittelalterlichen Burgruine in Oberfranken, zwischen dem Höllental und der ehemaligen Grenze zur DDR. Eine gigantischen Suchaktion beginnt, an der in den folgenden Wochen Hunderte Polizisten beteiligt sind. Sie durchstreifen die Wälder, führen Leichenspürhunde durch die schmalen Gassen, schicken Taucher in die Seen und Höhlenexperten in die alten Bergbaustollen unter der Stadt. Sogar Düsenjäger der Bundeswehr überfliegen die Umgebung, sie haben spezielle Kameras an Bord, mit denen man frische Erdaufschüttungen erkennen kann. Tausende Hinweise gehen bei der Soko ein. Es heißt, das Mädchen sei in die Türkei entführt worden oder für Kinderpornos nach Tschechien. Nach sieben Monaten schlagen die Hunde bei einem halb zerfallenen Häuschen in der Brauhausstraße an. Man lässt es abtragen, doch darunter ist nichts. „Jetzt sind wir wieder auf dem Stand vom ersten Tag", verkündet Herbert Manhart, der Leiter der Sonderkommission, zerknirscht.
Ulvi Kulac, benannt nach einem Wehrdienstkameraden seines türkischen Vaters, wird von allen, die ihn kennen, als der „Dorfdepp" von Lichtenberg beschrieben. Auch seine Mutter nennt ihn so. Ein Mann mit dem Gemüt eines Kindes, der schwachsinnig ist, seit ihn mit zwei Jahren eine bakterielle Gehirnhautentzündung befiel. Er hat einen Schwerbehindertenausweis mit einem GDB von 80. Sein Tagesablauf besteht aus Playstation spielen, trinken, ab und zu mal einem Joint. Er hilft den Nachbarn beim Holzhacken und verdient sich als Kellner ein bisschen Geld. Seine Eltern betreiben die „Schlossklause" auf der alten Burgruine, es gibt immer gut zu essen für den Sohn. Manchmal sitzt er auf einer Parkbank, hört Walkman und winkt den Autofahrern zu. Er geht alleine in die Kneipe und allein zum Tanzen in die Disko im Nachbarort. Richtige Freunde hat er nicht. Oft ist er von Kindern umringt, etwa acht bis elf Jahre alt. Sie hänseln ihn und lachen ihn aus. „Und wenn die Kinder ihm in den Arsch getreten haben, da hat er halt einen Schimpf losgelassen. Aber zurückgeschlagen hat er nie", erzählt der ehemalige Bürgermeister Herbert Heinel.
Als Ulvi Kulac Anfang zwanzig ist, beschweren sich andere Eltern über ihn. Seine Mutter erfährt, dass er sich vor Kindern ausgezogen und onaniert hat. Ihr Sohn ist Exhibitionist. Sie meldet ihn an zur Therapie.
Im Jahr nach dem Verschwinden des Mädchens gibt es zwar wilde Theorien, aber noch immer keine heiße Spur. Die Suche nach Peggy droht allmählich zur Blamage für die bayrische Polizei zu werden. Der damalige Innenminister Günther Beckstein tauscht den Soko-Leiter Herbert Manhart durch Kriminaldirektor Wolfgang Geier aus, einen Mann für aussichtslose Fälle. Die Polizisten erfahren, dass Ulvi Kulac mehrfach Kinder sexuell belästigt haben soll. Bald konzentrieren sich die Ermittlungen auf den Hilfskellner aus Lichtenberg, der im September 2001 in die forensische Psychiatrie eingeliefert wird. Die Polizisten arbeiten auf das Einzige hin, das ihnen diesen Fall lösen kann, in dem es keine Zeugen und keine Spuren für ein Verbrechen gibt: Ein Geständnis muss her.
Wie oft Ulvi Kulac genau von der Polizei vernommen wird, ist unklar. Wolfgang Geier sagt, es habe drei mit dem Anwalt abgesprochene Termine gebeben, bei denen der Beschuldigte aufgrund seiner Konzentrationsschwäche nie besonders lange befragt worden sei. Ulvi Kulac behauptet, man habe ihn wesentlich länger vernommen, bis in die Abendstunden hinein. Über tausend Seiten Vernehmungsprotokolle sind in den Akten dokumentiert.
Die Polizisten schreien den Beschuldigten offenbar an. Dann umschmeicheln sie Ulvi Kulac wieder. Sie erklären, dass es eine „ganz wichtige Sache" sei, dass er sich noch einmal bereit erklärt, Angaben über den Vorfall zu machen; dass es eine „ganz gute Sache" sei, dass sein Anwalt damit einverstanden ist. Dass ihm niemand etwas Böses will und ihm selbst, wenn er verurteilt würde, doch nichts passiere. Sie duzen ihn und geben ihm zu verstehen, dass man unter Männern doch alles sagen kann. Doch Ulvi Kulac bestreitet weiterhin, irgendetwas mit dem Verschwinden des Mädchens zu tun zu haben.

Am 30.4.2002 legt die Sonderkommission Peggy eine Strategie für die Vernehmung des Beschuldigten fest, die auch in den Akten festgehalten ist. Ausschließlich Männer sollten mit ihm sprechen, darunter auch ein „lebensälterer Beamter (Vaterfigur)". Zudem sei ein Polizist aus Lichtenberg hinzuzuziehen, dem Ulvi Kulac sich am ehesten anvertrauen würde, weil er ihn aus der Kneipe kennt. Das Entscheidende aber ist: Die Soko entwickelt eine Tathergangshypothese, die Monate vor seinem Geständnis schon beschreibt, wie und aus welchen Gründen ein geistig behinderter Mann womöglich einen Mord begangen hat. „Es dürfte zu einer Eskalation im Handlungsablauf gekommen sein, von einer geplanten Tötung ist nicht auszugehen." „Grund für die Eskalation könnte die Vergewaltigung der Peggy durch den Ulvi im Vorfeld gewesen sein."
Geständnisse sind das stärkste Beweismittel in einem Gerichtsprozess. Kein Zeuge, kein Indiz, keine Spur an einem Kleidungsstück wiegt so viel. „Viele Juristen und Ermittlungsbeamte sind der Überzeugung: Es legt doch keiner ein Geständnis ab, wenn er's nicht gewesen ist, aber das hat die psychologische Forschung widerlegt."
Gemeinsam mit einer Kollegin untersucht Dr. Steffen Lau in einem Forschungsprojekt, warum Menschen Taten gestehen, die sie nicht begangen haben. „Wir wissen, dass es Variablen gibt, die die Möglichkeit von falschen Geständnissen erhöhen. Dazu gehören jugendliches Alter, aber auch geistige Minderbegabung." In den USA wurden mit DNA-Tests 125 falsche Geständnisse aus den Jahren 1971 bis 2002 nachgewiesen. In Deutschland finden keine derartig systematischen Überprüfungen statt. Über die Häufigkeit falscher Geständnisse lässt sich also nichts sagen. Dennoch gibt es immer wieder spektakuläre Einzelfälle, etwa dann, wenn in einem abgeschlossenen Verfahren neue Beweise auftauchen oder sich der wahre Täter stellt. Die ebenfalls teilweise geistig behinderten Familienangehörigen des Landwirts Rudolf Rupp gestanden 2005 zum Beispiel eine schockierende Tat. Sie hätten Rupp aufgelauert, ihn gemeinschaftlich mit einem Vierkantholz und einem Spitzhammer erschlagen, die Leiche anschließend zerstückelt und den Hofhunden zum Fraß vorgeworfen. Vier Jahre, nachdem sie zu mehrjährigen Haftstrafen verurteilt worden waren, barg man den Landwirt in seinem Auto aus der Donau, das Skelett war unversehrt. Im Februar 2011 sprach das Landgericht Landshut die Verurteilten trotz ihrer damaligen Geständnisse frei.
Ungeklärt ist aber nach wie vor die Frage: Wie kommen vier Menschen dazu, unabhängig voneinander dieselbe unwahre Geschichte zu erzählen? „Es muss nicht einmal eine klare Strategie und psychischen Druck von den Beamten geben. Schon die Situation der Vernehmung hat eine hohe suggestive Kraft", sagt Dr. Steffen Lau. Manche Menschen gestehen falsch, weil sie jemanden schützen wollen. Andere hoffen durch ein Geständnis auf ein wenig Ruhm (angeblich sollen sich nach der Entführung des Babys von Charles Lindbergh im Jahr 1932 etwa 200 Menschen zu der Tat bekannt haben). Wieder andere kollabieren ganz einfach unter dem Druck der Befragung durch die Polizei – vor allem, wenn sich die Beamten wie im Fall des Landwirts offenbar schon vorher ausgedacht haben, was sie hören wollen und was nicht.
Auch wenn Unterlagen über die polizeiliche Strategie existieren, ist es im Nachhinein so gut wie unmöglich herauszufinden, ob eine spezielle Vernehmungsmethode angewandt wurde. Im Fall von Ulvi Kulac gibt es jedoch Hinweise darauf, dass zumindest Elemente der so genannten „Reid-Technik" im Spiel gewesen sind, einer besonders aggressiven Art des Befragens, bei der die Polizisten auch Lügen einsetzen, um den Druck zu steigern. In den USA ist die Reid-Technik in den letzten Jahren in die Kritik geraten, weil sie überproportional viele Falschaussagen produziert hat. In Deutschland ist diese Methode in vielen Bundesländern nicht zugelassen, in Bayern wird sie jedoch geschult. „Aussagepsychologen laufen vehement Sturm gegen Anwender diese Methode, weil sie fast ritualisiert die Eskalation von Druck und Verunsicherung in der Vernehmung benutzen. Wissenschaftlich vernünftig ist es, auch Argumente zu finden, die gegen die eigene Hypothese des Tathergangs sprechen, um sie dann zu prüfen und zu verwerfen.

Die Reid-Technik verbietet den Beamten aber, Informationen zur Kenntnis zu nehmen, die ihre Überzeugung ins Wanken bringen", sagt Gerichtspsychologe Lau.
Am 7.2.2002 ist es soweit. Die Polizisten holen Ulvi Kulac um 7.25 Uhr in der Früh erneut aus dem Bezirkskrankenhaus Bayreuth und bringen ihn auf die Polizeiwache. Auf dem Weg dorthin macht Ulvi Kulac eine wirre Aussage: „Hat mein Rechtsanwalt bei Ihnen angerufen? Ich habe keine Zeit, weil ich arbeiten muss. Ich muss Geld verdienen und gebe es dann meinen Eltern. Ich spare 100 Euro und gebe es dann meinen Eltern. Die geben es dann meinem Rechtsanwalt. Haben Sie den Sicherheitsgurt Ihres Fahrzeugs repariert? Heute besuchen mich um 15.30 Uhr meine Eltern."
Das Zimmer 213 ist entsprechend präpariert. Poster und sonstige Bilder an den Wänden sollen abgehängt werden, damit eine „ungestörte und reizarme Atmosphäre (keine Fluchtmöglichkeit)" entsteht. Um 7.50 Uhr wird die Vernehmung des beschuldigten Hilfskellners fortgesetzt. Nachdem eine Weile über relativ Belangloses geredet wird, schalten die Polizisten urplötzlich um. Obwohl dies nach Paragraf 136a der Strafprozessordnung klar verboten ist, konfrontieren sie ihn mit der Lüge, dass es eindeutige Beweise für seine Täterschaft gebe, weil Blut des Mädchens auf seiner Kleidung gefunden worden sei (die Polizisten werden später sagen, dass es sich um ein Missverständnis gehandelt habe). Ein Kriminalhauptkommissar fährt Ulvi Kulac an: „Wie kommt da Blut hin? Haben Sie da eine Erklärung? Können Sie uns da eine Erklärung abgeben?" „Das kann nicht von der Peggy sein", sagt Ulvi Kulac. Doch dem Druck hält er nicht mehr lange stand. Wie genau der Wortlaut seines ersten Geständnisses ist, lässt sich nicht rekonstruieren.
Um 10.37 Uhr wendet er sich in Abwesenheit seines Anwalts an den Polizisten aus Lichtenberg. Dem später angefertigten Gedächtnisprotokoll zufolge gibt Ulvi Kulac Folgendes zu:
Am 7.5.2001 lauert er Peggy Knobloch auf, um sich für eine Vergewaltigung zu entschuldigen, die vier Tage zuvor stattgefunden hat. Er wartet auf einer Parkbank, als sie aus dem Bus aussteigt, spricht er sie an. Aus Angst rennt Peggy davon: Sie läuft nicht direkt ins Haus ihrer Eltern, sondern außen um den Ort herum, an einer Schrebergartensiedlung vorbei, auf einem schmalen, schwer einsehbaren Pfad, der auf dem steil abfallenden Hang entlangführt. Links ist die Burgmauer, rechts geht es bergab. Das Mädchen ist schneller. Doch sie stürzt über einen Stein. Sie blutet am Knie und am Kopf. Ulvi Kulac nähert sich ihr von hinten und hebt sie auf. Sie stampft auf den Boden auf und schreit: „Hau ab! Ich möchte nichts mehr mit dir zu tun haben!" Ulvi Kulac hält sie fest, verspricht ihr Schokolade, wenn sie niemandem etwas von der Vergewaltigung erzählt. Als das Mädchen schreit und ihm droht, alles den Eltern zu erzählen, bekommt er Panik. Er ohrfeigt sie und stößt sie zu Boden. Sie ruft um Hilfe.
Er hält ihr den Mund und die Nase zu, bis sie ruhig ist. „Wie ich gesehen habe, dass sie sich nicht mehr rührt, habe ich aufgehört." Zehn Minuten lang macht er angeblich Wiederbelebungsversuche. Dann schultert er den leblosen Mädchenkörper und deckt ihn mit Zweigen ab.
Wochen später titelt die *Frankenpost*: „Junger Lichtenberger gesteht Mord". War ein geistig behinderter Mann wirklich in der Lage, in wenigen Minuten ein so perfektes Verbrechen zu begehen? Innerhalb der Polizei bleiben Zweifel, dass der Fall Peggy mit dem Geständnis gelöst ist. Der Leiter der ersten Sonderkommission, Herbert Manhart, der stets beteuert hatte, es mache keinen Sinn, sich an Ulvi Kulac festzubeißen, der geistesgestörte Junge sei „nicht mal eine warme Spur", spricht noch ein letztes Mal mit der Presse. Er habe seine eigene Meinung, aber die sage er nicht mehr. Innenminister Günther Beckstein fällt seinem Soko-Leiter in den Rücken und kritisiert öffentlich, dass ein Geständnis eines psychisch Kranken bei fehlender Leiche „nur die halbe Miete" sei. „Spucke, Körperflüssigkeiten und weiß der Deubel was für Zeug, die haben nichts gefunden von dem Mädchen", sagt Herbert Heinel, der ehemalige Bürgermeister von Lichtenberg. Die Mehrheit der Bevölkerung in seinem Ort zweifelt bis heute daran, dass ihr Ulvi, den sie wegen eines Geständnisses zu lebenslanger Haft verurteilt haben, der wahre Mörder ist. Er, der so schwerfällig ist, soll ein flinkes

Mädchen aus dem Turnverein eingeholt haben, das ausgerechnet dorthin flieht, wo kein Mensch es mehr sehen kann? Die Leiche soll sich spurlos aufgelöst haben? Der hätte auch das Attentat auf Kennedy gestanden, wenn es nötig gewesen wäre, sagen sie hier. Der war doch ein gutmütiger Deppl, wenn wir dem ein Bierle gegeben haben, hat der doch alles gemacht. In Lichtenberg können sie es einfach nicht verstehen.

Elsa Kulac, die Mutter, lässt eine Zigarette im Aschenbecher abbrennen, sie weint. Sie macht sich Vorwürfe, dass ihr Sohn wie ein gesunder Erwachsener behandelt wurde, weil sie ihn nicht schon früher unter amtliche Betreuung stellen ließ. Sie sitzt in ihrer neuen Kneipe, einem ehemaligen, mit grünen Schindelplatten verkleideten Stall, den sie mit ihrem Mann ausgebaut hat, seit die beiden nicht mehr Pächter der „Schlossklause" sind. Die Kulacs haben ihre Heizung demontiert, weil sie sich das Öl nicht mehr leisten konnten. Sie versuchen jetzt die kleine Wirtschaft mit Holz und Kohle zu wärmen, aber mit den neuen Rohren klappt es nicht so recht. In den letzten Jahren haben sie viel Geld an Juristen und Detektive verloren, es hat ihnen alles nichts genützt. Gudrun Rödel bespricht mit der Mutter, wie es nun weitergeht. Wie sie die Kosten für die kommenden gerichtlichen Auseinandersetzungen aufbringen können, ob es Zuschüsse gibt.

Wolfgang Geier, der damals die Soko leitete, hat sich in den letzten Jahren schon mehrfach erfolgreich gegen Vorwürfe gewehrt, er habe das Geständnis unter Anwendung von unlauteren Mitteln erhalten. „Wenn die Eltern sagen, wir glauben das nicht', kann ich es verstehen. Es steht ihnen frei. Aber wenn mir Leute vorwerfen, dass ich ihn geschlagen und erpresst haben soll, dann ist das ein Straftatbestand, und ich gehe rechtlich dagegen vor." Er ist überzeugt, den Mörder überführt zu haben, auch wenn es ihn natürlich ärgert, dass Peggy Knobloch nach wie vor verschwunden ist. „Bei einer sogenannten weichen Tötung bleiben unter Umständen nach einem Jahr keine Spuren mehr", sagt er. „Ich kann mir vorstellen, dass man wegen der Leichenzersetzung nichts mehr finden wird. Wenn das Mädchen wirklich in der Gegend vergraben wurde, gibt es dort zum Beispiel viel Schwarzwild. Wildschweine können eine Leiche ausgraben und vollständig fressen."

Gudrun Rödel hat Michael Euler eingeschaltet, einen neuen Anwalt aus Frankfurt, der die Wiederaufnahme des Falls erreichen soll. Es sei ihm kalt den Rücken heruntergelaufen, als er das erste Mal in die Akten geschaut und gemerkt habe, wie wenig der damalige Pflichtverteidiger gemacht habe, sagt er. „Wenn er zu dem Zeitpunkt schon mein Mandant gewesen wäre, hätte er nicht ausgesagt."

Gudrun Rödel sammelt weiter Belege dafür, dass die Polizei damals einen Unschuldigen eingesperrt hat, weil sie unbedingt einen Ermittlungserfolg brauchte. Sie sagt, Ulvi Kulac habe ein Alibi für den Tag, an dem Peggy Knobloch verschwand. Er habe einem Mann Essen aus der „Schlossklause" gebracht, dann einem Bekannten beim Holzmachen geholfen. Es gebe Zeugen, die Peggy Knobloch auch nach dem angeblichen Tatzeitraum noch gesehen hätten. Doch was nützt das? Ulvi Kulac hat einen Mord und eine Vergewaltigung gestanden. Das ist es, was zählt.

DAS FAMILIENALBUM

Zu Besuch bei den Verwandten. Eine Fotoreportage von Robin Schwartz

Freeman, Schweinsaffe, männlich, 4 Jahre alt

Vana, Hamadraya-Pavian, weiblich, 4 Jahre alt und Miracle, Pudel, weiblich, 4 Jahre alt

Shibu, Japanmakak, 1 Jahr alt

Wähle ich irgendwann CDU? Von der Angst, so zu werden wie der eigene Vater

Text: Zack Heiner

In der zweiten Hälfte der 90er-Jahre, der Anlass war wohl ihre silberne Hochzeit, erfüllten sich meine Eltern einen Traum und reisten nach Hawaii. Von dort brachten sie ein Urlaubsvideo mit, das sich mir eingeprägt hat, weil es so unwirklich und zugleich so typisch für meine Eltern war. In einer Sequenz, die an die Aufnahmen von einer Mondlandung erinnert, sieht man, wie sie in einem riesigen Jeep durch eine vulkanische Geröllandschaft fahren. Eine andere Passage zeigt meine Mutter beim etwas ungelenken Versuch, umringt von Inselschönheiten in Baströckchen, Hula-Hula zu tanzen.
Mein Vater ist nur selten im Bild, er hält meistens die Kamera. Einmal hat meine Mutter ihn heimlich beim Baden im Swimmingpool gefilmt. Er planscht herum wie ein junger Seehund. Dann merkt er, dass er beobachtet wird und rudert zum Beckenrand. Als er das Wasser verlässt und sich abtrocknet, zieht er den Bauch ein und strengt sich offensichtlich an, dies auf eine möglichst unauffällige Weise zu tun. Für diese Szene habe ich mich immer ein bisschen geschämt, weil mein Vater darin mehr von sich preisgab, als er preisgeben wollte.
Damit wir uns nicht falsch verstehen: Auch wenn ich andere Vorstellungen vom Leben hatte und nie so sein wollte wie er, liebe ich meinen Vater sehr und habe den größten Respekt vor ihm. Er hielt mir beim Jugendrichter den Rücken frei, nachdem ich beim Ladendiebstahl erwischt worden war. Er war nicht nachtragend, als ich mir damals nicht vorstellen konnte, BWL zu studieren, sondern lieber was mit Medien machen wollte. Als ich in meine erste WG zog, kam er mit der Bohrmaschine und half mir dabei, die Jalousien anzubringen. Er gab mir sogar die Schlüssel von seinem Mercedes.

Trotzdem habe ich Angst, ihm mit zunehmendem Alter immer ähnlicher zu werden, ohne etwas dagegen machen zu können. Im Treppenhaus eines Charlottenburger Altbaus wurde ich vor einiger Zeit zum ersten Mal auf gewisse Übereinstimmungen aufmerksam gemacht: „Du schnaufst schon wie dein Vater", sagte meine Frau, als wir zu einem Abendessen bei Freunden hinaufstiegen. Mir war gar nicht aufgefallen, dass ich schwer geatmet hatte.

Seither hat meine Frau ein erstaunliches Auge für ungeahnte Ähnlichkeiten entwickelt. Das Unangenehme daran: Sie hat auch noch recht. Der Gang, die Körperhaltung, das Lachen – ganz der Vater. Auch wenn er längst in Rente ist, und ich noch keine vierzig bin, wird es von Jahr zu Jahr schlimmer: Der allmähliche Verfall meines Äußeren scheint unabwendbar und bis ins Detail vorgezeichnet zu sein. Wenn ich meinen Vater ansehe, gleicht das manchmal dem Blick in einen Zauberspiegel, der mir eine zukünftige Version meiner selbst zeigt. Unter anderem hat er ausgeprägte Falten zwischen Nasenflügeln und Mundwinkeln, seine Backen hängen ein bisschen schlaff am Unterkiefer. Diese Kombination erweckt bei Außenstehenden stets den irreführenden Eindruck, er sei sehr schlecht gelaunt. Auch bei mir werden die Furchen zwischen Mund und Nase immer tiefer, und auch meine Wangen sind längst keine Pausbäckchen mehr. Das hat zur Folge, dass ich immer öfter gefragt werde, ob etwas nicht in Ordnung sei, obwohl ich eigentlich ganz neutral gucke. Mein Gesicht entwickelt sich zu etwas, das kleinen Kindern Angst einjagt.

Darüber hinaus fällt es meinem Vater schwer, sich einzugestehen, dass er nicht mehr so gut hört. Im Wohnzimmer meiner Eltern ist der Fernseher deshalb stets bis zum Anschlag aufgedreht, während meine Mutter meinen Vater anbrüllt, ob er noch ein Bierchen möchte. Ich wiederum stelle immer öfter fest, dass ich Hintergrundgeräusche, die andere als störend empfinden, überhaupt nicht mehr wahrnehme. Meine Haare lichten sich rapide, so wie bei ihm, als er so alt war wie ich, und neulich habe ich sogar mitbekommen, wie meine Mutter meiner Frau geraten hat, wie man mit einem hartnäckigen Schnarcher fertig wird: getrennte Schlafzimmer und fertig. Früher habe ich nie geschnarcht. Was kommt als Nächstes? Werde ich eine Vorliebe für deutsche Schlager aus den 50er-Jahren entwickeln – so wie er? Werde ich auf Landstraßen demnächst nicht mehr schneller als 80 km/h fahren – so wie er? Und wann fange ich an, Sudokus zu lösen und CDU zu wählen – so wie er?

Doch der Zauberspiegeleffekt hat auch sein Gutes. Das Bild, das man von sich selbst hat, ist oft verzerrt. In der eigenen Vorstellung hört man ungefähr mit 33 Jahren auf zu altern und pflegt ein nostalgisches, ein idealisiertes Selbstbild: Man imaginiert sich selbst als gestandene Person in der Blüte seiner Männlichkeit. So holen mich die Ähnlichkeiten mit meinem Vater zurück auf den Boden der Tatsachen und erinnern mich daran, wie andere mich wahrnehmen – und daran, dass ich nicht unvergänglich bin.

Um das Älterwerden und die körperliche Erschlaffung, die damit einhergeht, so gut wie möglich zu verlangsamen, gehe ich regelmäßig schwimmen. Je nachdem wie voll es im Freibad ist, kann es schon mal vorkommen, dass ich auf dem Weg vom Beckenrand zum Handtuch den Bauch einziehe. Aber das merkt bestimmt keiner.

EXT
REM

MIT LSD UND KRÜCKEN

Als auf dem Fotofestival in Arles die Bilder des amerikanischen Künstlers Leigh Ledare hingen, waren viele Betrachter fasziniert und erschüttert zugleich. Ein Sohn dokumentiert den Verfall seiner Mutter, ihren Weg von der Ballerina hin zu einer Frau, deren Körper vom Leben gezeichnet ist, und die diesem Leben im Bett ihrer jungen Liebhaber noch ein paar schöne Stunden abzuringen versucht. Eine eindrucksvolle Arbeit, die in DUMMY Mama erschien, wobei sich Leigh Ledare beim Treffen genau als das entpuppte, was man schon ahnte, wenn man in Arles auch seine tagebuchhaften Texte zu den Bildern las: als aufmerksamer Sohn nämlich und emphatischer Künstler.

Dass es Menschen gibt, die gern behindert wären, kann man erst mal gar nicht glauben. Tatsächlich aber gibt es einige, die klammheimlich am Wochenende den Rollstuhl oder die Krücken auspacken und ihre Leidenschaft in einer fremden Stadt ausleben, in der niemand weiß, dass sie kerngesund sind. Ein weitaus größeres Phänomen ist natürlich der zum Massensport gewordene Marathonlauf. Wie sich hier brave Bürger abquälen, um sich ihrer eigenen Fitness zu versichern und dabei schwerste körperliche Folgeschäden in Kauf nehmen, ist schon atemberaubend. Die Fotos vom Zieleinlauf des Marathonlaufs einer Frankfurter Großbank zeigen Menschen, die ihrem Leibhaftigen gegenüber zu stehen scheinen. Gruselig.

Ein wunderbarer Ausflug wiederum war Edgar Herbsts Reise in die Schweiz, auf die Alm, wo Albert Hofmann, der Erfinder des LSD, sein Leben verbrachte. Hofmann hatte einst so viel von seiner chemischen Innovation geschluckt, dass er es kaum mehr mit dem Fahrrad vom Labor nach Hause schaffte, ohne bei jeder Blume in tiefe Betrachtung zu versinken. Herbst dosierte wesentlich geschickter, als er wenige Wochen nach Hofmanns Tod auf dessen Spuren wandelte und im LSD-Rausch wunderschöne Pflanzen- und Wolkenbilder schoss.

Extrem schien es auch zunächst zu sein, dass im norddeutschen Eckernförde ein Heim für behinderte Eichhörnchen existiert. Und extrem war auch die Ablehnung der Leiterin, als ein Reporter wegen eines Besuchs anfragte. Angesichts des in den Medien herrschenden Zynismus kann man sie ja verstehen. Dass Arno Frank dennoch hindurfte und eine schöne Parabel über Mensch und Nagetier schrieb, war wiederum seinem extremen Einfühlungsvermögen geschuldet.

AUSSER ATEM

Auf dem langen Lauf zu sich selbst kommt manchmal ein veränderter Mensch ins Ziel. Einer, dem das Streben nach Glückshormonen ins Gesicht geschrieben steht, eine Mischung aus Leistungswille und Erschöpfung, Seligkeit und Aggression. Der Fotograf Gosbert Gottmann hat über Jahre **Hobby-Marathonläufer** kurz vor dem Ziel fotografiert

Fotos: **Gosbert Gottmann**

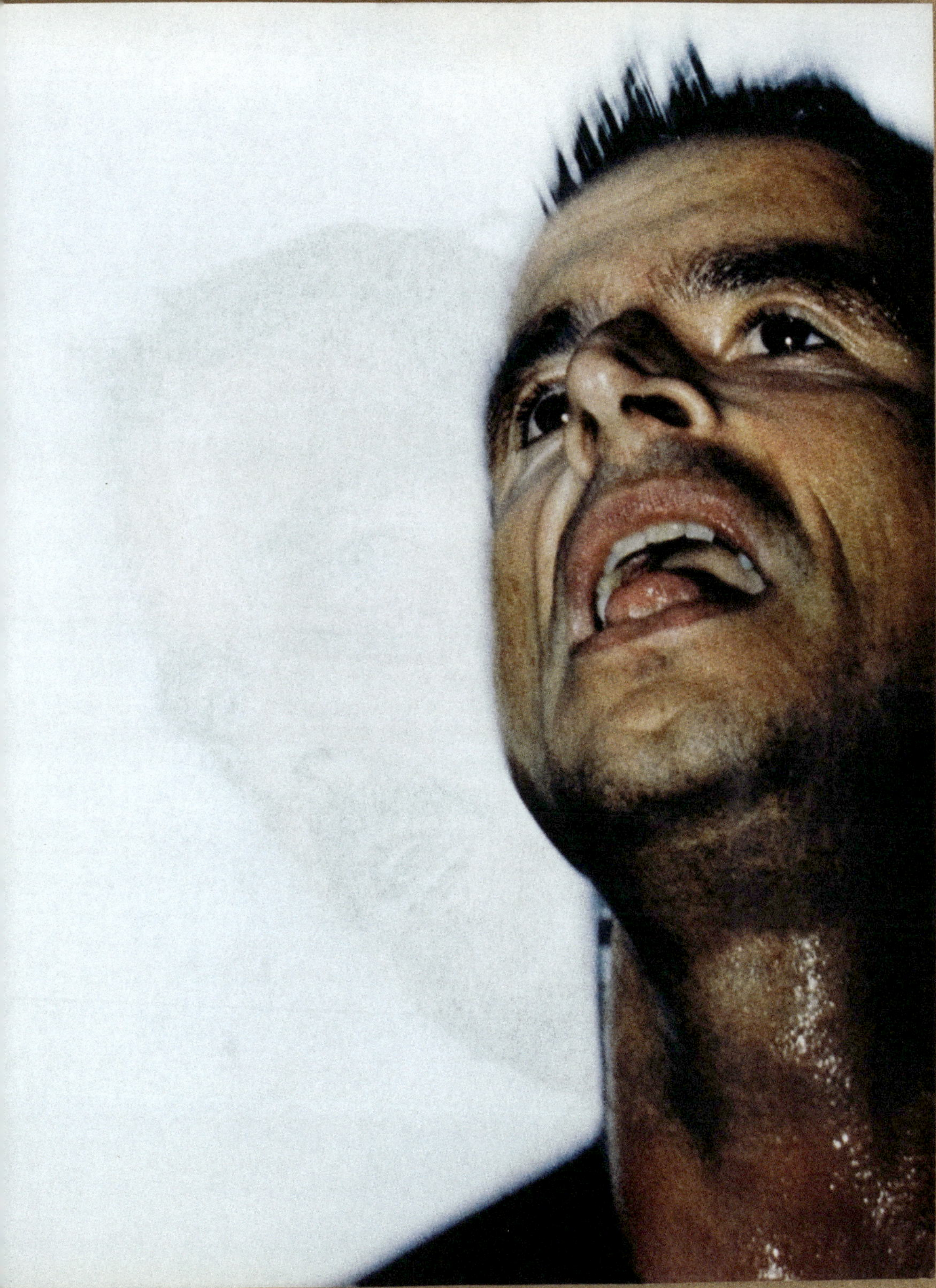

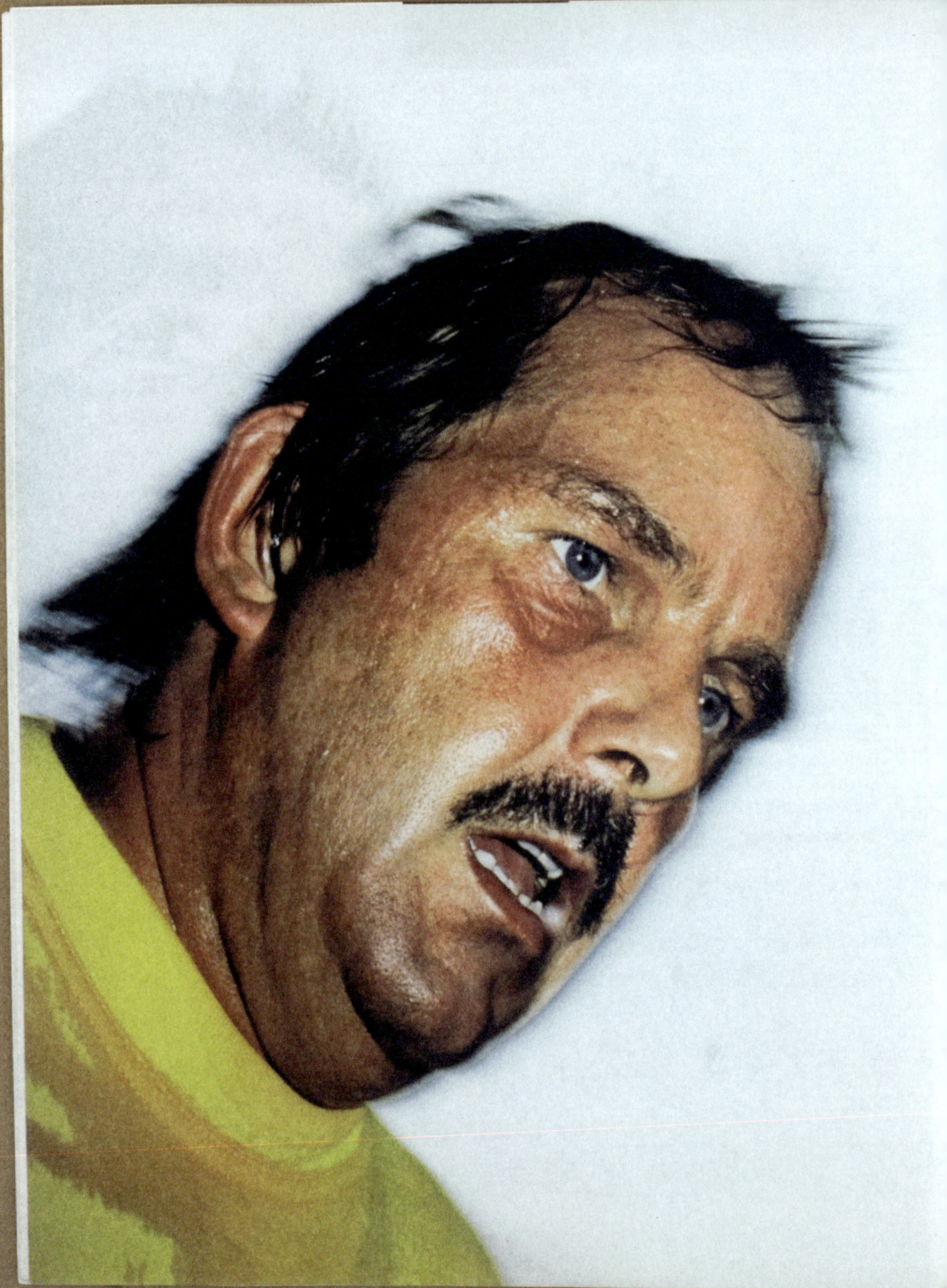

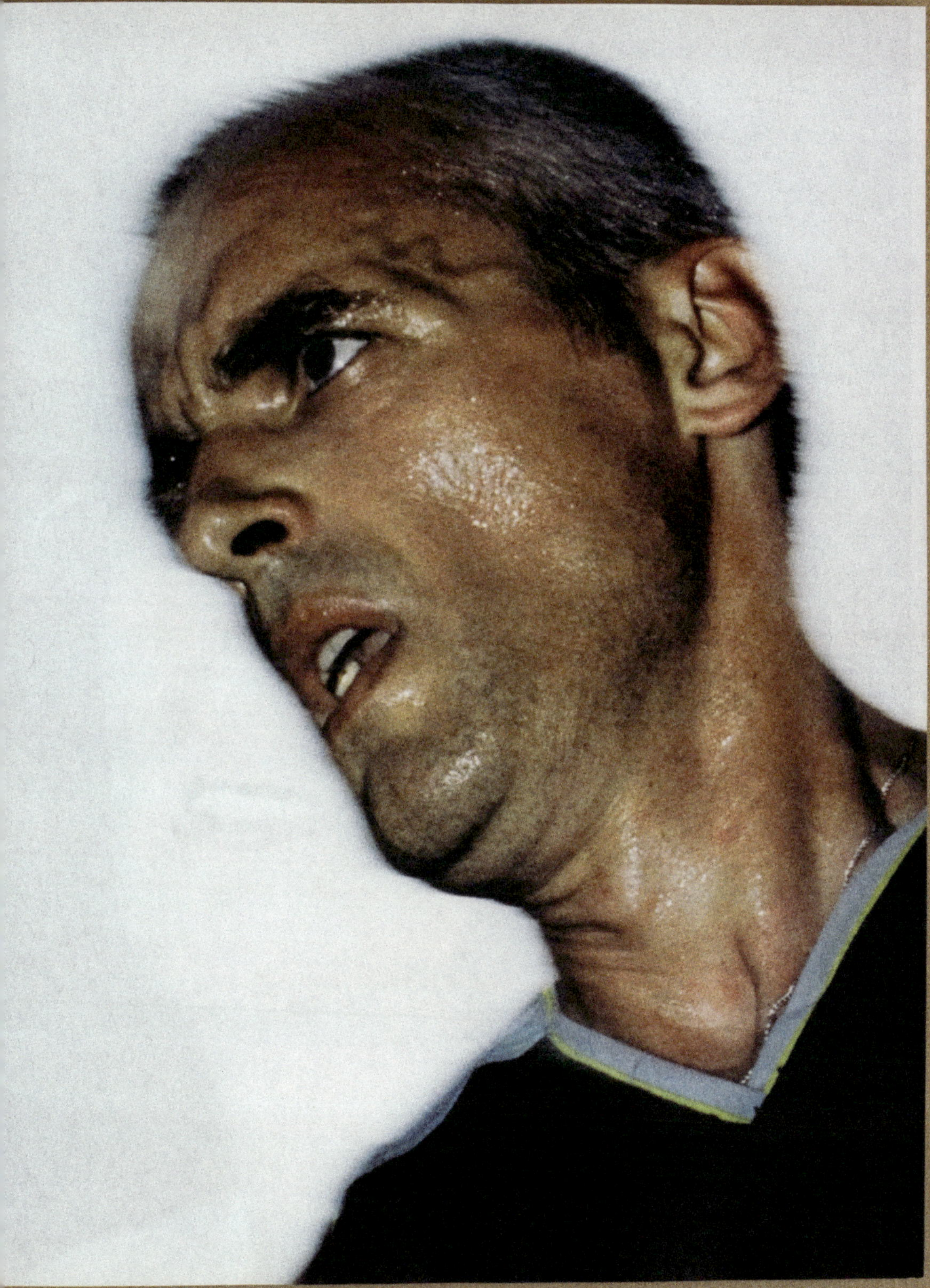

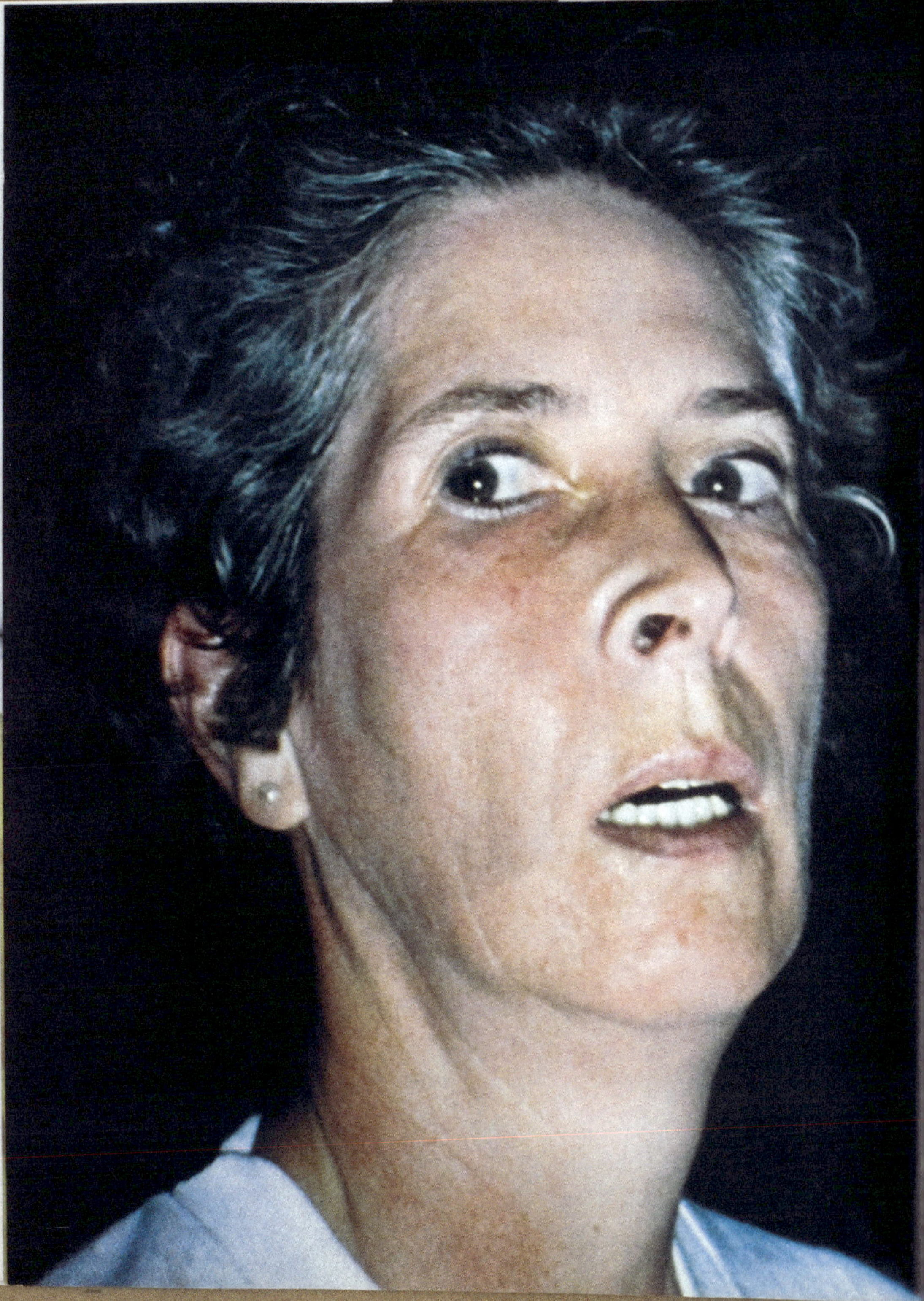

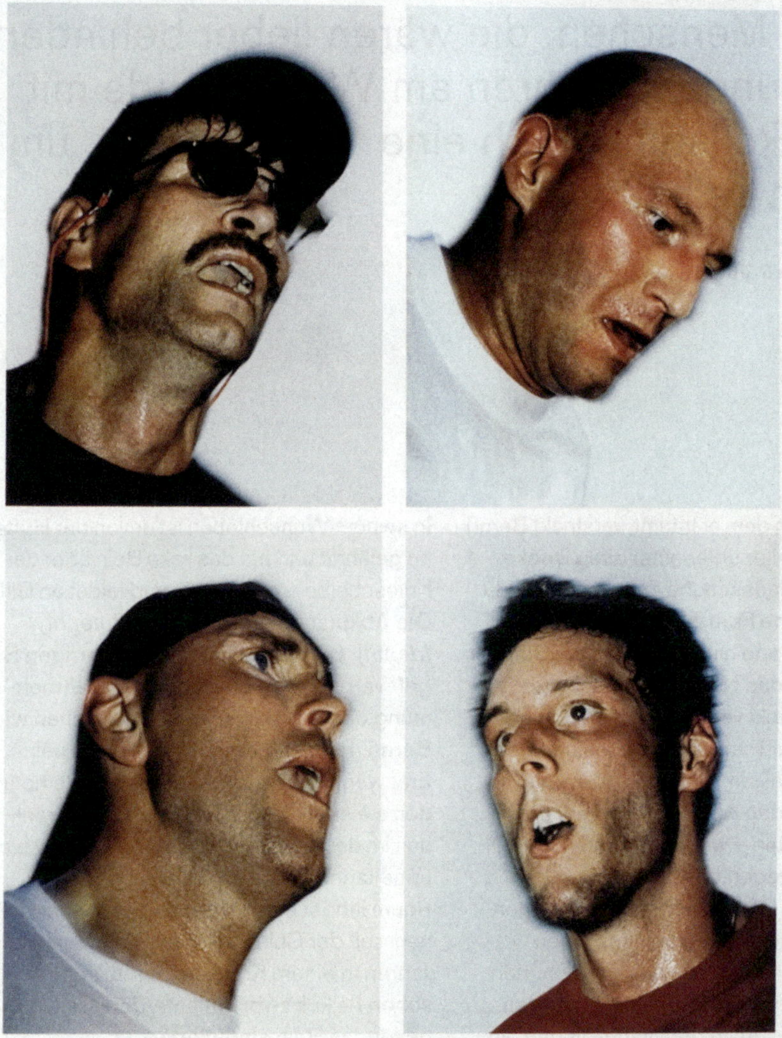

Das Krüppel-Ich

Es gibt Menschen, die wären lieber behindert als gesund. Sie fahren am Wochenende mit einem Rollstuhl durch eine fremde Stadt, um bei sich selbst zu sein

Text: Serge Debrebant

Das Leben, von dem er träumt, versteckt Bernd im Heizungskeller unter einer alten Decke. „Zieh dir die Hausschuhe an, sonst fällst du noch", ruft seine Frau ihm hinterher, als er die Wendeltreppe hinuntersteigt, die Stahltür aufsperrt und das Neonlicht einschaltet.
Die Luft schmeckt verbraucht. Mitten im Raum stehen ein paar Pampers-Kartons und dahinter ein Regal mit Haushaltslaken. Bernd hat seinen beiden Kindern verboten, den Raum zu betreten – wegen der Lacke, der Ölheizung und wegen der Dinge, die in der Wanne für die Öltanks unter einer braunen Wolldecke lagern. „Es ist ein bisschen unordentlich hier", entschuldigt er sich, zieht die Decke weg und streicht sich über den grauen Schnauzer. In der Wanne liegen ein Rollstuhlsitz und zwei Hinterräder mit gelben Speichen. Neben Atomic-Ski lehnen zwei Krücken an der Wand. Aus dem länglichen Karton, der vor der Wanne steht, packt Bernd eine Beinprothese aus Leder und Kunststoff und zwei Beinschienen aus Leder und Stahl, wie man sie früher, als Bernd noch klein war, bei Kinderlähmung getragen hat. „Ich habe zwei Leben", sagt er, „ein normales und ein Wunschleben."

In seinem Wunschleben ist er von der Hüfte an gelähmt und hat das linke Bein über der Kniescheibe amputiert. Bernd leidet an BIID. Die Abkürzung steht für *Body Integrity Identity Disorder.* Hinter dem sperrigen Begriff verbirgt sich eine gestörte Wahrnehmung des eigenen Körpers. Menschen wie Bernd träumen davon, behindert zu sein. Erst wenn ihrem Körper etwas fehlt, empfinden sie sich als ganz. Während die Krankheit im deutschsprachigen Raum noch vielen unbekannt ist, hat im angelsächsischen Raum längst eine Debatte über sie begonnen, seit der Chirurg Robert Smith vor sechs Jahren in einem Krankenhaus im schottischen Falkirk zwei Patienten jeweils ein gesundes Bein amputierte.
In den Vereinigten Staaten setzen sich Kongresse mit der Störung auseinander. Durch Folgen von Fernsehserien wie *Nip/Tuck* und *CSI: New York* hat BIID Eingang in die Populärkultur gefunden. Zeitungen berichten von Fällen, in denen sich Betroffene ein Bein abschossen, sich in Trockeneis oder auf ein Bahngleis legten, um die ersehnte Operation zu erzwingen. Andere reisen nach Manila oder Bangkok.

Für Bernd kommt weder das eine noch das andere infrage. Der Mittvierziger reist alle zwei oder drei Monate in irgendeine Stadt, um sich dort ein Wochenende lang in den Rollstuhl zu setzen. Nachts sitzt er neben seiner alten Carrera-Bahn auf dem Dachboden am Computer, surft im Internet und mailt sich mit Menschen, denen es ähnlich wie ihm geht. „Ich habe eine Verantwortung", sagt er. „Ich habe eine Familie." Um sie zu schützen, hat er darum gebeten, die Namen in der Geschichte zu ändern.

Seine Kinder hat Bernd an diesem Nachmittag bei Freunden untergebracht. Ihre Mutter und er müssten zum Notar, hat er ihnen gesagt, eine kleine Notlüge im Vergleich zu dem, was er ihnen außerdem verschweigt. Bekannte bringen sie – so ist es geplant – um sechs Uhr abends zurück. Bis dahin will er auf dem Weg nach Heilbronn sein, wo er Jürgen treffen will, der an der gleichen Störung leidet. Nachdem er mit seiner Frau Anna Kaffee getrunken hat, steht er unruhig vom schwarzen Ledersofa auf und geht aus dem Wohnzimmer, um zu packen. Anna ist Anfang vierzig, hat graue, zu einem Pony geschnittene Haare und trägt einen dicken Wollpulli. „Das ist Bernds Reich", sagt sie und zeigt nickend zur Tür, die zum Wintergarten führt. Dort gestand er ihr vor fünf Jahren, woran er leidet – zwanzig Jahre, nachdem sie sich in dem bayerischen Dorf, aus dem sie beide stammen, in einem Tanzlokal kennenlernten. „Hätte er mir damals davon erzählt, hätte ich ihn nicht geheiratet", sagt Anna und legt den Kopf in die Hände. „Ich habe gedacht: ‚Spinnt der jetzt völlig'", sagt sie. „Im wahrsten Sinne des Wortes. Weil ich dachte, dass es das gar nicht gibt."

Wochenlang habe sie seine seltsame Krankheit nicht mehr erwähnt, bis ihr Mann erneut darüber reden wollte. „Du kannst das nicht totschweigen", hat er ihr gesagt. „Du kannst das nicht verdrängen." Er hat ihr erklärt, wie er sich in all den Jahren des Schweigens gefühlt, wie es ihn geschmerzt hat, sie zu belügen und ihr seine Neigung zu verschweigen, weil er fürchtete, dass sie ihn zurückweist. Er hat sie dazu gedrängt, die Berichte im Internet zu lesen, ihr seine neuen Freunde vorgestellt und sie gebeten, mit ihm „auf Tour" zu gehen, wie er das nennt. „Mit ihm alleine mache ich das gerne, aber nicht mit seinen Freunden", sagt Anna. „Wenn er im Rollstuhl sitzt, ist er ausgeglichener und geduldiger. Er geht sogar mit mir einkaufen. Das braucht man normalerweise nicht mit ihm zu machen."

Bernd kommt ins Zimmer. Er trägt ein frisches Hemd, eine frische Hose und lächelt. Er freut sich auf die Tour nach Heilbronn und lehnt einen weiteren Kaffee dankend ab.

Er müsse während der Fahrt sonst auf Toilette, sagt er. Der französische Psychoanalytiker Jacques Lacan hat zu erklären versucht, wie Kinder ein Gefühl für ihren Körper entwickeln. In den ersten Monaten nach der Geburt nimmt der Säugling die Welt nur als Sinneschaos wahr. Er kann noch nicht zwischen sich und seiner Mutter, zwischen Armen, Beinen und Kopf unterscheiden.

In seiner Wahrnehmung zerfällt sein Körper in einzelne Teile wie in den grotesken Gemälden Hieronymus Boschs. Erst das Spiegelstadium bringt Ordnung in die Vielfalt. Auf dem Arm seiner Mutter sieht der Säugling in den Spiegel und erkennt erst sie und dann sein Abbild, in das er sich wie Narziss verliebt. Sein Spiegelbild repräsentiert die Einheit und Ganzheit, die ihm fehlt. Nach ihr werde er sein Leben lang streben, so Lacan.

„Ich kann mich noch daran erinnern, wie ich mir mit vier einen Finger brach und einen Gips am rechten Arm trug", erzählt Bernd, als er abends in seinem schwarzen Kombi über die Autobahn nach Heilbronn fährt. „Ich habe versucht, den Gips in der Hosentasche zu verstecken. Ich habe mich geschämt, weil ich dachte, dass man mir den Spaß ansieht."

Bernd ist ohne Vater aufgewachsen, weil sich seine Eltern früh scheiden ließen. Seine Großmutter lebte bei ihnen im Haus. Er führt ihre Sprichwörter noch heute im Mund: Ehrlich währt am längsten, geteiltes Leid ist halbes Leid. Seine Erziehung sei konservativ gewesen, sagt er, eine sogenannte anständige Erziehung, die geprägt war von dem Satz: „So etwas tut man nicht." Er wusste, dass er etwas tat, was man nicht tut, wenn er mit selbst gebauten Krücken durch den Flur humpelte. Kaum hatten Mutter und Großmutter das Haus verlassen, schraubte er die Bürste vom Besenstiel, bohrte Löcher hinein und schraubte eine Schulterlehne daran. Jedes Kind spielt gern mit Krücken, aber

Bernd hat es immer nur heimlich getan, weil es für ihn mehr als ein Spiel war.
Seinen Kindern will er von der Krankheit erzählen, wenn sie erwachsen sind. Felix geht in die Haupt- und Jasmin in die Grundschule. Seit sie älter werden, geht er seltener im Rollstuhl auf Reisen. „Langsam setzt der Verstand ein", sagt er. „Sie beginnen, Fragen zu stellen." Vielleicht entdecken Felix und Jasmin, was sich im Heizungskeller verbirgt, bevor er es ihnen sagen kann.
Vor ein paar Jahren hat Felix einige Wochen selbst im Rollstuhl gesessen, nachdem er vom Baum gefallen war. „Ich habe damals zu Anna gemeint: ‚Guck mal, es macht ihm Spaß'", sagt Bernd. Er wollte einen Witz machen, aber seine Frau hat nicht gelacht.
Bernd parkt seinen Kombi in einer Tiefgarage in Heilbronn, öffnet die Fahrertür und wuchtet den Rollstuhl vom Beifahrersitz nach draußen. Nachdem er die Vorderräder aufgesteckt hat, packt er mit der linken Hand die Fahrertür und der rechten die Rückenlehne und hebt sich vom Fahrersitz in den Rollstuhl.
Einen Abend und einen Tag lang wird er das Leben eines Querschnittsgelähmten führen. Er wird Aufzüge statt Treppen und Rampen statt Stufen benutzen. Er wird in einem behindertengerechten Hotelzimmer übernachten, unter der Dusche auf einem Hocker sitzen und auf der Toilette einen Katheter benutzen. Er wird sich so lange einreden, dass er seine Beine nicht bewegen kann, dass er es für Augenblicke sogar selbst glaubt. Nachdem er sich im behindertengerechten Badezimmer an einem Waschbecken mit Kippspiegel frisch gemacht hat, rollt er in eine Kneipe, in der er sich verabredet hat. Ein Gast verlässt das Lokal und hält Bernd die Tür auf. An einem freien Tisch räumt die Kellnerin einen Stuhl weg und bringt ihm ein Dunkelbier.
Jürgen, der Freund aus dem Internetforum, ist ein gemütlicher Mittdreißiger mit Drei-Tage-Bart und Silberbrille – ein schwäbelnder Dirk Bach, der alleine lebt und beruflich viel unterwegs ist. Wie Bernd lebt Jürgen seine Neigung nur heimlich aus. Mit 14 oder 15 begann er, sich einen Gips anzulegen, wenn seine Eltern aus dem Haus waren. Bis er vor sechs Jahren einen Internetanschluss bekam, hatte Jürgen niemandem etwas davon erzählt. „Das Internet war für mich eine Erlösung", sagt er. „Vorher dachte ich, ich wäre der einzige Verrückte auf der Welt."
Auch für Bernd war das Internet eine Befreiung. Auch er hatte sich längst Gips angelegt oder das linke Bein hochgebunden, bevor er entdeckte, dass er nicht der einzige ist, der das tut. Als er sich vor einigen Jahren bei einem Unfall die Bänder im linken Knie riss, genoss er es, ein paar Wochen im Rollstuhl zu verbringen. „Den bezahlt die Krankenkasse", sagte er zu seiner Frau. Er log, weil er den Rollstuhl nach seiner Genesung behalten wollte.
Heilbronn ist für Bernd und Jürgen ein guter Ort, um sich zu treffen. Niemand, den sie kennen, verirrt sich hierher. Ungestört fachsimpeln sie über Jürgens neuen Rollstuhl der Marke Küschall, als wäre er ein neues Auto. Sie diskutieren über neue Mitglieder in den Foren. Sie reden von *Wannabes*, die behindert sein wollen, und *Pretendern*, die vorgeben, behindert zu sein.
Zu Hause in Bernds Nachttisch stapeln sich die Reiseprospekte für Behinderte, aber abgesehen von Leipzig bietet keine Stadt so viel Komfort wie Heilbronn. Viele Lokale haben Behindertentoiletten, die Geschäfte Rampen und die Bürgersteige keine Bordsteine. Nur die Rinnsteine sind gefährlich. Vor ein paar Jahren, als Bernd mit Jürgen durch die Stadt rollte, blieb er in einem von ihnen hängen, fiel hin und musste sich von Passanten wieder in den Rollstuhl helfen lassen. „Ich kann ja schlecht aufstehen und sagen, dass ich nicht behindert bin", entschuldigt er sich. „Wir wollen den Leuten nichts vormachen", ergänzt Jürgen. „Aber wenn ich das Leben eines Querschnittsgelähmten führe, gehört es dazu, sich helfen zu lassen." Ihnen ist bewusst, dass sie auf Unverständnis stoßen würden, wenn jemand sie entdeckte. In den Internetforen haben sie schon oft darüber diskutiert, ob es moralisch gerechtfertigt ist, einen Behinderten zu spielen. Auch echte Behinderte stoßen beim *Googlen* auf ihre Foren und sind zunächst empört. „Wir erklären ihnen, wer wir sind und warum wir das tun", sagt Bernd. „Die meisten steigen dahinter, dass wir Leute sind, die einen seltsamen Wunsch hegen, aber ansonsten normal sind. Ein paar Rollis beteiligen sich mittlerweile sogar regelmäßig."

Mit drei von ihnen hat sich Bernd angefreundet. Er fragt sie nach ihrem Alltag und wie sie mit ihrer Behinderung zurechtkommen. Er genießt das Gespräch. In einer Gesellschaft, die ihre Existenz am liebsten verdrängt, erleben Behinderte so etwas selten.
Der Psychiater Michael First lernte die BIID vor sechs Jahren kennen, als Journalisten des englischen Fernsehsenders *BBC* eine Dokumentation über die freiwilligen Amputationen des Arztes Robert Smith drehten und First um seine Meinung baten. First arbeitet als Professor an der Columbia-Universität in New York und ist ein angesehener Wissenschaftler, aber von einer Störung wie dieser hatte er noch nie gehört. Er begann, über sie zu forschen und veröffentlichte eine umfangreiche Studie, für die er mit 52 Betroffenen sprach. Obwohl er schätzt, dass weltweit nur einige Tausend Menschen an der Störung leiden, misst er ihrer Erforschung durchaus Bedeutung bei. „Die Störung ist der erste Beweis", sagt er, „dass körperliche Identität nicht fest steht, sondern sich entwickelt und wandelt."
Zwei Wege, wie sich Betroffene ihre Krankheit erklären, hat First ausgemacht. Die einen merken schon als Kind, dass sie behindert sein möchten. Für die anderen sind Behinderungen zunächst eine Art Fetisch, den sie in der Pubertät entdecken und der sich im Lauf der Zeit verselbstständigt. Der zweite, sexuell bestimmte Weg ist auch der Grund dafür, warum vor allem Männer an der Störung leiden. Die wenigen Wissenschaftler, die sich vor First mit ihr auseinandergesetzt hatten, hatten sie als Perversion betrachtet und Apotemnophilie genannt – die Lust, sich etwas abzuschneiden. First war der Erste, der erkannte, dass es den Betroffenen nicht in erster Linie um Lust, sondern um Identität geht. „Wie Transsexuelle", sagt First, „haben diese Menschen das Gefühl, im falschen Körper zu stecken." Sie haben eine sehr genaue Vorstellung davon, in welcher Weise sie behindert sein möchten. Sie können mit dem Finger auf den Punkt zeigen, von dem ab sie amputiert oder gelähmt sein möchten. Auf die Frage, wie die Gesellschaft das Leiden der Betroffenen wahrnimmt, entwickelt First den Vergleich mit Transsexuellen weiter. „Es hat lange gedauert", sagt er, „bis man sie mehr oder minder akzeptierte. Vielleicht müssen Menschen mit BIID genauso lange warten. Vielleicht bleibt die Krankheit der Mehrheit aber auch immer fremd. Denn für die meisten ist eine Behinderung der schlimmste Albtraum."
Jürgen ist bereits abgereist, als Bernd am Samstagmorgen im Rollstuhl durch die Stadt bummelt. „Ich habe anfangs gedacht, dass sich Rollstuhlfahrer untereinander grüßen – so wie Lastwagenfahrer", sagt er müde und blickt einem Rollstuhlfahrer nach, der vorbeifährt. Ihn schmerzt, dass er sein Wunschleben in ein paar Stunden wieder aufgeben muss. „So zu tun als ob, hilft in gewisser Weise", sagt er, „aber es zieht einen auch runter, sobald man wieder aus dem Rollstuhl steigt."
Vor Weihnachten wurden seine Depressionen so übermächtig, dass ihm eine befreundete Psychologin vorschlug, sie mit Medikamenten zu behandeln. Bernd lehnte ab. Es ist die einzige Behandlung, zu der ihm Ärzte bisher geraten haben. Er hat zwei Psychologinnen befragt, mit einem Oberarzt gesprochen und mit einem Professor telefoniert, der als Chefarzt einer Klinik im Rheinland arbeitet. Vom Oberarzt erhoffte er sich die Möglichkeit, eine Rückenmarksspritze zu testen, die man bei schweren Wehen oder Knieoperationen einsetzt und die zeitweise von der Hüfte abwärts lähmt. Bernd wollte probieren, wie es sich anfühlt, gelähmt zu sein. Er wollte wissen, ob sein Traum der Wirklichkeit standhält. Der Oberarzt meldete sich jedoch nicht mehr – ebenso wenig wie der Professor. Nur eine Rückenmarksoperation, glaubt Bernd, könne ihm wirklich helfen, aber die hat er sich wegen seiner Familie verboten. „Manchmal", sagt er, „wird mir bewusst, dass ich vielleicht niemals so leben werde, wie ich will." Wenn er in Rente geht, hofft er, zumindest einen inkompletten Querschnitt vortäuschen zu können, da er ja schon ein Bandscheibenleiden hat. So könnte er endlich unter den Augen seiner Kinder im Rollstuhl sitzen. „Wenn ich heute Abend zurückkomme und sie das Garagentor hören, stürzen sie heraus, um den Papa zu begrüßen", sagt er. Seinen Rollstuhl wird er vorher im Geräteschuppen verstecken und ihn nachts, wenn sie schlafen, in den Heizungskeller zurücktragen.

My Mother

fotografiert von LEIGH LEDARE

Der New Yorker Künstler Leigh Ledare hat seine Mutter, eine ehemalige Ballett-Tänzerin und Schauspielerin, fotografiert und gefilmt. Mit ihren jungen Liebhabern, mit sich selbst und immer ohne Scham. Herausgekommen ist das anrührende Porträt einer speziellen Beziehung

Mein schneller Freund
Von einem, der irgendwann weg war

Text: Marc Fischer

Als ich 13 Jahre alt war, hatte ich mal einen Freund, der davon überzeugt war, der schnellste Junge der Welt zu sein.
Wenn ich sage „schnell", dann heißt das nicht nur, dass er ein guter Läufer war (war er, aber am Sport hatte er irgendwann das Interesse verloren) – es heißt, dass er eine zwanghafte Obsession mit Geschwindigkeit überhaupt hatte; mit Geschwindigkeiten aller Arten: im Kopf, im Körper, im Handeln. Schnelligkeit, war er überzeugt, ist das höchste Gut des Menschen, die höchste Qualität, der einzige Gradmesser für den Fortschritt. „Geschwindigkeit ist Effektivität", sagte er immer, „Geschwindigkeit ist Erfahrung."
Das Zimmer im Haus seiner Eltern war voller Insignien der Schnelligkeit: Er hatte Bilder von Geparden und Haifischen an den Wänden; Flugzeugmodelle und Raketen baumelten von der Decke; auf Tischen und Regalen standen Miniatur-Automodelle von Porsche, Lamborghini, Ferrari und Jaguar. Und obwohl er mit 14 natürlich noch keinen Motorrad-Führerschein machen durfte, hatte er sich schon einen Helm besorgt: Einen roten, mit aufgemalten Brandspuren an den Seiten und verdunkeltem Klappvisier. Den setzte er manchmal auf, wenn wir in seinem Zimmer Atari-Autorennen spielten.

Wie gesagt: All dies war lange vor dem ganzen Schumacher-Wahnsinn. Er war mein bester Freund damals, ein paar Jahre lang Mitte der 80er, und ich glaube, es lag daran, dass ich eben nicht so schnell war wie er: Während er schon wieder draußen auf der Straße war, um fahrende Autos mit Wasserbomben zu bewerfen, saß ich noch beim Mittagessen; während er sich in der Stadt die neusten, besten Platten kaufte, musste ich noch auf meine kleine Schwester aufpassen; und während er abends im Kino saß und sich irgendwelche Horrorfilme ab 18 ansah, machte ich meine Schularbeiten.
Auch was die Mädchen betraf, war er schneller als ich. Zu einer Zeit, als kurze Haare nicht gerade besonders modern waren, rasierte er sich wegen des „geringen Luftwiderstands" den Kopf schon mit dem Bartschneider – die Mädchen liebten es, ihm über die kleinen Stoppeln zu streichen. Zudem war er schlank wie ein Büßermönch, denn schlank war schnell und sexy für die Mädchen.
Auch mit Worten konnte mein Freund beeindrucken; und vieles drückte er in Maßeinheiten aus: „Das Licht der Sonne braucht auf seinem Weg zur Erde siebeneinhalb Minuten", erklärte er mir. „Immer noch sehr langsam, wenn man sich's mal überlegt", fügte er dann hinzu, so als habe er schon ein Konzept im Kopf, mit dem man die Lichtgeschwindigkeit noch verdoppeln könnte.
So war er.
Ich beneidete ihn sehr; so sehr, dass ich mich irgendwann von ihm zurückzog, weil ich in seiner Gegenwart noch langsamer wirkte, als ich ohnehin schon war.

Ein Jahr später, an einem Freitagabend, stand er dann mal vor meiner Haustür. Ich trug schon einen Schlafanzug, weil ich mich auf einen Abend mit dem *Alten*, der damals noch von Siegfried Lowitz gespielt wurde, gefreut hatte.
„Hallo", begrüßte er mich. Unterm Arm trug er den Motorradhelm, auf dem Gehweg stand ein altes Mofa. Er fragte, ob er mal kurz reinkommen könne, um sich zu verabschieden.
„Um dich zu verabschieden?"
Auf dem Plüschsofa meiner Eltern erklärte er mir bei einem Glas Wodka aus der Hausbar, dass er ein Mädchen namens Klara aus der Oberstufe geschwängert habe; die Schule würden sie morgen verlassen. Er wollte sich einen Job am Hafen besorgen, sie irgendwo eine Ausbildung zur Sekretärin machen, eine gemeinsame Wohnung suchten sie schon, und wenn er alt genug sei, werde geheiratet.
Geschwindigkeit ist Effektivität; Geschwindigkeit ist Erfahrung.
Irgendwas an seinen Augen irritierte mich.
Zwei Monate später war Klara wieder auf der Schule, aber nur kurz, weil sie immer wieder rückfällig wurde und das Heroin und die Schwangerschaft ihren Körper so sehr belasteten, dass sie in der Deutsch- oder Mathestunde vom Stuhl rutschte und bewusstlos am Boden liegen blieb.
Das Kind kam irgendwann im Juli zur Welt, ein paar Wochen vor dem festgelegten Termin. Von meinem Freund habe ich nie wieder etwas gehört.

So schnell war er.

KEINER TANZT SO LEIDENSCHAFTLICH GERN BAUCHTANZ WIE DEUTSCHE HAUSFRAUEN

IM KREIS SAAL

FOTOS PEPA HRISTOVA

LEHRERIN NICOLE ALIAS „SHADYA" (VORNE LIEGEND) UND IHRE TANZGRUPPE

NICOLE

ALINDA

Die Reise

Albert Hofmann, der Erfinder des LSD, starb mit 102 Jahren. Der Fotograf Edgar Herbst hat sich mit Hofmanns Waisenkind auf in die Schweiz gemacht. Bei vollem Bewusstsein

Text und Fotos: Edgar Herbst

hommage an albert hofmann – besuch auf der ritimatte
mai 2008
in begleitung von julia rein

„die höchste stufe des sehens aber, der beziehung ganz allgemein zu einem objekt und zur aussenwelt überhaupt, ist dann erreicht, wenn die grenze zwischen subjekt und objekt, zwischen betrachter und betrachtetem, zwischen mir und der aussenwelt bewusstseinsmässig aufgehoben ist, wenn ich mit der welt und ihrem geistigen urgrund eins geworden bin. das ist der zustand der liebe."

(albert hofmann über das sehen aus „erinnerungen eines psychonauten")

in den filmen, die ich über albert hofmann gesehen habe, sprach er immer wieder von seinem „paradies". damit meinte der erfinder des lsd sicherlich auch so manche experimentellen zustände seiner selbst, aber da gab es ja auch noch die wahren, dadurch gestalteten höllen und nester der dämonen. nein, er sprach von einem „irdischen paradies", und gemeint war die gegend bei burg in der nähe vom schweizerischen basel, den berg hinauf, wo die strasse endet, und dann noch 500 meter über einen kleinen zarten bergkamm. dort auf diesem berg steht sein „bänkli", und dem reisenden wird schon vom gedanken des besuchs von hofmanns refugium ein spiritueller *flash* versetzt.

wir erreichten das „bänkli" an einem samstag im mai. vorher hatten wir uns in einem café am rande von basel „den stoff" besorgt. unglaublich, wie schwierig dieses unternehmen war, aus berlin kommend, der hauptstadt des experimentellen glücks – dort *no chance*, reisend über zürich, der pforte ins urgestein spiritueller versuche – auch da *no chance*! unser mann war mir liebevoll vermittelt worden, in einem zug trank er den absinth herunter.

es regnete seit dem frühen nachmittag, und wir erreichten das „paradies" am frühen abend. am himmel spielten sich erregende szenen ab, die wolken formten sich mal drohend und mal einladend zum tanze und zur unendlichkeit des moments. alles, was wir hier zu sehen bekamen, war von aussergewöhnlicher schönheit und anmut.

hallo, du da unten, du eingeborenes ich, verwandt, zerzaust, zerrüttelt, vom holprigen, rauschhaften pfad des lebens gezeichnet, nicht wahrgenommen oder nur zart geküsst, unbeschädigt, unerkannt, geschützt durch deine eigene kraft, du zweites, du fremdes ich, du barockschloss der ängste und der eigensten geheimnisse, du hanseatisches bankhaus unschätzbaren reichtums, ich komme auf deine stahltür zu, auf die stahltür, die der alkoholkonsum eines ekstatikers nicht zum rosten gebracht hat, ich komme nicht allein, ich bringe albert hofmann mit, den erfinder der seelischen atombombe, wehre dich nicht, öffne dich und dann zeig dich, lasse uns freundschaft schliessen, du tiefes dunkel meines daseins, lasse dich erhellen und dann gemeinsam sein auf dem weg zur erlösung, wandern, flanieren und vielleicht gar tanzen, miteinander eins!

mittlerweile auf dem „bänkli" verwachsen und verwuchert mit dem landschaftlichen idyll des hofmann'schen paradieses, wirkte das kleine papier auf der zunge recht zart und dann kurz auch bitter. apollo edgar an apollo julia, roger … das panorama des sehens und der wahrnehmung von natur erschien wie eine riechende postkarte, an der die alten klassiker der malerei ihr lebenswerk vollbrachten. so langsam durchdrang der blick die landschaft in ihrer unendlichkeit. es war, als würde der blick durch das sich öffnende sonnenloch in die wolken schiessen, dreimal die erde umrunden, um am ende auf sich selbst zurückzukommen.

der film hätte unendlich laufen können, doch ein unerhört und irrsinnig lautes grunzen liess uns den schock ins mark fahren … ein wildschwein schoss mit seinem laut wie ein speer in unsere empfindungen. albert hofmann, sind sie es? doch im nächsten moment flog eine eule über uns hinweg, und diese war sanft und zart … das auto erschien mir mit einer dicken eisschicht umzogen, die an einen sarg von schneewittchen erinnerte, nur nicht zum durchschauen und auch ohne schneewittchen.

kommunikation auf lsd bedeutet kommunikation mit sich selbst, wir sprechen mit den uns geschenkten bildern, kommunizieren mit ihnen und tasten uns heran an gedanken, wie venusmenschen, die zum ersten mal blumen sehen und riechen und schliessen freundschaft im fühlen und im sein. der mittlerweile nächtliche weg über die riesige blumenwiese vor alberts „bänkli" war von erregender zärtlichkeit, es war wie ein beben, egal, wo der nackte und fühlende fuss hinstapfte.

die stahltür ist eine pforte aus zerbrechlichem holze, sie öffnet sich, wobei sich schon durch die maroden risse kerzenlichter im inneren des ballsaals andeuten. ich betrete den ballsaal des friedlichen seins, die übergrossen gewebe der spinnennetze wirken nicht bedrohlich, ein orchester malt musikalische klänge in den raum, auf dem parkett tanzen die sanft liebenden, aus den logen hören wir lustvolles lachen und geklirre der gläser, in den *separees* wird geküsst, und an der bar sprechen menschen, sind worte des mitgefühls und des verständnisses zu hören, die gästeschar trägt keine maske, ganz viele ichs beleben den raum in zarter ekstase, sie schreiten aus sich heraus, zeigen sich und fühlen in einem raum, dessen wirkliches bild in zeit und raum keine bedeutung hat. hier und da ist eine höhle, die höhle der angst, doch sie wird beleuchtet mit dem inneren mond und zum lachen gebracht.

wir schauen uns an, verstehen wortlos und begreifen bewusst. der regen trommelt auf das dach des wagens, anfangs romantisch, dann militärisch preussisch, dann wieder zart … an der decke des autos von innen zeichnen sich gesichterartige reliefs, sie bewegen sich und formen sich neu, und dann ist es wieder eine autodecke, ich kurbele das fenster herunter, das licht aus dem innenraum des autos leuchtet und zeichnet ein bild in die blätter eines strauches, schon wieder ein wolf, eine gespenstische form, doch ohne zu zögern streichele ich das tier, und es wird wieder zu blättern einer nacht im paradies.
die sonne scheint ins auto hinein, es ist die morgensonne, die scheiben sind beschlagen, und an ihnen läuft das kondenswasser herunter wie an den niagarafällen. ich schreite hinaus aus dem auto und betrete das irdische paradies. die sonne lässt es krachen, verschmilzt das wasser des gefallenen regens mit den pflanzen, lässt sie tropfen, lässt sie jubeln, die wiese sieht aus wie eine einzige errektion. ich beginne zu fotografieren, mitten hinein in die sonne, mitten hinein in die blumen, mitten hinein in die bäume, mitten hinein in das ich.

Der ist gut!
Fips Asmussen erzählt seit 40 Jahren dieselben Witze. Und das mit großem Erfolg

Text: Fred Grimm

Als Fips Asmussen längst wieder in der Garderobe sitzt, lacht Klaus noch immer. Tränennasse Augen, das Gesicht krebsrot. Im Mund tanzen Speichelfäden. Immer wieder tastet seine Hand nach der Tischkante, aber der 140-Kilo-Mann kommt einfach nicht hoch vom Stuhl. „Ich kann nicht mehr", schluchzt er und schnappt nach Luft. „Klaus, los jetzt", ruft seine Frau, die schon seit fünf Minuten steht. Da fängt er wieder an.

Es gibt keine Art zu lachen, die Fips Asmussen nicht kennt. Glucksen. Kichern. Brüllen. Kreischen. Das vorsichtige Hoffentlich-war-das-jetzt-schon-der-Witz-Lachen. Das besoffene Lachen, gern vor der Pointe. Das dankbare Genauso-ist-es-Lachen. Das hysterische Lachen, das nach Minuten als verzweifeltes Fiepen endet. Weil er alles über das Lachen weiß, wurde Fips Asmussen Millionär.
1969 hörte er bei einem Auftritt in Hamburg vor 4.000 Menschen das schönste Lachen seines Lebens. Er heiratete die Frau aus dem Publikum. Sie hieß Heidi und starb vor sieben Jahren. Fips Asmussen lacht nicht mehr. Er grinst nur noch sehr laut.

Seine ganz große Zeit hatte der Mann, der eigentlich Rainer Pries heißt, als man noch keine Fernbedienung brauchte. Wenn Fips im Fernsehen auftrat, hörte man seine Witze am nächsten Morgen überall. Der Hamburger füllte Gasthöfe und große Hallen. 250 Abende im Jahr, manchmal mehr. Fips Asmussen war einer der ersten, der mit den Aufnahmen seiner Auftritte richtig Geld verdiente: *Eine Mütze voller Witze*, *Spaß muss sein* – 41 Produktionen bis heute, Kassetten, Platten, CDs, über sieben Millionen Mal verkauft. In seiner Garage stand ein Corvette-Sportwagen. Die Fahrzeit nach Hamburg betrug 25 Minuten. Das Wasser in seinem Swimmingpool wurde nie kälter als 30 Grad. Jetzt wohnt er in Querfurt, Thüringen.

Fips Asmussen hat einfach immer weitergemacht. Schlagershows auf MDR, Musikantenstadtl, Betriebsfeiern, Schützenfeste. In den Pausen werden seine Bücher, Videos und CDs verkauft. Ein paar hunderttausend Euro kommen im Jahr immer noch zusammen. Doch der Comedy-Boom zog an dem 66-Jährigen vorbei. In die Welt des zielgruppenspezifischen Spartenhumors für junge Menschen passt er nicht. „Ich bin kein Model, das rumhampelt und Grimassen schneidet." Fips Asmussen will Witze machen, „die jeder versteht", und zwar live. „Humor-Power Nonstop". Zweieinhalb Stunden mal so richtig sattlachen. Für 20 Euro. „Ich bin einer fürs Volk. Stellen Sie mal Anke Engelke zwei Stunden allein auf die Bühne, die könnte das gar nicht."
„Fips-Arschmuskel"-Witze sind älter als Höhlenmalereien, ätzt Oliver Kalkofe, der seinen ersten Film *Der Wixxer* nennt. „Es gibt keine alten oder neuen Witze", hält Fips Asmussen dagegen. „Nur gute oder schlechte." Gute Witze sind die, über die man lacht. Der große Helge Schneider achtet ihn. Fips Asmussen ist Hardcore, ehrliche Arbeit. Die Lacher seines Publikums sind seine *Cum Shots*.

„Er weiß einfach, wie es geht", erklärt der Künstlervermittler Sven Simon, Geschäftspartner seit über einem Jahr. Herr Simon kommt dabei viel rum. Bad Schwaß, Crottenburg. Vergangene Woche Großröhrsdorf, vorgestern Reepsholt, übermorgen Aschersleben – Namen wie Tatorte. „Meine Fans sind überall", sagt Fips.

Heute Abend sind sie in Paaren/Glien, eine sehr lange halbe Autobahnstunde von Berlin entfernt. Hier, im „Märkischen Ausstellungs- und Freizeit-Zentrum", kann man einen Bienenlehrpfad erwandern oder das Muffelwildgehege bestaunen. Der Schlagersänger Matthias Reim war auch schon da.
Um kurz nach sechs fährt der schwarze Mercedes von Fips Asmussen vor. Zwei Stunden vor seinem Auftritt sieht er aus wie ein Zuschauer, der sich mit der Anfangszeit vertan hat. Rotzblonde Minipli-Frisur, Frühkartoffelnase, mürrische kleine Augen. 172 Zentimeter schlechte Laune schlurfen durch die leere Mehrzweckhalle. Barbara, seine „Lebenspartnerin" (Fips), trägt einen schwarzen Koffer hinterher. Herr Simon, schwarzer Anzug, schwarzes Hemd, sagt Hallo. Erst mal nach nebenan, was essen.
Ab 19 Uhr füllt sich der Saal. 390 Besucher kommen insgesamt. Chris, der 20-jährige Gärtnergehilfe, der beim Unkrauftjäten Fips-Kassetten hört, sitzt ganz weit vorn. Kevin und Conny, beide 32, die „mal was anderes" erleben wollen, hocken daneben. Die Kinder sind bei Oma. Ein Kegelclub ist da. Eine Rentnergruppe aus Belzig hat einen Reisebus gechartert. Ein Witz, den Fips Asmussen nachher bringt, passt so gut, dass hier keiner lachen wird. „Mein Leben hat allen gefallen. Nur mir nicht."
Die Vorfreude im Publikum wirkt seltsam angespannt. Als ob man sich was aufsparen will. Für das Lachen vor dem Auftritt hat man nicht bezahlt. Auf den langen Tischen warten grünweiß-karierte Decken auf den ersten Fleck. Herr Simon und die blonde Barbara reißen am Eingang die Karten ab.
Um halb acht verlässt Fips Asmussen das Restaurant. Er muss jetzt alleine sein. Beine hoch, Augen zu, Zigarrenrauch durch die Garderobe schweben lassen. Alles ausblenden im Kopf. Der Rainer Pries in ihm muss weg, weg, weg. Die schlechte Laune auch. Nur noch Fips Asmussen sein, das „geölte Mundwerk". Die Rolle seines Lebens.
Er hat mal andere Sachen ausprobiert, in den Siebzigern. Literarisches Kabarett. Kleine Bühne, noch kleinere Gage. Gepflegtes Programm mit Klavierbegleitung. Tucholsky, Kästner, Friedrich Hollaender. „Wunderschönes Programm." Bei den Chansons klatschte das Publikum mit wie bei der Hitparade. Bei den Gedichten wartete es auf die Pointe, die nicht kam. „Fips", rief dann immer einer, „erzähl uns lieber mal nen Witz!"
Zehn vor acht. Er zieht die Weste mit dem Regenbogenmuster an, die er auf den Plakaten trägt. Mütze auf. Herr Simon klopft an die Tür. „Es geht los." Durchatmen. Der Puls rast. Punkt acht wird es dunkel im Saal. Rainer heißt jetzt Fips. Aus dem Lautsprecher die Ansage: „Er studierte 20 Jahre Kalauerkunde, besitzt das große Witzdiplom. Begrüßen Sie mit mir – Professor! Humoris! Causa! Fips Asmussen!!!" Spot an. Beifall. Wo ist der Mann?

Wenn es losgeht, steht Fips Asmussen nie auf der Bühne. Er spaziert lieber erst mal herum. Hände schütteln, Witterung aufnehmen, wie ein Tier, das um die Beute kreist. Wo wird gelacht, schon vor dem ersten Gag? Wo hocken die Verbissenen, die, die „nur mal mitgekommen" sind? Wo sitzen die dicken Frauen, die vorsichtshalber immer lachen, wo die Besoffenen, die Zwischenrufer, die ermatteten Ehepaare? Wo die Schüchternen und wo die Superfans? „Hallo Mutti, na, reicht der eine Stuhl? Und du, warst du beim Friseur? Den Prozess gewinnst du!" Männer im Anzug werden mit „Herr Doktor" begrüßt, junge Frauen mit verschwörerischem Augenrollen. „Kinder", seufzt er ins Handmikrofon, „es wird schlimm."

Fips Asmussen erzählt eine Lebensgeschichte. *Standup Comedy, Very Old School*, nach Themen geordnet: Herkunft („Ich wurde zu Hause geboren. Meine Mutter kam erst ins Krankenhaus, als sie mich das erste Mal gesehen hat."), Frauen („Nicht alles, was ein Loch hat, ist kaputt."), Geld („ ‚Wieviel brauchst du denn so zum Leben?' ‚Weiß nicht, so viel hatte ich noch nie.'"). Keine Minute vergeht,

ohne dass Fips nicht wie ein amerikanischer Gospelprediger das Band zum Publikum spannt. „Ist es nicht so, Alter?“, fragt er, „kennt ihr doch auch!“ Er schmeichelt, bittet („Hilf mir mal!“), schimpft im Scherz („Nicht an den verkehrten Stellen lachen. Ich sag schon, wann!“). Er lädt sich auf dabei.
Wie ein DJ variiert er das Tempo. Sanfter Start, erst mal toben lassen. Die Menschen wollen lachen=tanzen. Dann den Groove finden: Was geht in Paaren/Glien? Schweinische Sachen? Schwarzer Humor? Politikerbeleidigung? Den Nachbarort schmähen? „Brie-se-lang: So langweilig, da fliegen selbst die Tauben zum Kacken woanders hin.“ Brieselang geht. In einer Viertelstunde muss Fips nur noch den Namen sagen, dann tobt der Saal.
Nach eineinhalb Stunden braucht das Publikum eine Pause. Auf der Bühne hat Fips eine Papiertüte ausgepackt. Er solle ansagen, dass man „diesen Scheiß“ gleich kaufen könne – seine Werke. „Ich hab persönlich nichts davon.“ 40 Bücher und über 50 Videos gehen heute abend weg (je 15 Euro). Dazu beinahe 80 CDs. Herr Simon und Barbara, die Lebenspartnerin, stopfen die Geldscheine in den schwarzen Koffer. Herr Simon freut sich auf die nächsten Witze. Barbara raucht draußen vor der Tür.

„Ich mach mal weiter“, sagt Fips Asmussen, der plötzlich wieder auf der Bühne steht. Die Mütze hat er abgesetzt. „Ich setz' mich mal hin.“ Fips Asmussen lässt sich ein Bier bringen, zündet eine Zigarre an. Das Alter. „Kinder, ich bin ruhiger geworden. Ihr kennt das.“ Die Rentner aus Belzig nicken. „Alles lässt nach. Mit meiner Manneskraft habe ich früher einen Eimer Wasser in den dritten Stock getragen.“ Die Kegelgruppe lacht. „Heute machen das meine Knie nicht mehr mit.“ Hinten links kreischt eine Frau. „Früher hätte man mich dafür von der Bühne geholt“, ruft Fips ins Publikum. „Das Fernsehen hat uns alle versaut. Viel zu viel Sex.“ Beifälliges Gemurmel. „Und vor allem: viel zu spät!!!!“ Jetzt hat er sie. Jetzt geht alles. „ ‚Herr Doktor, ich kriege meine Vorhaut nicht zurück!‘ ‚Na, so was verleiht man ja auch nicht.‘“ „Kommt der Kleine ins Bad. Sieht die Großmutter mit der Spraydose unterm Arm. ‚Mensch Oma, denk' ans Ozonloch!‘ ‚Das kommt auch noch dran.‘“
Immer schneller werden jetzt. Immer lauter. Alle zehn Sekunden ein Gag, dann zwei, dann drei. „Lacht nicht!“ brüllt Fips Asmussen. „Alle raus! Der ganze Tisch!“ Das Lachen wird zur Epidemie. Längst weiß keiner mehr, warum und worüber, aber einer lacht immer und da lacht man eben mit. „Merkt ihr, wie wir heute Abend eine kleine Familie werden?“, fragt Fips Asmussen schweißüberströmt.

Es geht vorbei. Die Familie war mit Fips Asmussen jung und alt, arm und reich, geil und impotent. Und kein Witz war so, dass man ihn richtig gerne weitererzählen würde. Unterste Schublade sagen die, die über Zoten nur lachen, wenn Harald Schmidt sie reißt. Aber in der untersten Schublade liegt Fips Asmussen ganz oben.

Eine Kellnerin überreicht einen Strauß Blumen. „Freunde, ihr wart großartig“, ruft Fips Asmussen. „Wenn ich die Wahl hätte zwischen einer schönen Kreuzfahrt und noch einem Abend bei euch – ich würde euch sehr vermissen!“
Der letzte Lacher. Beifall. Dankbar, laut und kurz. Es ist gut jetzt. Hinten stehen die ersten auf. Die Blase drückt. Fips Asmussen pult die angerauchte Zigarre aus dem Aschenbecher. Nichts verkommen lassen. Er klettert von der Bühne. Plötzlich geht das Licht an, viel zu früh. Asmussen steht wie geblendet im Publikum, scheint einen Moment lang nicht zu wissen, wohin. Die Zuschauer freuen sich, Fips wird blass. Keine Autogramme jetzt, keine Witze mehr. Bitte. Er hastet durch den Saal. Nur noch in die Garderobe, Rainer Pries sein dürfen. Humor-Power-Stop. Die Uhr zeigt bald elf.
Eine Viertelstunde später. Im Saal wartet ein zwölfjähriger Junge auf sein Autogramm. Die Augen hinter den dicken Brillengläsern fallen ihm fast zu, die Kellnerinnen fegen schon, aber er geht nicht weg. Herr Simon und Fips' Barbara rauchen noch eine Zigarette. „Ich glaube, wir können jetzt“, sagt Barbara und die beiden verschwinden im Garderobengang. Den schwarzen Koffer trägt jetzt Herr Simon. Abgerechnet wird zum Schluss.

Black and white

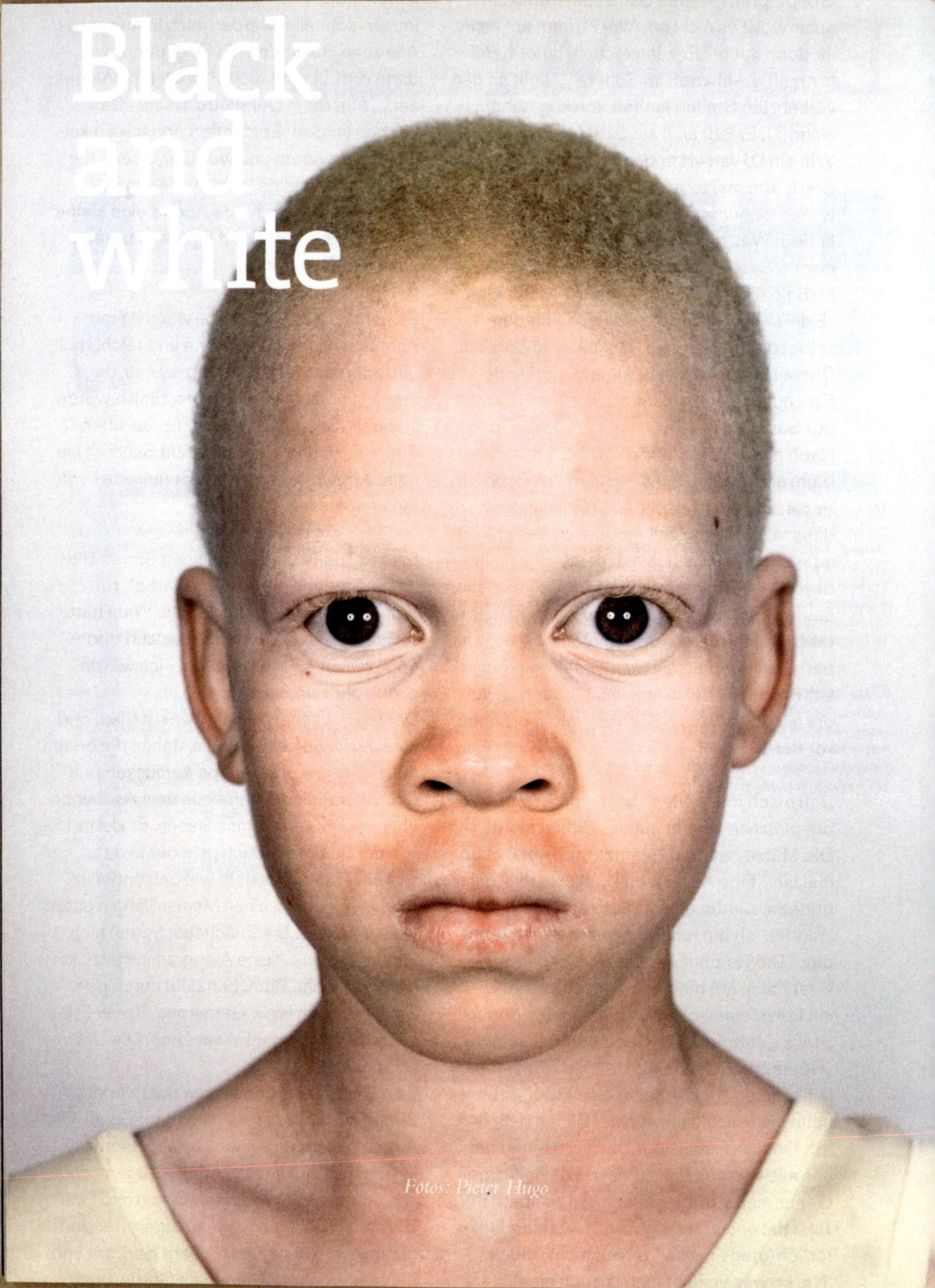

Fotos: Pieter Hugo

117

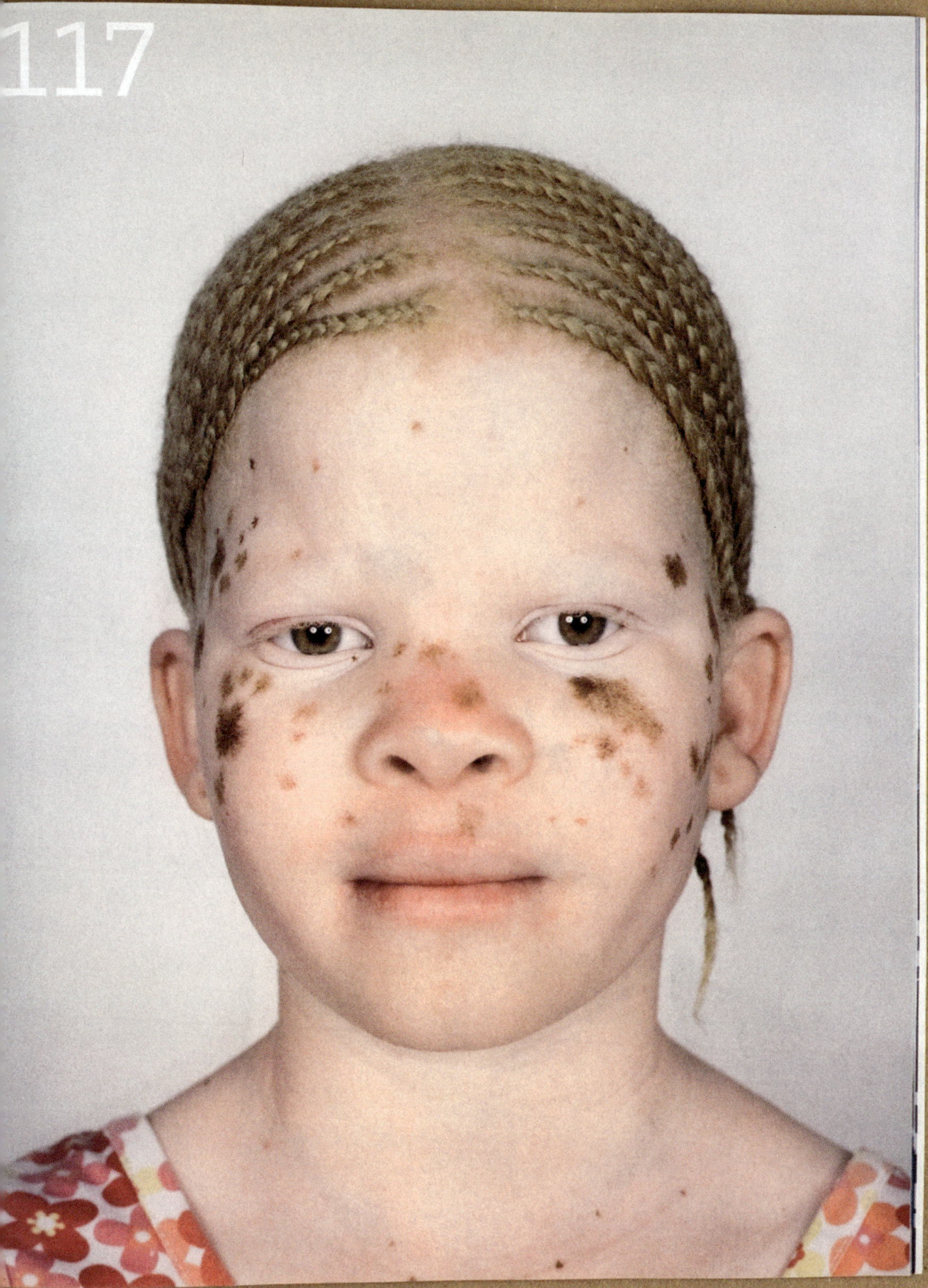

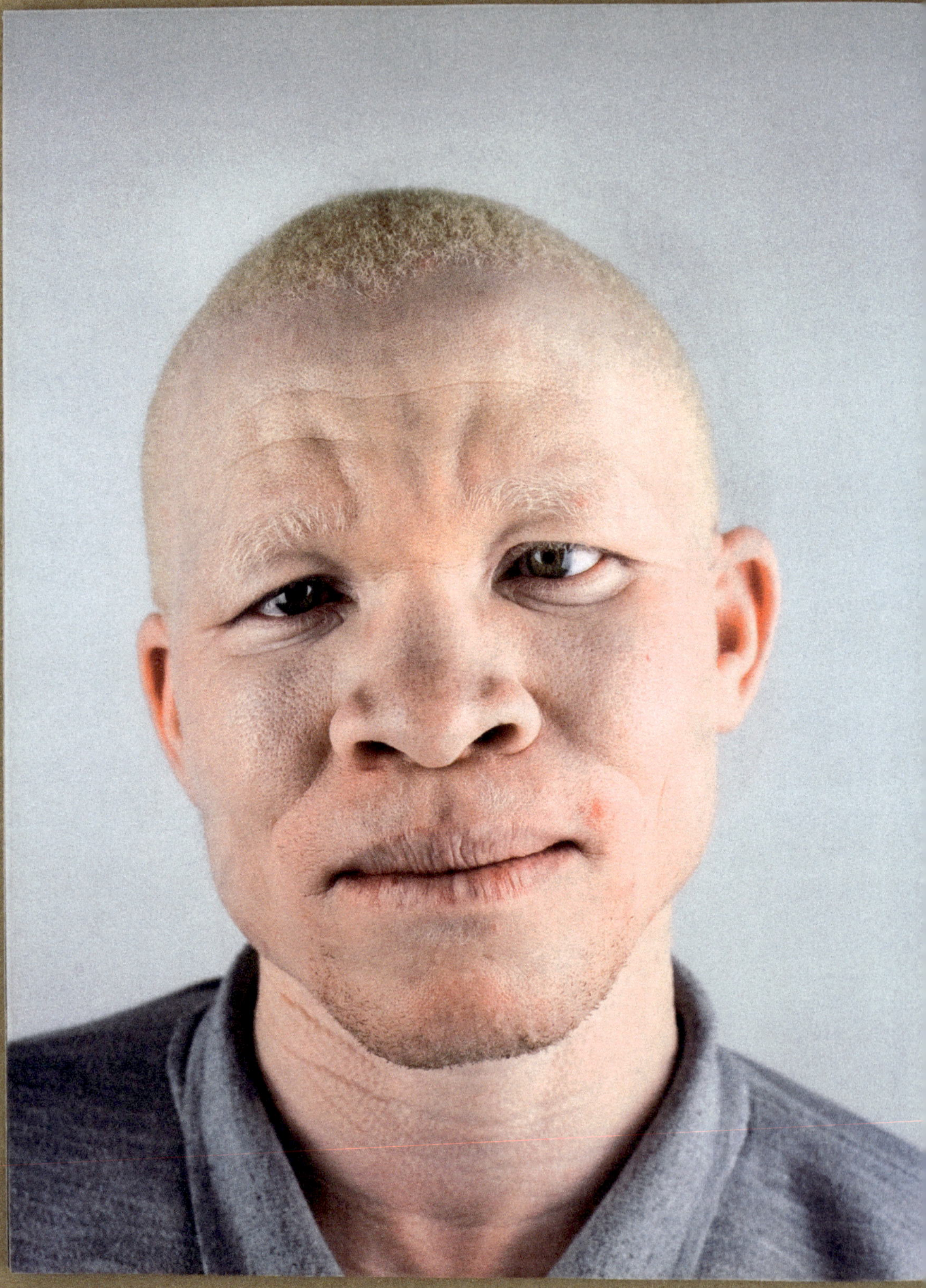

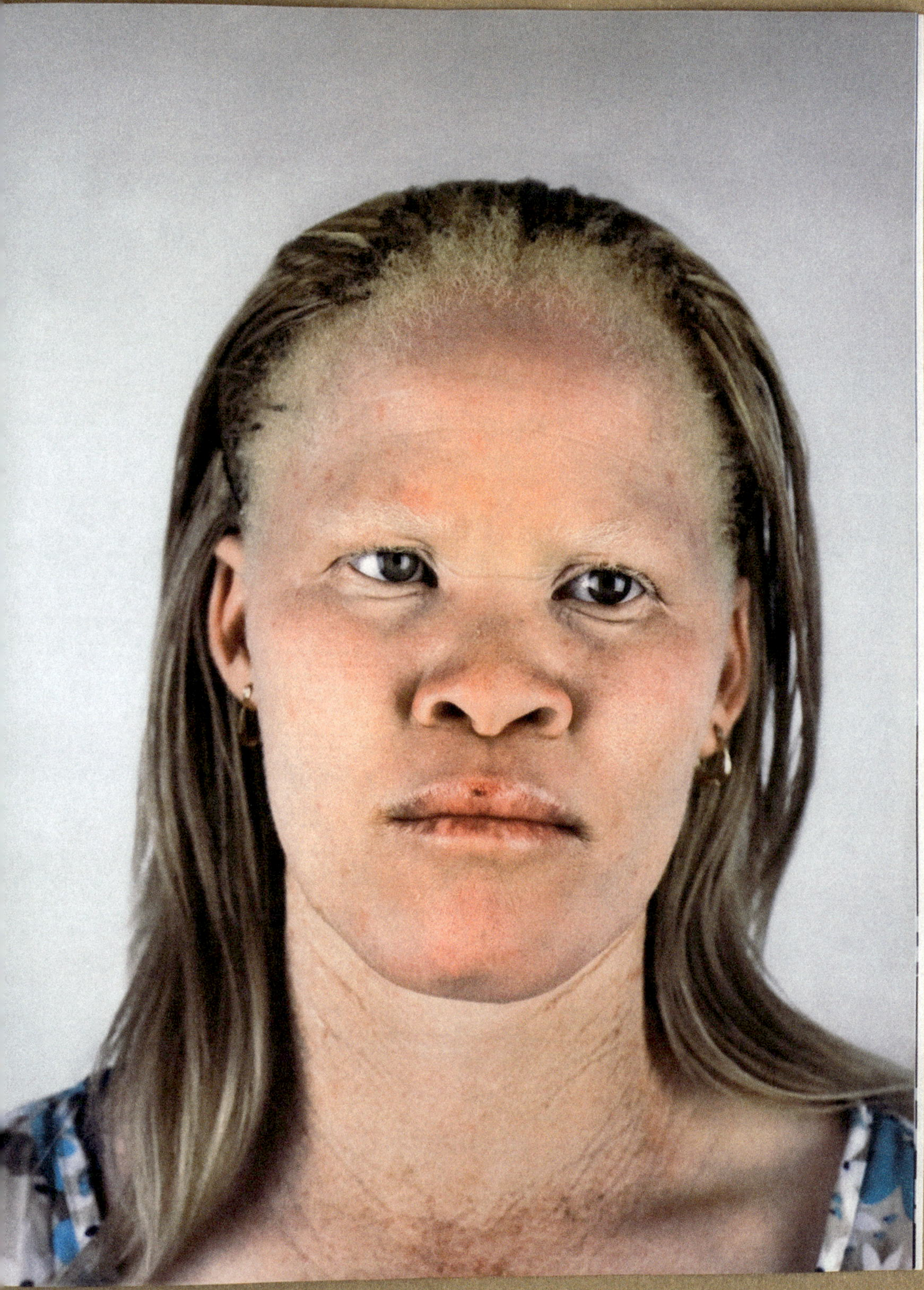

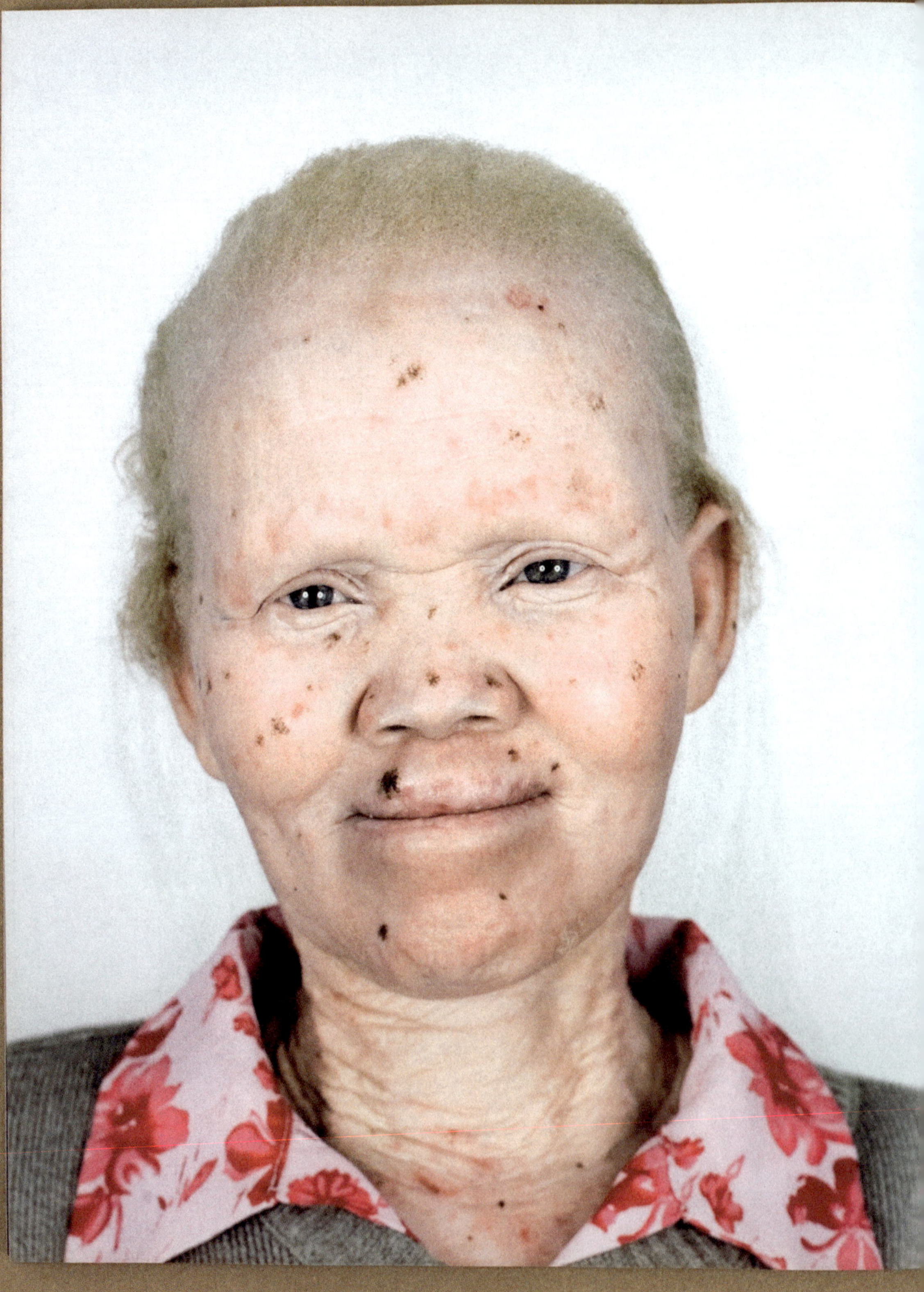

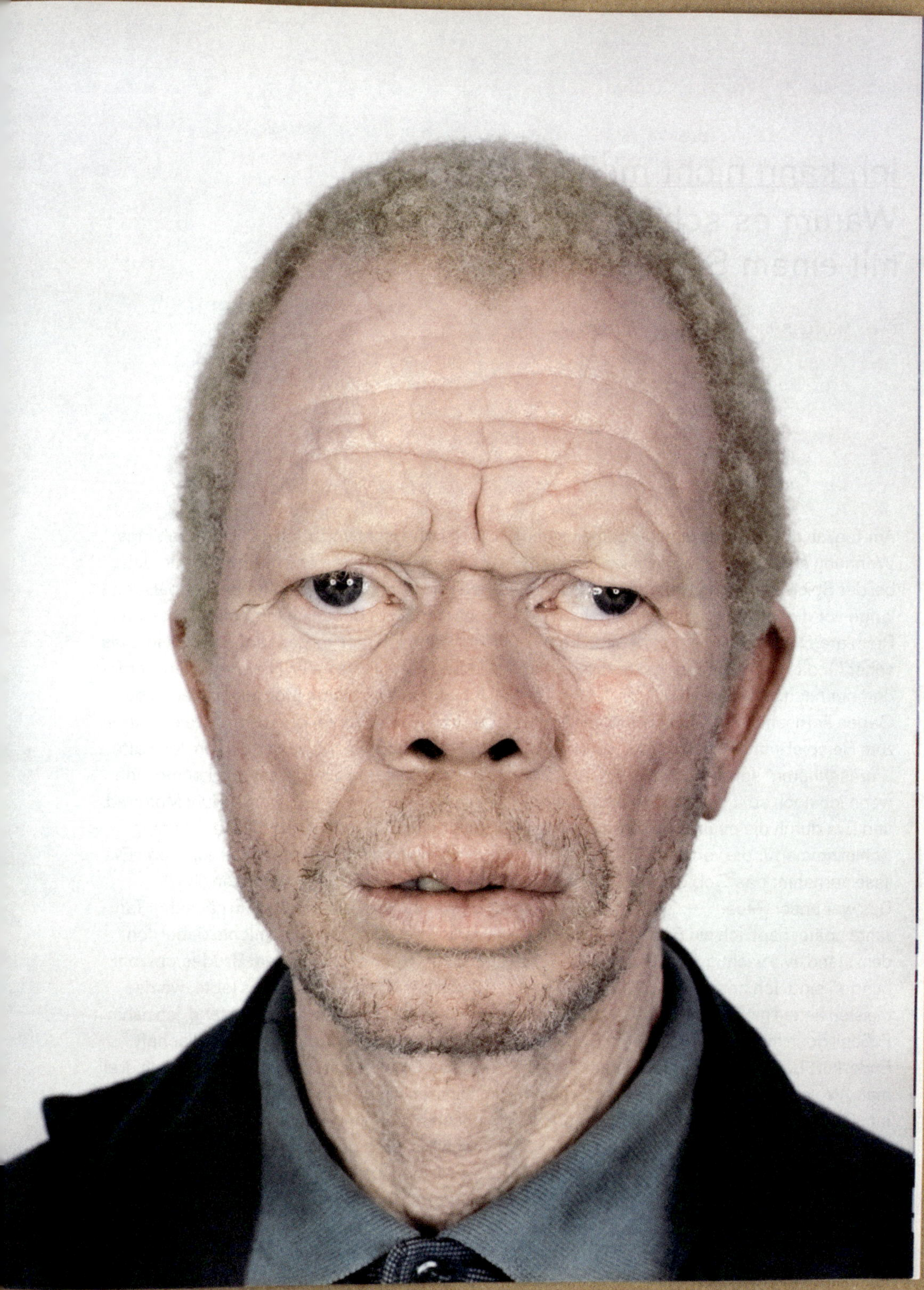

Ich kann nicht mehr

Warum es schwer ist, wenn jemand mit einem Schluss macht

Text: Moritz Fröhlich

Am Tag, an dem Eva aus unserer gemeinsamen Wohnung auszog, spielte Bayer Leverkusen bei der Spielvereinigung Unterhaching. Schon lange vor diesem Tag hatte ich mir einen Premiere-Decoder und einen zweiten Fernseher für das Schlafzimmer gekauft. Nun war dort nur noch der Fernseher.

Gegen Fernsehen hatte Eva nichts. Sie konnte zum Beispiel immer einschlafen, wenn wir „Fernsehhören" spielten. „Fernsehhören" war, wenn ich noch spät den Kasten einschaltete und Eva durch die einen Spaltbreit geöffnete Schlafzimmertür die vertraute Geräuschkulisse vernahm: das Geblöke der Talkshows. Das war unser Ritual.

Jahre später habe ich ein Buch gelesen, in dem stand, wie wichtig Alltagsrituale für Beziehungen sind. Ich hatte genug Rituale. Die meisten hatten mit Fußball zu tun. Vielleicht war Fußball doch mein Leben und nicht Eva. Am Ende, kurz bevor alles vorbei war, fragte sie einmal: „Welche Farben mag ich, welche Blumen?" Vermutlich hatte der Schnauzbartträger, den Eva brauchte, um sich von mir zu lösen, gesagt: Frag ihn mal, ob er deine Lieblingsfarbe und deine Lieblingsblumen kennt. Der Typ fand auch Tattoos gut, weshalb Eva mich plötzlich fragte, was ich von Tattoos halte, obwohl sie wusste: nichts.

Mit Eva rede ich inzwischen wieder. Sie hat noch immer kein Tattoo. Ich kenne ihre Lieblingsfarbe nicht und auch nicht ihre Lieblingsblumen. Wir treffen uns nun zweimal im Jahr, weil sie über mich Karten für die Fußballarena unserer Stadt bestellt. Den Schnauzbartträger habe ich fast vergessen. Er spielt in Evas Leben keine Rolle mehr. Nie vergessen werde ich, dass er an einem Morgen um sechs bei uns zu Hause anrief, praktischerweise hatten wir die ganze Nacht wach gelegen. Ich hatte gefragt, wie das alles passieren konnte, und Eva hatte geschwiegen. Der Typ fuhr Motorrad, das hatte Eva gesagt. An diesem Sonntagmorgen wimmerte er am Telefon, ich möge Eva gehen lassen. Sie ihm schenken, ihn ihr.

Es war ihr 25. Geburtstag. Am nächsten Tag verließ sie mich. Sie hatte nichts dabei. Ich zog für Wochen zu meinem Bruder, obwohl der in der Nähe des Vorortes lebte, wo das Haus des Schnauzbartträgers stand. Ich nahm Schlaftabletten, suchte die Gesellschaft meiner Freunde mit Kindern. Als Eva nach drei Monaten wiederkam, nahm sie die Hälfte unserer Wohnung mit. Ich war für eine Woche nach Mallorca geflüchtet. Ausziehen sollte sie alleine. Aus Mallorca rief ich an, betrunken: „Du zerstörst mein Leben", sagte ich. „Ich mach jetzt Schluss", schrie sie und legte auf. Ich glaube, ich habe sie damals gehasst. Ich glaube, ich war überzeugt, dass sie unser Leben zerstört. Es gibt Bücher über den geteilten Himmel, aber so eine geteilte Wohnung, in der das, was fehlt, viel sichtbarer ist als das, was nicht fehlt, will niemand beschreiben. Trennungen sind ohnehin unbeschreiblich. Sie sind zum einen alle gleich und zum anderen so verschieden, dass es nichts gibt, was andere aus ihr lernen könnten.

Begonnen hatte es auch bei Eva und mir als größte Romanze aller Zeiten. Wir trafen uns auf einer Geburtstagsfeier, schliefen beim Gastgeber im selben Zimmer, wenn auch auf unterschiedlichem Niveau. Sie schlief im Bett, ich schlief auf der Erde neben dem Kleiderschrank. Ich flog früh in meine Stadt zurück und steckte vorher meine Visitenkarte in ihren Kulturbeutel. Es war der Kulturbeutel ihrer Freundin, mit der sie angereist war. Rückblickend fallen mir die vielen Warnungen ein. Eva und ich hätten nie heiraten dürfen. Wir kannten uns drei Stunden, da war ich mir sicher, sie zu heiraten. Erstens war ich 33, und es leuchtete mir völlig ein, nun eine Familie zu gründen. Zweitens sah Eva gut aus und war anders als alle Frauen, die ich bisher kannte. Genau das, wurde mir erklärt, sei das Problem gewesen. Als ich Eva das erste Mal in ihrer Stadt besuchte, blieben wir über Nacht in der Wohnung eines Kumpels, weil sich ihr Freund weigerte, aus ihrem Appartement auszuziehen. Der Klassiker. Frauen, die aus einer Beziehung flüchten, werden dieses Muster schwer ablegen, sagte meine Therapeutin. Und ich glaubte, sie würde mich nie verlassen. Ich flog nach Mexiko, in den Urlaub. Sie kaufte sich ein Faxgerät und schrieb mir, dass sie sich von ihrem Freund getrennt habe.

Ein Jahr nachdem wir uns begegnet waren, steuerte ich einen Transporter vor ihre Haustür. Wir verstauten alles, was sie hatte. Ich dachte, wir hätten alles. Eva bekam eine Anstellung, wir urlaubten auf Mauritius, und an einem Frühlingstag machte ich ihr einen Heiratsantrag. Nach drei Monaten. Ich hatte gekocht und wollte beim letzten Schluck Wein, ganz nebenbei, ohne erkennbare Aufregung, um ihre Hand anhalten. Doch Eva tauchte erst kurz vor Mitternacht auf, das Essen war kalt, der Wein leer. Eine Frau, die ihren Antrag verpasst, sagten meine Freunde, braucht keine Hochzeit.

Alle mochten Eva. Ich brauchte Eva. Ich stellte sie nie infrage, mich auch nicht. Die Einschläge kamen näher. Zwei Wochen vor unserer Hochzeit, es war Sommer, hatte ich einen schweren Unfall. Acht Wochen wurde ich behandelt, die Hochzeit abgesagt. In den Wochen, in denen ich Eva zurückgewinnen wollte, indem ich fragte und fragte und fragte, erzählte Eva zwei Episoden: Sie sei einsam gewesen, während ich im Krankenhaus lag, und einsam während der Woche nach meiner Entlassung, die wir in Südspanien am Meer verbrachten. Ich hatte das Haus kaum verlassen, sie ging allein am Strand spazieren.

Neun Monate nach meinem Unfall heirateten wir. Eva war nicht schwanger. Sie sagte mir in der Woche vor unserer Trennung, dass sie keine Kinder wolle. Ich hatte das nicht ernst genommen. Eva hat bis heute keine Kinder.

Am Tag unserer Hochzeit fiel Regen, so viel Regen, dass die Wetterämter Rekorde notierten und unsere Gäste in Gummistiefeln in die Kirche kamen. Regen bringt Segen, sagten alle. Zu viel Regen offenbar nicht. Aber wir hatten ein schönes Fest. Mein Schwiegervater weinte, und meine Schwiegermutter musste seine Rede zu Ende lesen. Am nächsten Mittag flogen wir nach Barcelona auf Hochzeitsreise. Ich konnte auch nichts dafür, dass der FC Bayern ausgerechnet in der einen Woche, die wir dort waren, sein Champions-League-Finale austragen musste. Und dass mein Chef das Finale sehen wollte und ich mit ihm am Strand von Sitges meinen neuen Arbeitsvertrag verhandelte.

Ein Jahr danach sagte Eva mir, dass sie mich nicht mehr liebe. Das, was mir in Erinnerung geblieben ist von der Zeit der Trennung, von den unzähligen Gesprächen, die man führt, und den unzähligen Ratschlägen, die man bekommt, war Evas Erstaunen. Es erstaunte sie, dass ich ihr nie zugetraut hatte, mich zu betrügen. Dabei belog und betrog sie mich über fünf Monate. Ich bemerkte nichts. Auch nicht, als sie plötzlich ständig von einem angeblichen Arbeitskollegen angerufen wurde, der mit ihr über irgendeinen Aktienfonds sprechen wollte. Eva erfand sogar Betriebsversammlungen der Bank, für die sie arbeitete, für ihre Abende mit meinem Nachfolger. Ich machte mir über die Demokratisierungsprozesse bei Banken keine Gedanken. So wenig wie sie sich über Fußball.

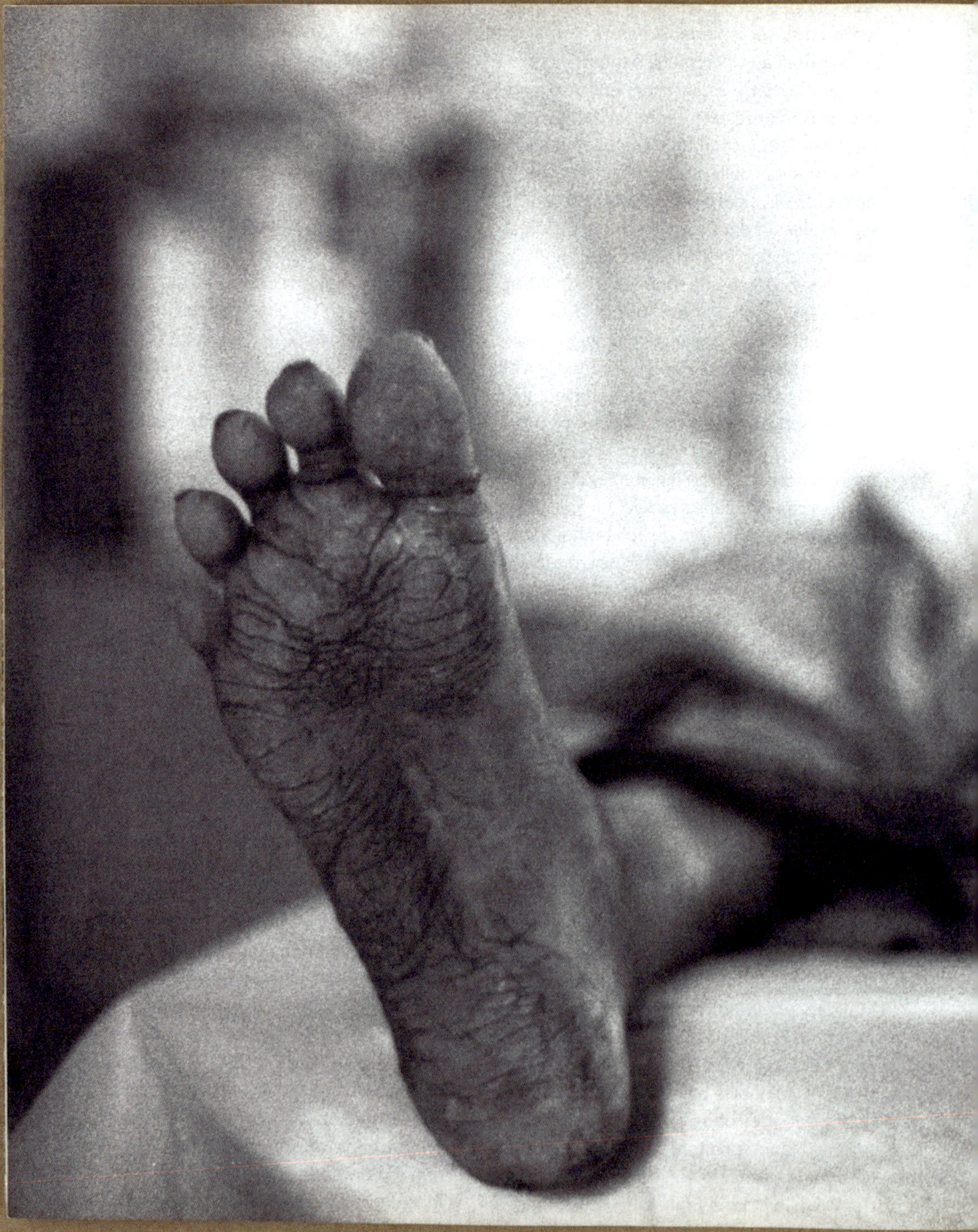

Die Ersatz-Mannschaft

Busen vergrößern, Lippen aufspritzen und Fett absaugen – vor diesem Programm fliehen deutsche Ärzte nach Kalkutta, um am Rande der indischen Metropole Lepra-Kranken zu helfen.

SZENEN AUS EINER KLINIK, WO PLASTISCHE CHIRURGIE SINN MACHT

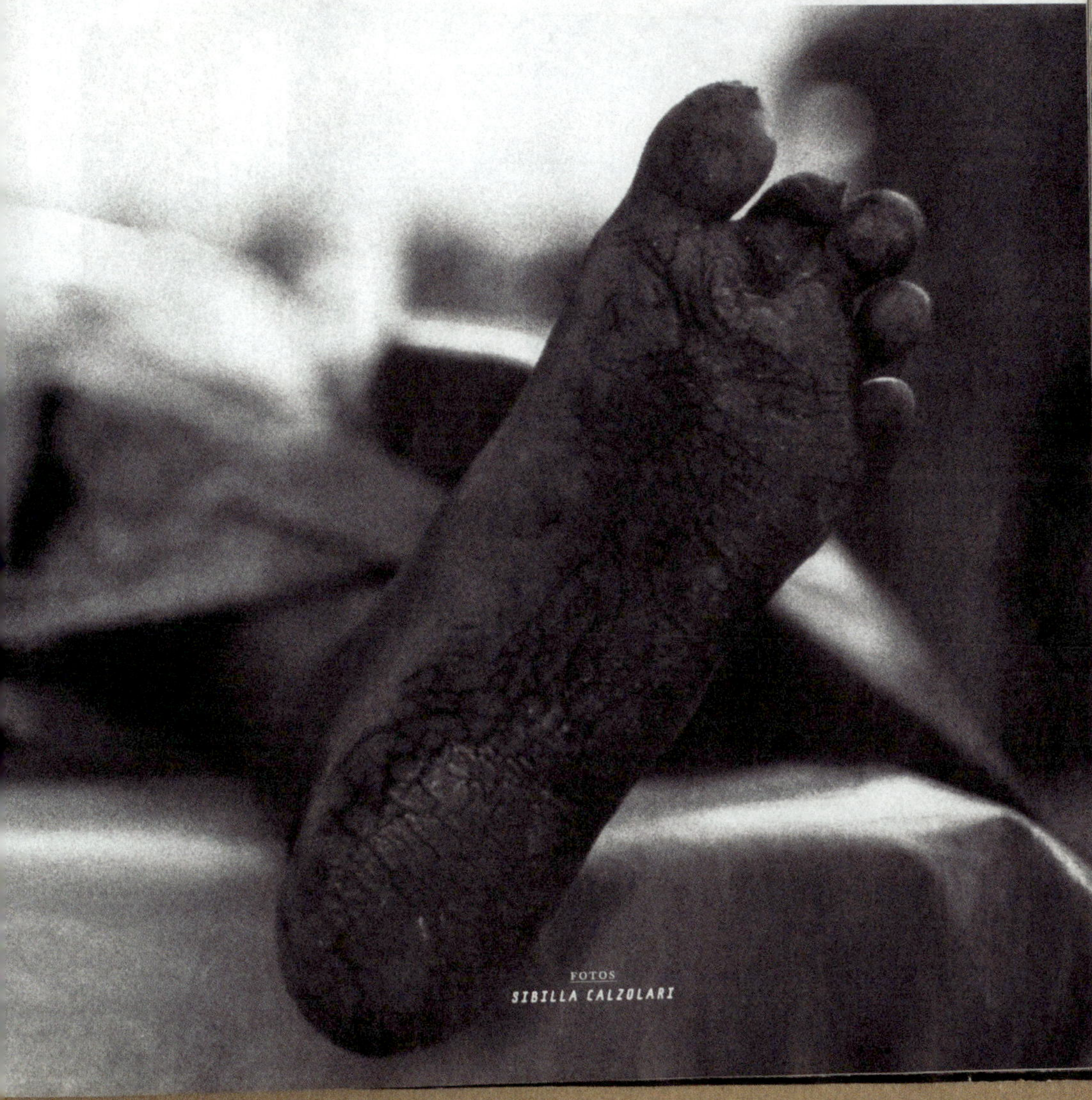

FOTOS
SIBILLA CALZOLARI

EIN NACHMITTAG AUF DER „MEN'S WARD", DER MÄNNER-STATION DES LEPRA-ZENTRUMS: FRISCH OPERIERTE PATIENTEN WARTEN AUF IHRE NACHUNTERSUCHUNG AM KRANKEN-BETT. ETWA FÜNF OPERATIONEN PRO TAG SCHAFFEN DIE BEHANDELNDEN ÄRZTE.

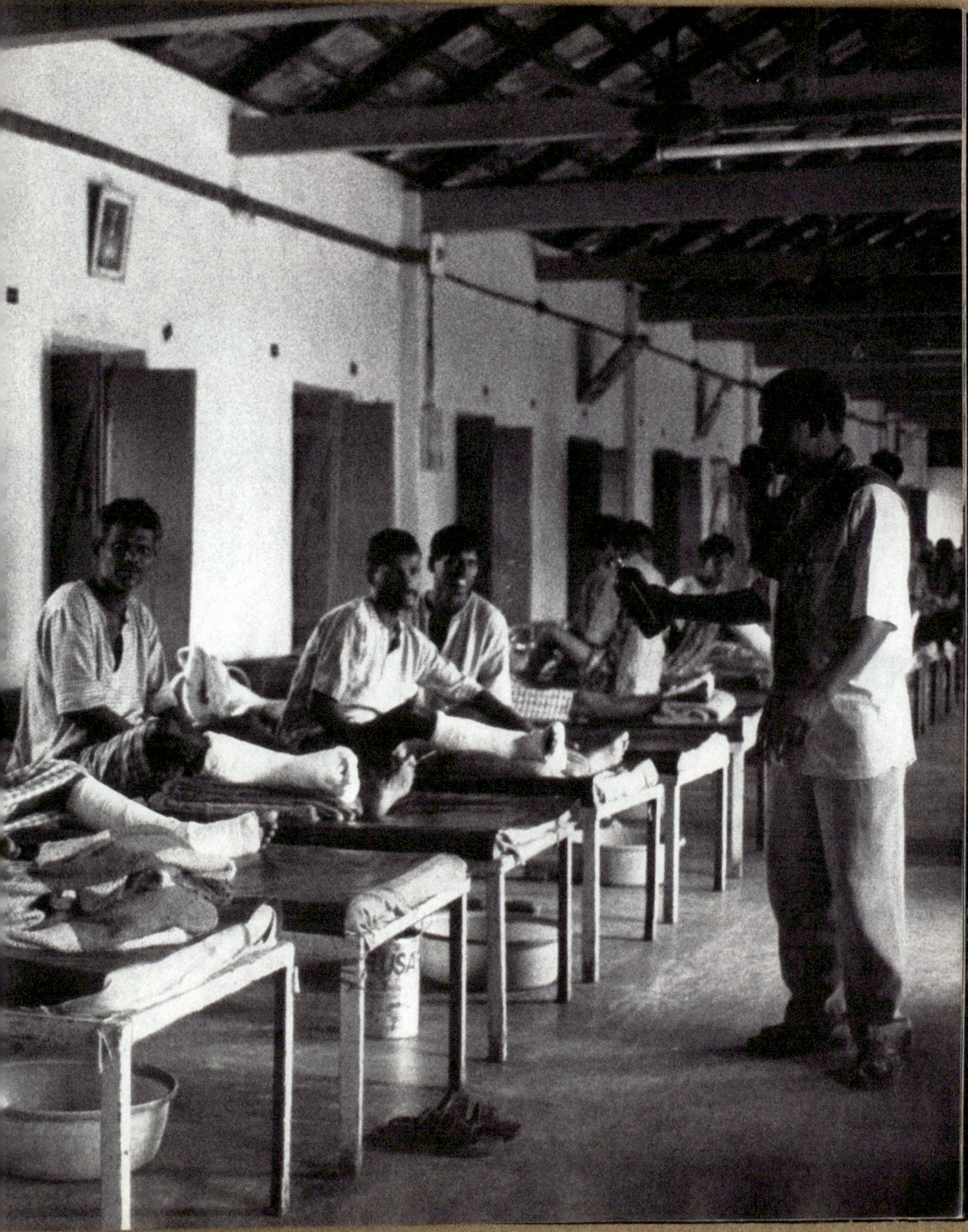

Kleiner Knacks

Haben wir denn keine anderen Probleme, als uns um behinderte Eichhörnchen zu kümmern? Warum die Menschen in Eckernförde dennoch keinen an der Nuss haben

Text: Arno Frank

Das ist die Geschichte von Frau Rademacher und Herrn Schmidt. Und von Finchen, Jule, Lizzy, Pelle, Lena, Frieda, Fanny, Quaki, Luna und Harry. Sie bewohnen ein so grausames wie niedliches Imperium, das vom Atlantischen bis zum Pazifischen Ozean reicht. Es erstreckt sich über die komplette eurasische Landmasse nebst angrenzender Inseln, Irland im Westen und Hokkaido im Osten. Finchen und die anderen gehören zum furchtsamen und fürchterlich friedlichen Völkchen der Eichhörner. Frau Rademacher und Herr Schmidt sind nur Menschen.
Auf Menschen wirkt das Eichhorn so niedlich, dass sie es instinktiv Eichhörnchen nennen. Es trägt bereits das Diminutiv im Namen, was ihm nicht gerecht wird. Denn so niedlich das Eichhorn erscheint, so ungeheuer ist die Welt, der es entspringt. Eine unüberschaubare Wildnis, in der nicht einmal die Hälfte aller Jungtiere das erste Jahr überlebt. Mit der Geburt beginnt hier ein steiler Zusturz auf den Tod. Wenn die Schwachen, die Alten, Jungen und Benachteiligten nicht an Krankheiten sterben, dann fallen sie den Krallen der Greifvögel und Krähen, den Zähnen von Wildkatzen oder dem hungrigen Baummarder zum Opfer, der die Eichhörnchen nachts in ihren Nestern überrascht. Könnten sich die Tierchen mit ihren Schnalz- und Zischlauten in langen borealen Winternächten gegenseitig wärmende Geschichten erzählen, es gäbe dort die märchenhafte Legende von einem winzigen Land, in dem die Gesetze des Lebens auf den Kopf gestellt sind, und die Natur durch wundersame Kräfte von ihrem ewigen Walten abgehalten wird. Ein Garten Eden, in dem die Angezählten und Versehrten sich erholen können. Ein verstecktes *Shangri-La*, wo die Allerschwächsten einen geruhsamen Lebensabend verbringen können.
Dieses Reich gibt es wirklich. Es liegt in unserer Welt auf einer schmalen Landzunge zwischen Meer und Binnensee im Gewerbegebiet von Eckernförde in Schleswig-Holstein. Da gibt es ein VW-Autohaus, ein McDonald's, einen Hage-Baumarkt, eine Schule und einen Sportplatz, und dahinter erstreckt sich die pittoreske Miniaturlandschaft der Eichhörnchen-Schutzstation auf dem Gelände des Umweltinformationszentrums. Bei unserem Besuch liegen Wege und Weiher unter Schnee und Eis. Abseits schleppen, hacken und stapeln drei wollbemützte Männer Holz, so schweigsam und abweisend, als wären es Nebenfiguren aus einem Film der Coen-Brüder.
Die Herrin über dieses Land ist Moni Rademacher, die uns in ihrer winzigen Hütte empfängt. Mit ihren sorgfältig verstrubbelten, eichhörnchenbraun gefärbten Haaren und ihrer sehr wachsamen Art hat sie sich mit der Zeit ihren Schützlingen rührend anverwandelt. Eine zierliche Frau von 40 Jahren, die es aus dem Sauerland an die Ostseeküste verschlagen hat, wo sie als gelernte Kauffrau „eine neue Aufgabe gesucht" und gefunden hat. Als Leiterin der Station kümmert sich Rademacher seit ein paar Jahren ehrenamtlich darum, verwundete Eichhörnchen für die Auswilderung fit zu machen, manchmal bis zu 100 Exemplare im Jahr. Darüber hinaus hegt und pflegt sie ihre „Dauergäste", die zehn geistig und körperlich behinderten Eichhörnchen: Finchen, Jule, Lizzy, Pelle, Lena, Frieda, Fanny, Quaki, Harry und Luna. Tiere, die in der freien Wildbahn wahrscheinlich in kürzester Zeit steif am Straßenrand oder gut verdaut im Magen einer Hauskatze enden würden.

Krankenakte LUNA

Geschlecht: w
Geburt: 02/2008 in Stuttgart
Ankunft: 17.2.2008
Handicap: Gleichgewichts- und Koordinationsprobleme, Kopfzittern

Besonderes:
- Lief nach Ankunft wochenlang unrastig und hektisch durch das Gehege, schlief kaum (jetzt besser)
- Zeigte Desorientierung, nahm uns nicht wahr
- Ist oft beim Klettern abgestürzt (jetzt nicht mehr)
- Hoppelnder Gang, driftet zur Seite aus (meist rechts)
- Scheint Probleme mit dem hinteren Bewegungsapparat zu haben

- Kann schlecht riechen
- Wird aggressiv, wenn man sie im Kobel stört
- Gerne mit anderen Hörnchen zusammen im Kobel
- Schläft fast immer im selben Kobel
- Eher langsamer Nussknacker
- Frisst manchmal auch aus der Hand

Besucher sind auf dem Gelände ausdrücklich erwünscht, betont Rademacher: „Zuletzt hatten wir im Jahr fast 6.000 Besucher, mehr als das hiesige Stadtmuseum." Es kommen vor allem Schulklassen und Kindergartengruppen, aber auch Rentnerpärchen mit einer Tüte voller Haselnüsse im Gepäck und Hoffnung, das eine oder andere Eichhörnchen beobachten zu können. Wenn das nicht gelingt, ist Rademacher alles andere als unglücklich: „Wir sind schließlich kein Zoo."
Die Tiere bräuchten vor allem Ruhe und sollten ja gerade lernen, sich nicht auf den Menschen einzulassen.
Etwas abseits liegt das Auswilderungsgehege. Um einen Baum herumgebaut ist dieser Verschlag nach oben mit einer Klappe versehen, durch die das Tier ins Freie gelangen kann. Wenn es denn will. Frau Rademacher sagt: „Mir ist es lieber, ein Tier lebt zwei Jahre in Freiheit als fünf oder sechs Jahre in Gefangenschaft." Trotzdem: „Jedes Schicksal geht mir nahe, vielleicht näher, als es sollte." Der Rücken ihrer rechten Hand ist übersät von rundlichen, frisch verheilten Narben: „Eichhörnchen sind nicht stressresistent. Wenn ich ihnen die Zähne schleife oder sie untersuchen muss, dann beißen die zu. Das muss man dann halt aushalten", sagt Rademacher und fragt, was wir trinken wollen.
Draußen schlurft ein Wollmützenmann mit dem Schubkarren vorbei und zieht eine Atemwolke hinter sich her. Drinnen röchelt auf der Anrichte eine Kaffeemaschine, in der Ecke verbreitet ein uriger Holzofen Wärme, an der Wand hängen Schichtpläne und eine Liste mit Paten, die für zehn Euro im Monat ein einzelnes Tier unterstützen. In einem Aktenordner führt Rademacher akribisch Buch über ihre „Stammgäste".

Krankenakte BRAUNI

Geschlecht: w
Gefunden: Sommer 2006 in München
Handicap: Zu kurze Beine, dadurch wenig Sprungkraft

Besonderes:
- Stark hoppelnder Gang
- Flink am Boden und sicher im Geäst
- Kleines Tier
- In der Rangordnung unter den ersten drei
- Ist zutraulich, frisst aus der Hand (nicht immer)
- Klettert an einem hoch, aber fast nur von hinten
- Schimpft viel und stampft mit den Füßen
- Flüchtet schnell bei Störung
- Sehr aufmerksam und gute Fluchtreflexe
- Gutmütig, beißt selten zu
- Baut gerne Kobel und wechselt diesen öfter

Warum nun aber ausgerechnet ein Heim für behinderte Eichhörnchen? Rademacher seufzt. Sie kennt diese Fragen: „Manche Leute sind regelrecht empört, wenn sie hierher kommen", erzählt sie. Vor allem professionelle Jäger können kaum glauben, was da in Eckernförde passiert.
Förster sind, ohne es zu wissen, eigentlich orthodoxe Anhänger von Aristoteles, der kategorisch festgestellt hat, „dass die Pflanzen der Tiere wegen da sind und die Tiere wegen der Menschen". Zwar sei auch in der Tierseele Raum für Schmerz, Freude, Sehnsucht und Bewegungsdrang. Doch bilde die Natur nun mal eine gestaffelte Treppe, auf der jedes Lebewesen seinen Platz einnehme. Die Schwachen stünden demnach ganz unten, für die Behinderten bleibt gar kein Platz.
Aber dann springt diesen unsentimentalen Profis ein Hörnchen auf die Schulter, erzählt Rademacher, „und sie sind ganz begeistert". Und irgendwo, meint sie schulterzuckend, müsse man ja wohl mal anfangen damit, Gutes zu tun: „Ich habe nichts dagegen, wenn die Leute für den Sumatra-Tiger spenden oder für

Wale. Aber das Eichhörnchen ist auch ein wildes Tier, dazu noch direkt vor unserer Haustür." Die behinderten Tiere – aus dem Nest gefallen oder von der Mutter rausgeschubst, vom Auto angefahren oder von einer Hauskatze entstellt – werden meistens von besorgten Privatleuten angeliefert, die den Eichhörnchen-Notruf gewählt haben. Diese Leute scheinen in den Tieren mehr zu sehen als nur „eine der Hauptzierden unserer Wälder", wie es in *Brehms Tierleben* heißt.

Krankenakte FANNY

Geschlecht: w
Gefunden: 07/2006 in Stuttgart
Handicap: u.a. neurologische Störung / Wahrnehmungsstörung

Besonderes:
- Gewicht bei Ankunft 366 g
- Zutrauliches, eher langsames Hörnchen
- Hat wiederkehrende apathische Phasen, während sie auf Ästen und am Boden sitzt
- Braucht sehr lange zum Nüsseknacken
- Klettert nicht sehr gut
- Schläft im Kobel meistens auf dem Rücken
- Wirkt etwas dicklich
- Scheint manchmal leicht verwirrt
- Zielt beim Fressen aus Menschenhand öfters beim ersten Versuch mit dem Mäulchen daneben
- Benötigt lange beim Schnuppern

Schon Plinius der Ältere erwähnt das Hörnchen wohlwollend in seiner „Naturgeschichte". Er erzählt, wie sich in Griechenland die Kinder bisweilen Eichhörnchen als Spielzeug hielten, dass in Rom reiche Damen diese possierlichen Tiere zum Zeitvertreib und zur Zierde an der Leine führten. Den extrem buschigen Schwanz benutze das Tierchen als Wetterfahne, Decke und als Schattenspender. Daher der lateinische Name „sciurus", was, aus dem Griechischen entlehnt, so viel wie Schattenschwanz heißt. Rademacher kennt diese Geschichte und kann sie bestätigen. Ein Hörnchen ohne Schwanz oder mit

allzu kurzem Schwanz ist bereits ein behindertes Hörnchen, weil ihm ein wichtiger Körperteil fehlt. So genügt auch schon eine winzige Fehlstellung der vorderen Schneidezähne, und das Tier ist kaum mehr lebensfähig: „Steht der Kiefer nicht richtig oder wachsen die Zähne aneinander vorbei, würde das Hörnchen verhungern, weil es die Nüsse nicht mehr öffnen kann." Harry sei so ein Fall, sagt sie.

Krankenakte HARRY

Geschlecht: m, kastriert
März 2010
Gefunden: Juli 2009 in Kiel
Handicap: Von Sturz aus Kobel
Schädel- und Armfrakturen
Schiefes Gesicht, Verlust der oberen Schneidezähne
Rechter Arm komplett steif außer Handgelenk
Linkes Handgelenk steif

Besonderes:
- Sehr verspieltes Tier
- Meckert viel, wenn man ihn stört
- Oberer rechter Schneidezahn wächst etwas nach

- Kürzung der unteren Schneidezähne ca. alle 2–3 Wochen
- Körperbau klein und gedrungen
- Eigentlich zutraulich, zeitweise aber bockig
- Frisst kaum Obst und Gemüse
- Ist oft und lange im Gehege unterwegs
- Hat Stamm- und ca. 2 Ausweichkobel
- Liegt ungern mit anderen Hörnchen

Oft finden Eichhörnchen, die im Herbst ihre gesammelten Samen als Vorrat in der Erde vergraben, anschließend ihr eigenes Versteck nicht mehr. Das ist keine Behinderung, sondern sozusagen der natürlichen Schusseligkeit der Tiere zuzuschreiben. Zugleich macht dieses drollige Detail das Eichhorn zu einem wichtigen Zahnrädchen im Ökosystem Wald. Was es nicht wiederfindet, daraus wächst Neues. Das ist, utilitaristisch betrachtet, der Nutzen der Eichhörner. Im Mittelalter wurden die Tiere auch für ihr zartes Fleisch gejagt – oder um sie zu Heilmitteln gegen die Gicht zu verarbeiteten. Aber wo wir gerade bei der Gicht sind: Besondere Sorgen macht Rademacher derzeit vor allem Jule.

<u>Krankenakte JULE</u>

Geschlecht: w
Geburt: Sommer 2006 in München
Handicap: zu kurze Beine, re. Hinterpfote steif, u.a. Probleme mit Becken

Besonderes:
- Stark hoppelnder Gang
- Hinterläufe werden eher nachgezogen
- Trotzdem flink und guter Kletterer
- Sehr scheues Tier, kommt nur ganz selten an
- Frisst so gut wie nie aus der Hand
- Sehr neugierig, will immer alles mitbekommen
- Schaut gerne aus ihrem Kobel den anderen zu
- Kein Problem beim Fressen, Zähne i.O.
- Statur eher klein und gedrungen
- Schimpfte anfangs viel, hat aber nachgelassen
- Mittlere Rangordnung, hält sich aus allem raus
- Hat 2 oder 3 Stammkobel
- Schreckt bei der kleinsten Störung auf und flüchtet
- Baut gern Kobel

Jule ist mit ihren fünf Jahren eine alte Dame, und in letzter Zeit baut sie ab. „Wir beobachten die Tiere ja eigentlich rund um die Uhr", sagt Rademacher. Wenn es gar nicht mehr geht und das Leben augenscheinlich zur Qual wird, muss das Hörnchen eingeschläfert werden. Das Tier geht dann per Post, manchmal zwecks Obduktion, nach Freiburg, damit die genaue Todesursache ermittelt und eine eventuelle Gefahr für die übrigen Tiere abgewendet werden kann.
Wozu aber der Aufwand? Nur weil das Eichhörnchen das Stadtwappen von Eckernförde schmückt? Weil es gar so putzig ist und ohne Arg? Ist hier wirklich Altruismus am Werk? Gibt es nicht doch andere, drängendere Probleme, die der Lösung bedürften? Und wer hilft hier eigentlich wem?
Auftritt endlich Klaus Schnack nebst Hund. Herr Schnack ist ein vierschrötiger Bär von Mann, der „auch mal reinschauen" wollte und nun mit seiner Hünenhaftigkeit die Hütte füllt. Er ist als „Pro Regio"-Projektleiter der Herr der Wollmützenmänner. Die Wollmützenmänner, stellt sich heraus, sind das andere, drängendere Problem: Ein-Euro-Jobber. Hier wird ihr Absturz abgefedert, hier sollen sie wieder für den Arbeitsmarkt qualifiziert werden. „Ich sehe das Projekt hier aus einem etwas anderen Winkel", sagt Herr Schnack. „Mir ist wichtig, dass ich meinen Leuten eine Perspektive auf dem dritten Arbeitsmarkt geben kann. Das sind ja oft Menschen, die, sage ich mal, selbst psychische Probleme haben, viele Exjunkies und so. Leute halt, die seit ewigen Zeiten antriebslos allein zu Hause hocken."
Hier in der Eichhörnchen-Schutzstation sei die Abbrecherquote seltsamerweise wesentlich geringer als anderswo. Die Menschen kommen wieder, freut sich Schnack, übernehmen Verantwortung, arbeiten im Team, heben Teiche aus, flicken verfallende Hütten, hacken Holz – und arbeiten mit den Tieren. Wie er sich diesen Erfolg erklärt?
Schnack lächelt: „Die Eichhörnchen sind wirklich niedlich, oder?"

AN UND VERKAUF
ABHAUEN
DUMMY
ICH UND DIE ANDEREN
LIE BE
IST TEIL BAR
RAUS AUFS LAND
GEKOMMEN
ANDERS

GLOSSAR

Autoren

Boris von Brauchitsch S. 184
Serge Debrebant S. 442
Fabian Dietrich S. 27, 104, 128, 302, 324, 420
Wiglaf Droste S. 114
Marc Fischer S. 41, 412, 452
Arno Frank S. 319, 480
Susanne Frömel S. 55
Oliver Gehrs S. 210, 230, 236, 338, 402
Oliver Geyer S. 110, 221, 282, 352
Ralf Grauel S. 21
Fred Grimm S. 464
Edgar Herbst S. 203, 458
Marcus Jauer S. 34, 152
Steffi Kammerer S. 362
Viola Keeve S. 240
Ben Knight S. 258
Anja Köhler S. 298
Peter Köhler S. 64
Alexander Kühne S. 190
Stefan Krücken S. 348
Sascha Lehnartz S. 413
Christian Litz S. 84
Hubert Mania S. 372
Harald Martenstein S. 272
Juan Moreno S. 236
Jacinta Nandi S. 116
Heinz van Nouhujs S. 248
Jan Pfaff S. 70
Paul Sahner S. 311, 334
Jörg Schindler S. 116, 288
Hajo Schumacher S. 163
Andy Strauß S. 138
Andreas Wenderoth S. 246

Fotografen / Künstler

Roy Blakey S. 262
Sibilla Calzolari S. 476
Thierney Gearon S. 392
Edward B. Gordon S. 38, 202, 302
Gosbert Gottmann S. 436
André Gottschalk S. 105
Oliver Grajewski S. 78
Enver Hadzijaj S. 310, 318
Roswitha Hecke S. 356
Edith Held S. 120, 328
Edgar Herbst S. 292, 313
Jacob Holdt S. 176
Pieter Hugo S. 468
Tobias Kruse S. 27, 138, 276, 486
Oliver Jung S. 54
Peter Langer S. 464
Leigh Ledare S. 446
Ana Lessing S. 114
Ulli Lust S. 77
William Minke S. 256
Harri Pälviranta S. 60
Kai Pfeiffer S. 80
Nir Rackotch S. 158
Roberto Rodriguez S. 248
Julian Röder S. 168
Ashkan Sahihi S. 146
Frank Schinski S. 230, 406
Armin Smailovic S. 34
Anne Schönharting S. 71
Robin Schwartz S. 426
Dirk Schwieger S. 81
Alec Soth S. 414
John Timberlake S. 372
Erik Weiss S. 44, 110
Kai Ziegner S. 116

Artdirektoren

Ausgabe Nr. 1 „Nr. eins“: Jan Rikus Hillmann
Ausgabe Nr. 2 „Verbrechen“: Jan Rikus Hillmann
Ausgabe Nr. 3 „Spaß“: KircherBurkhardt
Ausgabe Nr. 4 „Deutschland“: Paul Snowden
Ausgabe Nr. 5: „Glauben“: scrollan
Ausgabe Nr. 6 „Sex“: Sebastian Bissinger, Willem Stratmann
Ausgabe Nr. 7 „Revolution“: Christoph Bebermeier
Ausgabe Nr. 8 „ Juden“: Mario Lombardo
Ausgabe Nr 9 „Kinder“: Gesine Grotrian-Steinweg Franziska Morlok
Ausgabe Nr. 10 „Fußball“: Markus Büsges Fons Hickmann Thies Uthmöller
Ausgabe Nr. 11 „Frauen“: Ingrid Haug, Carolin Kurz
Ausgabe Nr. 12 „Osten“: Hakotowi
Ausgabe Nr. 13 „Werben & Verkaufen“: Paul Snowden
Ausgabe Nr. 14 „Tempo“: Mathias Last, Alexander Seeberg-Elverfeldt
Ausgabe Nr. 15 „Türken“: Alexandra Bald, Ana Lessing, Esra Rotthoff
Ausgabe Nr. 16 „Ich“: Alice Chi, Monika Kochs, Henrike Schrader
Ausgabe Nr. 17 „Liebe“: Neue Gestaltung
Ausgabe Nr. 18 „Tiere“: Sandra Kastl, Lisa Schweizer
Ausgabe Nr. 19 „Schweiz“: Raffinerie
Ausgabe Nr. 20 „Schwarze“: Alexandra Rusitschka, Sophie Wolfbauer
Ausgabe Nr. 21 „Glück“: Bureau Baraque
Ausgabe Nr. 22 „Berlin“: Markus Büsges, Björn Wolf
Ausgabe Nr. 23 „Männer“: Jan Spading
Ausgabe Nr. 24 „Atom“: Erich Bettler
Ausgabe Nr. 25 „Mama“: Bureau Mario Lombardo
Ausgabe Nr. 26 „Provinz“: Florian Mewes
Ausgabe Nr. 27 „Polizei“: Sebastian Irrgang
Ausgabe Nr. 28 „Jugend“: Andine Müller
Ausgabe Nr. 29 „Angst“: Benjamin Schulte, Björn Wolf
Ausgabe Nr. 30 „Behinderte“: Catrin Sonnabend, Kirstin Weppner

Auszeichnungen

2011

Lead Award
Gold, Stilllife-Fotografie:
„Aus dem Apparat“
Polizeifotografen Amsterdam,
Ausgabe Nr. 27 „Polizei“

Bronze, Reportage-Fotografie:
„Freie Bahn“, Mike Brodie,
Ausgabe Nr. 28 „Jugend“

Auszeichnungen:
„New York City Man“
Roswitha Hecker,
Ausgabe Nr. 27 „Polizei“
„Gesichter eines müden Dorfes“ Rimaldos Viksraitis,
Ausgabe Nr. 26 „Provinz“
Cover „Jugend“,
Ausgabe Nr. 28

Type Directors Club New York
Certificate of typographic excellence:
Ausgabe Nr. 29 „Angst“

ADC
Auszeichnung, Radiobeitrag des Jahres:
Ausgabe Nr. 29 „Angst“

2010

Lead Award
Bronze, Beitrag des Jahres: „My mother“,
Leigh Ledare,
Ausgabe Nr. 25 „Mama“

Bronze, Illustrationsbeitrag des Jahres:
Ausgabe Nr. 22 „Berlin“

Auszeichnungen:
„Lass fahren“, Johan Bävmann; „Wunden gibt es immer wieder“,
Harri Pälviranta; „In den Kleidern meiner Mutter“,
Ingo Taubhorn

2009

Lead Award
Silber, Porträtfotografie:
„Familienalbum“,
Robin Schwartz,
Ausgabe Nr. 18 „Tiere“

2008

Lead Award
Bronze, Reportagefotografie:
„Ein Fall für zwei“, Alec Soth,
Ausgabe Nr. 17 „Liebe“

2007

ADC
Gold, Zeitschriftentitel:
Ausgabe Nr. 13 „Werben & Verkaufen“

Auszeichnung:
„Zeitschriftengestaltung“

Lead Award
Gold, Fußball-WM-Beitrag des Jahres:
Ausgabe Nr. 10 „Fußball“,
„Die Geschichte des Fußballs in 90 Minuten“

2006

Lead Award
Gold, Mood- und Modefotografie:
„Der Traum vom Liegen“,
Jan von Holleben,
Ausgabe Nr. 9 „Kinder“

Bronze, Cover des Jahres:
Ausgabe Nr. 8 „Juden“

Bronze, Reportagefotografie:
„Jetzt wollen die auch noch Sex haben“,
Frank Schinski, Ausgabe Nr. 6 „Sex“

2005

Lead Award
Gold, Newcomer des Jahres

Silber, Porträtfotografie:
„Das jüngste Gesicht“,
Konstantin Khudyakov,
Ausgabe Nr. 4 „Glauben“

Dank geht an alle Autoren, Fotografen und Grafiker, die das Erscheinen des DUMMY-Magazins in all den Jahren ermöglicht haben – mit ihrer Begeisterung für ein Magazin abseits des Mainstreams. Besonderer Dank gilt Edgar Herbst, der nicht nur etliche Fotografien beisteuerte, sondern über Jahre als Botschafter, Ideengeber und Kritiker unentbehrlich war. Auch ohne Jochen Förster und Heike Blümner, die als Gründungsmitglieder dabei waren, hätte es DUMMY nie gegeben.

Buchgestaltung: Christian Schneider, Kirstin Weppner
Satz: Christian Schneider, Kirstin Weppner
Umschlaggestaltung: Jan Spading
Druck und Bindung: CPI – Ebner & Spiegel, Ulm
ISBN 978-3-0369-5299-4

www.keinundaber.ch

ENDE